ম্যানেজমেন্ট গুরু নরেন্দ্র মোদী

হিমাংশু শেখর

ডায়মণ্ড বুক্স
www.diamondbook.in

প্রকাশক : ডায়মণ্ড বুক্স (প্রা.) লিমিটেড
X - 30, ওখলা ইণ্ডাষ্ট্রিয়াল এরিয়া, ফেজ - II
নূতন দিল্লী - 110 020
ফোন : 011 - 40712100
ই-মেল : sales@dpb.in
ওয়েবসাইট : www.dpb.in
সংস্করণ : 2026
মুদ্রক : আদর্শ প্রিন্টার্স, শাহদরা, দিল্লী - 110 032

Managemant Guru Narendra Modi

By : Himanshu SHekhar

डॉ. महेश शर्मा
DR. Mahesh Sharma

पर्यटन एवं संस्कृति राज्य मंत्री (स्वतंत्र प्रभार)
और
नागर विमानन राज्यमंत्री
भारत सरकार, नई दिल्ली

MINISTER OF STATE (INDEPENDENT CHARGE)
OF TOURISM & CULTURE AND
MINISTER OF STATE OF CIVIL AVIATION
GOVERNMENT OF INDIA
NEW DELHI

সন্দেশ

'ম্যানেজমেন্ট গুরু নরেন্দ্র মোদী' নামক পুস্তকটি লেখার জন্য আমি ডায়মন্ড পকেট বুক্সের চেয়ারম্যান শ্রী নরেন্দ্র কুমার ভার্মা ও লেখক হিমাংশু শেখরকে অভিনন্দন জ্ঞাপন করছি। এই পুস্তকটি প্রকাশ করছেন ভারতীয় জনতা পার্টীর রাষ্ট্রীয় অধ্যক্ষ অমিত শাহ, এই কথাটি শুনে আমি খুবই খুশি হয়েছি।

আজ পর্যন্ত নরেন্দ্র মোদী যে পথ অতিক্রম করেছেন, তা বোঝার জন্য একটা নতুন দৃষ্টিভঙ্গী এনে দিয়েছে এই বই। এই বইতে তাঁর ব্যবস্থাপনার দক্ষতা সম্পর্কে বিস্তারিত আলোচনা করা হয়েছে। সেই সাথে আমরা মোদীজীর কাছ থেকে কি কি শিক্ষা গ্রহণ করতে পারি সেই সম্পর্কেও একটা বিস্তারিত আলোচনা করা হয়েছে। সেই দিক দিয়ে বিচার করলে এই পুস্তককে বিশেষ বলে আখ্যায়িত করা যায়। এই পুস্তকের আর একটি বিশেষত্ব হল, আজ পর্যন্ত নরেন্দ্র মোদী প্রধান মন্ত্রী হিসাবে যে যে কাজ করেছেন, এখানে তার বিস্তারিত উল্লেখ করা হয়েছে।

শ্রী নরেন্দ্র মোদীর নেতৃত্বে আমরা আবার সারা বিশ্বের সামনে আমাদের ভারতকে শ্রেষ্ঠ আসনে বসানোর জন্য বদ্ধ পরিকর হোতে পেরেছি। এই পথে চলার সময় এমন পুস্তকের প্রয়োজন আমাদের সর্বদা হবে।

পুনরায় এই পুস্তকের লেখককে আমার আন্তরিক শুভ কামনা।

- ড. মহেশ শর্মা

নভেম্বর, 2013
নতুন দিল্লী।

डॉ. रमेश पोखरियाल 'निशंक'
DR. RAMESH POKHRIYAL 'NISHANK'
संसद सदस्य (लोक सभा)
Member of Parliament (Lok Sabha)
सभापति, सरकारी आश्वासनों संबंधी समिति
Chairman, Committee on Government Assurances

सत्यमेव जयते

पूर्व मुख्यमंत्री, उत्तराखण्ड
Former Chief Minister, Uttarakhand

कार्यालय : 133, संसदीय सौध, नई दिल्ली-110001
Office : 133, Parliament house Annexe. New Delhi-110001
Phone : 011-23034278,
Telefax : 0111- 230199945

পুস্তকের পরিচয়

ইচ্ছা করলে, সব সম্ভব!

কখন সারা দেশ কংগ্রেসদের দুর্নীতির বিরুদ্ধে জাগ্রত হবে, সারা দেশের লোক একত্রিত হয়ে গণতন্ত্রকে বাঁচানোর চেষ্টা করবে, এমন কথা কিছু দিন আগে পর্যন্তও ভাবা যায়নি। এর পিছনে বেশ কিছু কারণ আছে, বহু বছর ধরে ভারতে একই সরকারের রাজত্ব থাকার জন্য রাষ্ট্রবাদের কথাকে ধর্ম-নিরপেক্ষতার বিরোধী বিচার বলে মনে করা হচ্ছিল, এছাড়া ভারতের বিভিন্ন রাজ্যে বিভিন্ন রাজনৈতিক দল শক্তিশালী হওয়ার কারণে স্বার্থবাদ-সুযোগবাদ-আয়ারাম গায়ারাম বাদ প্রভৃতির চাপে রাষ্ট্রবাদের চিন্তা নেপথ্যে কোথাও হারিয়ে গেছিল। আর মানুষেরা ভাবতে শুরু করেছিল যে, এই অবস্থার হাত থেকে পরিত্রাণ পাওয়ার কোনো সম্ভবনাই নেই।

গত নির্বাচনের পর দেশে সৃষ্টি হয়েছিল মিলিজুলি সরকার, যার ফলে জনগণের মধ্যে নিরাশা আরোও বেশি করে দানা বেঁধেছিল, 1500 সাল আগেই অখণ্ড ভারতকে ভেঙে ছোটো ছোটো রাজ্যে পরিণত করা হয়েছিল, এর মধ্যেও বহুবার পরিবর্তনের ঝোঁক এলেও তা টিঁকতে পারেনি।

যেভাবে রাষ্ট্রপিতা মহাত্মা গান্ধী ভারতকে ইংরেজদের শৃঙ্খলা থেকে মুক্ত করতে সক্ষম হয়েছিলেন, ঠিক সেই ভাবেই গুজরাটের অপর এক ব্যক্তিত্ব আজ ভারতকে পুনরায় জাগ্রত করতে এসে দাঁড়িয়েছেন। আজ সারা পৃথিবীতে পুনরায় বাপুর গুজরাট নিয়ে আলোচনা চলছে, এই অল্প সময়ের মধ্যে শ্রী নরেন্দ্র দামোদরদাস মোদী যে রকম সফলতা অর্জন করেছেন, তাকে বোধ হয় ঐতিহাসিক সফলতা বলা যায়।

আজ নরেন্দ্র মোদী ভাগ্যের জোরে বা কোনো রাজনৈতিক পরিবারের জোরে প্রধানমন্ত্রীর আসনে বসার সুযোগ পাননি, সারা দেশ জুড়ে ভারতীয় জনতা

পার্টীকে সবচেয়ে শক্তিশালী পার্টি হিসাবে প্রতিষ্ঠা করতে সক্ষম হয়েছেন তিনি। যে বালক একদিন গুজরাটের একটা ছোট্টো দোকানে বসে চা বানাতো, সে আজ সারা পৃথিবীর কাছে চর্চিত ব্যক্তিত্ব, এর পিছনে কি কারণ থাকতে পারে? পৃথিবীর সবচেয়ে শক্তিশালী দেশ আমেরিকার লোকেরাও তাঁর গুণমুগ্ধ, এর পিছনে কোনো না কোনো কারণ তো অবশ্যই আছে, পৃথিবীর প্রতিটা মানুষ এই রহস্য জানতে চায়।

ম্যানেজমেন্ট গুরু নরেন্দ্র মোদী-র লেখক হিমাংশু শেখর হলেন একজন বুদ্ধিজীবি, আপনাদের এই জিজ্ঞাসার উত্তর দেওয়ার জন্য তিনি বহু বিবেচনার সাথে এই মৌলিক চেষ্টা করেছেন। আমি এটা বলতে চাইছিনা যে, এই পুস্তকে তিনি নরেন্দ্র মোদীর অদ্ভুত ব্যক্তিত্বের সম্পূর্ণ বিশ্লেষণ করতে সক্ষম হয়েছেন,কিন্তু এই পুস্তকের সাহায্যে আপনি জীবনের পথে এগিয়ে যাওয়ার জন্য কিছু মন্ত্রের সন্ধান অবশ্যই পাবেন।

এই বইতে লেখক কোনো নাটকীয় ভাষার প্রয়োগ করেননি, বরং তিনি সহজ সরল ভাষায় বইটা লেখার চেষ্টা করেছিলেন। যাতে প্রতিটা মানুষ এই বই পড়তে সক্ষম হয়, যাতে দেশের রাজনীতির ক্ষেত্রে তারাও নিজেদের অমূল্য সিদ্ধান্ত গুলি পোষণ করতে পারে, যাতে সাধারণ মানুষ পরিবারের গণ্ডী ছিন্ন করে দেশের কাজে নিজেকে সংযুক্ত করতে পারে, সেই চেষ্টাই তিনি করেছেন এই পুস্তকের মাধ্যমে।

এই বইতে শুধু মাত্র শ্রী মোদীর জীবনের কথা বলা হয়নি, তাঁর নেতৃত্ব ক্ষমতা, তাঁর সুশাসন শৈলী, বিভিন্ন জন কল্যানকর কাজ, জনতার অংশীদারী, টেকনিক ও প্রযুক্তির ক্ষেত্রে উৎসাহ প্রদান, তাঁর মৈত্রী শৈলী, কঠোর পরিশ্রম, এবং প্রন্ধকীয় দক্ষতা সম্পর্কে আলোচনা করা হয়েছে। লিখিত রূপে প্রাপ্ত এই পুস্তকের সাহায্যে আজকের যুবাশ্রেণী তাদের লক্ষ্য নির্ধারণের জন্য এই বই পড়তে পারে।

যেকোনো দৃষ্টিতে দেখলেই বলা যায় যে, নিজের শুচিতা-দৃঢ়তা-নিরপেক্ষতার জন্য নরেন্দ্র মোদী হলেন একজন আদর্শ প্রতিনিধি এবং তাঁকে আলোক স্তম্ভও বলা যেতে পারে। আশা করি এই পুস্তকের আগামি সংস্করণে তাঁর ব্যক্তিত্বের আরো অন্য দিক গুলিকে তুলে ধরা যাবে। এই পুস্তক যাঁরা পড়বেন, আমি তাঁদের জীবনে অনন্ত সফলতার কামনা করছি।

- ড. রমেশ পোখরিয়াল 'নিশঙ্ক'
কবি ও সাহিত্যিক
সাংসদ, হরিদ্বার (উত্তরাখণ্ড), হিমালয়, ভারত

ভূমিকা

আপনি নরেন্দ্র মোদীর সাথে এক মত হোতে পারেন, বা নাও হোতে পারেন, কিন্তু বর্তমান পরিস্থিতিতে তাঁকে কোনো মতেই এরিয়ে যেতে পারবেন না। তিনি দেশের প্রধানমন্ত্রী বলে নয়, এদেশে এমন অনেক প্রধানমন্ত্রী এসেছেন যাঁদের সাথে ভারতীয় জনগণের কোনো সম্পর্কই তৈরী হয়নি, তার জ্বলন্ত দৃষ্টান্ত হলেন শ্রী মনমোহন সিংহ। গত দশ বছর ধরে মনমোহন সিংহ ভারতের প্রধানমন্ত্রীর আসনে বসে থাকলেও জনগণের সাথে তাঁর কোনো রকম সম্পর্কই গড়ে ওঠেনি।

নরেন্দ্র মোদী এর থেকে বেশ কিছুটা এগিয়ে। তিনি এমন একজন নেতা, যিনি জনগণের সামনে নিজেকে প্রমাণ করার চেষ্টা করছেন যে, তিনি শুধুমাত্র ভারতের প্রধানমন্ত্রী নন, তিনি হলেন একজন জননেতা। আজ গ্রামের মানুষেরাও তাঁকে নিজেদের কাছের মানুষ বলে ভাবতে শুরু করেছেন, যা বহু বছর বাদে সম্ভব হল। গুরুজনেদের মুখ থেকে শুনতাম যে জওহর লালা নেহেরু ছিলেন এই রকমই একজন জননেতা। মোদীর যে ক্রেজ সারা পৃথিবীতে দেখা যাচ্ছে, তাতে একটা বিষয় স্পষ্ট যে, তাঁকে সকলেই জননেতার পদটি সমর্পণ করে দিয়েছে।

কিন্তু তার মানে এই নয় যে, তাঁর নেতৃত্বে কেন্দ্র যে সরকার গড়ে উঠেছে তারা সব কাজই ভালো করছে। এই সিমীত কার্যকালের মধ্যেই তারা ভালোয়, মন্দে মেশানো কাজ করে চলেছে। এর থেকে একটাই আশা জেগেছে যে, এই সরকার হয়তো ভালো কিছু করবে, কিন্তু অপরদিকে আর একটি চরম সত্য হল, নির্বাচন প্রচারের সময় নরেন্দ্র মোদী যে দ্রব্যমূল্য হ্রাস্বের কথা বলেছিলেন, তা বাস্তবায়িত করার ব্যাপারে আজও তিনি ব্যর্থ। মোদী সরকার পদে বসেই রেলের ভাড়া বৃদ্ধি করেছে, গুরুতর রোগের ঔষধের মূল্যের বিষয়েও গণ্ডীর বাইরে বেরিয়ে কাজ করেছে। এই দৃষ্টিভঙ্গীতে বিচার করে বলা যায় যে, আর্থিক দিক থেকে নরেন্দ্র মোদী সরকার অনেকটাই মনমোহন সিংহের পদাঙ্ক অনুসরণ করেই

চলেছে, কিন্তু তা সত্ত্বেও শ্রী মোদী এমন কিছু নীতির অবতরণা করেছেন, যাতে করে সাধারণ মানুষ বিশ্বাস করে যে, তিনি কিছু করবেন।

সব মিলিয়ে বলা যায় যে, দেশের সর্বোচ্চ পদে আসীন হওয়ার পর তিনি কিছু জনকল্যাণমূলক কাজ করেছেন, কিন্তু এমন কিছু নীতি তিনি শুরু করেছেন যাতে করে সাধারণ মানুষ সমস্যায় পড়েছে, তবুও আজ প্রায় সকলেই মোদীর মায়াচ্ছন্ন। মহারাষ্ট্র ও হরিয়ানার বিধানসভা ভোটই তার উজ্জ্বল দৃষ্টান্ত। এই দুই রাজ্যে আজ পর্যন্ত বিজেপির কোনো মুখ্যমন্ত্রী হয়নি। সুতরাং এটা বলাই যায় যে, নরেন্দ্র মোদীর জন্যই আজ সেই অসম্ভবও সম্ভব হয়েছে।

নরেন্দ্র মোদীর এই ঐন্দ্রজালিক ক্ষমতার জন্যই বোধ হয় আজ তাঁকে ম্যানেজমেন্ট গুরুর আখ্যা দেওয়া হয়েছে। তাঁর কাজের শৈলীর মধ্যে এমন কি আছে যার জন্য আজ তিনি সকলের থেকে আলাদা এবং ক্রমাগত সফলতার দিকে এগিয়ে চলেছেন। শ্রী মোদীর ব্যবস্থাপনার কৌশল এবং তাঁর উচ্চাকাঙ্ক্ষাই তাঁকে যে সফলতা প্রদান করে চলেছে, সেই দৃষ্টিকোণ থেকেই এই পুস্তক রচনার প্রয়াস করা হয়েছে।

নরেন্দ্র মোদীর ওপর বাজারে বহু পুস্তক আছে, তাহলে এই বই রচনার উদ্দেশ্য কি? আজ পর্যন্ত তাঁর ওপর যত বই লেখা হয়েছে সেগুলি বেশির ভাগই তাঁর জীবন যাত্রার সাথে সম্পর্কিত। কিছু বইতে মুখ্যমন্ত্রী হিসাবে তাঁর কাজের বর্ণনা আছে, কিন্তু এই বইতে শুধুমাত্র মুখ্যমন্ত্রী নরেন্দ্র মোদীকেই পাবেন না, পাবেন প্রধানমন্ত্রী হয়ে তিনি এখন পর্যন্ত কি কি কাজ করেছেন তার বিস্তারিত বর্ণনা। সব ক্ষেত্রেই তাঁর ব্যবস্থাপনার কৌশলের দিকেই আলোকপাত করার চেষ্টা করা হয়েছে। এই পুস্তক রচনার অন্যতম আর একটি কারণ হল তিনি সাধারণ মানুষকে যা শেখাতে চাইছেন সেই দিকেও আলোকপাত করা। তিনি হলেন এক অতি সাধারণ পরিবারের মানুষ, কোনো রাজনৈতিক পৃষ্ঠভূমি নেই, সেখান থেকে প্রধানমন্ত্রীর পদে এসে বসা, এমন জীবন তো যেকোনো মানুষের কাছেই প্রেরণার উৎস হয়ে উঠতে পারে। তাঁর ওপরেও বহু আরোপের ঝড় এসেছে, কিন্তু তিনি নিজের দৌড় অব্যাহত রেখে প্রধানমন্ত্রীর আসনটি জয় করে নিয়েছেন। নরেন্দ্র মোদীর জাদুতেই আজ তিরিশ বছর বাদে ভারত একক সংখ্যা গোরিষ্ঠ পার্টীর সরকার লাভ করেছে।

ব্যক্তিগত ভাবে অনেকেই তাঁকে পছন্দ বা অপছন্দ করতে পারে, কিন্তু তিনি আজ পর্যন্ত যা করেছেন তার একটা তথ্যভিত্তিক বিশ্লেষণ অতি জরুরি।

এই বিশ্লেষণের কাজটিও এত সহজ নয়। একদিকে তিনি গরিবদের হক ও হিতের কথা বলেন, গান্ধীজীকে শ্রদ্ধা করেন অন্যদিকে ধনী সম্প্রদায়ের সাথেও আছে তাঁর যথেষ্ট ঘনিষ্টতা, আম্বানী ও আডবাণীর সাথে তাঁর ঘনিষ্টতা হল যথেষ্ট চর্চার বিষয়। একদিকে তিনি শ্রমিক ও মজুদের হিতের জন 'শ্রমেব জয়তে পরিকল্পনা' গড়েছেন অন্যদিকে শ্রম আইন সংশোধনের নামে এমন এমন আইন পাশ করেছেন যাকে দেশের একটি বড় শ্রেণী শ্রমিক বিরোধী বলেই মনে করেছে। নরেন্দ্র মোদীর এই বিরোধাভাসের সমাধান করার চেষ্টা আছে এই পুস্তকে।

সব মিলিয়ে এটা বলতেই হবে যে, তাঁর মধ্যে যতই বিরোধাভাস থাকুক না কেনো দেশকে আগামী 2019 সাল পর্যন্ত এই বিরোধাভাসকে সঙ্গে নেই চলতে হবে। তিনি গড্ডালিকা প্রবাহে চলতে অভ্যস্ত নন, তিনি নিজের মার্গ নিজেই তৈরি করে নিতে জানেন। সেই কারণে তিনি এমন অনেক ছোটো ছোটো বিষয়ের দিকে নজর দিয়েছেন, যেদিকে আজ পর্যন্ত কোনো নেতারই কোনো দৃষ্টি পড়েনি, আবার কিছু কিছু বিষয়ে তিনি প্রাচীন পদাঙ্কই অনুসরণ করে চলেছেন। এই পুস্তকে তাঁর ব্যবস্থাপনার কৌশলের দিকে আলোকপাত করার সাথে সাথে তাঁর ব্যক্তিত্ব গুলিকে এমন ভাবে প্রস্ফুটিত করার চেষ্টা করা হয়েছে যা সাধারণ মানুষের কাছে প্রেরণার উৎস হয়ে উঠতে পারে। আমার এই চেষ্টা কতটা সফল তার বিচার করবেন আপনারা। আপনারাও যদি আমাকে আপনাদের বিচার জানান তাহলে, আমি পরবর্তী সংস্করণটি আরোও ভালো করে তুলতে সক্ষম হব।

দুই নরেন্দ্র নামক ব্যক্তির জন্য এই বই লেখা সম্ভব হয়েছে। প্রথম নরেন্দ্র হলেন যাঁর ওপর এই বই লেখা হয়েছে তিনি, আর দ্বিতীয় হলেন ডায়মণ্ড পকেট বুক্সের কর্তাধর্তা শ্রী নরেন্দ্র কুমার ভার্মা। এই বই প্রকাশ করার জন্য আমি তাঁকে আন্তরিক কৃতজ্ঞতা জ্ঞাপন করছি।

হিমাংশু শেখর
mail@himanshushekher.in
www. himanshushekher.in

(প্রকাশকীয়)

দু- পা একসাথে চলা যাক....

আজ থেকে প্রায় ছয় বছর আগে হিন্দিতে প্রকাশিত 'দূরদ্রষ্টা নরেন্দ্র মোদী' নামক পুস্তকটি ছাপানোর সময় আমার মনে হয়েছিল যে, একমাত্র নরেন্দ্র মোদীই পারেন এই দেশকে পরিবর্তন করতে। এই সময় থেকে আমি তাঁর বিভিন্ন কার্যশৈলী, ভাষণ ও বিচারের দিকে সজাগ দৃষ্টি রাখতে শুরু করি। তখন থেকে আমার মনে হয়েছিল যে, এই ব্যক্তির ব্যক্তিত্ব সম্পর্কে সারা ভারতের লোকের জানা উচিত। আমি আমার প্রকাশন সংস্থার মাধ্যমে বিভিন্ন ভাষায় তাঁর সম্পর্কে বই প্রকাশিত করে সাধারণ জনগণের কাছে পৌঁছে দেওয়ার চেষ্টা করেছি।

আমার এই প্রয়াসের পিছনে ছিল রাষ্ট্রীয় স্বয়ং সেবক সংঘের প্রচুর সাহায্য। 70 -এর দশক থেকে আমি এই শাখার নিয়মিত অংশ হয়ে উঠেছি। কলেজে পড়ার সময় থেকেই আমার মনে হোত যে, ভারতের এমন কোনো ব্যক্তির প্রয়োজন যে সমগ্র বিশ্বের সামনে ভারতকে তুলে ধরতে পারবে। আমাদের সংস্কৃতি, আমাদের ঐতিহ্য এবং সভ্যতা যেন আমাদের বিকাসের মাধ্যম হয়ে ওঠে। ভারত এমন একটা আদর্শ রাষ্ট্র হয়ে উঠুক যা সারা পৃথিবীকে পথ দেখাতে পারবে। গণতন্ত্রকে জীবিত রাখার জন্য যে রাজনীতি চলছিল তা ভারতকে আরো দুর্বল করে দিচ্ছিল। এই চিন্তা আমাকে খুবই বিব্রত করত, এই রকম অবস্থা থেকে রাজনীতির কথা শুনলেই কুণ্ঠিত হোতাম। ভারতের সংস্কৃতিকে রক্ষা করে, রাষ্ট্রকে কে সঠিক পথে চালনা করতে পারবে, তা মাথাতেই আসত না। মনে ছিল অদম্য কৌতুহল আর দেশের অর্থ ব্যবস্থা এতটাই শোচনীয় হয়ে গেছিল যে, তা দেখে আমি পীড়িত হোতাম।

গত এক দশক ধরে দেশের অবস্থা সংকটময় হয়ে উঠেছে। সাধারণ মানুষের জীবনে সমস্যার যেন আর শেষ ছিল না। মূল্য বৃদ্ধির জন্য সাধারণ মানুষের সাথে সাথে ব্যবসায়িরাও সংকট বোধ করতে শুরু করেছিল। বিভিন্ন রাজ্য, তাদের সরকার এবং স্থানীয় নেতা গণও উৎসাহের সাথে কোনো কাজ করতে পারছিল না। এই পরিস্থিতিতে যখন গুজরাটের মুখ্যমন্ত্রী নরেন্দ্র মোদী

রাষ্ট্রীয় রাজনীতির দিকে মাথা তুলে দেখতে শুরু করেন, যখন তিনি রাষ্ট্রকে বদলানোর কথা বলতে শুরু করেছিলেন তখন মনে হয়েছিল যে, শরীর জুড়ে একটা শীতল বাতাসের অনুভব হচ্ছে। তাঁর মধ্যে আছে দেশকে নতুন করে গড়ে তোলার ক্ষমতা। তিনি রাজনীতির থেকে গণতন্ত্রকে অনেক বেশি প্রাধান্য দিয়ে থাকেন, হয়তো সেই কারণেই আজ সকলের মনে হচ্ছে যে, তিনি দেশকে প্রগতির পথে নিয়ে যেতে পারবেন।

তাঁর ব্যক্তিত্ব আমাকে এতটাই প্রভাবিত করেছে যে, আমি তাঁর সম্পর্কে 'নরেন্দ্র মোদীর নমো মন্ত্র', 'একটা ভারত শ্রেষ্ট ভারত', 'মহানায়ক নরেন্দ্র মোদী', 'প্রেরণামূর্তি নরেন্দ্র মোদী' এবং 'ভারতের আশা নরেন্দ্র মোদী' নামক পুস্তক গুলি হিন্দি, ইংরেজি, মারাঠী, গুজরাটি এবং বাংলা ভাষায় প্রকাশিত করেছি, আর যুদ্ধকালিন তৎপরতায় তার প্রচারও করার চেষ্টা করেছি যাতে একটা সুবিচার জনগণের কাছে পৌঁছে যেতে পারে।

এই পুস্তক গুলি কাশ্মীর থেকে কন্যাকুমারী পর্যন্ত পড়া হচ্ছে তা জানতে পেরে আমার খুবই ভালো লাগে। আমার মনে হয়েছে যে, আমি দীর্ঘ দিন ধরেই এমন কিছু করতে চাইছিলাম। 2014 সালের মে মাসে তিনি যখন প্রধানমন্ত্রী পদে বসেছিলেন তখন থেকেই ঠিক করেছিলাম যে, তার ছয় মাসের কাজের ওপর একটা বই প্রকাশ করব, ভারতের মুখ্য ভাষা গুলিতে এই বই প্রকাশের ইচ্ছা ছিল আমার। এই কাজটা খুব সহজ ছিল না, কিন্তু আজ আমি আনন্দের সাথে আপনাদের জানাচ্ছি যে, আমার সেই স্বপ্ন পূরণ হয়েছে।

এই পুস্তক আমি দেশের যুবক শ্রেণীকে সমর্পণ করছি। তাদের দ্বারাই ভারত আবার জগৎ সভায় শ্রেষ্ঠ আসন লাভ করতে পারবে। ভারতে সম্ভাবনার কোনো অভাব নেই, 125 কোটি ভারতবাসীকে একত্রিত হয়ে আমাদের দেশকে সর্বশ্রেষ্ট করে তুলতে হবে। দেশের মহানায়কের হাত দৃঢ় করে তুলতে হবে, তাঁর প্রতি আমাদের বিশ্বাস প্রকটিত করতে হবে, দেশের জন্য বাঁচতে হবে, তবেই আমাদের দেশ সর্বশ্রেষ্ঠ আসন লাভ করবে। 'সবকা সাথ, সবকা বিকাশ' এবং 'এক ভারত শ্রেষ্ঠ ভারত' - এই হল আমাদের প্রধানমন্ত্রীর স্বপ্ন, তাঁর এই স্বপ্ন আমরাই পূরণ করতে পারি। আপনাদের সক্রিয় সাহায্য ছাড়া এই স্বপ্ন কিছুতেই পূরণ হবে না। আশা করছি যে দেশের বিকাসের জন্য আপনারা সকলে পায়ে পা মিলিয়ে চলবেন।

- নরেন্দ্র কুমার ভার্মা

nk@dpb.in

বিষয় সূচী

সমর্পণ

মা শ্রীমতি উর্মিলা সিংহ এবং পিতা শ্রী রঞ্জীত সিংহকে

নরেন্দ্র মোদী : একটা সংক্ষিপ্ত পরিচয়

1950 সালের 17 ই সেপ্টেম্বর ভারতের প্রধানমন্ত্রী নরেন্দ্র দামোদরদাস মোদী জন্মগ্রহণ করেছিলেন। তিনি উত্তর গুজরাটের মেহসাণা জেলার বডনগর গ্রামে জন্মেছিলেন। বডনগর হল ছোট্টো একটা কসবা। তাঁর মায়ের নাম হল হীরাবেন মোদী। তাঁর বাবার নাম দামোদরদাস মুলচাঁদ মোদী। তাঁর পাঁচ ভাইবোন, তিনি হলেন মেজো। ছোটোবেলায় তাঁকে নরিয়া বলে ডাকা হতো। তাঁর বাবার রেলওয়ে স্টেশানে একটা চায়ের দোকান ছিল।

গত কয়েকদিনে তাঁর শৈশব ও কৌশর সম্পর্কে কিছু তথ্য পাওয়া গেছে। ষাটের দশকে ভারত-পাকিস্তানের যুদ্ধের সময় অংশগ্রহণকারী সৈনিকগণ সাহায্যের জন্য রেলওয়ে স্টেশানে গেলে তিনি তাদের চা পান করাতেন। সেই সময় তিনি ছিলেন খুবই ছোটো। 1967 সালে গুজরাটে বন্যার সময় তিনি বন্যা পিড়ীত অঞ্চল গুলিতে গিয়ে দুঃস্থ্দের সাহায্য করছিলেন।

কৈশরে তিনি সাধারণ বাচ্চাদের থেকে একটু আলাদাই ছিলেন। তিনি ভগবতাচার্য নারায়ণাচার্য স্কুলে পড়তেন। তিনি ছিলেন সাধারণ ছাত্র। কিছু লোকেদের কাছ থেকে জানা গেছে যে, ছোটোবেলায় তিনি অভিনয় করতে ভালোবাসতেন। স্কুলে নাটক, তর্ক-বিতর্ক প্রভৃতিতে অংশ গ্রহণ করে পুরস্কার পেতেন। নরেন্দ্র মোদী এনসীসীতে যোগ দেন। ছোটর থেকেই সাধু- সন্তদের খুবই শ্রদ্ধা ভক্তি করতেন। জীবনের কোনো একটা মোড়ে পৌঁছে তিনি সন্ন্যাসী হয়ে যাওয়ার কথা ভেবেছিলেন। যার জন্য তিনি স্কুলের পড়াশোনা ছেড়ে বাড়িতে বসে থাকতেন। এই সময় তিনি পশ্চিমবঙ্গের রামকৃষ্ণমিশনের মহারাজদের সঙ্গে বহু স্থানে ঘুরে বেরিয়েছেন। এই সময় তিনি স্বামী বিবেকানন্দের অনুরক্ত হয়ে পড়েছিলেন এবং তাঁর দেখানো পথেই চলার কথা ভেবেছিলেন। প্রধানমন্ত্রী হওয়ার পরেও স্বামীজীর বিচারধারার কথা তাঁর মুখে প্রায় শোনা যায়। হিমালয়ে বহু সাধুর সঙ্গে জীবন অতিবাহিত করলেও দু বছর বাদে বাড়ি ফিরে এসে সন্ন্যাস

জীবন ত্যাগ করার সিদ্ধান্ত নিয়েছিলেন। তারপর তিনি তাঁর দাদার সাথে আমাদেবাদে একটি চায়ের দোকান খোলেন।

খুব ছোটবেলাতেই তিনি আরএসএস-এর সাথে যোগ দিয়েছিলেন। 1958 সালে দীপাবলীর দিন গুজরাটে আরএসএসের প্রথম প্রান্তীয় প্রচারক লক্ষ্মণ রাও ইনামদার হরফে উকিল সাহেব নরেন্দ্র মোদীকে বাল স্বয়ংসেবকের শপথ গ্রহণ করিয়েছিলেন। তাঁর পরিচিত লোকেরা বলেন যে, তিনি ছিলেন খুবই পরিশ্রমী মানুষ। আরএসএসের বড় শিবির আয়োজনের সময় তিনি ম্যানেজমেন্টের কাজ করতেন। আরএসএসের নেতাদের জন্য ট্রেন ও বাসে রির্জাভেশান করানোর দায়িত্ব থাকতো তাঁরই ওপর।

আঠারো বছর বয়সে নরেন্দ্র মোদীর মা বাঁসকাঠা জেলার রাজেসানা গ্রামের বাসিন্দা যশোদা বেনের সাথে বিয়ে দিয়েছিলেনতাঁর, কিন্তু তিনি বৈবাহিক জীবনের বন্ধনে আবদ্ধ হোতে পারেননি। কিছু দিন বাদে তিনি সংসার ছেড়ে সংঘে যোগ দেন। মোদী যখন আমেদাবাদে সংঘের মুখ্যালয়ে থাকতেন তখন তিনি পরিষ্কার-পরিচ্ছন্ন করা, চা বানানো, বড়দের জামাকাপড় ধুয়ে দেওয়ার মতো ছোটোখাটো কাজ করতেন।

নরেন্দ্র মোদী কোনো নতুন কাজ শুরু করার আগে অবশ্যই মায়ের আশীর্বাদ নিতেন। 2014 সালে লোকসভা নির্বাচনে জয়লাভ করার পরেও তিনি সর্বাগ্রে আশীর্বাদ নেওয়ার জন্য মায়ের কাছেই ছুটে গেছিলেন। তিনি স্কুটার চালাতে পারতেন না বলে গুজরাটের প্রাক্তন মুখ্যমন্ত্রী শঙ্কর সিংহ বাঘেলার স্কুটারে চেপে ভোটের প্রচার করতেন। মোদী সংঘের পাঞ্জাবির হাতা ছোটো করে নিয়েছিলেন যাতে একটু কাপড় বাঁচানো যায়, আজ সারা দেশে সেটাই 'মোদী পাঞ্জাবী' বলে বিখ্যাত হয়ে উঠেছে। মোদী দাঁড়ি রাখেন এবং তা ছেঁটেও নেন। তিনি বেশ কিছু প্রবন্ধ, গল্প, কাহিনী ও কবিতা লিখেছেন। তিনি গুজরাটি ভাষায় হিন্দুত্বের সাথে সম্পর্কিত বেশ কিছু প্রবন্ধ লিখেছেন। তাঁর জীবনকে প্রভাবিত করার পিছনে স্বামী বিবেকানন্দের আদর্শের এক বিরাট ভূমিকা আছে, তিনি গুজরাটে 'বিবেকানন্দ যুবা বিকাস যাত্রা'-র আয়োজন করেছিলেন। খুব ছোটো খাটো বিষয়েও তিনি সদা জাগ্রত, যে কোনো ভাষণের পূর্বে তিনি যথেষ্ট প্রস্তুতি নেন এবং নিজের বেশভূষা ও চুলের স্টাইলের দিকেও তাঁর লক্ষ্য থাকে।

তিনি রাষ্ট্রবিজ্ঞান নিয়ে পড়াশোনা করেছেন। রাষ্ট্রীয় স্বয়ংসেবক সংঘ তাঁর ওপর বেশ কিছু দায়িত্ব দিয়েছিল। তিনি সংঘের সহযোগী ছাত্র সংঠন, 'অখিল

ভারতীয় ছাত্র পরিষদ'-এর সাথেও যুক্ত ছিলেন। এই সংগঠনে থাকা কালীনও তিনি নিজের দায়িত্ব নিষ্ঠার সাথে পালন করতেন।1975 সালে 19 মাস ধরে ভারতে যে আপৎকালীন সময়ের ঘোষণা করা হয়েছিল সেই সময়তেও তিনি নিষ্ঠার সাথে কর্তব্য পালন করে গেছেন। সেই সময় সর্দারের মতো তিনি পুলিশদের সচেতন করার কাজ করতেন।

সংঘের কার্যকর্তা হিসাবে তিনি সংঘের উচ্চপদাধিকারীদের বাড়িতে যেতেন, তাঁদের বক্তব্য অনুসারে, 'সংঘে মোদী খুবই নীচুর স্তর থেকে ধীরে ধীরে ওপরে উঠেছিলেন। খুব ছোটো বয়সেই স্বংয় সেবক হিসাবে সংঘের কাজ শুরু করলেও কয়েক বছর বাদে তিনি আমাদেবাদের সংঘের কার্যালয়ের সামনে চা বিক্রী করতেন। এই সুবাদেই উচ্চপদাধিকারীদের সাথে যোগাযোগ শুরু এবং সংঘের কাজে পদার্পণ। সেখানে তিনি খাবার বানানো থেকে ঘর মোছা পর্যন্ত সকল কাজ করতেন। 1987 সালে সংঘ তাঁকে সরাসরি রাজনৈতিক কাজে লাগিয়ে দেয়। তাঁকে গুজরাটের সংগঠন মন্ত্রী করা হয়। অর্থাৎ গুজরাটে সংঘ ও বিজেপির মধ্যে সামঞ্জস্য বজায় রাখার দায়িত্ব দেওয়া হয়েছিল তাঁর ওপর।' তারা বলেন, '1991 সালে বিজেপির রাষ্ট্রীয় অধ্যক্ষ মুরালী মনোহর যোশীর একতা যাত্রার আয়োজনের দায়িত্ব দেওয়া হয়েছিল, এটা ছিল তাঁকে দেওয়া রাষ্ট্রীয় স্তরের প্রথম দায়িত্ব, পরে তাঁকে পাঞ্জাব, হরিয়াণা, চণ্ডীগড়, হিমাচল প্রদেশ এবং জম্মু কাশ্মীরের দায়িত্বও অর্পণ করা হয়েছিল। এই বিভিন্ন রাজ্যে কাজ করার সময় তিনি রাষ্ট্রীয় স্তরে পার্টির হয়ে একটি পরিচয় গড়ে তুলতে সক্ষম হয়েছিলেন। 2001 সালে উপনির্বাচন ও স্থানীয় নির্বাচনে বিজেপির চরম পরাজয়ের জন্য কেশুভাই প্যাটেলকেই দায়ী করা হয় এবং তাঁকে সেই পদ থেকে অপসারিত করে 2001 সালের 7 ই অক্টোবর শ্রী নরেন্দ্র মোদীকে গুজরাটের মুখ্যমন্ত্রীর পদে বসানো হয়।

গুজরাটের মুখ্যমন্ত্রী হওয়ার আগেই তিনি বিজেপির কুশল সংগঠন কর্তা হিসাবে নিজের পরিচয় গড়তে সক্ষম হয়েছিলেন। পার্টীতেও বিশেষ রাজনীতিবিদ্ হিসাবে তিনি নিজের স্থান করে নিতে সক্ষম হয়েছিলেন। 1995 সালে নরেন্দ্র মোদীকে রাষ্ট্রীয় সচিবের পদে বাসনো হয় ও পাঁচটি রাজ্যের দায়িত্ব তাঁকে অর্পণ করা হয়। 1998 সালে তাঁকে বিজেপির মহামন্ত্রীর পদে বসানো হয়। মুখ্যমন্ত্রী হওয়ার আগে পর্যন্ত মোদী পার্টীতে এই দায়িত্বই পালন করতেন। বিশেষ কিছু রাজ্যে বিজেপির পায়ের তলার মাটি শক্ত করার পিছনে মোদীর বিশেষ অবদান

আছে, তা পার্টির লোকেরাও স্বীকার করে। মুখ্যমন্ত্রী হওয়ার আগে তিনি সংগঠনের কার্যকর্তা হিসাবেই বেশ কিছু বিদেশ সফরে অংশ নিয়েছিলেন।

2001 সালে গুজরাটের মুখ্যমন্ত্রীর পদে বসার পর তাঁকে আর সেখান থেকে টলানো যায়নি। নরেন্দ্র মোদীর জন্যই গুজরাটে বিজেপি 2002, 2007 এবং 2012 -র নির্বাচনে জয় লাভ করেছিল। দায়িত্ব গ্রহণের পরের দিন গুলিতে কিছু সমস্যা দেখা দিলেও আজ সারা ভারতবর্ষ গুজরাটের বিকাস সম্পর্কে অবগত। প্রথমেই আসে, প্রাকৃতিক বিপর্যয়, যা নিয়ন্ত্রণে আনতে বহু কৃচ্ছ সাধন করতে হয়েছিল। তিনি নিজের অগ্নি পরীক্ষায় সফল হয়ে আর্থিক দিক থেকে গুজরাটের পা শক্ত করতে সক্ষম হয়েছিলেন। তাঁর বিকাস মডেল নিয়ে বহু সমালোচনা করা হয়। কিছু লোকের মতে মোদীর কার্যকালে আর্থিক বিকাস হলেও যতটা সামাজিক বিকাসের প্রয়োজন ছিল ততটা হয়নি।

ভুজে ভয়ংকর ভূমিকম্পের পর পুনর্নির্মাণ এবং পুনর্বাসনের কাজের সাথে সাথে তিনি গুজরাটে 'পঞ্চমূরত পরিকল্পনা' শুরু করেছিলেন। এই পরিকল্পনা অনুসারে তিনি রাজ্যের সর্বস্তরে উন্নয়ন ঘটানোর চেষ্টা করেছিলেন, আর এর ফলেই আজ বেশ কয়েকটি ক্ষেত্রে গুজরাট সারা দেশের পথপ্রদর্শকের ভূমিকা পালন করছে। এর মধ্যে কিছু ক্ষেত্র হল - ই-গভর্নেন্স, বিনিয়োগ, দরিদ্র উন্মিলন, শক্তি, বিশেষ আর্থিক ক্ষেত্র, সড়ক বিকাস, আর্থিক অনুশাসন প্রভৃতি। কৃষি, বাণিজ্য ও সেবা তিনটি ক্ষেত্রেই গুজরাটকে এগিয়ে নিয়ে যাওয়াই ছিল তাঁর প্রধান লক্ষ্য। নরেন্দ্র মোদীর কাজের মূল মন্ত্র হল, 'সবকা সাথ, সবকা বিকাস'।

নরেন্দ্র মোদী গুজরাটের জলের সমস্যা দূর করার জন্য বেশ কিছু পদক্ষেপ গ্রহণ করেছিলেন। এতে নর্মদা বাঁধের উচ্চতা বৃদ্ধি থেকে 'সুজলম সুফলম পরিকল্পনা' পর্যন্ত অন্তর্ভূক্ত। কৃষকদের ক্ষেতের অবস্থা ভালো রাখার জন্য তিনি মৃত্তিকা হেল্‌থ কার্ড জারী করেছিলেন। তিনি রোমিঙ্গ রেশন কার্ড ও রোমিঙ্গ স্কুল কার্ডের মতো সফল কিছু প্রয়াস করেছিলেন।

মুখ্যমন্ত্রী হিসাবে তিনি গুজরাটে যে কাজ গুলি করেছিলেন তার জন্য অন্তর্রাষ্ট্রীয় স্তরে গুজরাট বেশ কিছু পুরস্কারও লাভ করেছে। তাঁর কার্যকালে বিনিয়োগকারীরা গুজরাটে অর্থ বিনিয়োগের বিষয়ে যথেষ্ট তৎপর ছিলেন। বিনিয়োগকারীদের আকর্ষণ করার জন্য তিনি 'ওয়াইব্রেন্ট গুজরাট'-এর মতো পরিকল্পনার আয়োজন করেছিলেন, কিন্তু তার আগে তিনি গুজরাটকে ব্যবসা-বাণিজ্যের জন্য উপযোগী করে তোলার চেষ্টা করেছেন। তিনি সেখানকার

আইন ব্যবস্থাতেও সংশোধন ঘটিয়েছেন, ব্যবসার জন্য উপযোগী কাঠামো গড়ে তুলেছিলেন। গুজরাট যাতে বিনিয়োগের বিষয়ে উপযোগী হয়ে হয়ে উঠতে পারে, তারজন্য নরেন্দ্র মোদীর চেষ্টা সম্পর্কে ওয়েবসাইট থেকে জানা যায়, 'বাণিজ্যের বিষয়ে নরেন্দ্র মোদীর অনুকূল দৃষ্টিভঙ্গী অর্থ ব্যবস্থার ক্ষেত্রে আশীর্বাদ বলে প্রমাণিত হয়েছে। জনকল্যানের বিষয়ে তাঁর ভিজন একেবারেই স্বতন্ত্র। একদিকে তিনি বিনিয়োগকারীদের আহ্বান করেছেন অন্যদিকে যাতে তাদের কোনো প্রতিবন্ধকতা বা দুর্নীতির সম্মুখীনতা করতে না হয় সেই দিকে বিশেষ নজরও রেখেছেন। টাটা ন্যানো আজ ইতিহাসের পাতায় স্থান করে নিয়েছে। একটা ছোট্টো এসএমএসের দ্বারাই তিনি টাটা সংস্থাকে নিজের রাজ্যে আহ্বান জানিয়েছিলেন, অথচ পশ্চিমবঙ্গে সেই কারখানা গড়া নিয়ে কত অশান্তই না হয়েছে! এই কারখানা গড়ার জন্য রেকর্ড সময়ের মধ্যে তিনি সমস্ত ব্যবস্থা করে মঞ্জুরি পাইয়ে দিয়েছিলেন।'

এই অনুসারে,'2010 সালের মধ্যেই সারা দেশের কাছে তাঁর দৃষ্টিভঙ্গী স্পষ্ট হয়ে উঠছিল। মুখ্যমন্ত্রী হওয়ার সাথে সাথেই তিনি বেশ কিছু সুদৃঢ় নীতি গড়ে তুলতে চেয়েছিলেন। ভয়ঙ্কর ভূমিকম্প এবং 2002 সালর দাঙ্গার পর নরেন্দ্র মোদী রাজ্যের বিকাস যাত্রা শুরু করেছিলেন। তিনি প্রথম ওয়াইব্রেন্ট গুজরাট ইনভেস্টমেন্ট সমিতির গঠন করেন, পরে বিভিন্ন রাজ্য এই নীতি গ্রহণ করেছিল। গুজরাটকে বাণিজ্যের সঠিক ক্ষেত্র হিসাবে দৃষ্টিআকর্ষণ করিয়ে দেওয়ার জন্য 2003 সালে গ্লোবল ইনভেস্টর্স সমিটের শুরু করা হয়েছিল একেবারেই ছোট স্তর থেকে। সম্পূর্ণ রাজ্য, দেশ এবং বিশ্বের বিনিয়োগকারী, শিল্পপতি, টেকনোলজী প্রভাইডার, প্রফেশনাল্স এবং এক্সপার্টদের একত্রিত করার জন্য এই দ্বিবার্ষিকী পরিকল্পনা গড়ে তোলা হয়েছিল। এই সমিটে রাজ্য দেশের অংশীদার হয়ে ওঠে আর এই কার্যক্রমে গুজরাট হয়ে ওঠে ভারতের ইঞ্জিন। বিজনেস ইভেন্টের লক্ষ্য নিয়ে এই কার্যক্রম শুরু করা হেও তা জ্ঞান আদান-প্রদানের ক্ষেত্রে পরিণত হয়েছিল। এই চেষ্টার জন্য যে বড়ো বড়ো বিনিয়োগকারীরা গুজরাটের দিকে আকর্ষিত হয়েছিল, তা বলাই বাহুল্য। যুবকরা পায় কর্মের সন্ধান আর তার উৎপাদনও বৃদ্ধি পেতে থাকে। তিনি যখন গুজরাটের দায়িত্ব হাতে নিয়েছিলেন তখন সার্বজনিক ক্ষেত্রে কম্পানী গুলির অবস্থা খারাপ হলেও এক দশকের মধ্যে কম্পানী গুলির কায়া বদলে যায় এবং কিছু কম্পানীতো লাভের মুখও দেখতে শুরু করেছিল।'

করপোরেট জগতকে বিভিন্ন সুবিধা প্রদান করার জন্য আজ রতন টাটা থেকে শুরু করে আম্বানী পর্যন্ত সকলেই তাঁর গুণমুগ্ধ। করপোরেট ওয়ার্ল্ড গড়ে তোলার আশাতেই মোদী বেশ কিছু শিল্পপতির দিকে তাক করেছিলেন। যেভাবে তিনি রাজনীতি করেছেন ঠিক সেইভাবেই তিনি শিল্পপতিদের আয়ত্ত করতে সক্ষম হয়েছিলেন। 2003 সালের ফেব্রুয়ারীতে শ্রী মোদীর অনুরোধে সীআঈআঈ দিল্লীতে একটা কার্যক্রমের ব্যবস্থা করেছিল। এতে কর্পোরেট জগতের বিশেষ ব্যক্তিত্বরা অংশ গ্রহণ করেছিলেন। 2002 সালের দাঙ্গার পর এইচডীএফসীর দীপক পারেখ, ইন্ফোসিসের ন্যায়মূর্তী, ওইপ্রোর প্রেমজীর মতো লোকেরা সর্বসম্মুখে মোদীর সমালোচনা করেছিলেন। 2003 -এর অনুষ্ঠানে মোদীর সাথে ছিলেন জামসেদ গোদরেজ এবং রাহুল বাজাজ। অনুষ্ঠানের সঞ্চালক ছিলেন সীআঈআঈ-এর মুখপাত্র তরুণ দাস। গোদরেজ সরাসরি সমালোচনা করলেও রাহুল বাজাজের তীক্ষ্ণ ভাষার লক্ষ্যে ছিলেন নরেন্দ্র মোদী এবং তিনি তাঁকে 2002 সালের গুজরাটের কলঙ্ক বলে অভিহিত করেন। মোদী তখন তাঁকে গুজরাটে আমন্ত্রণ জানিয়েছিলেন, আর বলেছিলেন যে, সত্যি কি হয়েছিল তা গুজরাটের লোকেরাই বলতে পারবে। তিনি সরাসরি বলেছিলেন যে, গুজরাটের ইমেজ খারাপ করার পিছনে বহু লোকের স্বার্থ আছে, কিন্তু তাঁদের কি স্বার্থ তা তিনি বুঝতে পারছিলেন না।

মোদী এখানেই বিষয়টির শেষ হোতে দেননি, বরং সীআঈআঈতে অন্তর্ভূক্ত গুজরাটের ব্যবসায়িদের এটা বুঝিয়েছিলেন যে, গোদরেজ, বাজাজ এবং সীআঈআঈ শুধু মোদীকে অপমান করেননি, তাঁরা অপমান করেছেন গুজরাটকে। এরপর আডাণী, ক্যাডিলা সহ একশোটি মুখ্য সংস্থা সীআঈআঈ থেকে আলাদা হয়ে রিসর্জেন্ট গ্রুপ অফ গুজরাট নামক আলাদা সংগঠন গড়ে তোলেন। যার ফলে সীআঈআঈ সমস্যায় পড়ে যায়। গুজরাটের ব্যবসায়িরা আলাদা হয়ে যাওয়ার মানে পশ্চিম ভারতে সীআঈআঈ নিশ্চিহ্ন হয়ে যাওয়া। এদিকে বাজপেয়ী সরকারের সদস্যদের কাছে যাতে সীআঈআঈ পৌঁছাতে না পারে সেদিকটাও মোদী প্রায় সুনিশ্চিত করে ফেলেছিলেন। বাধ্য হয়ে সীআঈআঈকে লিখিত রূপে মোদীর কাছে ক্ষমা চাইতে হয়। এর তিনমাস বাদে সীআইআঈ জ্যুরিখে বিশ্ব আর্থিক মঞ্চের আয়োজন করার সময় মোদীর কথা মতো গুজরাটের ব্যবসায়িদের নিয়ে একটা বৈঠকের আয়োজন করেছিল। পারসী ও সংখ্যা লঘিষ্ঠ সম্প্রদায়ের লোকেরা মোদীকে মানতে পারছিল না, তাদেরকে

নিজের দিকে আকর্ষিত করার জন্য তিনি রতন টাটার সাথে একটা সুসম্পর্ক গড়ার কথা ভেবেছিলেন। ওয়াইব্রেন্ট সম্মেলনে তিনি তৎকালিন প্রধানমন্ত্রী অটল বিহারী বাজপেয়ীর হাত দিয়ে তাঁকে সম্মানিত করেন। গুজরাটের কংগ্রেস মনোভাবাপন্ন ব্যবসায়িরা বলে,'মোদীকে একনায়কতান্ত্রিক বলা গেলেও জনগণের কাছে তাঁর আপীল আছে। তিনি লোকেদের প্রেরণা দেন। তিনি সীঈওয়ের মতো কাজ করেন। এই কারণেই ব্যবসায়িরা তাঁকে বিশেষ ভাবে পছন্দ করে। তিনি এটাই দেখেন যে, ব্যবসায় যেন কোনো রকম সমস্যা না হয়।'

আধুনিক টেকনিকের প্রতি নরেন্দ্র মোদীর বিশেষ আকর্ষণ আছে। তিনি নিজের কাজে টেকনিকের ব্যবহার করার বিষয়ে কখন পিছুপা হন না। নরেন্দ্র মোদীর এই টেকনিকের জন্যই গুজরাট পেয়েছিল একটা সুগঠিত সরকার। তিনি বুদ্ধির সাথে সোশাল মিডিয়ার ব্যবহার করতে জানেন। এরফলেই তিনি সাধারণ মানুষের সাথে সহজে মিশে যেতে পারেন। সোশাল মিডিয়ায় তাঁর প্রশংসাকের বাহুল্য দেখলেই বোঝা যায় যে, মিড়িয়ার ব্যবহারের বিষয়ে তিনি কতটা পারদর্শী।

2002 সালের দাঙ্গা নরেন্দ্র মোদীর রাজনৈতিক জীবনে একটা কলঙ্কের সৃষ্টি করেছে। আরোপ করা হয় যে, একজন মুখ্যমন্ত্রী হিসাবে দাঙ্গার সময় তাঁর যে ভূমিকা পালন করা উচিত ছিল তিনি তা করেননি। এর পিছনে আসল কারণ কি তা আজ পর্যন্ত জানা যায়নি, কিন্তু বিভিন্ন আদালতের কাছ থেকে শ্রী মোদী ক্লিনচিট লাভ করতে সক্ষম হয়েছেন। 2002 সালের পর গুজরাটে তাঁর গঠিত আইন ব্যবস্থার ফলে এমন দাঙ্গার পরিবেশ আর দেখা যায়নি।

2013 সালে বিজেপি তাঁকে প্রধানমন্ত্রী পদের প্রার্থী হিসাবে মনোনয়ন করার পর, এমন কিছু নেতা ছিল যারা এই ঘোষণা মেনে নিতে পারছিল না। কারণ তারা ভেবেছিল যে, দেশে 'মিলিজুলি সরকার' হবে তাতে করে নরেন্দ্র মোদী সঠিক প্রার্থী নন, কিন্তু পার্টী ছিল মোদীর সাথেই, কারণ 2009 সালে লালকৃষ্ণ আডবাণীর মতো নেতাকে প্রধানমন্ত্রী পদের প্রার্থী করে তাদের ফল দেখা হয়ে গেছিল। সেই সময় পার্টীর ফলাফল ছিল খুবই হতাশা জনক। পার্টীর মনে হচ্ছিল যে, নরেন্দ্র মোদীকে প্রার্থী হিসাবে দাঁড় করালে দীর্ঘ দশ বছর বাদে পার্টী আবার নিজের ক্ষমতা ফিরে পাবে।

তাই হয়, নরেন্দ্র মোদী সংখ্যা গোরিষ্ঠ দল গড়ে প্রধানমন্ত্রীর পদে গিয়ে বসেন। পার্টীকে জয়ের মুখ দেখানোর জন্য একদিনে পাঁচ- পাঁচটা র‍্যালী পর্যন্ত তিনি করেছেন। কোনো রকম বিশ্রাম ছাড়াই প্রচারের সময় তিনি মোট 400 টি

র‍্যালির আয়োজন করেছিলেন। 2014 সালের ভোটের সময় বিজেপি সর্বশ্রেষ্ঠ প্রদর্শন করতে সক্ষম হয়েছিল। পার্টি এর শ্রেয় দিয়েছে নরেন্দ্র মোদীকেই। 2014 সালের 26 মে দেশের পঞ্চদশ প্রধানমন্ত্রী হিসাবে নরেন্দ্র মোদী শপথ গ্রহণ করেছেন।

প্রধানমন্ত্রী হওয়ার পরেও ক্রমাগত তিনি নিজের স্বতন্ত্রতা দেখিয়ে গেছেন। সাধারণ লোকেদের হাতে সরাসরি আর্থিক সাহায্য তুলে দেওয়ার জন্য তিনি প্রধানমন্ত্রী জন ধন পরিকল্পনা গড়েছেন আর অন্যদিকে বিদেশের বিনিয়োগকারীদের ভারতে আকর্ষণ করার জন্য 'মেক ইন ইণ্ডিয়া'-র পরিকল্পনা গড়ে তুলেছেন। বিদেশ নীতির ক্ষেত্রেও নরেন্দ্র মোদী চীন ও আমেরিকার মতো দেশ গুলির সাথে সুসম্পর্ক গড়ার চেষ্টা করেছেন, সেই সঙ্গে নেপাল ও ভুটানের মতো দেশের সাথেও মৈত্রীর বন্ধনে আবদ্ধ হয়েছেন। সেই সাথে 'স্বচ্ছ ভারত অভিযান' যে, কতখানি রোমাঞ্চকর তা আজ আর কাউর অজানা নয়।

নেতৃত্ব ক্ষমতা

যেকোনো ক্ষেত্রে সঠিক দায়িত্ব সেই পালন করতে পারে, যার মধ্যে নেতৃত্ব দানের ক্ষমতা আছে। করপোরেট সেক্টর হোক বা সরকারি চাকরি, রাজনীতি হোক বা সমাজ সেবা সব ক্ষেত্রেই নেতৃত্ব প্রদানের ক্ষমতা একটা গুরুত্বপূর্ণ বিষয়। সত্যি বলতে কি, এটা ছাড়া কোনো ক্ষেত্রেই দীর্ঘদিন টিঁকে থাকা সম্ভব না। যেকোনো ক্ষেত্রে সফল হওয়ার জন্য নিজের ভিতরে এই ক্ষমতা আনাটা খুবই জরুরি।

অতি সাধারণ পরিবারে জন্ম গ্রহণ করেও শুধুমাত্র এই ক্ষমতার জন্যই আজ নরেন্দ্র মোদী সফলতার শিখরে। যখন থেকে তিনি সামাজিক বা রাজনৈতিক জীবনের সাথে নিজেকে জরিয়েছেন, তখন থেকে তিনি যে দায়িত্ব পেয়েছেন, তা সফল করতে সক্ষম হয়েছেন এই নেতৃত্ব ক্ষমতার প্রদর্শন করে। নেতৃত্ব ক্ষমতার সাথে ম্যানেজমেন্টের সম্পর্ক অতি গভীর, আর এই দুটির সঙ্গে তাল মিলিয়ে কাজ করার বিষয়ে নরেন্দ্র মোদী খুবই পটু।

নরেন্দ্র মোদী নিজেই এগিয়ে গিয়ে নেতৃত্ব প্রদানের ব্যাপারে আগ্রহ দেখাতেন। যেকোনো বিষয়ে তিনি এগিয়ে যান তা টাটা ন্যানোকে গুজরাটে নিয়ে যাওয়ার বিষয় হোক বা অমিতাভ বচ্চনকে গুজরাটের ব্রাণ্ড এম্বাসেডর করা হোক। টাটা ন্যানো নিয়ে যখন পশ্চিমবঙ্গ উত্তাল ঠিক তখনই টাটাকে একটা ছোট্টো এসএমএস, আর এক ঝটকায় টাটা ন্যানো পশ্চিমবঙ্গ থেকে সিধা গুজরাট। ঠিক এই ভাবেই তিনি মহান অভিনেতা অমিতাভ বচ্চনকে গুজরাটের সাথে যুক্ত করতে সক্ষম হয়েছিলেন। তিনি অমিতাভ বচ্চনকে রাজনীতির সাথে যুক্ত করেননি, তিনি গুজরাটের পর্যটন বিভাগের প্রচার প্রসারের জন্য তাঁকে আহ্বান জানিয়েছিলেন। এই দুটি ঘটনাই তাঁর নেতৃত্ব প্রদানের পরিচায়ক। এর থেকেই বোঝা যায় যে, নিজের থেকে এগিয়ে গেলে অনেক সময় অসম্ভব বলে মনে হওয়া কাজও সম্ভবপর হয়ে ওঠে।

অনেক সময় শীর্ষস্থান অধিকারী ব্যক্তিরা, অন্যদের দিয়ে কাজ করানোর ব্যাপারে অভ্যস্ত থাকেন, কিন্তু যদি সেই কাজ নিজে করা যায়, তাহলে তার পরিণাম অতি শীঘ্র লাভ করা যেতে পারে। ওপরে যে দুটি ঘটনার উল্লেখ করা হয়েছে, যদি এই ব্যাপারে নরেন্দ্র মোদী নিজের থেকে এগিয়ে না যেতেন তাহলে বোধ হয়, অত সহজে ও শীঘ্র বিষয় দুটিকে বাস্তাবায়িত করা সম্ভব হতো না। কিন্তু মোদী নিজের চেষ্টায় বিষয় দুটিকে এতটাই এগিয়ে নিয়ে গেছিলেন যে, পরে তাঁর সহযোগীরা অতি সহজেই এগিয়ে যেতে সক্ষম হয়েছে। ম্যানেজমেন্ট গুরু হিসাবে নরেন্দ্র মোদীর এই মন্ত্র ব্যবস্থাপনা বিভাগের কার্যরত ব্যক্তিদের খুব ভালো করে বুঝতে হবে এবং এটাকে নিজেদের কার্যশৈলীর অংশ করে নিতে হবে।

যখন কোনো নেতৃত্ব প্রদানকারীর সমালোচনা হয়, তখন তার নেতৃত্ব প্রদান ক্ষমতার নজির আরো বেশি করে চোখে পড়ে। এই ব্যাপারেও মোদী অনন্য। 2002 সালের দাঙ্গায় তাঁর ভূমিকা নিয়ে বহু প্রশ্ন উঠেছিল, সেক্ষেত্রে একটা বিষয় লক্ষণীয় যে, তাঁর যত সমালোচনাই হোক না কেনো, মুখ্যমন্ত্রী হিসাবে তিনি নিজের কর্তব্যের অবহেলা করেননি, নিজের কাজ সঠিক সময়ে করে গেছেন। বলা হয় যে, এই সমালোচনাই তাঁকে আরো বেশি প্রেরণা দিয়েছিল। তিনি হয় তো ভেবেছিলেন যে, সমালোচকদের মুখ বন্ধ করার একটাই রাস্তা আছে, আর তা হল, এত ভালো কাজ করতে হবে যাতে তারা আর কিছু বলতেই না পারে। জীবনের প্রতিটা ক্ষেত্রে এই গুণ মোদীকে এগিয়ে নিয়ে যাওয়ার বিষয়ে বিশেষ উপযোগী।

নরেন্দ্র মোদীর নেতৃত্ব ক্ষমতা নিয়ে বেশ কিছু বক্তব্য আছে, আর তা সবাই জানে। প্রথম কথা হল, তাঁর এই ক্ষমতার জোরেই গুজরাটে ভারতীয় জনতা পার্টি পরপর তিনবার বিধাবসভা নির্বাচনে জয়ের মুখ দেখেছে। মোদীর আগেই গুজরাটে বিজেপি জয়লাভ করলেও তাঁর নেতৃত্ব ক্ষমতা সেই জয়কে এতটাই দৃঢ় করে তুলেছে যে, তা নাড়ানো অসম্ভব বলে পতিত হচ্ছে। কিছু লোক তো মনে করে যে, তাঁর এই নেতৃত্ব প্রদানের ক্ষমতা গুজরাটের মধ্যেই সীমিত, রাষ্ট্রীয় স্তরে তিনি কিছুই করতে পারবেন না।

কিন্তু সত্যটি একেবারেই আলাদা। বিজেপি যখন তাঁকে প্রচার অভিযান সমিতির অধ্যক্ষ হিসাবে নির্বাচন করেছিল তখনও পার্টির ভিতরে এই নিয়ে বিরোধীতা দেখা গেছিল। পার্টির বরিষ্ঠ নেতা লালাকৃষ্ণ আডবাণীকে এই ক্ষমতা

না দেওয়ার জন্য তিনি পদত্যাগ করেন। পরে যদিও তিনি নিজের পদত্যাগ পত্র ফিরিয়ে নিয়েছিলেন কিন্তু অন্যদিকে বিজেপির পুরানো সহযোগী রাষ্ট্রীয় জনতান্ত্রীক দল সম্পর্ক ছেদ করার সিদ্ধান্ত নিয়ে ফেলেছিল। এর থেকে বোঝা যাচ্ছে যে, নরেন্দ্র মোদীর ওপর সেই সময় কতটা চাপ ছিল, কিন্তু সফল নেতা তিনিই হন যিনি যেকোনো পরিস্থিতিতে বাহাদুরের মতো সমস্ত বিষয়ের সম্মক্ষীনতা করতে পারেন।

নির্বাচন অভিযান সমিতির মুখপাত্র হিসাবে নির্বাচন করার পর নরেন্দ্র মোদীকে প্রধানমন্ত্রী পদের প্রার্থী হিসাবে ঘোষণা করার ব্যাপারে দলের মধ্যেই একটা সমস্যা দেখা গেছিল, কিন্তু এই অবস্থাতেও তাঁর যোগ্য ম্যানেজমেন্ট ক্ষমতার বলে তিনি রাষ্ট্রীয় স্বয়ং সেবক সংঘের প্রমুখদের ভরসা যোগাতে সক্ষম হয়েছিলেন, বিজেপির কাজকর্মের ব্যাপারে এই সংঘ যথেষ্ট গুরুত্বপূর্ণ ভূমিকা পালন করে, যার ফলে বিজেপি নরেন্দ্র মোদীকে ভারতীয় জনতা পার্টির প্রধানমন্ত্রী পদের প্রার্থী হিসাবে ঘোষিত করতে বাধ্য হয়।

এখান থেকে তাঁর পরবর্তি চলার পথের দিকে নজর দিলে বোঝা যায় যে, তিনি কি বিরাট ম্যানেজমেন্ট গুরু। তিনি প্রধানমন্ত্রী পদের প্রার্থী হয়েছিলেন, প্রধানমন্ত্রী নন। তাঁর সঙ্গে বহু গুণমুগ্ধ থাকলেও, সমালোচকদের সংখ্যাও নেহাত কম ছিল না। তাঁকে বিব্রত করার মতো বহু ঘটনা ঘটলেও তিনি একজন কুশল নেতৃত্ব প্রদানকারীর মতো সর্বাগ্রে দাঁড়িয়েছিলেন এবং নিজের হাতেই নিজের দলের নেতৃত্ব প্রদান করে গেছেন।

2014 -র ভোটের প্রচারের সময় বিজেপির পরিবর্তে পীএম প্রত্যাশী নরেন্দ্র মোদীই হয়ে উঠেছিলেন কেন্দ্রবিন্দু। এর আগে দেশের এমন ভোটের প্রচার কখন দেখা যায়নি। প্রধানমন্ত্রী পদের প্রত্যাশী হিসাবে মনোনয়নের পর দেশের বিভিন্ন প্রান্তে মোদী যেভাবে ছুটে গেছেন, তা বোধহয় এক বিশ্ব রেকর্ড। তাঁর তুলনায় কংগ্রেস উপাধ্যক্ষ রাহুল গান্ধী, সোনিয়া গান্ধী, মুলায়েম সিংহ যাদব, লালু প্রসাদ যাদব, অরবিন্দ কেজরীবাল কোথাও টিঁকতে পারেননি।

2013 সালের 13 ই ডিসেম্বর, পীএম প্রত্যাশী হিসাবে ঘোষণা হওয়ার পর তিনি সারা ভারত বর্ষ ঘুরে ফেলেছিলেন। সেই সময় র‍্যালি, 3 ডী সভা, চায়ের আমন্ত্রণ নিয়ে 5827 টি কার্যক্রম অনুষ্ঠিত করেন। তিনি লক্ষ কিলোমিটার যাত্রা করে সারা দেশ জুড়ে প্রায় 437 টি বড় সভার আয়োজন করেছিলেন। এতে ভারত বিজয় র‍্যালিও অন্তর্ভূক্ত, 2014 সালের 26 শে মার্চ বৈষ্ণদেবীর আশীর্বাদ

নিয়ে জম্মু থেকে শুরু হয়ে উত্তরপ্রদেশের বলিয়ায় গিয়ে তা শেষ হয়েছিল। মোদী নিজে লিখিত রূপে এই অভিজ্ঞতাকে ব্যাপক, অভিনব ও সন্তোষ জনক বলে আখ্যা দিয়েছেন।

রাজনীতিতে সাধারণত প্রচার অভিযানের সময় একতরফা ভাবেই কিছু বার্তা দেওয়া হয়, কিন্তু তিনি এই ব্যাপারেও যে অভিনতত্ব দেখিয়েছেন তা সত্যিই প্রশংসার যোগ্য। এতেও তিনি ম্যানেজমেন্ট গুরুর মতো নিজের অভিনব নেতৃত্ব প্রদানে সক্ষম হয়েছিলেন। সারা দেশ জুড়ে প্রায় 4000 স্থানে চা - পানের আয়োজন করেছিলেন তিনি। এই সময় তিনি ঘন্টার পর ঘন্টা বৈঠকে বসে প্রতিটা মানুষের বক্তব্য শুনেছেন, তাদের কথার উত্তরও তিনি দিয়েছেন। নরেন্দ্র মোদী জানতেন যে, আমাদের দেশ অনেক বড়, সব স্থানে তাঁর একার পক্ষে যাওয়া সম্ভব ছিল না। সেই কারণে তিনি এই সমস্যার সমাধানের রাস্তা খুঁজে বার করেন। তিনি সাধারণ মানুষের সাথে যুক্ত হওয়ার জন্য টেকনিকের সাহায্য গ্রহণ করেন। এক মাসের ভেতরে 1350 স্থানে বারোটি 3ডী র‍্যালির আয়োজন করেছিলেন। 3ডী র‍্যালির বিষয়ে লোকেদের উৎসাহের কোনো অভাব ছিল না। বহু যুবক সোশাল মিডিয়া ও ই-মেলের মাধ্যমে তাঁকে ধন্যবাদ জানিয়েছিল, তাঁদের গ্রামে আসার জন্য।

সবচেয়ে বড় কথা হল তিনি নিজের কার্য করার জন্য কখনও কোনো সম্ভবনাকেই উড়িয়ে দেননা। তিনি টেকনিকের যদৃচ্ছো ব্যবহার করতে জানেন। ভারতের ভোটের ইতিহাসে এই প্রথম বিজেপি একটা বিশেষ ওয়েবসাইট 272+ নিয়ে ইন্ডিয়া 272 ডট কম রূপে স্থাপিত করেন। এর সাথে যুক্ত হয়ে লক্ষাধিক লোক সাক্ষাতভাবে বা অনলাইনে তাঁর সাথে যুক্ত হয়েছিল। প্রচারের সময় অদ্ভুত ভাবে শোসাল মিডিয়ার ব্যবহার করা হয়েছিল। মোদীর বহু বন্ধু তাঁকে ওয়াটসআপে রচনাত্মক বার্তা, স্লোগান ও ইস্ফো-গ্রাফিক দেখিয়েছিলেন, যা হয়ে উঠেছিল খুবই জনপ্রিয়। মোদী নিজের ভোট প্রদানের পর নিজের ফটো (সেল্ফী) নেন এবং সবাইকে সেল্ফী পাঠানোর জন্য আহ্বান জানান।

প্রিন্ট ও ইলেকট্রনিক মিডিয়াকে মোদীজী মন খুলে ইন্টারভিউ দিয়েছিলেন। মনে করা হোতে যে, মোদী মিডিয়ার সাথে বেশি কথাবার্তা বলেন না, কিন্তু এই সময় মিডিয়া হয়ে উঠেছিল তাঁর সবচেয়ে কাছের বন্ধু। এই ব্যাপারেও মোদী নিজের নেতৃত্ব প্রদান ক্ষমতার বিকসিত করতে সক্ষম হয়েছিলেন। যখন চারদিক জুড়ে মোদীর হাওয়া প্রবাহিত হচ্ছিল তখন তিনি সেটাকে ঝড়ে পরিণত করার

জন্য মিডিয়ার ব্যবহার করেছিলেন। তিনি জানতেন যে সর্বত্র র‍্যালী বা সভা করা সম্ভব না সেই কারণেই তিনি মিডিয়ার দ্বারস্থ হয়েছিলেন। দেশের প্রতিটা প্রান্তে বসে থাকা মানুষ গুলিকে নিজের বা পার্টীর কাঠামোর সাথে অবগত করানোর জন্য তিনি বেশ কয়েকটি ইন্টারভিউ দিয়েছিলেন। তিনি মিডিয়ার মাধ্যমেই সারা দেশে ছড়িয়ে পড়তে চেয়েছিলেন।

ম্যানেজমেন্টের ক্ষেত্রে নেতৃত্ব প্রদানের ক্ষমতাকে সফলতার অন্যতম ভিত্তি বলে মনে করা হয়। যখন কোনো সংগঠন সঠিক নেতৃত্ব লাভ করে তখনই তা আরো ভালো কিছু করতে সক্ষম হয়। গুজরাটের বিধানসভা নির্বাচনের সময় নরেন্দ্র মোদী বারংবার প্রমাণ করে দিয়েছেন যে, তাঁর কাছে নেতৃত্ব প্রদানের ক্ষমতা আছে, আর সেই ক্ষমতাই পার্টীকে জয়ের মুখ দেখিয়েছে। তাঁর এই জোরেই তিনি সেখানকার মুখ্য বিপক্ষীয় দল কংগ্রেসের এমন অবস্থা করে দিয়েছিলেন যে, তারা সত্তায় আসার জন্য ভোটে লড়াই করেনি বরং গতবারের চেয়ে আর একটু ভালো ফল করার কথা ভেবেছিল। গুজরাটের ভোটের সময় মোদী বিজেপির পায়ের তলার মাটি আরো শক্ত করার জন্যই লড়াই করেছিলেন।

লোকসভার নির্বাচনের প্রচারের সময়তেও নরেন্দ্র মোদীর এই বিশেষত্ব ফুটে উঠেছিল যার জন্য আজ ভারতীয় জনতা পার্টী সংখ্যা গোরীষ্ঠতা অর্জন করতে সক্ষম হয়েছে। তাঁর নেতৃত্বে ষোলতম লোকসভায় 335 টি আসন লাভ করেছে বিজেপি। কংগ্রেসের এই পরাজয় ছিল সবচেয়ে বড় পরাজয়। কংগ্রেস বিরোধী মোদীর স্রোতে উপবিষ্ট হয়ে 63 বছরের নরেন্দ্র মোদী বিজেপিকে স্পষ্ট জনমত প্রদান করেছে এবং সেই সাথে সারা ভারত বর্ষ জুড়ে নিজের উপস্থিতির অনুভব ঘটিয়েছে। অনেকেই ভাবতেন যে তাঁর সীমা গুজরাটের মধ্যেই সীমিত, তার বাইরে তার কোনো প্রভাবই দেখা যাবে না।

বিজেপি ছাড়াও 24 টি ছোটো দল আছে। 543 সদস্যের লোকসভায় মোদী নিজের নেতৃত্বের জোরে বিজেপিকে 282 টি আসনে জয় প্রদান করাতে সক্ষম হয়েছে। 1984 সালের পর তিরিশ বছর বাদে বিজেপি হয়ে উঠল এমন একটি দল, যা সংখ্যা গোরিষ্ঠতা অর্জন করতে সক্ষম হয়েছে। 1984 সালে রাজীব গান্ধীর নেতৃত্বে কংগ্রেস 400 টির বেশি সিটে জয়লাভ করেছিল, কিন্তু এই শ্রেয় রাজীব গান্ধীর নেতৃত্ব প্রদানের ক্ষমতাকে দেওয়া হয়না। ইন্দিরা গান্ধী হত্যার পর সারা দেশ জুড়ে যে সহানুভূতির জোয়ার দেখা গেছিল, তার জন্যই 1984 সালে রাজীব এই ব্যাপক জয়ের মুখ দেখতে পেয়েছিলেন।

হিন্দী ভাষী রাজ্য গুলির ওপর মোদীর নেতৃত্বের ক্ষমতা ব্যাপক রূপ ধারণ করেছিল। উত্তরপ্রদেশ, বিহার, রাজস্থান, মধ্যপ্রদেশ, ছত্তিসগড়, হরিয়াণা, দিল্লী, ঝারখণ্ড, হিমাচল প্রদেশ ও উত্তরখন্ডের মোট 225 টি আসনের মধ্যে 190 টিতে বিজেপি জয়লাভ করেছে। এই রাজ্য গুলি থেকে তিনি যে শুধু কংগ্রেসদের অপসারিত করেছিলেন তাই নয় বহু ছোটোছোটো দলগুলিরও কোনো নামনিশানা পাওয়া যায়নি। গুজরাট ছাড়া মহারাষ্ট্র, কর্নাটক এবং আসামের মতো গুরুত্বপূর্ণ রাজ্য গুলিতেও মোদীর জোয়ারে প্লাবন দেখা গেছিল। গত লোকসভায় বিজেপির সদস্য সংখ্যা ছিল 116, আর ভোট পেয়েছিল 18.8 শতাংশ। কংগ্রেস লাভ করেছিল 28.55 শতাংশ ভোট, সেই সাথে তা 206 জনের সবচেয়ে বড় পার্টীতে পরিণত হয়েছিল। নরেন্দ্র মোদীর নেতৃত্ব প্রদানের ক্ষমতার জন্যই বিজেপি 31.4 শতাংশ ভোট লাভ করতে সক্ষম হয়েছিল। সেখানে কংগ্রেস পেয়েছে মাত্র 19.5 শতাংশ ভোট।

মোদীর জোয়ারই বিজেপিকে দীর্ঘ তিরিশ বছর বাদে ব্যাপাক জয় এনে তো দিয়েছেই, সেই সাথে কংগ্রেসের অবস্থা এতটাই শোচনীয় করে দিয়েছে যে, স্বাধীনতার পর থেকে এমন শোচনীয় অবস্থা কখন দেখা যায়নি। কংগ্রেস প্রতিপক্ষ হিসাবে লোকসভায় বসার মতো আসন পর্যন্ত পায়নি। কংগ্রেস পেয়েছে মাত্র 43 টি আসন। উত্তর প্রদেশে মোদীর জোয়ারের ফলে বিজেপি 80 টি আসনের মধ্যে 71 টি আসন লাভ করতে সক্ষম হয়েছিল। আর বিজেপির সহযোগী 'আপনা দল' পেয়েছিল দুটি আসন। এই হিসাবে দেখলে পাওয়া যায় যে বিজেপি জোট উত্তর প্রদেশে মোট 73 টি আসন লাভ করতে সক্ষম হয়েছিল।

নরেন্দ্র মোদীর প্রতিভার জন্যই উত্তর প্রদেশ থেকে বিপক্ষীয় পার্টীর নাম মুছে দেওয়া সক্ষম হয়েছিল। মায়াবতীর বহুজন সমাজ পার্টী খাতাই খুলতে পারেনি। অন্যদিকে কংগ্রেস আর মুলায়ম সিংহ যাদবের সমাজবাদী পার্টী শুধুমাত্র নিজেদের পরিবারের আসন গুলিকেই সুরক্ষিত রাখতে সক্ষম হয়েছিল। আমেঠী আর রায়বরেলী থেকে ক্রমশ রাহুল গান্ধী ও সোনিয়া গান্ধী জয়লাভ করেছিলেন। সমাজবাদী পার্টীর মুলায়ম সিংহ যাদব আজমগঢ় ও ম্যানপুরী থেকে জয়লাভ করেছিলেন। পরে তিনি ম্যানপুরী ছেড়ে দেন, সেখান থেকে তাঁর আত্মীয় তেজ প্রতাপ সিংহ জয়লাভ করেন। মুলায়েম সিংহের পুত্রবধূ ডিম্পোল যাদব কন্নৌজ থেকে এবং ভাইপো ধর্মেন্দ্র যাদব বদায়ুঁ থেকে ভোটে জয়লাভ করেছিলেন। নরেন্দ্র মোদীর নেতৃত্বের জোরেই পশ্চিম বঙ্গ ও তামিলনাড়ুতেও বিজেপি ভালো

ফল করতে সক্ষম হয়েছে, যদিও এই দুটি ক্ষেত্রে এর আগে বিজেপির নাম নিশান ছিল না বললেই চলে। রাজস্থান, গুজরাট, গোয়া, হিমাচলপ্রদেশ, উত্তরাখণ্ড -এর মতন রাজ্য গুলিতে বিজেপি সব কটি আসনেই জয়লাভ করতে সক্ষম হয়েছিল।

বডোদরা এবং বারাণসী থেকে ভোটে জয়লাভ করার পার নরেন্দ্র মোদী নিজের নেতৃত্ব ক্ষমতার আর একটি ঝলক দেখিয়েছিলেন। ভোটের ফলাফল আসার কয়েকদিনের মধ্যেই তিনি বডোদরায় একটি জনসভার আয়োজন করে দেশকে এগিয়ে নিয়ে যাওয়ার জন্য সমস্ত পার্টির কাছ থেকে সাহায্য চেয়েছিলেন। তিনি বলেছিলেন যে, সরকার কোনো পার্টির নয় বরং দেশের সাধারণ মানুষের মুখপাত্র। ম্যানেজমেন্ট হল এমন একটি জিনিস, যার দ্বারা জীবনের যেকোনো ক্ষেত্রে সফলতা পাওয়া সম্ভব হয়। সাধারণত মানুষেরা যখন ছোটোখাট সফলতা লাভ করতে সক্ষম হয়, তখন তাদের মধ্যে এতটাই অহংকার এসে যায় যে, তারা সাধারণ ব্যবহার পর্যন্ত করতে ভুলে যায়, এই ছোট্টো সফলতাই হয়ে ওঠে তার শেষ লক্ষ্য। এর আগে আর কিছু ভাবতে পারে না, কিন্তু নরেন্দ্র মোদীর কাছ থেকে শেখার মতো বহু কিছু আছে।

তিনি প্রথমবার লোকসভার দুটি আসনের জন্য লড়াই করেছিলেন, আর দুটিতেই তিনি বিরাট বড় সফলতার মুখ দেখেছেন। তাঁর প্রচেষ্টায় এনে দিয়েছে বিজেপিকে সংখ্যা গোরিষ্ঠতা। কিছু দিনের মধ্যেই প্রধানমন্ত্রী হওয়ার কথা ছিল ঠিকই, কিন্তু তার জন্য তিনি বডোদরায় গিয়ে সাধারণ মানুষদের ধন্যবাদ জানাতে ভোলেননি, ভোটের প্রচারের সময় বিরোধীদের দিকে কটাক্ষ করলেও জয় লাভ করার পর কোনো রকম তীক্ষ্ণ ব্যঞ্জনা না করে তিনি তাদের দেশ গড়ার কাজে সহযোগিতা করার জন্য আহ্বান জানিয়েছিলেন। এই সব কাজের থেকে আমরা বহু শিক্ষা নিতে পারি। সফলতার সার্থকতা হল, আরো ওপরে ওঠার জন্য ক্রমাগত প্রয়াস চালিয়ে যাওয়া। এর মদে মত্ত হয়ে কখনই নিজের বিকাসের পথে বাধার সৃষ্টি করা উচিত না।

ভোটে জয়লাভ করার পর বডোদরায় উনি যে কথা বলেছিলেন, তাতে করে তাঁর নেতৃত্ব প্রদানের ক্ষমতা ও সফল হয়ে ওঠার কারণ গুলি অতি সহজেই অনুধাবন করা যায়। বডোদরায় তিনি 5.70 লক্ষ ভোটে জয়লাভ করেছিলেন, সেই কারণে ভোটদাতাদের আন্তরিক কৃতজ্ঞতা জ্ঞাপন জানিয়েছিলেন। তিনি খুবই গর্বের সাথে বলেছিলেন যে, কংগ্রেসের পর বিজেপিই হল এমন একটি দল

যারা নিজেদের জোরে সংখ্যা গোরিষ্ঠতা অর্জন করতে সক্ষম হয়েছে। তিনি বলেন যে, সরকারের চোখে সবাই সমান, কেউ আলাদা নয়, বা কেউ কাউর বেশি পছন্দের নয়। তিনি বলেন যে, 'আমার দায়িত্ব হল, দেশ চালানোর জন্য সকলকে সঙ্গে নিয়ে চলা। গণতন্ত্রে কেউ কাউর শত্রু নয়, বরং প্রতিদ্বন্দ্বি। ভোটের সাথে সাথে এই প্রতিদ্বন্দ্বিতাও শেষ।'

এই হল সেই মন্ত্র, যার সাহায্যে যে কোনো মানুষ জীবনের পথে এগিয়ে চলতে পারে। আসলে, যেকোনো ক্ষেত্রেই আমরা সকলেই কাউর না কাউর সাথে প্রতিদ্বন্দ্বিতা করে চলেছি, কিন্তু এই প্রতিদ্বন্দ্বিতাকে কখনই শত্রুতা হিসাবে দেখা উচিত না। এর জন্যই আমাদের সম্পর্কেও চির ধরে, একবার যদি কোনো প্রতিদ্বন্দ্বিকে শত্রু হিসাবে গণ্য করা হয়, তাহলে আমাদের শক্তিরও নাশ ঘটে। এতে করে অনেক বড় বড় কাজ ভুল হয়ে যেতে পারে। লক্ষ্য ভ্রষ্ট হোতে শুরু করে। নরেন্দ্র মোদীর নেতৃত্ব প্রদানের ক্ষমতাকে মন দিয়ে দেখলে বোঝা যায় যে, কি ভাবে এই সমস্ত বিষয় গুলিকে এরিয়ে গিয়ে সফলতার পথে এগিয়ে চলা যায়।

গভর্নেস

13 বছর ধরে গুজরাটের মুখ্যমন্ত্রীর পদে আসীন থেকে নরেন্দ্র মোদী এটা বুঝিয়ে দিয়েছেন যে, ভালো গবর্নেস ও সরকার বলতে কি বোঝায়। সরকারে থাকা কালিন তিনি যে যে কাজ করেছেন তা শুধু ভারতবর্ষেই আলোচিত হয়নি, বরং দেশের বাইরেরও বিভিন্ন মঞ্চে তা ছড়িয়ে পড়েছে। যবে থেকে উনি প্রধানমন্ত্রী হয়েছেন তবে থেকে তিনি রাষ্ট্রীয় স্তরে একটা ভালো সরকার গড়ে তোলার কাজ করে চলেছেন। প্রধানমন্ত্রী হিসাবে তিনি কি কি করেছেন তা জানার আগে সরকার গড়ার জন্য তিনি কি কি করেছেন তা জানাটা খুবই জরুরি। সরকার হল এমন একটি বিষয় যার প্রয়োজন সমস্ত ক্ষেত্রেই আছে।

আজ ভারতের রাজনীতিতে সুশাসন ও বিকাসের চর্চা চলছে, এই সবই ওনারই কৃতিত্ব। তিনি যখনই কোনো কথা বলেন তা তথ্য সহই বলেন। অনেক সময় তাঁর দেওয়া তথ্য নিয়েও সমালোচনা করা হয়, কিন্তু তিনি হলেন এমন একজন নেতা যিনি গড্ডালিকা প্রবাহে গা না ভাসিয়ে তথ্য সহ দৃঢ়তার সাথে কোনো বক্তব্য রাখেন। তিনি কাউর সম্পর্কেই দৃঢ় তথ্য ছাড়া কোনো কথা বলেন না।

এই নরেন্দ্র মোদীর প্রভাবেই আজ সারা দেশ জুড়ে সুশাসনের কথা হচ্ছে। প্রত্যেক রাজ্য সরকার আজ ভালো শাসন দেখানোর প্রতিশ্রুতিতে আবদ্ধ হয়ে চলেছে। অন্তর্রাষ্ট্রীয় স্তরে সুশাসনের কথা থাকলেও প্রতিটা মানুষের সাথে তা যুক্ত করে দেওয়ার ক্ষমতা বোধহয় শুধু নরেন্দ্র মোদীরই আছে। তিনি মনে করেন যে, ভালো সরকার হল সেটাই, যা মানুষের জীবনে ইতিবাচক পরিবর্তন এনে দিতে পারে। তিনি মনে করেন যে, সুশাসনই পারে মানুষের জীবনের স্তরে পরিবর্তন ঘটাতে। গুজরাটে এই প্রয়োগের ব্যাপারে তিনি অনেকটাই সফলতা অর্জন করতে সক্ষম হয়েছিলেন।

গুজরাটে সরকারের বিষয়ে তিনি বেশ কিছু গবেষণা মূলক কাজ করেছেন।

এর মধ্যে একটি হল ‘ওয়ান ডে গভর্নেন্স মডেল’। এই মডেলে ই-গভর্নেন্সের আনয়ন করে নাগরিকদের সময়ের মধ্যে সেবা প্রদান করার বিষয়ে বিশেষ ধ্যান দেওয়া হয়েছিল। এর মুখ্য উদ্দেশ্য সিটীজেন্স চার্টারে অন্তর্ভূক্ত সমস্ত সরকারি সেবা নাগরিকদের প্রদান করা। এতে মুখ্যত নাগরিক কেন্দ্রীক সেবাই অন্তর্ভূক্ত আছে, যেমন- রাজস্ব, পঞ্চায়েত, স্বাস্থ্য, শিক্ষা এবং কৃষির সাথে সম্পর্কিত সমস্ত রেকর্ড রাখা। এই মডেলের মাধ্যমে প্রয়োজনীয় প্রমাণপত্র, শপথপত্র, ভূমি প্রভৃতির মতো 173 -র বেশী সেবা প্রদান করা হয়েছে। এই সেবা গুলিকে তিনটি ভাগে ভাগ করা হয়েছে :

1. তৎকাল : এতে 20 শতাংশ আবেদন শামিল করা হয়, যার প্রোসেসিঙ্গে 20 মিনিট থেকে দুই ঘন্টা সময় লাগে।

2. এক দিবসীয়া শাসন : যে সেবা গুলির প্রোসেসিঙ্গের ক্ষেত্রে একদিন সময় লাগে, সেগুলিকে এই শ্রেণীতে রাখা হয়েছে। 12 ঘন্টার মধ্যে জন্ম, মৃত্যু এবং জাতি প্রমাণপত্রের মতো নথিপত্র গুলি দেওয়া হয়। 40 শতাংশ আবেদন এই শ্রেণীতে পড়ে।

3. স্বল্পকালিন শাসন : এই শ্রেণীর আবেদন গুলি একটি নির্দিষ্ট সময়ের মধ্যে তৈরি করে দেওয়া হয়, যেমন বাড়ি বা রাস্তা নির্মাণের ক্ষেত্রের পুলিশের কাছ থেকে প্রাপ্ত অনাপত্তি প্রমাণপত্র (এনওসী), হোটেল লায়সেন্স, কৃষিকার্য ছাড়া ভূমির প্রাপ্তি প্রভৃতি।

সমস্ত জেলায় কেন্দ্র পীপীপী মডেলের ভিত্তিতে কাজ চলছে এবং শীঘ্র, সুবিধাজনক, পারদর্শী ও কুশল কার্যপ্রণালীর দ্বারা উল্লেখ যোগ্য পরিণামও প্রদান করছে। নরেন্দ্র মোদী মনে করেন যে, বাস্তবিক সুশাসন তাকেই বলে যখন আর কোনো ক্ষেত্রে কোনো রকম অভিযোগ শোনা যায় না। একটি সুস্থ গণতন্ত্র বলতে সেটাকেই বোঝায়, যেখানে লোকেরা স্বাধীন ভাবে নিজেদের সমস্যার কথা বলতে পারে এবং অতি শীঘ্র তার সমাধানও খুঁজে পায়। নরেন্দ্র মোদীর এই রকম আর একটি প্রয়োগের নাম হল ‘স্বাগত’। এতে আধুনিক টেকনিকের সাহায্যে সম্পূর্ণ রাজ্য জুড়ে মানুষের কি অভিযোগ আছে তা দেখা হয়। 2003 সাল থেকে গুজরাটে এর শুরু হয়েছিল। এই পরিকল্পনা অনুসারে টেকনিকের সাহায্যে সাধারণ মানুষেরা সরাসরি মুখ্যমন্ত্রীর সাথে যোগাযোগ করতে পারে। এই অনলাইন অভিযোগ নিবারণ প্রণালীর দ্বারা মাসে একবার সাধারণ জনগণ তাদের সমস্ত অভাব-অভিযোগ জানাতে পারে। গুজরাটে তিনটি স্তরের অভিযোগ প্রণালী

আছে : তালুক, জেলা এবং রাজ্য স্তরের। মুখ্যমন্ত্রী নিজে সমস্ত অভিযোগ খোতিয়ে দেখেন। সম্প্রতি কোনো সমস্যা থাকলে সমীক্ষা করা হয়, যার সমাধান হয়ে গেছে সেদিকে নজর দেওয়া হয় না। এই প্রচেষ্টা সংযুক্ত রাষ্ট্র লোক সেবা পুরস্কার লাভ করেছিল।

মহাত্মা গান্ধী শাসনতন্ত্রে বিকেন্দ্রীকরণের কথা বলতেন। সম্প্রতি নরেন্দ্র মোদী সম্পর্কে বলা হচ্ছে যে, তিনি নাকি শাসনের চাবিকাঠি নিজের হাতেই রেখেছেন, কিন্তু গুজরাটে তিনি যেভাবে শাসন ব্যবস্থা বিকেন্দ্রীকরণের নমুনা দেখিয়েছিলেন, তার উল্লেখ করাটা বোধ হয় খুবই জরুরি। তিনি 'ভাস্মো' অর্থাৎ জল এবং স্বচ্ছতা প্রবন্ধন সংগঠন, 'আপণো তালুক ওয়াইব্রেন্ট তালুক' এবং 'সমরস গ্রাম'-এর মতো পরিকল্পনা গড়ে জনগণকেও শাসনতন্ত্রের অংশ করে তুলেছিলেন। 'সমরস গ্রাম' পরিকল্পনা সম্পর্কে নরেন্দ্র মোদীর ওয়েবসাইট থেকে জানা যায় যে, 'নরেন্দ্র মোদী দ্বারা গৃহীত সমরস গ্রামের ধারণা একটি আকর্ষণীয় বিষয়ের অভিনব সূত্রপাত। অনেক সময় পঞ্চায়েত ভোট নিয়ে বিবাদের সূত্রপাত হোতে পারে এবং এই তিক্তোতা বিকাসের পথে বাধার সৃষ্টি করতে পারে। এই সমস্ত বাধা গুলির কথা ভেবে তিনি উন্নতির বিষয়টিকেই সর্বাগ্রে রাখার কথা ভেবেছিলেন। এর ফলে যারা সর্বসম্মতির দ্বারা পঞ্চায়েত প্রধানকে নির্বাচন করে তাদের গ্রামকে আর্থিক সাহায্য ও উৎসাহ প্রদান করা হয়। গ্রামীণ বিকাসের জন্য এই পরিকল্পনা আশির্বাদ হয়ে উঠেছে, কারণ সর্বসম্মতিতে নির্বাচিত পঞ্চায়েত প্রধান সকলের বিশ্বাস ও আস্থার কেন্দ্রবিন্দু হয়ে ওঠে , ফলে সে অনেক বেশি ভরসার সাথে ও উৎসাহ ভরে কাজ করে থাকে। যখন সকলের সম্মতি অনুসারে একজন স্থানীয় প্রধানকে নির্বাচন করা হয় তখন সুশাসন প্রদানের ব্যাপারে তার দায়িত্বও অনেক খানি বৃদ্ধি পায়।'

নরেন্দ্র মোদী একবার সরকারের মূলমন্ত্র সম্পর্কে বলেছিলেন, 'শুধু সুশাসনই যথেষ্ট নয়, এই জনতার হিতে (প্রো-পীপল) এবং সক্রিয় (প্রোএক্টিভ) থাকাটা জরুরি। সুশাসনের অর্থ হল লোকেদের বিকাসের বিষয়টিকে কেন্দ্রে রাখা।' নরেন্দ্র মোদী গুজরাটের উন্নতির জন্য যে চেষ্টা চালিয়েছিলেন তা বোঝার জন্য কিছু বিষয়ের দিকে ধ্যান দেওয়াটা খুবই জরুরি। তিনি একদিকে গুজরাটের বিউরোক্রেসীকে সংবেদশীল এবং কর্মঠ করে তোলার জন্য জোর দিয়েছিলেন তেমনি অন্যদিকে বিনিয়োগকারীদের আকর্ষিত করার জন্য প্রদেশের শাসন ব্যবস্থার দিকেও সমান গুরুত্ব আরোপ করেছিলেন। এর ফলে অফিসারগণ জনগণের

অভাব-অভিযোগের বিষয় গুলিকে অতি দ্রুত সমাধান করার চেষ্টা করে অপর দিকে বিনিয়োগকারীদেরও যতটা সম্ভব কম সময়ের মধ্যে মঞ্জুরি প্রদান করা সম্ভব হয়, সেদিকেও লক্ষ্য রাখে। অফিসারদের কাছে ফাইলের স্তুপের বিষয়েও অঙ্কুশ লাগানোর চেষ্টা করা হয়েছে। তিনি বলেন, 'লাল ফিতার জমানা শেষ করতে পারলে তবেই দেশ এগাতে পারবে। কোনো লাল ফিতে নয়, বিনবিয়োগকারীদের জন্য লাল কার্পেটই হল আমার একমাত্র নীতি।' এর থেকে বোঝা যায় যে, তিনি পুঁজীপতিদের নিয়ে কাজ করতে চান। সরকারকে প্রভাবশালী করে তোলার জন্য তিনি মুখ্যমন্ত্রী হিসাবে কাজ করতে গিয়েই বুঝেছিলেন যে, আধুনিক প্রযুক্তির ব্যবহার ছাড়া তা কোনো মতেই সম্ভব না। এতে করে দুর্নীতির সম্ভবনা অনেকটাই দূর করা সম্ভব হয়।

সরকার সম্পর্কে তিনি প্রায় একটা কথা বলেন, 'মিনিমাম গভর্নমেন্ট, ম্যাক্সিমম গভর্নেস।' এর অর্থ স্পষ্ট করার জন্য তাঁরই বক্তব্য তুলে ধরতে হবে, 'আমার মনে হয়, সরকারের ব্যবসা করা উচিত না। সর্বদা 'মিনিমাম গভর্নমেন্ট ও ম্যাক্সিমামা গভর্নেস'-এর ওপর ফোকাস থাকা উচিত। তাঁর এই মানসিকতা সম্পর্কে তাঁর ওয়েবসাইট থেকে বিস্তারিত জানা সম্ভব। এই ব্যাপারে লিখেছেন, 'বহু বছর ধরে আমরা এক বিরাট সরকারের কলেবর দেখে চলেছি, যার ফলে শাসন ব্যবস্থার গুণমান হয়ে যাচ্ছে অতিব খারাপ। সরকারের আকারের দিকে খুব বেশি করে লক্ষ্য করা হলেও তার গুণমানের দিকে খেয়াল করা হয়নি। তাই তিনি চান ছোটো কিন্তু প্রভাবশালী সরকার। তিনি মনে করেন ব্যবসায়িক ক্ষেত্রে সুবিধা প্রদান করাটাই সরকারের একমাত্র লক্ষ্য নয়। এইকারণেই আর্থিক দিক দিয়ে স্বাধীনতার বিষয়ে গুজরাট ভারতের মধ্যে সর্বাগ্রে। আর্থিক স্বাধীনতার সূচাঙ্ক দেখায় যে, নরেন্দ্র মোদীর নেতৃত্বে গুজরাটে যে ছোট্ট সরকার গড়ে উঠেছিল, তা মানব জীবন ও সম্পত্তির সাথে সাথে ন্যায় প্রাণালীর গুণবত্তার (কোনো বিচারপতি আদালতে কত শীঘ্র কোনো কেসের নিষ্পত্তি করছে) দিক থেকেও প্রভাবশালী বলে প্রমাণীত হয়েছে। এছাড়া এই নেতৃত্বের ফলে রাজ্যের মধ্যে শ্রমিকদের পরিস্থিতিও প্রশংসা জনক হয়ে উঠেছে। এই ভাবে তিনি ছোট্ট সরকারের সাহায্যে সুশাসন পরিচালনা করে বুঝিয়ে দিয়েছেন যে, অধিক সন্ন্যাসীতে গাজন নষ্টই হয়।'

নরেন্দ্র মোদী তাঁর গভর্নেন্সের জোরে গুজরাটের বহু ক্ষেত্রকে সংশোধন করতে সক্ষম হয়েছে। ভারতের পিছিয়ে পড়া অন্যান্য প্রদেশ গুলির মতো শিক্ষার

ব্যাপারেও গুজরাট সমস্যা ভোগ করছিল। এই সমস্যার সমাধানের জন্য তিনি 'শালা প্রবেশোৎসব' নামক একটি পরিকল্পনা গড়েন। এই অনুসারে সমস্ত সরকারী মিশনারী স্কুল খোলার আগে গ্রামে গ্রামে গিয়ে বাচ্চাদের নাম সংগ্রহ করা হয়েছিল। নরেন্দ্র মোদীর ওয়েবসাইট অনুসারে,'প্রচণ্ড গরম শর্তেও সরকারী মিশনারীরা দূর দূর গ্রামে গিয়ে বাচ্চারা কেনো স্কুল যেতে চায় না তা খোতিয়ে দেখার চেষ্টা করে। বিশ্লেষণ করে দেখা গেছে যে, শৌচালয়ের অভাবই হল এর মুখ্য কারণ। এরপর গুজরাটের সমস্ত পাঠশালায় বালিকাদের জন্য শৌচালয়ের ব্যবস্থা করা হয়। নরেন্দ্র মোদী পাঠশালার গুণগত মান বৃদ্ধির জন্য অভিনব পদক্ষেপ গ্রহণ করেছিলেন। আমাদের দেশে স্কুল কক্ষের নির্মাণ, শৌচালয় ও পেয়জলের সরবরাহের দিকেই নজর দেওয়া হতো। মরেন্দ্র মোদী একপা এগিয়ে গিয়ে পাঠশালার গুণগত মান মূল্যাঙ্কন করার চেষ্টা করেন, যা গুজরাটে গুণোৎসব নামে পরিচিত। আগে আমাদের দেশে শুধুমাত্র বিজনেস স্কুল গুলিতেই এর মূল্যাঙ্কন করা হতো!'

মুখ্যমন্ত্রী থাকাকালিন কৃষিক্ষেত্রেও তিনি এমনি নজির দেখিয়েছিলেন। তিনি কৃষক্ষেত্রের সাথে আধুনিক প্রযুক্তির মেলবন্ধন গড়ে তুলতে চেয়েছিলেন। শক্তির ক্ষেত্রে তিনি যে কাজ করেছেন তা উন্নততর গভর্নেন্সেরই উদাহরণ। এই কারণেই আজ গুজরাটের লোকেদের বৈদ্যুতিক সংযোগ বিচ্ছিন্ন হওয়ার সমস্যা ভোগ করতে হয় না। এই বিষয়ে তাঁর ওয়েবসাইট থেকে জানা যায় যে, 'তিনি যখন গুজরাটের মুখ্যমন্ত্রী হিসাবে কার্যভার গ্রহণ করেছিলেন তখন গুজরাটের ইলেক্ট্রিক সিটি বোর্ড ঘাটায় চলছিল, যার ফলে লোকেদের খুবই বৈদ্যুতিক সমস্যা ভোগ করতে হতো। নরেন্দ্র মোদীর দৃষ্টি ভঙ্গী হল একেবারেই আলাদা। তিনি ইলেক্ট্রিকসিটি বোর্ডকে প্রফেশানাল করে তোলার চেষ্টা করেছিলেন। তিনি এই ইউনিটকে কয়েকটি ভাগে ভাগ করে টীএন্ডডীর দিকে বিশেষ ধ্যান দিয়েছিলেন। যারা বিদ্যুৎ চুরি করত তাদের দিকে নজর দেওয়ার জন্য গ্রামের ঘর গুলিতেই মিটারের ব্যবস্থা করে দিয়েছিলেন। আজ এই কম্পানী যে শুধু লাভের মুখ দেখেছে তাই নয়, বরং কয়েকবছর ধরে গুজরাটের লোকেরা পাওয়ার কাট কি তা ভুলে গেছে। দেশের অন্য রাজ্য গুলির মতো এখানেও কৃষকেরা বিচ্ছিন্ন গতিতেই বিদ্যুৎ লাভ করত। তিনি এর জন্য জ্যোতি গ্রাম প্রোজেক্টের অবতরণা করেন। যাতে কৃষি ও ঘরোয়া ব্যবহারের জন্য ফীডরো গুলিকে আলাদা আলাদা করা হয়। যার ফলে কৃষকরা আজ নিজেদের ঘরে 24 ঘন্টা এবং কৃষিক্ষেত্রে 8 ঘন্টা

করে বিদ্যুৎ পায়।'

তিনি সুশাসনের অবতারণা করে বুঝিয়ে দিয়েছেন যে, কিভাবে মানুষের জীবনকে সুব্যবস্থিত করে তোলা যায়। এটা ঠিক যে বর্তমানে যে ব্যবস্থা চলছে তাতে বহু ক্রুটি আছে, এই ক্রুটি দূর করতে পারলে তবেই আদর্শ স্থিতির সৃষ্টি হবে। কিন্তু যতক্ষণ না এই ব্যবস্থায় আমূল পরিবর্তন আনা সম্ভব হচ্ছে ততক্ষণ পর্যন্ত এই ক্রুটি পূর্ণ ব্যবস্থা নিয়েই চলতে হবে। হাতের ওপর হাত দিয়ে বসে থাকলে কিছুই হবে না, এই রকম পরিস্থিতিতে গভর্নেসের সাথে নরেন্দ্র মোদীর কার্যশৈলীর গুরুত্ব আরো খানিকটা বৃদ্ধি পায়।

মোদীর ওয়েবসাইট থেকে জানা যায়, 'নরেন্দ্র মোদীর সফলতার চাবিকাঠি হল তাঁর পঞ্চামৃত দর্শন। এই দর্শণের কেন্দ্রবিন্দু হল সর্বাঙ্গীণ বিকাস। পঞ্চামৃত হল উন্নতিকে এগিয়ে নিয়ে যাওয়ার জন্য পাঁচটি বিভিন্ন ধারার সমন্বয়। গুজরাটের মুখ্যমন্ত্রী হিসাবে তিনি দীর্ঘকালিন উন্নতির জন্য জ্ঞান, জল, শক্তি, সুরক্ষা ও মানব সংসাধনের মতো পাঁচটি বিষয়ের দিকে নজর দিয়েছিলেন, এই গুলির সংশোধনই এনে দিতে পারে, মানুষের জীবনের সঠিক বিকাস। 'সবকা সাথ, সবকা বিকাস'-এর মন্ত্র এবং পঞ্চামৃত দর্শনের মিলনই নরেন্দ্র মোদীর সুশাসন মডেলের ভিত্তি প্রস্তর। বিকাসের বিষয়ে নরেন্দ্র মোদীর মডেল অতুলনীয়, কারণ তিনি অসমানতা এবং বিরোধাভাসী প্রয়োজনের মধ্যে বিবাদের সৃষ্টি করে না। তাঁর মডেলে শহরীকরণের বিপদ নেই আছে সুযোগ, সেই সঙ্গে সর্বত্র আছে আধুনিকীকরণের ছাপ। সেই কারণেই গুজরাটের বিকাসের ক্ষেত্রে দেখা গেছে বাণিজ্যের ওপর ফোকাস। আবার কৃষক ও কৃষির ব্যাপারেও বিশেষ ধ্যান দেওয়া হয়েছে। নরেন্দ্র মোদীর কার্যকালে গুজরাটের জীডীপীর অভিনব বিকাস দেখা গেছে, অন্যদিকে সামাজিক ক্ষেত্রেও দেখা গেছে অভিনব পরিবর্তন। টেকনোলজির ওপর গুরুত্ব দেওয়া হয়েছিল এবং সেই সঙ্গে জনোন্মুখ কৌশল বিকাসের দিকেও খুবই গুরুত্ব আরোপ করা হয়েছিল।'

প্রধামমন্ত্রী হওয়ার পরেও তিনি দেশের জন্য একটা উন্নততর গবর্নেস বানানোর চেষ্টা করে গেছেন। এই বিষয়ে তাঁর কিছু চেষ্টার নজির তুলে ধরাটা খুবই জরুরি। প্রধানমন্ত্রীর পদে বসার ঠিক দুই মাস বাদে তিনি 'মাই গভর্নমেন্ট' নামক একটা ওয়েবসাইট লঞ্চ করেন। এই অবসরে প্রধানমন্ত্রীর কার্যালয় থেকে প্রাপ্ত বয়ান অনুসারে সুশাসনের ব্যাপারে দেশের নাগরিকদের অধিকার প্রদান করাই হল এর একমাত্র লক্ষ্য। এই ওয়েবসাইট চালু করার সময়ে প্রধানমন্ত্রী

বলেছিলেন, সাধারণ মানুষের অংশগ্রহণ ছাড়া গণতন্ত্র কখনই সফল হোতে পারে না। অতীতে জনগণ ও সরকারের মধ্যে যে দূরত্ব ছিল তিনি গত ষাটদিনেই তা বুঝতে পরে গেছেন, তাই তিনি চান যে, রাষ্ট্র নির্মাণের বিষয়ে সাধারণ মানুষেরা সময় ও শক্তি দুইয়েরই ব্যবহার করুক। প্রধানমন্ত্রী আশা করেছেন যে, আধুনিক প্রযুক্তির ভিত্তিতে সৃষ্ট তাঁর এই পরিকল্পনায় সাধারণ মানুষ অবশ্যই সাড়া দেবে। এই মঞ্চকে দৃঢ় করে তোলার জন্য তিনি সকলের অমূল্য পরামর্শ চেয়েছেন। তিনি দেশের গরিবদের আকাঙ্ক্ষা পূরণের জন্য এই দেশের মানুষদেরই আহ্বান জানিয়েছেন। তিনি আশা ব্যক্ত করেছেন এই বলে যে, 125 কোটি ভারতীয়ের শক্তি ও ক্ষমতার ওপর তাঁর যথেষ্ট ভরসা আছে। তাঁর রায় তথা বিচার সঠিক কিনা তা জানার জন্য তিনি লোকেদের পরামর্শই চেয়েছেন। মাই গভর্নমেন্টের ওপর বিষয় কেন্দ্রীক অনেক চর্চা হবে যার সাথে মানুষ সরাসরি যোগাযোগ স্থাপন করতে পারবে। এই বিষয়ে তিনি গঠনশীল ফিডব্যাকও চেয়েছেন। বিভিন্ন কাজের জন্য নাগরিক গণ এগিয়ে এসে তাদের মূল্যবান বিচার জানতে পারে। এই কাজের সমীক্ষা করবে অন্য সদস্য ও বিশেষজ্ঞরা। তারা মঞ্জুর করার পর কার্য সম্পন্নকারী এবং মাই গভর্নমেন্টের সদস্যাদের মধ্যে একটা যোগসূত্র গড়ে উঠবে। প্রত্যেক মঞ্জুরি কার্য সম্পূর্ণ করার জন্য উৎসাহ প্রদানের ব্যাপারে নম্বর দেওয়া হবে। ন্যাশানাল ইনফোরমেটিক্স সেন্টার (এনআঈসী) তথা ইলেক্ট্রনিক্স এবং সূচনা প্রযুক্তির বিভাগ মাই গভর্নমেন্ট মঞ্চের ক্রিয়ান্বয়ন এবং প্রবন্ধন করবেন এবং এরফলে সুশাসনের বিষয়ে নাগরিকদের সাহায্য পাওয়া সম্ভব হবে। মাই গভর্নমেন্টের মুখ্য অংশ হল দল ও কর্নর। এই মঞ্চকে 'স্বচ্ছ গঙ্গা', 'বালিকা শিক্ষা', 'স্বচ্ছ ভারত', 'কৌশলপূর্ণ ভারত', 'ডিজিটাল ভারত' এবং 'রোজগার সৃজন'-এর মতো অংশে ভাগ করা হয়েছে। প্রত্যেক বিভাগকে অনলাইন তথা অনগ্রাউন্ড কাজ দেওয়া হয়েছে যা যোগদান কর্তার হাতে থাকবে। সাধারণ মানুষের অংশ গ্রহণের দ্বারা এই সবের গুণগত পরিবর্তনই হল এর উদ্দেশ্য।

উন্নততর গভর্নেন্স সুনিশ্চিত করার জন্য নরেন্দ্র মোদী আরো একটি পদক্ষেপ গ্রহণ করেছেন। তিনি এমন কিছু প্রাচীন আইন শেষ করে দিতে চেয়েছেন যা কোনো কাজের নয়। এমন আইন খুঁজে বারেনোর কাজ চলছে। এর জন্য তিনি একটি সমিতির গঠন করেছেন। নব গঠিত সমিতি 1998 সালে অটল বিহারী বাজপেয়ী সরকার দ্বারা গঠিত প্রশাসনিক আইন সমীক্ষা সমিতির পুরোনো আইন গুলির সমাপ্তি করণের সিফারেশের সমীক্ষা করবে। তিনি এই বিষয়ে

চিন্তার সাথে বলেছেন যে, 1998 সালে সমীক্ষা সমিতি 1382 টি বেকার আইন শেষ করে দেওয়ার কথা বলেছিল, কিন্তু এখনও পর্যন্ত মাত্র 415 গুলি বেকার আইনের সমাপ্তি ঘটানো হয়েছে। নরেন্দ্র মোদী মনে করেন যে, প্রণালীবদ্ধ ভাবে পুরোনো আইন সমাপ্তির কাজে ধ্যান দিতে হবে আর তার পরিণামের দিকেও খেয়াল রাখতে হবে। এই সমিতি গত 10-15 বছরের বেকার আইন গুলির অনুসন্ধান চালাবে। প্রধানমন্ত্রীর কার্যালয়ের সচিব রামানুজম হলেন এই সমিতির অধ্যক্ষ। এই বিভাগের প্রাক্তন সচিব ভি.কে. ভসীনও সমিতির সদস্য হিসাবে নিযুক্ত হবেন। তিনি মাসের মধ্যে এই সমিতিকে রিপোর্ট পেশ করতে হবে যাতে এই সিফারিশের ভিত্তিতে সংসদে আলোচনা করে দেশকে বেকার আইনের শৃঙ্খলা থেকে মুক্ত করা যায়।

জনকল্যাণ

নরেন্দ্র মোদী আজ একজন জননেতা হিসাবেই পরিচিত, তাঁর বিকাস মডেলের একদিকে আছে করপোরেট বিভাগ আর অন্যদিকে আছে কৃষক সম্প্রদায়। তিনি একদিকে মধ্যবিত্তদের কথা ভাবছেন আর একদিকে ভাবছেন দরিদ্র সম্প্রদায়ের কথা। এই দৃষ্টি ভঙ্গী অনুসারে বলা যায় যে, মোদীর বিকাস মডেল জনকল্যাণের লক্ষ্য নিয়েই কাজ করে চলেছে। 13 বছর ধরে গুজরাটকেও তিনি এইভাবেই শাসন করে গেছেন, আর কেন্দ্রতেও তিনি সেই পথেই হাঁটছেন। যেকোনো সরকার বা বেসরকারের লক্ষ্য জনকল্যাণমূলক কাজই হওয়া উচিত। যদি কোনো প্রাইভেট সংস্থার লক্ষ্য হয় অধিক থেকে অধিকতর মুনাফা অর্জন তাহলে এমন কম্পানী কিছু দিনের জন্য সফল হলেও দীর্ঘদিন ধরে তা কখনই সফলতার পথে চলতে পারে না। এমন কম্পানী কখনই জনতার সাথে তাল মিলিয়ে চলতে পারবে না। এইজন্য বলা হয়, যে স্তরেই কাজ করুক না কেনো, যেকোনো ব্যক্তির অন্তিম লক্ষ্য জন কল্যাণই হওয়া উচিত। যদি সরকার এই লক্ষ্য নিয়েই চলে তাহলে কখনই কোনো কাজ সুসম্পন্ন হওয়া সম্ভব নয়। যদি সবাই এই লক্ষ্য নিয়েই চলে তাহলে কিছু দিনের মধ্যে এই দেশের ছবিই বদলে যাবে।

আসলে, এখানে মোদী সরকারের সমস্ত জনকল্যাণ মুলক কাজ নিয়ে চর্চা করা সম্ভব না, কিন্তু গুরুত্বপূর্ণ বিষয় গুলি নিয়ে অবশ্যই আলোচনা করব। এই পরিকল্পনা গুলিকে যদি সঠিক রূপে বাস্তবায়িত করা যায়, তাহলে কয়েক বছরের মধ্যেই ভারতের চেহারাই বদলে যাবে। জনকল্যাণের সাথে সম্পর্কিত প্রায় সমস্ত বিষয়ই কোনো না কোনো ভাবে প্রধানমন্ত্রীর নামের সাথে যুক্ত এবং সরাসরি তাঁর হাতেই রয়েছে। এর মধ্যে সর্বাধিক গুরুত্বপূর্ণ হল, 'প্রধানমন্ত্রী রাষ্ট্রীয় রাহত কোষ'। প্রধানমন্ত্রীর পদে বসার কয়েকদিনের মধ্যেই এই পরিকল্পনা নিয়ে সমীক্ষা করেছিলেন এবং কোষের ব্যবস্থাপনার জন্য গুরুত্বপূর্ণ কিছু

পরিবর্তনের পরামর্শও দিয়েছেন। গুজরাট মডেলের বিষয়ে কথা বলতে গিয়ে তিনি বলেন যে, লাভের কথা না ভেবে বিজ্ঞান ও মানুষের কথা ভাবা উচিত। বাচ্চা, গরিব এবং সরকারি হাসপাতালের বিষয়টিকে মাথায় রাখতে হবে। যে সমস্ত রোগে মানুষের জীবন পর্যন্ত যেতে পারে তার জন্য প্রয়োজনানুসারে গুরুত্ব আরোপ করতে হবে।

সাহায্যের জন্য তাঁর কাছে যত গুলি আপিল এসেছে তার জন্য তিনি সময়ের মধ্যে সমস্ত কাজ করার অর্ডার জারি করেছেন। তবে তিনি একটা ব্যাপারে খুবই সজাগ, সেটা হল সাহায্য যেন সঠিক মানুষের হাতে গিয়ে পৌঁছায়। একটি বৈঠকে ঠিক করা হয়েছে যে, যাদের 'রাহত কোষের' দ্বারা সাহায্য প্রদান করা হবে তাদের প্রধানমন্ত্রীর পক্ষ থেকে একটা চিঠি পাঠানো হবে। আপীলের ভিত্তিতে যাদের সাহায্য মঞ্জুর করা হবে তাদের এসএমএসের সাহায্যে অবগত করা হবে। এই বৈঠকে নরেন্দ্র মোদী, 'প্রধানমন্ত্রী বিবেকাধীন কোষ', 'প্রধানমন্ত্রী রাষ্ট্রীয় রক্ষা কোষ', 'প্রধানমন্ত্রী ছাত্র সহায়ক কোষ' এবং 'প্রধানমন্ত্রী লোককলা কোষ'-এর মতো প্রধানমন্ত্রী অন্য কোষের কাজেরও সমীক্ষা করেছেন।

নরেন্দ্র মোদীর কাজের মূল লক্ষ্য হল জনকল্যাণ, সাধারণ মানুষেরা যাতে লাভবান হন তার জন্য উনি শপথপত্রের ব্যবহার কমিয়ে স্বপ্রমাণপত্রের ব্যবহারের কথা বলেছেন। এই বিষয়ে ওনার সরকার এগিয়ে গেছেন। নাগরিকদের লাভের কথা মাথায় রেখে কেন্দ্র সরকারের সমস্ত মন্ত্রালয় এবং বিভাগ ও রাজ্য সরকারের কাছে আপিল করা হয়েছে যে, যাতে শপথপত্রের বিনিময়ে নথিপত্র হিসাবে স্বপ্রমাণপত্র দেখা হয়। এই বিষয়ে কোনো রকম আইনের গণ্ডী আরোপ করেননি তিনি।

নথিপত্রের সত্যতা বিচারের ব্যাপারে নরেন্দ্র মোদী সরকারের ওপরেই জোর দিয়েছেন। স্বপ্রমাণ পত্রের ওপর ভিত্তি করেই মূল নথি গঠন করার আদেশ দিয়েছেন। এক্ষেত্রে এটা উল্লেখ যোগ্য হল, যদি কোনো মিথ্যা নথি দেওয়া হয় তাহলে ভারতীয় দণ্ড সংহিতা অনুসারে ব্যবস্থা গ্রহণ করা হবে। প্রধানমন্ত্রীর নিজের ইচ্ছা গড়া এই প্রচেষ্টার জন্য সাধারণ মানুষ খুবই উপকৃত হবে।

সাধারণ মানুষের হিতের কথা ভেবে নরেন্দ্র মোদী আর একটি গুরুত্বপূর্ণ কাজ সম্পন্ন করেছেন, সেটা হল 'প্রধানমন্ত্রী জনধন পরিকল্পনা'। স্বাধীনতা দিবসের দিন লালা কেল্লায় আয়োজিত অনুষ্ঠানে ভাষণ দেওয়ার সময় নরেন্দ্র মোদী এই

পরিকল্পনার কথা ঘোষণা করেছিলেন। এটা হল ভারতে আর্থিক সমাবেশনের রাষ্ট্রীয় মিশন আর এর উদ্দেশ্য হল দেশের সমস্ত ঘরে ঘরে বুকিং-এর সুবিধা পৌঁছে দেওয়া যাতে প্রত্যেক পরিবার ব্যাঙ্কে খাতা খুলতে পারে। 2014 সালের 15 ই আগস্ট এর ঘোষণা করা হয় আর নরেন্দ্র মোদী নিজে 2014 সালের 28 শে আগষ্ট এর শুভারম্ভ করেছিলেন। আনুষ্ঠানিক ভাবে এর শুরু হওয়ার আগে প্রধানমন্ত্রী সমস্ত ব্যাংকে ই-মেল পাঠিয়েছিলেন, যাতে তিনি সমস্ত পরিবারের কাছে ব্যাঙ্কের বই থাকাটাকে 'রাষ্ট্রীয় প্রাথমিকতা' বলে উল্লেখ করেছেন। সাত কোটির বেশি পরিবার এই পরিকল্পনায় প্রবেশ করেছিল, তাদের বই করে দেওয়ার জন্য সমস্ত ব্যাঙ্ককে উঠে পড়ে লাগতে বলা হয়েছিল। যেদিন থেকে এই পরিকল্পনা চালু হয় সেদিনই সারা দেশ জুড়ে 1.5 কোটি ব্যাঙ্কের বই খোলা হয়।

এই পরিকল্পনার প্রথম ধাপ শুরু হয়েছে 2014 সালের 15 ই আগস্ট আর তা শেষ হবে 2015 সালের 14 ই আগস্ট। এই সময়ের মধ্যে সবার কাছে ব্যাংকিং সুবিধা পৌঁছে যেতে হবে। পরিকল্পনা শুরু হওয়ার ছয়মাস বাদের থেকে 5000 টাকার ওভার ড্রাফ্ট সুবিধার সাথে এক লক্ষ টাকার দুর্ঘটনা বীমা কভারের সাথে ডেভিট কার্ড এবং কৃষকদের কার্ডের সুবিধা প্রদান করা হবে। প্রথম ধাপেই আর্থিক সাক্ষরতা কার্যক্রমও চালানো হবে।

এই পরিকল্পনার দ্বিতীয় ধাপ চলবে 2015 সালের 15 ই আগস্ট থেকে 2018 সালের 15 ই আগস্ট পর্যন্ত। এই সময় ওভার ড্রাফ্টের বই গুলিতে ক্রেডিট গারেন্টী ফাণ্ডের স্থাপনা করা হবে। যারা পার্বত্য অঞ্চলে বা দুর্গম স্থানে বসবাস করেন তাদের কাছেও এই সুবিধা পৌঁছে দেওয়া হবে। শুধু তাই নয় এই পরিকল্পনা গড়ার সময় পরিবারের অল্প বয়স্ক সদস্যদের ও ছাত্র-ছাত্রীদের কথাও মাথায় রাখা হয়েছে।

এই পরিকল্পনা অনুসারে, গড়ে তিন-চারটি গ্রামের 1000- 1500 পরিবার, দেশের সমস্ত গ্রামীণ ও অর্ধ শহুরে ক্ষেত্রের সমস্ত সার্ভিস এরিয়াকে যুক্ত করা হল এর লক্ষ্য। এতে পূর্বোত্তর/র্পবতীয় রাজ্য গুলির ক্ষেত্রে ছাড় দেওয়া হবে। পরিকল্পনা করা হয়েছে যে, পরবর্তি তিন বছরের ভেতর প্রত্যেক কেন্দ্রের প্রয়োজনের কথা মাথায় রেখে 2000 -এর বেশি বসতি স্থাপনকারী 74000 গ্রামকে সাবলম্বি হওয়ার জন্য ব্যবসায়িক প্রতিনিধিদের দ্বারা কভার করা হবে, আর এই কেন্দ্র গুলিকে পূর্ণ শাখা হিসাবে পরিবর্তিত করার বিচার করা হবে,

যেখানে 1+1/1+2 কর্মচারী কাজ করছে। সম্পূর্ণ দেশ জুড়ে ছয় লক্ষ গ্রামকে সার্ভিস এরিয়ার সাথে যুক্ত করা হবে, যাতে প্রত্যেক ব্যাঙ্ক সাব-সার্ভিস এরিয়া যুক্ত 1000 থেকে 1500 পরিবারের প্রয়োজন একটা নিশ্চিত ব্যাংকিং স্থান থেকে পূর্ণ করা হবে। প্রস্তাব দেওয়া হয়েছে যে, সাব-সার্ভিস ক্ষেত্রকে ব্যাংকিং কেন্দ্র অর্থাৎ শাখা ব্যাংকিং এবং শাখা রহিত ব্যাংকিং -এর দ্বারা কভার করা হবে। শাখা ব্যাংকিং-এর অর্থ হল পরম্পরাগত শাখা। শাখা হীন ব্যাঙ্কিং-এর অন্তর্গত একটি নির্দিষ্ট স্থানে ব্যবসায়িক প্রতিনিধি এজেন্টের সেবা শামিল আছে, যা বুনিয়াদি ব্যাঙ্কিং সেবা প্রদানের জন্য ব্যাঙ্কের প্রতিনিধি হিসাবে কাজ করবে।

প্রধানমন্ত্রীর জনধন পরিকল্পনা অনুসারে বর্তমান ব্যাঙ্কিং কাঠামোকে ব্যবহার করা হবে এবং সমস্ত পরিবারকে কভার করার জন্য এর বিস্তারও করতে হবে। গ্রামীণ ও শহুরে ক্ষেত্র গুলিতে এখনও যাদের বই হয়নি তাদের বই করার জন্য বর্তমান ব্যাঙ্কিং ক্ষেত্রকে আরো ব্যাপক করতে হবে। বিস্তারের কাজের জন্য অতিরিক্ত 50000 প্রতিনবিধির ব্যবস্থা, 7000 -এর বেশি শাখা এবং 20000 এর বেশি এটীএম প্রথম ধাপেই স্থাপনের কথা হয়েছে। যে বই গুলির ক্ষেত্রে আদানপ্রদান হয় না সেক্ষেত্রে ব্যাঙ্কেরও লোকসান হয় এবং লাভার্থীও কোনো লাভ পায় না। পুরোনো অভিজ্ঞতাকে পাথেয় করে এই ব্যাপারে বিশেষ পরিকল্পনা অনিবার্য। অর্থাৎ নতুন কার্যপ্রণালীতে সমস্ত রকম সরকারি লাভের সাথে সাথে ব্যাঙ্কের লাভের বিষয়টাকেও মাথায় ব্রাখা হবে। এর জন্য এলপীজী পরিকল্পনায় পুনরায় ডীবীটী অন্তর্ভূক্ত করা হবে। গ্রামীণ বিকাস মন্ত্রালয় দ্বারা আয়োজিত 'মহাত্মা গান্ধী নরেগা' কার্যক্রমকেও প্রত্যক্ষ লাভের পরিকল্পনা হিসাবে অন্তর্ভূক্ত করার সম্ভবনা দেখা যাচ্ছে।

প্রধানমন্ত্রী জনধন পরিকল্পনাকে শীঘ্র বাস্তবায়িত করার জন্য একটি বিশেষ পরামর্শদাতার দল বা সমিতি গঠন করেছেন। এই কার্যক্রমকে দিল্লীতে রাষ্ট্রীয় স্তরে এবং প্রত্যেক রাজ্যের রাজধানী ও মুখ্যালয় গুলিতে একসাথে শুরু করতে চেয়েছেন। কার্যক্রমকে প্রগতির দিকে এগিয়ে নিয়ে যাওয়ার জন্য ওয়েব পোর্টল স্থাপিত করা হয়েছে। বিভিন্ন ক্ষেত্র, যেমন কেন্দ্র সরকার, রাজ্য সরকারের বিভাগ, রিজার্ভ ব্যাঙ্ক, নাবার্ড, এনপীসীআই এবং অন্যান্য গুলির ভূমিকাও পরিভাষিত করা হয়েছে। গ্রামে ব্যাঙ্কিং-সেবার প্রিনিধিত্ব করার জন্য গ্রামের সেবকদেরই নিযুক্ত করা হয়েছে। দূরসঞ্চার বিভাগের কাছে অনুরোধ করা হয়েছে যে, তারা

যেন না থাকার বা কম হওয়ার সমস্যার সমাধান করে। দূরসঞ্চার বিভাগ সূচিত করেছে যে, 2011 -র জনগণনা অনুসারে দেশের 5.93 লক্ষ গ্রামের মধ্যে প্রায় 50000 গ্রাম দূর সঞ্চার সম্পর্কের অন্তর্গতই নয়।

2014 সালের 28 শে আগস্ট, এই পরিকল্পনা উদ্‌ঘাটনের দিন সমস্ত ব্যাঙ্ক প্রায় 60000 গুলি শিবিরের আয়োজন করেছিল। যার ফলে প্রথম দিনই 1.5 কোটি ব্যাঙ্কের বই করা সম্ভব হয়েছে। এই দিনটিকে প্রধানমন্ত্রী ভারতের জন্য 'আর্থিক স্বাধীনতার দিবস' বলে সূচিত করেছেন। এই পরিকল্পনা সম্পূর্ণ বাস্তবায়িত হলে 50 হাজার বেকার লোক কাজ পাবে। এই পরিকল্পনা অনুসারে ব্যাঙ্কের বই করার জন্য আধার কার্ড বা তার নম্বর, ভোটার আইডি কার্ড, রেশন কার্ড, ড্রাইভিং লাইসেন্স, ক্যারেন্ট বা টেলিফোনের বিল, জন্ম বা বিবাহের প্রমাণ পত্র, গ্রাম পঞ্চাতের হস্তাক্ষর করা পরিচয় পত্র, ও কোনো মান্যতা প্রাপ্ত সংস্থার পরিচয় পত্র খুবই জরুরি। সরকার বই হওয়ার পরেই বিচার করবে যে, কাকে সাবসিডি দেওয়া হবে। এতে করে সাধারণ মানুষ আর্থিক সুরক্ষা লাভ করবে, তারা সঞ্চয়ের চেষ্টা করবে, যার ফলে সরকারের লাভ হবে। এই পরিকল্পনাকে সফল করে তোলার জন্য নরেন্দ্র মোদী ব্যাঙ্কের অফিসারেদের প্রেরণাদায়ী ই-মেল পাঠিয়েছিলেন। এটিকেও তাঁর বিশেষ কার্যশৈলী বলা যেতে পারে। এর জন্যই আজ তাঁকে ম্যানেজমেন্ট গুরু বলে অভিহিত করা হচ্ছে। এই ই-মেলে তিনি লিখেছিলেন যে, 'যাতে সমস্ত পরিবারের কাছে ব্যাঙ্কের বই থাকে, সেই প্রয়াসের বিষয়ে আপনারা চেষ্টার কোনো ত্রুটি রাখবেন না।' এটিকে খুব বড় দায়িত্বের নাম দিয়ে তিনি বলেছেন যে, 'আমাদের সাত কোটির থেকেও বেশি পরিবারের জন্য বই করে দিতে হবে। এটা হল রাষ্ট্রীয় প্রাথমিকতা, আর তা সাফল্যমন্ডিত করে তোলার জন্য নিশ্চিত প্রয়াস করাটা খুবই জরুরি। এই প্রক্রিয়ার গুরুত্বটা বুঝতে হবে কারণ এর জন্য আমাদের দেশের বহু প্রগতি আটকে যাচ্ছে। আমি আশা করি যে, আমরা সকলে মিলে এই পরিস্থিতির মোকাবিলা করতে পারব।'

প্রধানমন্ত্রী ব্যাঙ্কের অফিসারেদের আগ্রহের সাথে বলেছেন, 'আজ ভারতবর্ষের বহু লোকেদের আপনাদের সাহায্যের প্রয়োজন, যাদের ব্যাঙ্কের বই নেই, তাদের ব্যাঙ্কের বই করে দিন। কোন ব্যাঙ্ক সর্বশ্রেষ্ঠ প্রয়াস দেখাতে সক্ষম হচ্ছে, আমি নিজে সেদিকে ধ্যান রাখব।'

এই ই-মেলে তিনি আরো লিখেছেন, 'আমাদের বিকাসের জন্য প্রধানমন্ত্রীর জনধন পরিকল্পনা 'সবকা সাথ, সবকা বিকাস' হল একটি গুরুত্বপূর্ণ অংশ। আধুনিক যুগে যেখানে ব্যাংক ও আর্থিক প্রণালী উন্নতির দিকে এগিয়ে চলেছে, সেখানে বহু লোকের কাছে ব্যাঙ্কের বই পর্যন্ত নেই, সেটা আমাদের কাছে খুবই লজ্জার বিষয়। আসলে এই প্রণালীকে এতটাই জটিল করে দেওয়া হয়েছে যে, যার জন্য বহু গরিব লোক এই সুবিধার থেকে আজও বঞ্চিত। আমাদের এই কুচক্রটি ভাঙতে হবে, জনধন পরিকল্পনাটিকে সঠিক পথে এগিয়ে নিয়ে চলতে হবে। একটা ব্যাঙ্কের বই খোলার পর, যেকোনো মানুষ ব্যাংকিং সুবিধা পাওয়ার সাথে সাথে লোন লাভের সুবিধাও পাবে। এতে করে তাদের হঠাৎ করে কিছু পয়সার প্রয়োজন হলে সুদখোরের দারস্থ হোতে হবে না, তারা বিভিন্ন রকম আর্থিক পরিকল্পনা থেকে লাভবান হওয়ার সুযোগ পাবে।'

প্রধানমন্ত্রী নিজের ই-মেলের মাধ্যমে বলেছেন, 'এই পরিকল্পনা অনুসারে প্রধানমন্ত্রী প্রত্যেক বই ধারককে একটি ডেভিট কার্ড ও এক লাখ টাকার দুর্ঘটনা বীমা প্রদান করবেন। পরবর্তি কালে এদের বীমা ও পেনশিয়ানের ব্যবস্থাও করার দিকে লক্ষ্য দেওয়া হবে। আশা করি আপনারা আমার সাথে থেকে, দেশকে বিকাশের দিকে নিয়ে যাবেন। আপনাদের সাহায্য করার জন্য আমি আছি।'

নরেন্দ্র মোদীর এই ই-মেলের ফল হয়েছিল অভাবনীয়। 2014 সালের 28 শে আগস্ট সারা ভারতবর্ষ জুড়ে সমস্ত ব্যাঙ্ক মিলে 60000 শিবিরের আয়োজন করেছিল। যার ফলে প্রথম দিনই 1.5 কোটি পরিবার ব্যাঙ্কের বই করতে সক্ষম হয়েছে। এর থেকে তাঁর ম্যানেজমেন্ট কৌশল নিয়ে আর কোনো প্রশ্ন থাকে না, কোনো পরিকল্পনাকে সফল করার জন্য হয়তো কোনো প্রধানমন্ত্রীর এই রকম চেষ্টা এর আগে দেখা যায় নি।

প্রধানমন্ত্রী ভারতকে সাজানোর জন্য যে সমস্ত পরিকল্পনা করেছেন, তার মধ্যে উল্লেখ যোগ্য হল, বুলেট ট্রেন। প্রধানমন্ত্রীর আসনে বসার পর থেকেই তিনি ভারতকে নতুন করে গড়ে তোলার স্বপ্ন দেখে চলেছেন। তাঁর স্বপ্নের ভারত তৈরি করার জন্য রেল একটা গুরুত্বপূর্ণ ভূমিকা পালন করবে। ভোটের প্রচারের সময়তেও তিনি রেল ব্যবস্থা সংশোধনের কথা বলেছিলেন। বুলেট ট্রেনের কথাও বলেছেন। তিনি ভারতীয় রেলকে জাপানি রেলের সমান করে তুলতে চান। সেই তখন থেকে আজ পর্যন্ত চারদিকে বুলেট ট্রেনের আলোচনা হয়ে চলেছে। তার

জন্য কতটা লাভ-ক্ষতি হবে তারও বিচার করা হচ্ছে। ভারতের মতো দেশে এই পরিকল্পনার প্রাসঙ্গিকতাও নিয়েও বহু আলোচনা হয়েছে। কিন্তু বুলেট ট্রেন পরিকল্পনার পিছনে একটা বৈশ্বিক রাজনীতি কাজ করছে। এর রাজনৈতিক প্রেক্ষাপট বোঝার আগে, ভারতের বুলেট ট্রেন পরিকল্পনার সাথে সম্পর্কিত ভিত্তির কথা জানাটা খুবই জরুরি।

2014 সালের জুলাই মাসে, নতুন সরকার রেল বাজেট পেশ করার সময় রেল মন্ত্রী ডী.ভী. সদানন্দ গৌড়া আনুষ্ঠানিক ভাবে বুলেট ট্রেন পরিকল্পনার কথা ঘোষণা করেন। দেশের প্রথম বুলেট ট্রেন, মুম্বাই-আমেদাবাদের রাস্তায় ছুটবে। গৌড়ার কথা অনুসারে ভারতের আর যেসব স্থানে বুলেট ট্রেন দেখা যাবে সেই স্থান গুলি হল, দিল্লী-আগ্রা, দিল্লী-চণ্ডীগড়, মাইসোর-ব্যাঙ্গালোর-চেন্নাই এবং মুম্বাই-গোয়া প্রভৃতি। ট্রেনে মুম্বাই থেকে আমেদাবাদ যেতে এখন কমপক্ষে আট ঘন্টা সময় লাগে, কিন্তু বুলেট ট্রেন চলতে শুরু করলে এই দূরত্ব অতিক্রম করতে চার ঘন্টার থেকেও কম সময় লাগবে।

বুলেট ট্রেন পরিকল্পনা অনুসারে মুম্বাই-আমেদাবাদে যে বুলেট ট্রেন চলবে তা বান্দ্রা কুর্লা কম্পলেক্সে খোলা হবে। যদিও প্রস্তাবিত বুলেট ট্রেনের অন্তিম রূপরেখা এখনও পেশা করা হয়নি, কিন্তু আলোচনার ভিত্তিতে বোঝা যাচ্ছে যে, বান্দ্রা কুর্লা কমপ্লেক্সেই বুলেট ট্রেন গিয়ে দাঁড়াবে। এরপর বিরারে একটা স্টেশান বানানোর কথা চলছে, আর তারপর পালাঘরে। এরপর ট্রেন গিয়ে দাঁড়াবে বাপীতে। এটি হল একটি বাণিজ্যিক অঞ্চল, সেই কথা মাথায় রেখেই এখানে বুলেট ট্রেন দাঁড়ানোর কথা হচ্ছে। বাপীর থেকে সোজা গিয়ে দাঁড়াবে বলসাড এবং শেষ স্টেশান হবে আমেদাবাদে। মুম্বাই থেকে আমাদাবাদের দূরত্ব হল 520 কিমি.। তিন চার ঘন্টার মধ্যে বুলেট ট্রেন সেই দূরত্ব অতিক্রম করতে সক্ষম হবে। রেল মন্ত্রালয়ের কথা অনুসারে ভারতের প্রথম বুলেট ট্রেন ঘন্টায় 350 কিমি. বেগে ছুটবে।

হয়তো এই ট্রেন কিছুটা পথ মাটির ভেতর দিয়ে আর কিছুটা পথ সমুদ্রের ওপর দিয়ে অতিবাহিত করবে। এই সম্পর্কে রেলের চেয়ারম্যান অরুণেন্দ্র কুমার বলেছেন, 'আমাদের সুরাট ও মুম্বাইয়ের মতো ঘন জনবসতি অঞ্চলের মধ্যে দিয়ে এই ট্রেন নিয়ে যেতে হবে। সুরাটে রেললাইন পাতার মতো কোনো স্থান আমাদের কাছে নেই, হয়তো সেই জন্যই আমাদের মাটির তলা থেকে ট্রেন লাইন

নিয়ে যেতে হবে। মুম্বাইতেও এমন কিছু জায়গা আছে যেখান দিয়ে এই ট্রেন নিয়ে যাওয়া সম্ভব না বলে সমুদ্রের ভেতর দিয়েই রাস্তার সন্ধান করতে হবে।' এই প্রস্তাবিত নেটওয়ার্কের বেশির ভাগ অংশ এলিভেটেড থাকার কথা হচ্ছে।

উচ্চাকাঙ্ক্ষী নরেন্দ্র মোদীর এই পরিকল্পনাকে বাস্তবায়িত করার জন্য প্রায় 60000 কোটি টাকা খরচ হবে। এর জন্য রেল সরকারের কাছে মাত্র 100 কোটি টাকা আছে, তা দিয়ে হয়তো কাজটা শুরু করা যেতে পারে। এখন এক কিলোমিটার রেল লাইন বিছানোর জন্য ভারতের 15 কোটি টাকা খরচ হয়, বুলেট ট্রেনের লাইন পাতার জন্য কিলোমিটার প্রতি প্রায় 125 কোটি টাকা খরচ হবে বলে মনে করা হচ্ছে। এই পরিকল্পনা বাস্তাবায়িত করার জন্য যে মোটা টাকার প্রয়োজন তার জন্য জাপান অন্তর্রাস্ট্রীয় সহযোগ এজেন্সী (জে আঈসীএ) সাহায্য করবে। এই এজেন্সী এই পরিকল্পনার জন্য একটা রিপোর্ট তৈরি করছে। অতি শীঘ্র ভারত সরকারের সামনে সেই রিপোর্ট পেশ করা হবে। ভারতের যাত্রীদের এই ট্রেনে ওঠার জন্য কত টাকা খরচ করতে হবে তা এখনই নিশ্চিত করে বলা যাচ্ছে না, কিন্তু অনুমান করা হচ্ছে যে, বর্তমানে প্রথম শ্রেণীর কক্ষে ওঠার জন্য যত টাকা খরচ করতে হয় বুটেট ট্রেনের ভাড়া তার আশেপাশেই হবে।

প্রথম বুলেট ট্রেন মুম্বাই-আমেদাবাদের পথে চলবে, সেই নিয়েও প্রধানমন্ত্রীকে বহু সমালোচনা শুনতে হয়েছে। তাদের মতে নরেন্দ্র মোদী ভারতের প্রধানমন্ত্রী হলেও তিনি এখনও গুজরাট নিয়েই বেশি ভাবেন। কিন্তু ছবিটা একটু উল্টো করে দেখলে দেখা যাবে, মুম্বাই ও আমেদাবাদের মধ্যে 25 টি ট্রেন চলে, আর এই পথে প্রতিদিন 1500 লোক যাতায়াত করে। তাই এই পথে রেলের রাস্তা তৈরি করার পিছনে কোনো রাজনৈতিক প্রেরণা আছে বলে মনে করা হচ্ছে না।

বলা হচ্ছে যে, ভারতের প্রথম বুলেট ট্রেনের জন্য জার্মাণী থেকে কোচ আনার পরিকল্পনা গড়া হচ্ছে। এর জন্য জার্মানীর লিংক হফম্যান বুশ নামক একটি কম্পানীর নাম শোনা যাচ্ছে। এই কম্পানীর কোচ গুলি খুবই আরামদায়ক হয়। ভারত সরকার চাইছে যে, বুলেট ট্রেনের যাত্রা যেন অরামদায়ক হয়, তাই এই কম্পানীর কথাই মাথায় এসেছে। দেশের প্রথম বুলেট ট্রেনে বোধ হয় 12 টি কোচ থাকবে। এতে প্রায় 800 জন লোক যাত্রা করতে পারবে। বেশি লোক

যাতে যাত্রা করতে পারে তার জন্য সম্পূর্ণ ট্রেনটিতেই বসার ব্যবস্থা করা হবে।

এই ট্রেনে সম্পূর্ণ ভাবে ওয়াই-ফাইয়ের ব্যবস্থা থাকবে। যার ফলে যারা এই ট্রেনে যাত্রা করবে তারা ইন্টারনেটের ব্যবহার করতে পারবে। এছাড়া ট্রেনে খাওয়া দাওয়ার সুবিধা থাকবে। এই ট্রেনে রান্নার ব্যবস্থা থাকবে কিনা তা বলা যাচ্ছে না, কিন্তু যতটা জানা যাচ্ছে তাতে করে বলা যায় যাত্রীদের খাদ্য ও পানীয় সরবরাহ করা হবে, আর এর জন্য রেল ক্যাটারিং সংস্থার সাথেও কথা বলবে।

দেশের প্রথম বুলেট ট্রেনের পরিকল্পনা বাস্তবায়িত করার জন্য হাই স্পীড রেল করপোরেশান অফ ইন্ডিয়াকে দায়িত্ব দেওয়া হয়েছে। 2012 সালের জুন থেকে এই সংস্থা গঠিত হয়েছে। এর উদ্দেশ্য ছিল ভারতে যাতে তীব্র গতিতে বহু ট্রেন চালানো সম্ভব হয়। এই সংস্থাকে সরকার যে শুধু দায়িত্ব দিয়েছে তাই নয়, বরং প্রয়োজন অনুসারে করপোরেট কাঠামো গড়ারও স্বাধীনতা প্রদান করেছে। যদি এই সংস্থার কাঠামো করপোরেট হয় তাহলে প্রাইভেট সংস্থা গুলিও বহু আর্থিক সাহায্য প্রদান করবে। এই পরিকল্পনা বিকশিত করার জন্য বিশেষ দক্ষতার প্রয়োজন, ভারতের রেল ইঞ্জিনিয়ারদের কাছে সেই রকম দক্ষতা নেই। এই বুলেট ট্রেন গঠনের জন্য ভারতীয় রেল 300 জন ইঞ্জিনিয়ারকে দেশের বাইরে প্রশিক্ষণের জন্য পাঠাবে ।

লালু প্রসাদ যাদব যখন ভারতের রেল মন্ত্রীর আসনে ছিলেন তখন তিনি প্রথম দেশে বুলেট ট্রেন চালানোর কথা বলেছিলেন। এরপর রেল মন্ত্রালয় 12 টি রাজ্যকে এই বিষয়ে অধ্যয়নের জন্য অনুরোধ জানিয়েছিল। এর মধ্যে নয়টি রাজ্য এগিয়ে এলেও লালু প্রসাদের পরিকল্পনা বাস্তবায়িত হয়নি, যেখানে ছিল সেখানেই থেকে গেছে। 2009 সালে রেলমন্ত্রালয় 2020 সালের জন্য নিজেস্ব ভিজন দিয়েছিল, যাতে ঘন্টায় 250 থেকে 350 কিমি. বেগে ট্রেন দৌড়ানোর উল্লেখ ছিল, কিন্তু সেই সময় এই বিষয়ে বিশেষ কোনো কাজ করা হয়নি। তবে আজ প্রধানমন্ত্রী নরেন্দ্র মোদীর উৎসাহ দেখে মনে হচ্ছে যে, ভারতে বুলেট ট্রেন চলার স্বপ্ন বাস্তবায়িত হতে পারে। রেল মন্ত্রালয়ের অনুমানানুসারে মুম্বাই থেকে আমেদাবাদ যাওয়ার ট্রেনটি হয়তো আট বছরের মধ্যে চলতে শুরু করবে।

দেশের কিছু মানুষ বুলেট ট্রেনের প্রয়োজনীয়তা নিয়েও প্রশ্ন তুলেছে। তাদের মতে ভারতীয় রেলের নেটওয়ার্ক এখন ঠিক মতো কাজ করে না, তা ঠিক না করে একটা নতুন ট্রেন চালানোর জন্য এত অর্থ খরচ করার কি প্রয়োজন। তাদের মতে ভারত সরকার যদি সঠিক পন্থায় রেল ব্যবস্থাকে সুপরিকল্পিত করতে চায় তাহলে সবার আগে খেয়াল রাখতে হবে যে, দেশের বর্তমান রেল ব্যবস্থা যেন ঠিক মতো কাজ করে। ট্রেন গুলি যেন সময় মতো চলে। ট্রেন ও স্টেশানে যাত্রীরা যেন প্রদেয় সুবিধা গুলি ভোগ করতে পারে। ট্রেনে সুরক্ষার জন্য সঠিক বন্দোবস্ত নেই, তাই সবার আগে সেই দিকে দেখতে হবে। রেল সংস্থায় যথেষ্ট কর্মচারী নেই, সেই অভাব পূরণ করতে হবে। দেশের এমন বহু স্থান আছে যেখানে রেল নেটওয়ার্ক পৌঁছাতে পারেনি, আগে সেই সমস্ত স্থানে রেলপথ গড়ে তুলতে হবে। ট্রেন দুর্ঘটনা দূর করার জন্য প্রয়োজনীয় ব্যবস্থা নিতে হবে। এছাড়াও আরো কিছু সমস্যা আছে, যেগুলি দূর করাটা খুবই জরুরি।

এই কথা গুলি যে সঠিক, তাতে কোনো সন্দেহ নেই। ভারতীয় রেল বহু বছর ধরে এই সমস্যা গুলি ভোগ করে চলেছে। এই সমস্যা গুলির সমাধানের প্রয়োজন কিন্তু তার জন্য রেলের আধুনিকীকরণের বিষয়টিকেও অদেখা করা যায় না। বিশেষ করে নরেন্দ্র মোদীর মতো কুশল প্রশাসক এবং দক্ষ ব্যবস্থাপক এই বিষয়টিকে কখনই অদেখা করতে পারে না। নরেন্দ্র মোদী এটা জানেন যে, ভারতের ভবিষ্যতের দিকে তাকিয়ে বলা যায় যে, যদি সঠিক পন্থায় বুলেট ট্রেনকে ভারতবর্ষের বুকে বসানো যায় তাহলে বহু ভারতীয়ের জীবন যাত্রা খুব সুবিধাজনক হয়ে উঠবে। দিল্লী মেট্রো যেমন আশেপাশের লোকদের জীবন যাত্রাকে সুবিধা জনক করে তুলেছে তেমনি বুলেট ট্রেনও দেশ বাসীর জীবনকে সুবিধাজনক করে তুলতে পারে। বুলেট ট্রেন পরিকল্পনার ব্যাপারেও তিনি জনকল্যাণের কথাটা মাথা থেকে ঝেড়ে ফেলতে পারেননি। তিনি জানতেন যে, এই পরিকল্পনার দিকে অগ্রসর হওয়ার পথে তাঁকে বহু লোকের সমালোচনা শুনতে হবে, কিন্তু শেষ পর্যন্ত যদি তিনি নিজের পবিকল্পনাকে সঠিক রূপে বাস্তবায়িত করতে পারেন তাহলে, আজ যারা সমালোচনা করবে সেদিন তারাই তাঁর প্রশংসাও করবে।

বুলেট ট্রেন বিরোধী ও সমর্থকদের মনে যে প্রশ্ন ওঠে তাহল, এর যুক্তিযুক্ত উপায় কি? পৃথিবীতে রেলের বিকাস ও তার সাথে সম্পর্কিত টেকনিকের বিকাস সমান্তরাল গতিতে এগিয়ে চলেছে, সেই অনুসারে রেলের কাঠামোগত উন্নতি ও

বুলেট ট্রেনের পরিকল্পনা একই সাথে এগিয়ে নিয়ে চলতে হবে। তবে এটা ঠিক যে, দেশের সর্বত্র বুলেট ট্রেন চলা সম্ভব না। যে দেশ গুলিতে বহু বছর আগে থেকেই বুলেট ট্রেন চলছে সেখানোও সর্বত্র বুলেট ট্রেন চালানো সম্ভব হচ্ছে না। এছাড়া আর একটি বড় সমস্যা হল, যদি সম্পূর্ণ ক্ষমতা নিয়েও কাজ করা হয় তাহলে ভারতে প্রথম বুলেট ট্রেন চলতে চলতে আট বছর কেটে যাবে। তাই শুধুমাত্র এইদিকে তাকিয়ে ভারতের রেল সংস্থার উন্নতিকে কখনই আবদ্ধ করে রাখা উচিত হবে না। তাই বর্তমানে বিচারে সঠিক উপায় হল, যেখানে রেল নেটওয়ার্কের অভাব আছে তা দূর করা হোক, আর সেই সাথেই দেশের যে সমস্ত অংশে বুলেট ট্রেন গড়ার পরিকল্পনা কার হয়েছে সেই দিশাতেও এগিয়ে চলতে হবে।

দেশে বুলেট ট্রেনের প্রয়োজন আছে, কারণ আমাদের দেশে এমন অনেক স্থান আছে যেখানকার ঘন জনবসতি দিনে দিনে আরো বৃদ্ধি পাচ্ছে। যেমন ধরুন, সবার আগে মুম্বাই-আমাদেবাদের রাস্তায় বুলেট ট্রেন চলানোর প্রস্তাব দেওয়া হয়েছে। বর্তমানে এই দুটি শহরের মধ্যে 25 টি ট্রেন যাতায়াত করে তা সত্ত্বেও লোকেদের চাহিদা পূরণ করা যাচ্ছে না। এ অবস্থায় দ্রুতগতি সম্পন্ন ট্রেন থাকার খুবই প্রয়োজন ছিল। আজ লোকেদের কাছে সময়ের অভাব হয়ে গেছে, কম সময়ের মধ্যে প্রচুর কাজের চাপ, এমতো অবস্থায় যাদের কাছে পয়সা আছে তারা প্লেনে যাতায়াত করছে। এমন লোকেদের সংখ্যা যতদিন যাচ্ছে ততই বৃদ্ধি পাচ্ছে। এমতো অবস্থায় ট্রেনের যাত্রীদের নিজেদের কাছে ধরে রাখার জন্য কম সময়ের মধ্যে অনেকটা দূরত্ব অতিক্রম করে দেওয়ার মতো কাজ করতেই হবে। এই কাজ সুসম্পন্ন করার জন্য বুলেট ট্রেন ছাড়া যে আর কোনো রাস্তা নেই, তাতে কোনো সন্দেহ নেই।

মুম্বাই থেকে আমেদাবাদের মধ্যে প্রস্তাবিত ভারতের প্রথম বুলেট ট্রেন পরিকল্পনাকে সার্থক করার জন্য জাপান সংযুক্ত উপক্রম গঠনের প্রস্তাব দিয়েছে। অনেকটা ঠিক সেই রকম যেভাবে দিল্লী মেট্রো রেল কর্পোরেশানের গঠন হয়েছিল। ভারতে বুলেট ট্রেন নির্মাণের পিছনে একটা বৈশ্বিক রাজনীতি কাজ করছে। এখন নরেন্দ্র মোদী ভারতে বুলেট ট্রেন চলবেই এমন একটা কথা বলার পর, চীনও এগিয়ে এসেছে, কারণ তারাও ব্যবসা করার লোভটা ছাড়তে পাচ্ছে না। যদিও ভারত জাপানী টেকনোলজির ব্যাপারেই বেশি আগ্রহী।

সম্প্রতি নরেন্দ্র মোদী জাপানে গিয়ে বুলেট ট্রেন সম্পর্কিত আলোচনার সময় এই সংকেত দিয়ে এসেছেন যে, ভারত এই ব্যাপারে জাপানী টেকনিকেরই ব্যবহার করতে চায়। তিনি যখন জাপানে ছিলেন তখন জাপানের প্রধানমন্ত্রী শিঁজো অবে একটি প্রেস বার্তায় বুলেট ট্রেনের বিষয়ে ভারতকে সাহায্যের আশ্বাস দিয়েছেন। যা জানা যাচ্ছে তাতে করে, এই পরিকল্পনায় জাপানকে সংযুক্ত করার ব্যাপারে আর্থিক ও রাজনৈতিক কারণও আছে। সবচেয়ে বড় কথা হল, জাপান সরকার এই পরিকল্পনার জন্য খুব কম সুদে আর্থিক সাহায্য প্রদান করতে প্রস্তুত। ভারতের জন্য এটাই সবচেয়ে বড় কথা, কারণ মন্ত্রালয় আগেই জানিয়ে দিয়েছে যে, এই স্বপ্নকে বাস্তবায়িত করার মতো অর্থ ভারতের কাছে নেই। দ্বিতীয়ত, জাপানের টেকনিক চীনের টেকনিকের থেকে অনেক বেশি সুরক্ষিত। চীনে এই হাই স্পীড রেল নেটওয়ার্কের জন্য একবার বিরাট দুর্ঘটনা হয়েছিল যার ফলে বহু লোক মারা গেছিল। এখনও জাপানে তেমন কোনো দুর্ঘটনা ঘটেনি। জাপানের সুইসাইট স্কোয়ার্টের লোকেরা বুলেট ট্রেনের নেটওয়ার্ক ব্যবহার করে থাকে কিন্তু আজ পর্যন্ত কোনো রকম মৃত্যুর কথা শোনা যায়নি। এছাড়াও এই ব্যাপারে জাপানকে যুক্ত করার পিছনে ভারতের কাছে একটা রাজনৈতিক কারণও আছে। ভারত ও চীনের প্রতিদ্বন্দ্বিতা বহু প্রাচীন। তাই ভারত বুলেট ট্রেনের মতো সংবেদনশীল বিষয়ে চীনকে জরাতে চায় না।

যদিও, এই বিষয়ে এখনও শেষ সিদ্ধান্তে আসা সম্ভব হয়নি। আর সেই কারণেই ভারতের বুলেট ট্রেন পরিকল্পনাতে জাপানের সুযোগ বেশি দেখা সত্ত্বেও চীন এখনও হাল ছাড়েনি। চীন সরকার অতি শীঘ্র এই ব্যাপারে ভারত সরকারের সামনে একটি বিস্তারিত তথ্য পেশ করতে চলেছে। এই প্রস্তাব তৈরি করার জন্য চীনের রেলওয়ে অফিসার ভারত থেকে ঘুরে গেছে। এই চৈনিক অফিসাররা শুধু যে ভারতের উচ্চ পদস্থ রেলের অফিসারদের সাথে কথা বলেছে তাই নয়, বরং অর্থ বিনিয়োগের বিষয় নিয়ে আলোচনা করার জন্য ভারতের বেশ কয়েকটি করপোরেট পরিবারের সাথেও আলোচনা করেছে। এতে সর্বাগ্রে আছে টাটার নাম। চীনের পরিকল্পনা অনুসারে কাজ করলে জাপানের থেকে অনেককম খরচে ভারতে বুলেট ট্রেন চলতে শুরু করবে।

2014 সালের সেপ্টেম্বর মাসে চীনের রাষ্ট্রপতি শী চিনপিঙ্গ ভারত সফরে এসেছিলেন, দুই দেশের মধ্যে রেলওয়ে সহযোগিতা বৃদ্ধির বিষয়ে যে

আলোচনা হয়েছিল তাতে হস্তাক্ষর করেন। এই সামঝোতা পত্রে ভারতের প্রধানমন্ত্রী শ্রী নরেন্দ্র মোদী ও চীনের রাষ্ট্রপতি শী চিনপিংগের সামনে রেলওয়ে বোর্ডের অধ্যক্ষ অরুণেন্দ্র কুমার এবং চীনের রাষ্ট্রীয় রেলওয়ে প্রশাসনের উপমন্ত্রী এবং প্রশাসক লু ডেঙ্গুফূ হস্তাক্ষর করেন। সামঝোতা পত্রে যে যে বিষয়ে নিজেদের মধ্যে সহযোগিতার কথা বলা হয়েছে তাতে হাই স্পীড ট্রেনও আছে।

এতে ঠিক হয়েছে যে, ভারতে হাই স্পীড ট্রেন চালানোর বিষয়ে ভারতের কোনো একটি অংশের রেলখণ্ড নিয়ে চীন অধ্যয়ন করে দেখবে। এছাড়া দুই দেশের মধ্যে এই নিয়েও আলাচনা হয়েছে যে, ভারতে যে সমস্ত লাইনের ওপর দিয়ে ট্রেন চলছে, সেই গুলির স্পীড কিভাবে বৃদ্ধি করা যেতে পারে। বিশেষজ্ঞরা এই বিষয়টিকেও বুলেট ট্রেনের সাথে সংযুক্ত করেই দেখছে। রেল নিয়ে চীনের সাথে সামঝোতা করার পর ভারত সরকার জাপানকেও সংকেত দিয়েছে যে, ভারতে বুলেট ট্রেন চালাতে গেলে জাপানকেও তীব্র প্রতিদ্বন্দ্বীতার সম্মুখীনতা করতে হবে। বিশেষজ্ঞরা এটিকে চাপের রাজনীতি বলে অভিহিত করছেন, কারণ যখন জাপান ভারতকে বুলেট ট্রেন গঠনের জন্য অর্থের হিসাব দেখাবে তখন ভারত তাকে তা কম করার জন্য প্রস্তাব দিতে সক্ষম হবে। তবে এক্ষেত্রে একটা বিষয় মাথায় রাখতে হবে যে, চীনের বুলেট ট্রেনের তুলনায় জাপানের বুলেট ট্রেন অনেক বেশি খরচ সাপেক্ষ এবং সুরক্ষার দিক থেকেও তা অনেকটা উন্নত।

প্রথম দিকে চীনও হাই স্পীড ট্রেনের টেকনিক জাপানের কাছ থেকেই সংগ্রহ করেছিল, কিন্তু আজ চীন এই বিষয়ে অনেকটাই পারদর্শী। চীন নিজের দেশে শুধু যে হাই স্পীড ট্রেনের নেটওয়ার্ক বিকসিত করেছে তাই নয়, বরং তুর্কী, ভেনেজুয়েলা ও আর্জেন্টিনাতেও এই নেটওয়ার্ক বিকাসের কাজ করছে। চীনের কাছে হাই স্পীড ট্রেন চালানোর নেটওয়ার্ক সবচেয়ে বড়। চিনে প্রায় 11028 কিলোমিটার রাস্তা জুড়ে এই ধরণের ট্রেন যাতায়াত করে। যদিও জাপানের যে কম্পানী (কাবাসাকী হ্যাভী ইন্ডাস্ট্রীজ) চীনের এই পরিকল্পনাকে বাস্তবায়িত করে তুলেছিল, তারা চীনের টেকনিককে পুরোন বলে।

কাবাসাকী এই বিষয়ে চীন সহযোগি সীএসআর-সিফাঙ্গের ওপর কেস পর্যন্ত করেছিল, কিন্তু কোনো পরিণাম পাওয়া যায়নি দেখে কম্পানী কেস তুলে নেয়। কাবাসাকীর মতে, চীনে এই সম্পর্কিত যে আইন আছে তা পক্ষপাত দুষ্ট, যার ফলে তা চীনের তরফেই যায়। তাদের মতে সীএসআর যে শুধু তাদের

টেকনিক চুরি করেছে তাই নয়, বরং আজ সারা বিশ্বের কাছে তা নিজেদের বলে বিক্রী করছে। এর ফলে জাপান বুলেট ট্রেনের সৃষ্টি কর্তা হওয়া সত্ত্বেও প্রতিটা পদে চীনের সাথে প্রতিদ্বন্দ্বীতা করে চলতে হচ্ছে। জাপানের মতে চীনকে যখন এই টেকনিক দেওয়া হয়েছিল তখন বলা হয়েছিল যে, তারা শুধু নিজেদের.জন্য এর ব্যবহার করতে পারে। জাপানের মতে চীন এই শর্ত মেনে নেয়নি এবং সারা বিশ্বের কাছে তাদেরই টেকনিক বিক্রী করছে।

জাপানে রেল বিকসিত হওয়ার সম্ভবনা প্রায় শেষ, তাই নিজেদের বাণিজ্য চালিয়ে লাভার্জনের জন্য দেশের বাইরে সুযোগের সন্ধান করতেই হবে, কিন্তু সেখানে চীন তাদের মুখ্য প্রতিদ্বন্দ্বী। ভারতের ক্ষেত্রেও সেই প্রতিদ্বন্দ্বীতা দেখা যাচ্ছে। তবে মনে হচ্ছে যে, শ্রী মোদী জাপানের প্রতিই বেশি আগ্রহী, কিন্তু তিনি যে শেষ পর্যন্ত কি করবেন তা নিশ্চিত করে বলা যাচ্ছে না। যে কোনো মুহূর্তে তিনি নিজের সিদ্ধান্ত বদলে ফেলতে পারেন। চীনের সাহায্য নিলে অনেক কম খরচে বুলেট ট্রেন তৈরি হয়ে যাবে, আর ভারত এর সাহায্যে বেশ খানিকটা লাভার্জন করতে চায়, আজ আমেরিকাও এই ব্যাপারে বেশ তৎপর। অনুমান করা হয় যে, সারা বিশ্ব জুড়ে রেলের ব্যাবসা 180 কোটি ডলারের, এতে বিশ্বের মুখ্য দেশ গুলি যতটা সম্ভব বেশি অংশীদার হয়ে ওঠার চেষ্টা করছে।

বর্তমানে ভারতের সবচেয়ে দ্রুতগামী ট্রেন হল শতাব্দী। তা প্রতি ঘন্টায় 140 কিমি বেগে ছোটে। এর আগে ভারতের সবচেয়ে দ্রুতগামী ট্রেন ছিল রাজধানী। এর গতিবেগ হল ঘন্টায় 130 কিমি.। 1969 সাল থেকে ভারতে রাজধানী চলছে। এর পাঁচ বছর আগে জাপান নিজেদের প্রথম বুলেট ট্রেন শিনকানসেন চালানো শুরু করে দিয়েছিল। সেই সময় এই ট্রেন ঘন্টায় 240 কিমি. বেগে ছুটতো।

গত জুলাইতে ভারতে 160 কিমি. বেগে ট্রেন চালানোর জন্য পরীক্ষা করা হয়েছিল। এই পরীক্ষা করা হয়েছিল দিল্লী থেকে আগ্রার মধ্যে। পরীক্ষার সময় দিল্লী থেকে 200 কিমি. দুরে অবস্থিত আগ্রা 90 মিনিটের মধ্যে পৌঁছে গেছিল। এর আগে 150 কিমি.-র বেশি বেগে দৌড়াতে পারেনি, আশা করা হচ্ছিল যে, নাভেম্বর মাস থেকে আগ্রা দিল্লীর মধ্যে ঘন্টায় 160 কিমি. বেগে ট্রেন দৌড়াবে। এই ট্রেনকে কিছু লোক সেমি বুলেট ট্রেনের আখ্যা দিয়েছে।

1957 সাল থেকে পৃথিবী বিখ্যাত জাপানের বুলেট ট্রেন ছুটতে শুরু করেছিল। সেই সময় এই ট্রেন ঘন্টায় 145 কিমি. বেগে ছুটতো। তখন তা ছিল সারা দুনিয়ার কাছে এক বিরাট কীর্তি। এই সফলতা কম্পানীর ইঞ্জিনিয়াদের এতটাই উৎসাহিত করেছিল যে, তারা আরো দ্রুতগামী ট্রেন তৈরি করার জন্য আগ্রহী হয়ে ওঠে।

এরপর জাপান শিনকাসেন পরিকল্পনা অনুসারে ঘন্টায় 250 কিমি. গতিতে প্রবাহিত ট্রেন তৈরি করে। যদিও জাপানকে সাহায্যকারী বিশ্বব্যাঙ্ক সেই সময় বলেছিল যে, এই গতিতে ট্রেন যাওয়া সুরক্ষিত নয়। বিশ্ব ব্যাঙ্ক ঘন্টায় 210 কিমি. বেগে যাওয়ার অনুমতি দিয়েছিল। 1964 সালে অলেম্পিকের আয়োজনের সময় টোকিও ও ওসাকার মধ্যে প্রথম বুলেট ট্রেন যাতায়াত করতে শুরু করে। শিনকাসেন পরিকল্পনা বিকসিত করার ক্ষেত্রে জাপানি কম্পানী কাবাসাকী প্রধান ভূমিকা পালন করেছিল।

প্রথম ট্রেনে 12 টি কোচ ছিল, যা বৃদ্ধি করে 16 টি করে দেওয়া হয়েছে। আগে জাপানে সাধারণ বুলেট ট্রেন চললেও এখন তা ডবল ডেকার করে দেওয়া হয়েছে। জাপান তাদের এই বুলেট ট্রেনকে আরো উন্নত করে তোলার জন্য ক্রমাগত প্রয়াস করে চলেছে। এখন জাপানে যে বুলেট ট্রেন চলছে তা এমন ভাবে গঠন করা হচ্ছে যাতে তা ভূমিকম্পের মতো প্রাকৃতিক বিপর্যয়ের সম্মুখীনতা করতে পারে। এছাড়া কতটা কম বিদ্যুতের ব্যবহার করে ট্রেন চালানো যায়, তাও দেখা হচ্ছে। জাপানে ক্রমাগত বুলেট ট্রেন নেটওয়ার্কের বিস্তার করা হচ্ছে। এই প্রয়াসে জাপান কতটা সফল তা বোঝার জন্য, 1976 সাল পর্যন্ত এই ট্রেনে এক কোটির ওপর মানুষ উঠতে সক্ষম হয়েছিল সেটাই বলাই বোধ হয় যথেষ্ট হবে। জাপান সরকারের মতে এখনও পর্যন্ত প্রায় দশ কোটি লোক এই ট্রেনে চড়েছে।

ভারতের প্রথম বুলেট ট্রেন পরিকল্পনা সম্পর্কে রেলের অধ্যক্ষ অরুণেন্দ্র কুমার বলেছেন, 'বুলেট ট্রেনের পরিকল্পনা করতে গিয়ে আমাদের বহু দিকে লক্ষ্য রাখতে হবে। এর জন্য যে রেললাইন পাতা হবে তা কোন ক্ষেত্রের ওপর দিয়ে যাবে। তার ভৌগোলিক অবস্থান কি রকম হবে। রাস্তা ও স্টেশান গড়ার পরিকল্পনা করার সময় আর্থিক বিষয়ের দিকে লক্ষ্য রাখতে হবে। ট্রেনকে এমন পথ দিয়ে নিয়ে যেতে হবে যাতে যাত্রী পাওয়া যায়। আমাদের সুরাট ও মুম্বাইয়ের মতো ঘন জনবসতি অঞ্চলের মধ্যে দিয়ে এই ট্রেন নিয়ে যেতে হবে। সুরাটে রেল

লাইন বিছানোর মতো স্থান আমাদের কাছে নেই, তাই সম্ভবত ভূগর্ভ থেকে ট্রেন চলার পথ করতে হবে। তেমনি মুম্বাইয়ের কিছু স্থানেও সম্ভবত সমুদ্রের ওপরেও রেল লাইন বিছানোর কাজ করতে হবে।' তিনি আরো বলেন, 'সমস্ত সিদ্ধান্ত গ্রহণের আগে আর্থিক পরিস্থিতির দিকটা ভালো করে বিচার করতে হবে, এর জন্য 2015 সালের জুন মাসের আগে অন্তিম রিপোর্ট পেশ করা সম্ভব নয়। এছাড়া পরিকল্পনা বাস্তবায়িত করার জন্য একটা নির্দ্দিষ্ট সময় সীমা নির্ধারিত করতে হবে। বিনিয়োগকারীরা আমাদের পক্ষে আছে কিনা সেটাও দেখতে হবে।'

মোদী সরকার এমন আরো কিছু পরিকল্পনা শুরু করেছেন, যে সম্পর্কে বলা যায়, এর একমাত্র লক্ষ্য হল জনকল্যাণ। সমস্ত পরিকল্পনার কথা বলতে গেলে বইয়ের পৃষ্ঠা কম পড়ে যাবে। তাই খুব পরিচিত কিছু পরিকল্পনার কথাই উল্লেখ করা হয়েছে। ভাত হয়েছে কিনা জানার জন্য আমরা যেমন একটা চাল টিপে দেখি, এই বিষয়টাও অনেকটা সেই রকম।

এমন কিছু বিষয় আছে , যারা জন্য নরেন্দ্র মোদীর জনকল্যাণ মূলক কাজের মধ্যেও প্রতিকূলতার সন্ধান করা যেতে পারে। মূল্য বৃদ্ধি নিয়ে নরেন্দ্র মোদী এবং তাঁর পার্টী ভোটের আগে বহু লম্বা চওড়া ভাষণ দিয়েছেন, কিন্তু মূল্যবৃদ্ধি কম করার বিষয়ে মোদী সরকার এখনও পর্যন্ত সফল হোতে পারেননি। আর্থিক বিষয়েও নরেন্দ্র মোদী এমন কিছু সিদ্ধান্ত নিয়েছেন, যার জন্য বহু লোক তাঁর সমালোচনা করেছেন। কিছু দিন আগে শোনা গেছে যে, কেন্দ্রীয় সরকার এনপীপীএ-র থেকে তালিকাভুক্ত নয় এমন 180 টি ঔষধের দাম নির্ধারণ করার অধিকার নিয়ে নিয়েছে। নরেন্দ্র মোদীর আমেরিকা যাত্রার আগের দিন এই খবর আসে। অনেকে এর সাথে নরেন্দ্র মোদীর আমেরিকা যাত্রার বিষয়টিকে সংযুক্ত করে দেখেছিল। তাদের মতে, সরকার হয়তো আমেরিকার ঔষধ কম্পানী গুলিকে খুশি করার জন্য এমন সিদ্ধান্ত নিয়েছিল। সেই সময় আমেরিকার বেশ কিছু বড় বড় ঔষধ কম্পানীর সাথে নরেন্দ্র মোদীর কথাবার্তা হওয়ার কথা ছিল, হয়তো তারা যাতে ভারতে বিনিয়োগ করতে পারে তার জন্যই মোদী এমন একটি সিদ্ধান্ত নিয়েছেন বলে মনে করা হয়েছিল।

মিডিয়া যখন এই বিষয়ে সরকারের কাছে প্রশ্ন তোলে তখন সরকার সাফাই দেওয়ার জন্য জানায় যে, তারা এনপীপীএ-র অধিকার কেড়ে নেয়নি বরং এনপীপীএ নিজে পুরানো আদেশ ফিরিয়ে নিয়েছে। এই আদেশ ফিরিয়ে

নেওয়ার জন্য তালিকাহীন 108 টি জীবনদায়ী ঔষধের দামের ওপর এনপীপীএ নিজেদের নিয়ন্ত্রণ হারায়। এনপীপীএ কেন্দ্রীয় রসায়ন এবং সার মন্ত্রালয়ের মতো কাজ করে। এই ব্যাপারে মন্ত্রালয় যা বলেছে তা হল, 2014 সালের মে মাসে এনপীপীএ তালিকা হীন ঔষধের দাম নির্ধারিত করার জন্য আদেশ জারি করেছিল। এরপর কম্পানী গুলি মুম্বাই ও দিল্লীর উচ্চ আদালতে আবেদন করে। এই মামলায় ভারত সরকার ও এনপীপীএকে কাঠগড়ায় দাঁড় করানো হয়। এনপীপী আইন এবং ন্যায় মন্ত্রালয়ের সাথে যুক্তি পরামর্শ করার পর নিজেদের আদেশ ফিরিয়ে নেওয়ার সিদ্ধান্ত নেয়।

সরকারের বক্তব্য অনুসারে, যে আইন অনুসারে এনপীপীএ- কে ঔষধের মূল্য নির্ধারণের অধিকার দেওয়া হয়, তাতে এমন কিছু খামতি আছে যার জন্য এনপীপীএর মে মাসের আদেশকে আইন সঙ্গত বলা যায় না। যদি এটা ঠিক হয় তাহলে নরেন্দ্র মোদীর আমেরিকা যাত্রার সাথে এর কোনো সম্পর্ক ছিল না বললেই চলে, কিন্তু সেই দৃষ্টি কোণ থেকেও সরকার সম্পর্কে একটা প্রশ্ন ওঠে, যদি সত্যিই কোনো আইনি সমস্যা থেকে থাকে তাহলে ঔষধ গুলির গুরুত্ব দেখে সরকার বলতেই পারত যে, আইনি সমস্যার জন্য ঔষধের দাম নির্ধারণের বিষয়টা হাতের বাইরে চলে গেলেও সমস্যার সমাধানের সাথে সাথে জীবনদায়ী ঔষধ গুলির দাম যেকোনো ভাবে একটি নির্দিষ্ট সীমার মধ্যে আবদ্ধ রাখবে, কিন্তু সরকারের তরফ থেকে এমন কোনো কথাই বলা হয়নি। এ মত অবস্থায় নরেন্দ্র মোদী টেলিভিশান বা রেডিওর সাহায্যে সাধারণ মানুষের জীবনে বৈপ্লবিক পরিবর্তন আনার কথা বললেও, মানুষের মনে হবে যে তাদের ঠকানো হচ্ছে।

এই ঘটনার পর এই ঔষধ গুলির দাম দ্রুত বৃদ্ধি পেয়েছে। একটি সংবাদ পত্রের রিপোর্ট অনুসারে ক্যান্সারের ঔষধ গ্লিভেকের দাম বৃদ্ধি পেয়ে একলক্ষ টাকা হয়ে গেছে। এই ঘটনার আগে তা 8500 টাকায় বিক্রী হতো। এর জেনরিক সংস্করণ ভীন্যাটের দামও 8500 থেকে বৃদ্ধি পেয়ে 11500 টাকা হয়ে গেছে। হৃদরোগ ও উচ্চ রক্তচাপের ওষুধ প্ল্যাভিক্সের দাম বৃদ্ধি পেয়ে 1615 টাকা হয়েছে। এনপীপীএ-র এই নির্ণয়ের আগে এর দাম ছিল 147 টাকা। এমন আরো অনেক উদাহরণ আছে। এই উদাহরণ থেকে একটা বিষয় স্পষ্ট যে, যে সরকার 'আচ্ছা দিন'-এর স্বপ্ন দেখাচ্ছিল আজ সে এই সমস্ত রোগে আক্রান্ত মানুষদের কাছে এক গভীর সমস্যার সৃষ্টি করেছে।

খাদ্য, বস্ত্র ও বাসস্থানই হল মানুষের সর্বপ্রধান চাহিদা। এখনকার কিছু লোক এই তালিকায় ঔষধপত্রও অন্তর্ভূক্ত করতে চায়। পৃথিবীতে খুব কম লোকই আছে যারা ঔষধ হীন জীবন অতিবাহিত করছে। দেশের বহু লোক আজ অর্থের অভাবে ঔষধহীন জীবন অতিবাহিত করছে এবং কালের গর্ভে চলেও যাচ্ছে। সেই কারণেই আজ সমস্ত বর্গের মানুষ ঔষধের দামের ওপর সরকারের নিয়ন্ত্রণ দাবি করে চলেছে। কিছু দিন আগে প্রাপ্ত একটা তথ্য থেকে জানা গেছে যে, গ্ল্যাক্সো, ফাইজর, র‍্যানব্যাক্সো এবং ড. রেড্ডীজ এর মতো কম্পানী গুলি উৎপাদন খরচের থেকে 1123 শতাংশ বেশি দামে ঔষধ বিক্রয় করে। এরপর যদি ঔষধের ওপর মূল্য নিয়ন্ত্রের কথা বলা হয় তাহলে সমস্ত সংগঠন গুলি একসুরে বলে ওঠে যে, এর ফলে ভারতীয় অর্থব্যবস্থার উদারীকরণ প্রক্রিয়া বাধিত হবে কিন্তু বিনিয়োগকারীরা হতোৎসাহিত হবে। কিছু আর্থিক এজেন্সির সার্ভে থেকে জানা গেছে যে, কোনো পদক্ষেপ নেওয়া হলে সেটাকে দমনকারী বলে অভিহিত করা হয়। ফ্রান্স, ব্রিটেন, কানাডা ও অস্ট্রেলিয়ার মতো দেশ গুলিতেও সরকার ঔষধের দামের ওপর নিয়ন্ত্রণ আরোপ করে থাকে, এই দেশ গুলি যে শুধুমাত্র নিজেদের দেশে ঔষধ বিক্রয় করছে তাই নয়, বরং সারা পৃথিবী জুড়ে এরা ব্যবসা চালিয়ে যাচ্ছে।

উল্লেখযোগ্য বিষয় হল সরকার প্রয়োজনীয় ঔষধ গুলির একটি রাষ্ট্রীয় তালিকা প্রস্তুত করেছে। এখন তাতে 348 টি ঔষধ অন্তর্ভূক্ত। এনপীপীএ-র এই সব ঔষধ গুলির মূল্য নিয়ন্ত্রণ করার অধিকার আছে। কিন্তু গত মে তে এনপীপীএ জনহিতের কথা তুলে আরো 108 টি ঔষধকে এই তালিকার অন্তর্ভূক্ত করেছিল, এই গুলি খুব প্রয়োজনীয় ঔষধ না হলেও, বেশ গম্ভীর কিছু অসুখের ক্ষেত্রেই এর ব্যবহার হয়ে থাকে। এর মধ্যে এমন কিছু ঔষধ ছিল যেগুলি ক্যান্সার ও এইচআঈভী রোগের প্রতিশেধক হিসাবে ব্যবহার হয়। এনপীপীএ-র এই নির্ণয়ের জন্য ঔষধ কম্পানী গুলি খুবই ক্ষিপ্ত হয়ে গেছিল। সকলে একত্রে এই সিদ্ধান্তের বিরোধীতা করেছিল। এর মধ্যে কেউ কেউ আদালতের স্মরণাপন্ন হয়েছিল। এই কম্পানী গুলি যে বিষয়ের ওপর ভিত্তি করে এনপীপীএ-র সিদ্ধান্তের বিরোধীতা করেছিল, তার ভিত্তিতেই আইন মন্ত্রালয় এনপীপীএ-কে নিজের মে মাসের আদেশ ফিরিয়ে নিতে বলে।

ভোটের প্রচারের সময় এটাই ছিল কংগ্রেসের মুখ্য হাতিয়ার। মহারাষ্ট্র ও হরিয়াণাতে রাহুল গান্ধী নিজে এই অস্ত্রের সাহায্যেই নরেন্দ্র মোদী ও তাঁর সরকারের ওপর আঘাত করার চেষ্টা করেছিলেন। অন্যদিকে প্রধানমন্ত্রী আমেরিকা সফর থেকে ফেরার পর কিছু বিশেষ ব্যক্তিত্ব তাঁর সামনে এই বিষয়ের উত্থাপন করেন। এঁর মধ্যে অন্যতম ছিলেন কেরলের মুখ্যমন্ত্রী ওমান চাণ্ডী। তিনি প্রধানমন্ত্রীর সাথে কথা বলার পর মিডিয়ার সামনে জানিয়েছিলেন যে, প্রধানমন্ত্রী তাঁকে ভরসা দিয়েছেন যে, সাধারণ মানুষের চিকিৎসার কথা মাথায় রেখে কখনই জীবনদায়ী ঔষধের মূল্য বৃদ্ধি করা হবে না। ওমন চন্ডী প্রধানমন্ত্রীর কথা অনুসারে যে আশ্বাস দিয়েছিলেন তার পরিণাম সামনে এসেছে।

এরপর দেখা গেছে যে সরকার কিছু সংশোধনের চেষ্টা করেছে, সেপ্টেম্বর মাসে সরকারের নীতির জন্য যে সমস্ত ঔষধ গুলি এনপীপীএ-র তালিকার বাইরে চলে গেছিল, সেগুলিকে পুনরায় এই পরিকল্পনার অন্তর্ভূক্ত করার কথা বলা হয়েছে। সরকারের সেপ্টেম্বরের সিদ্ধান্তের জন্য 108 টি ঔষধ মূল্য নিয়ন্ত্রণ গন্ডীর বাইরে চলে গেছিল, তার মধ্যে বেশির ভাগই সংশোধিত তালিকার অন্তর্ভূক্ত করা হবে। যদি তা করে, তাহলে যার ভিত্তিতে ঔষধ কম্পানী গুলি আদালতের দ্বারস্থ হয়েছিল সেই কারণও বাধার সৃষ্টি করতে পারবে না। অন্যদিকে গুরুতর রোগে আক্রান্ত মানুষ গুলিও রেহাই পাবে, আর তাদের ওপর আর্থিক বোঝও কম হবে। এতে উল্লেখ যোগ্য বিষয় হল 2011 সালের পর এই সূচিতে কোনো সংশোধন করা হয়নি। যদিও ঔষধের কম্পানী গুলি পুনরায় জোর কদমে সরকারের বিরোধীতা করে চলেছে।

অংশীদারী

যেকোনো ক্ষেত্রে কাজ করতে গেলে, যার জন্য কাজ করা হচ্ছে সেই কাজে তার অংশগ্রহণটা খুবই জরুরি। তাতে করে সে বা তারা মনে করে যে, এটা তাদের নিজেদের কাজ।উদাহরণ স্বরূপ বলা যায় যে, যখন কোনো কম্পানী নতুন কিছু জিনিস উৎপাদন করার আগে জনগণের রায় নিয়ে উৎপন্ন করে তখন জনসাধারণের মনে হয় যে, তাদের প্রয়োজনের কথা মাথায় রেখেই এই দ্রব্যটি তৈরি করা হয়েছে। এই উপাদানের ওপর মানুষদের একটা স্বাভাবিক আকর্ষণ গড়ে উঠবে। তেমনি যদি কোনো দ্রব্য বাজারে আসার পর ব্যবহারকারীদের মতামত অনুসারে তার গুণগতমান পরিবর্তন করা হয় তাহলেও এই উপাদানের প্রতি মানুষের বিশেষ আকর্ষণ গড়ে ওঠে।

সরকারের ক্ষেত্রেও এরকম কিছু বিষয় দেখা যায়। যে সরকারকে মানুষ নিজেদের সরকার বলে মনে করতে পারে না, সেই সরকারের কাজ করা অসম্ভব হয়ে ওঠে। তা প্রতিটা পদক্ষেপে জনগণের গালাগালি ছাড়া কিছুই পায় না। যদি কোনো সরকার জনগণের সাথে একটা মেলবন্ধন তৈরি করতে পারে তাহলে তার কাজ করা সুবিধাজনক হয়ে ওঠে। ভারতের মতো গণতান্ত্রিক দেশের জন্য তা খুবই জরুরি। একটি গণতান্ত্রিক দেশে জনতার ভূমিকা শুধুমাত্র ভোটেই আবদ্ধ থাকে না। প্রতি পাঁচ বছর বাদে জনতা হয়ে উঠবে ভোট প্রদানের মেশিন তা কখনই ভাবা উচিত না। সত্যি বলতে কি গণতান্ত্রি ব্যবস্থায় প্রতিটা নির্ণয়ের পিছনে জনতার সক্রিয় ভূমিকা থাকা উচিত। নীতি ও নির্ণয়ের কোনো না কোনো স্তরে জনতার অংশগ্রহণটা খুবই জরুরি।

এই বিষয়ে নরেন্দ্র মোদী খুবই সজাগ। উনি যখন গুজরাটের মুখ্যমন্ত্রী ছিলেন, তখনও তিনি জনগণের মতামত জানার জন্য যত্ন প্রচেষ্টা করতেন। এই কাজের জন্য তিনি টেকনিকের যদৃচ্ছো ব্যবহার করেছেন। নির্বাচনের প্রচারের

সময় সংগঠিত র‍্যালীতেও তিনি ই-মেল ও অন্যান্য সোশাল নেটওয়ার্কের সাহায্যে লোকেদের সাথে সংযুক্ত হওয়ার কথা বলেছেন। প্রধানমন্ত্রীর আসনে বসার পরেও তাঁর দৃষ্টি ভঙ্গীর কোনো পরিবর্তন হয়নি। তিনি সাধারণ মানুষের সাথে সংযুক্ত থাকার জন্য ক্রমাগত কোনো না কোনো চেষ্টা চালিয়ে গেছেন। এতে করে উনি সাধারণ মানুষকেও সরকারের অংশ করে তুলেছেন এবং তারা এটাও বুঝতে পারছে যে, সরকার শুধু নরেন্দ্র মোদীর নয়, বরং তাদের নিজেদের। কারণ তিনি জানেন যে, জনতা যদি সরকারকে একবার নিজের সরকার বলে মনে করে নেয় তাহলে সমালোচকদের মুখ বন্ধ করার কোনো প্রয়োজনই হবে না, বরং তারা নিজেরাই সরকারের সমালোচকদের বিরোধীতা করতে শুরু করবে।

প্রধানমন্ত্রী হওয়ার দু-মাসের মাথায় নরেন্দ্র মোদী 'মাই গভর্নমেন্ট' নামক একটি ওয়েবসাইট লঞ্চ করেছেন। এই অবসরে মন্ত্রালয় থেকে যা জানা গেছে সেই অনুসারে, এটা হল এমন একটি প্ল্যাটফর্ম যার দ্বারা সুশাসনের বিষয়ে সমস্ত ভারতীয়রাও এগিয়ে আসতে পারবে। এই ওয়েব সাইট শুরু করার সময় প্রধানমন্ত্রী বলেছিলেন যে, জনগণ অংশ গ্রহণ না করলে গণতান্ত্রিক ব্যবস্থা সফল হওয়া অসম্ভব। অতীতের সরকারের কাছ থেকে 60 দিনের মধ্যেই তিনি এটা বুঝে গেছিলেন যে, জনগণ চায় সরকারের কাজে এগিয়ে আসতে, তাকে সাহায্য করতে। তাদেরকে সেই সুযোগ করে দিতে হবে। প্রধানমন্ত্রী বলেন যে, 'মাই গভর্নমেন্ট' হল এমন একটা টেকনিক্যাল প্ল্যাটফর্ম যার দ্বারা সাধারণ মানুষও সুশাসনের বিষয়ে যোগদানের সুযোগ পায়।

প্রধানমন্ত্রী বিশ্বাস করেছিলেন যে, সাধারণ মানুষ অবশ্যই তাঁর এই প্রেচেষ্টাকে সম্মান জানাবে। তিনি এই মঞ্চকে কি ভাবে আরো দৃঢ় ও সংশোধন করা যায় সেই নিয়েও পরামর্শ চেয়েছেন। তিনি আশা করেছেন যে, দেশকে এগিয়ে নিয়ে যাওয়ার জন্য ও গরিব থেকে গরিবতর ব্যক্তির আকাঙ্খা পূরণের জন্য প্রত্যেক ব্যক্তি এই মঞ্চের সাথে নিজেকে যুক্ত করবে। **125** কোটি ভারতবাসীর প্রতি আছে তাঁর অটুট ভরসা, সেই জোরেই তিনি এই মিশন সফল হওয়ার আশা করেছেন। তিনি লোকেদের রায়, পরামর্শ ও সিদ্ধান্ত জানার বিষয়ে আশা ব্যক্ত করেছেন। মাই গভর্নমেন্ট মঞ্চ লোকেদের বিচার ও কাজ করার সুযোগ দেয়। এই মঞ্চের সাহায্যে ভারতের প্রতিটা মানুষ তাদের বিচার বিবেচনা জানাতে পারে। তাদের বিচার বিবেচনা নিয়ে চিন্তা ভাবনা করা হবে এবং তার থেকে সৃজনশীল

ফিডব্যাক পাওয়া যাবে। যারা বিচার-বিবেচনার থেকে ওপরে গিয়ে কায়িকভাবে যোগ দিতে চায় তাদের জন্য আছে গভর্নমেন্ট পোর্টলের সুযোগ। নাগরিকরা বিভিন্ন কাজের জন্য এগিয়ে আসতে পারে এবং যোগদান করতে পারে। তাদের কাজের সমীক্ষা করবে অন্য সদস্য বা বিশেষজ্ঞরা। মঞ্জুরীর পর যারা এই কাজ করছে তাদের ও মাই গভর্নমেন্টের অন্য সদস্যদের সাথে যোগসূত্র গড়া হবে, প্রতিটা মঞ্জুরী কাজ পূরণ করার জন্য উৎসাহ নম্বর দেওয়া হবে।

ন্যাশানাল ইনফোরমেটিক্স সেন্টার (এনআঈসী) তথা ইলেক্ট্রনিক্স ও তথ্য প্রযুক্তি বিভাগ মাই গভর্নমেন্টের কাজ দেখা শোনা করবে আর এই সুশৃঙ্খলতার জন্যই নাগরিকরা কাজে অংশ গ্রহণের সুযোগ পাবে। দল ও কর্নর হল মাই গভর্নমেন্টের মুখ্য অংশ। এই মঞ্চকে স্বচ্ছ গঙ্গা, বালিকা শিক্ষা, স্বচ্ছ ভারত, কৌশলপূর্ণ ভারত, ডিজিটাল ভারত ও রোজগার সৃজনের মতো বিভিন্ন ভাগে ভাগ করা হয়েছে। প্রতিটা দলকে অনলাইন তথা অবগ্রাউন্ড কার্য দেওয়া হয়েছে যা যোগদান কর্তা নিজের হাতে নেবে। এর উদ্দেশ্য হল লোকেদের অংশ গ্রহণের সাহায্যে গুণাত্মক পরিবর্তন আনা।

আজ পর্যন্ত নরেন্দ্র মোদী সম্পর্কে যতটা বোঝা গেছে তার ভিত্তিতে এটা বলাই যায় যে, তিনি যে কাজ করবেন বলে ঠিক করেন তা শেষ করেই ছাড়েন। যশের মাথায় কোনো কাজ শুরু করে পরে অফিসারদের হাতে দিয়ে তা ভুলেই গেলেন, এমন মানুষ নন তিনি। তাঁর মাই গভর্নমেন্ট পরিকল্পনা নিয়ে এই কথা বলা যায়। 2014 সালের 15 ই আগস্ট যখন পরিকল্পনা কমিশন ভাঙার কথা বলেছিলেন তখন তিনি নতুন সংস্থা গড়ে তোলার জন্য লোকেদের কাছ থেকে পরামর্শ চেয়েছিলেন, আর তা সম্ভব হয়েছিল মাই গভর্নমেন্টের মঞ্চের জন্য। এর থেকে পরিষ্কার বোঝা যাচ্ছে যে, সরকার কোনো সিদ্ধান্ত নেওয়ার জন্য সাধারণ মানুষের কাছ থেকে সিদ্ধান্ত চাইছে। পরিকল্পনা কমিশানের স্থানে কি রকম নতুন সংস্থা গঠন করা হবে তার জন্য তিনি সাধারণ মানুষের রায় চেয়েছিলেন। এই পরামর্শ দানের জন্য মাই গভর্নমেন্টের মতো উন্মুক্ত মঞ্চও আছে মানুষের সামনে। প্রধানমন্ত্রী বলেছিলেন, 'প্রস্তাবিত সংস্থা যেন এমন হয় যার দ্বারা একবিংশ শতাব্দীর ভারতের চাহিদা পূরণ করা সম্ভব হয় এবং রাজ্য গুলির অংশ গ্রহণও যেন মজবুত হয়ে ওঠে। আপনারা নিজেদের মতামত পাঠান।'

প্রধানমন্ত্রী সরকারের কাজ চালানোর জন্য শুধু যে সাধারণ মানুষদের অংশ গ্রহণ দাবি করেছেন তাই নয়, তিনি সেই সমস্ত সরকারি কর্মচারীদের তাঁর পাশে চেয়েছেন যাদের সক্রিয় সহযোগিতার দ্বারা জনতাদের উদ্দেশ্যে করা কোনো পরিকল্পনাকে বাস্তবায়িত করা সম্ভব হয়। নরেন্দ্র মোদী স্বাধীনতা দিবসের দিনই প্রধানমন্ত্রী জনধন পরিকল্পনার ঘোষণা করেছিলেন। এই পরিকল্পনার লক্ষ্যানুসারে সেই ব্যাঙ্কিং ক্ষেত্রকে অন্তর্ভূক্ত করার চেষ্টা করা হয়েছে, যা এর বাইরে ছিল। এখন সবচেয়ে বড় সংকট হল, যতদিন না ব্যাঙ্কের অফিসার ও কর্মচারীরা এই পরিকল্পনাকে বাস্তবায়িত করার সংকল্প নিয়ে কাজ করছে, ততদিন পর্যন্ত এটির সম্পূর্ণ বাস্তাবায়িত রূপ দেখা অসম্ভব।

এই সমস্যার সমাধানের জন্যও তিনি একটা রাস্তার সন্ধান করে ফেলেছেন। তিনি সমস্ত ব্যাঙ্কের অফিসারদের ই-মেল পাঠান। তাতে তিনি প্রধানমন্ত্রী জনধন পরিকল্পনার কথা বলেছেন, তিনি ভারতের প্রতিটা পরিবারের কাছে ব্যাঙ্কের বই দেখার যে স্বপ্ন দেখেছেন সেই কথাই ব্যক্ত করেছিলেন।

প্রধানমন্ত্রী এই বিরাট দায়িত্ব অর্পণ করতে গিয়ে নিজের ই-মেলে লিখেছিলেন, 'আমাদের সাত কোটিরও বেশি পরিবারের জন্য ব্যাঙ্কের বই করতে হবে। এটা রাষ্ট্রীয় প্রাথমিকতা আর এর সাথে মোকাবিলা করার জন্য আমাদের নিশ্চিত রূপে প্রস্তুতি নিতে হবে। এর গুরুত্ব কম করে দেখলে বিকাসের অন্যান্য পথ গুলি বন্ধ হয়ে যাবে। আশা করি আমরা সকলে মিলে এই পরিস্থিতির মোকাবিলা করতে পারব।'

প্রধানমন্ত্রী ব্যাঙ্কের অফিসারেদের আগ্রহের সাথে বলেছেন, 'আজ ভারতবর্ষের বহু লোকেদের আপনাদের সাহায্যের প্রয়োজন, যাদের ব্যাঙ্কের বই নেই, তাদের ব্যাঙ্কের বই করে দিন। কোন ব্যাঙ্ক সর্বশ্রেষ্ঠ প্রয়াস দেখাতে সক্ষম হচ্ছে, আমি নিজে সেদিকে ধ্যান রাখব। আমাদের বিকাসের জন্য প্রধানমন্ত্রীর জনধন পরিকল্পনা 'সবকা সাথ, সবকা বিকাস' হল একটি গুরুত্বপূর্ণ অংশ। আধুনিক যুগে যেখানে ব্যাংক ও আর্থিক প্রণালী উন্নতির দিকে এগিয়ে চলেছে, সেখানে বহু লোকের কাছে ব্যাঙ্কের বই পর্যন্ত নেই, সেটা আমাদের কাছে খুবই লজ্জার বিষয়। আসলে এই প্রণালীকে এতটাই জটিল করে দেওয়া হয়েছে যে, যার জন্য বহু গরিব লোক এই সুবিধার থেকে আজও বঞ্চিত। আমাদের এই কুচক্রটি ভাঙতে হবে, জনধন পরিকল্পনাটিকে সঠিক পথে এগিয়ে নিয়ে চলতে হবে। একটা ব্যাঙ্কের

বই খোলার পর, যেকোনো মানুষ ব্যাংকিং সুবিধা পাওয়ার সাথে সাথে লোন লাভের সুবিধাও পাবে। এতে করে তাদের হঠাৎ করে কিছু পয়সার প্রয়োজন হলে সুদখোরের দারস্থ হোতে হবে না, তারা বিভিন্ন রকম আর্থিক পরিকল্পনা থেকে লাভবান হওয়ার সুযোগ পাবে।'

এর থেকে একটা বিষয় খুবই স্পষ্ট যে, প্রধানমন্ত্রী কোনো একটি বিশেষ শ্রেণীর কথা মাথায় রেখে কাজ করছেন না। ভারতের প্রতিটা মানুষ তাঁর পরিকল্পনার লক্ষ্য ও অংশীদার। তিনি ব্যাঙ্কিং পরিকল্পনাকে সফল করে তোলার জন্য যেভাবে সরাসরি ব্যাঙ্কের অফিসারেদের সাথে যোগাযোগ করেছিলেন ঠিক সেইভাবেই তিনি শিক্ষকদেরও তাদের কর্তব্য সম্পর্কে প্রেরণা প্রদানের চেষ্টা করেছিলেন, সেই কারণেই শিক্ষাক দিবসের দিন তিনি প্রতিটা শিক্ষক ও ছাত্রছাত্রীদের সাথে সরাসরি যোগাযোগ গড়ে তোলার চেষ্টা করেছিলেন। এর আগে শিক্ষদের তিনি যে ই-মেল পাঠিয়েছিলেন তা নিয়ে আলোচনা করাটা খুবই জরুরি।

তাঁর প্রদেয় ই-মেলের সাহায্যে তিনি বলেছিলেন, 'শিক্ষকতা করা কোনো পেশা নয়, বরং তাহল মার্গ দর্শন ও জ্ঞান প্রদান করার অনুপম বৈদিক দায়িত্ব। এই শিক্ষার জোরেই ভারত এক সময় বিশ্ব গুরুর সম্মান লাভ করেছিল। সেই সম্মান ফিরে পাওয়ার জন্য আমাদের পুনরায় শিক্ষকদের সম্মান দিতে হবে, যাতে ভারত সারা বিশ্বের কাছে জ্ঞানের প্রকাশ স্তম্ভ হয়ে উঠতে পারে।'

প্রধানমন্ত্রী আরো বলেছেন, 'পরিবর্তন চক্র ভারতকে 'সূর্যের' দিকে নিয়ে চলেছে। আপনাদের প্রতিজ্ঞাবদ্ধতা ও সততাই পারে দেশের ভবিষ্যতকে আরোও উজ্জ্বল করে তুলতে। কবে প্রত্যেক ছাত্র তার শিক্ষকের জন্য আর কবে প্রত্যেক শিক্ষক তার ছাত্রের জন্য গর্ব বোধ করবে, সেই দিনের অপেক্ষাতেই আমি বসে আছি। আপনাদের কাছ থেকে ছাত্ররা যে অভিজ্ঞতা সঞ্চয় করতে পারবে, তাই তাদের সাথে সারা জীবন থেকে যাবে। আপনারাই হলেন সমাজের নির্মাণকারী। এটা বিরাট এক দায়িত্ব, কারণ এর ওপরেই নির্ভর করে আছে আমাদের বর্তমান ও ভবিষ্যৎ।'

শিক্ষকদের উদ্দেশ্যে প্রদেয় ই-মেলে তিনি আরোও বলেছিলেন, 'বর্তমানে কে কত জানে, চাকরি বা ব্যবসার জীবনে কে কত সফল তার সাথেই জ্ঞানের তুলনা করা হয়। এই গুলি গুরুত্বপূর্ণ ঠিকই কিন্তু আপনাদের

বিদ্যার্থীদের চিন্তাভাবনাকে আরো ব্যাপক করে তুলতে হবে। তাদেরকে দেশ, সমাজ ও পরিবেশের কথা ভাবার জন্য উৎসাহিত করুন। সুনাগরিক গড়ে তোলাই আমাদের আসল উদ্দেশ্য হওয়া উচিত, যে কিনা পারবে অতীতের সাথে তাল মিলিয়ে সুন্দর ভবিষ্যৎ নির্মাণ করতে। যদি ছোটোর থেকে ভালো নাগরিক হয়ে ওঠার জন্য শিক্ষা দেওয়া যায় তাহলে উন্নত সমাজ গঠনের কাজে তাদের সাহায্য অবশ্যই লাভ করা যাবে। নিয়মের মধ্যে চলা, পরিষ্কার পরিচ্ছন্ন রাখা, মহিলাদের প্রতি সংবেদনশীল হওয়া, গরিবদের জন্য চিন্তা করা, বড়দের সম্মান করা প্রভৃতি সহজ বিষয় গুলি তাদের শেখাতে হবে। আশা করি শিক্ষক দিবসের দিন এই শুভসূচনা করার জন্য আমি অবশ্যই আপনাদের কাছ থেকে সাহায্য পাব। আসুন, আজ থেকে আমরা সকলেই নিজেদের দায়িত্ব ও কর্তব্যের বিষয়ে সমর্পিত হই।

সমাজ গঠনের কাজে শিক্ষক যে একটা গুরুত্বপূর্ণ অংশ তা বলার বোধ হয় কোনো প্রয়োজন নেই। তাই শিক্ষক দিবসের মতো পুণ্য তিথিতে তিনি উজ্জ্বল ভারত গড়ে তোলার পিছনে তাদের ভূমিকা গুলিকে আর একবার স্মরণ করিয়ে দিতে চেয়েছিলেন। শুধু যে ই-মেল পাঠিয়েছিলেন তাই নয়, পুরস্কার প্রাপ্ত শিক্ষদের সাথে আনুষ্ঠানিক ভাবে কথাও বলেছেন। প্রধানমন্ত্রী নিজের আবাসেই প্রায় 350 জন শিক্ষকদের সাথে কথা বলেছিলেন।

তিনি বলেছিলেন যে, শিক্ষকতা করা কোনো চাকরি বা পেশা নয়, তাহল জীবনের ধর্ম। তাঁর মতে শিক্ষকদের জীবনে অবসর বলে কিছু নেই, সর্বদাই তারা নতুন প্রজন্মকে কোনো না কোনো শিক্ষা প্রদান করেন। শিক্ষকদেরও তাঁর সাথে কথা বলে খুব ভালো লাগে, ভালো শিক্ষক হোতে গেলে কোন অপরিহার্য গুণের প্রয়োজন তা নিয়েও কথা হয়। তিনি বলেন সমাজের উন্নতির জন্য শিক্ষকদের সর্বদা সময়ের সাথে তাল মিলিয়ে চলতে হবে। বিশ্ব জুড়ে যে পরিবর্তন সংগঠিত হচ্ছে শিক্ষকদের সেই বিষয়ে অবগত থেকে ছাত্রদের সেই সম্পর্কে প্রেরণা প্রদান করা উচিত।

নরেন্দ্র মোদী শুধু শিক্ষদের সাথেই সম্পর্ক স্থাপন করতে চাননি, তিনি সারা দেশের ছাত্রদের সাথেও সম্পর্ক গড়ে তোলার চেষ্টা করেছিলেন। যে স্কুলে টেলিভিশান স্ক্রীন লাগানো সম্ভব ছিল, সেখানে তার ব্যবস্থা করা হয়। যেখানে টেলিভিশানের ব্যবস্থা ছিল না, সেখানকার বাচ্চারা রেডিও-র সাহায্যে প্রধানমন্ত্রীর

ভাষণ শুনেছিল। এ ছিল এক অনবদ্য প্রচেষ্টা। ভারতের ভবিষ্যৎ এই বাচ্চাদেরই হাতে। এদের সাথে প্রধানমন্ত্রী সরাসরি যোগাযোগ করার মানে হল তাদের মনেও দেশ প্রেমের বোধ সঞ্চার করা। এর জন্য নরেন্দ্র মোদীর প্রতিটা চেষ্টার মধ্যে তাঁর ম্যানেজমেন্টের কৌশলই ধরা পড়ে। আপনি যাদের জন্য কাজ করবেন তারাই যদি আপনার সঙ্গে না থাকে, তাদের যদি আপনার প্রতি ভরসা না থাকে তাহলে সফল হবেন কিভাবে? যদি কোনো মানুষ তার কাজের সাথে সম্পর্কিত লোকেদের আস্থাভাজন হোতে না পারে তাহলে তার সফলতা আশঙ্কা জনক হয়ে ওঠে তেমনি যদি কোনো মানুষের প্রতি অন্যদের সম্পূর্ণ আস্থা থাকে তাহলে সে অবশ্যই সফলতা লাভ করতে সক্ষম হবে।

নরেন্দ্রে মোদী ম্যানেজমেন্টের ব্যাপারে এতটাই দক্ষ যে তিনি সর্বদা লক্ষিত মানুষ গুলির সাথে সম্পর্ক গড়ে তুলতে চান। শিক্ষক দিবসের দিন তিনি সারা দেশের বিদ্যার্থীদের উদ্দেশ্যে বলেছিলেন, 'এই সময়টা হল এমন, যেখানে বহু নতুন কিছু জানতে ও বুঝতে হয়। সাহস থাকে, ছোটো বাচ্চারা বড় পাঁচিলে উঠতেও ভয় পায় না। উঠতে হবে তো হবেই, চেষ্টা চালিয়েই যায়। এটাই তো শৈশব ও কৈশরের শক্তি। এই সময়ে জীবন-যাপন যতটা ভালো করা যায়, সমানের জীবনে ততই সুযোগ আসে, আর আমরা তার জন্য চেষ্টা চালিয়ে যাই। আজ আমরা ড. সর্বপল্লি রাধাকৃষ্ণনজীকে শ্রদ্ধাঞ্জলি জ্ঞাপন করি, প্রণাম জানাই আর আমাদের সকল শিক্ষকদের প্রতি শ্রদ্ধা জানাচ্ছি।'

নরেন্দ্র মোদী এই সময় খানিকটা নস্টালজিক হয়ে তাঁর স্কুলের জীবনে ফিরে গেছিলেন, 'আমিও কখনও স্কুলে যেতাম। লেকচার দিতে যেতাম। আমার আর কোনো কাজ ছিল না শুধু এই কাজই করতাম। কখনও শিক্ষদের জিজ্ঞাসা করতাম যে, আপনারা আজ পর্যন্ত কতজন বাচ্চাকে পড়িয়েছেন, তখন কেউ বলতেন 500 তো কাউর মুখ থেকে শুনতাম 700। তো এই 500 বা 700 বাচ্চার মধ্যে কাউর বিয়ে হয়েছে। তখন তাঁরা বলতেন, হ্যাঁ অনেকেরই হয়ে গেছে, তাদের মধ্যে কতজন আপনাদের বিয়েতে নিমন্ত্রণ করেছিল? উত্তর শুনে আমি অবাক হয়ে যেতাম, কেউ বলত একজন তো কেউ বলত দুজন। সুতরাং কাট অফের কথাটা ভাব। জীবনে কখন শিক্ষকদের হাত ছাড়া উচিত না। জীবনের যে কোনো শুভ অনুষ্ঠানে আমরা যেমন আমাদের আত্মীয়দের স্মরণ করি তেমনি আমাদের শিক্ষকদেরও স্মরণ করা উচিত কারণ এটা আমাদের কর্তব্য।'

নরেন্দ্র মোদী আরো বলেন, 'আজ বহু শিক্ষক আমার কথা শুনছেন, তাঁদের মনে হোতেই পারে যে, কত বাচ্চাকেই তো পড়ালাম কিন্তু কেউ মনে রাখিনি। এই সম্পর্কের মধ্যে কোথায় ঘাটতি ছিল তা খুঁজতে হবে। কেউ হয়তো আজ আমেরিকায় খুব ভালো চাকরি করছে, সে একটা চিঠি লিখে তো জানাতেই পারে যে, 'শ্যার! আমি আপনার ছাত্র। আজ আমি আপনার জন্যই আমেরিকাতে বসে আছি। সেই আনন্দ আপনার সাথে ভাগ করে নেওয়ার জন্যই এই চিঠি লিখছি। কতজন শিক্ষক এমন চিঠি পান? হয়তো কেউ কেউ। নিজের স্টুডেন্টের উন্নতি হোক, সেই উন্নতির পর ছাত্ররা তা শিক্ষকদের জানাক, এই একাত্মতা বোধের সৃষ্টি হলে কখনই কোনো বাধা আসতে পারে না, জীবনের পরিবর্তনের জন্য কোনো রকম বাধা আসবে না। যে মালী বাগানে কাজ করে সে পড়াশোনা জানে না, বাগানে যে সার সে ব্যবহার করে তার থেকে পচা গন্ধ ওঠে, কিন্তু তার থেকেই সৃষ্টি হয় একটা সুন্দর ফুলের, যা ভগবানের চরণে অর্পণ করা হয়, তাহলে আমাদের কাছে তো পরমাত্মাকে দেওয়ার মতো কত সুন্দর ফুল আছে? এই ফুল গুলিকে কিভাবে লালন-পালন করা যায়, কিভাবে ভারত মায়ের গলায় তা অর্পণ করা যাবে, প্রতিটা শিক্ষক যদি এই স্বপ্ন দেখে তাহলে আমার বিশ্বাস যে এই দেশ এই বিশ্বকে বহু কিছু দিতে পারবে। ড. রাধাকৃষ্ণণের জীবন থেকে প্রেরণা লাভ করে, আমাদেরও কিছু করা উচিত।

নরেন্দ্র মোদী আরো বলেছেন, 'আপনাদের সাথে কথা বলার সুযোগ পাচ্ছি, সারা দেশের বাচ্চাদের সাথে কথা বলতে পাচ্ছি, আমার কাছে তা কত আনন্দের তা আমিই জানি। আমি যখন গুজরাটের মুখ্যমন্ত্রী ছিলাম তখন বাচ্চাদের স্কুলে যেতাম। যেদিন বাচ্চাদের স্কুল প্রথম খুলত, আমি নিজে গ্রামে যেতাম। সেই সময় এই গ্রামের তাপমাত্রা থাকত 45 ডিগ্রী। বাড়ি বাড়ি গিয়ে বাচ্চাদের টেনে বার করতাম। আমি একবার নিজের ভাষণে বলেছিলাম, মুখ্যমন্ত্রী হিসাবে শপথ গ্রহণ করতে গিয়ে আমার খুব ভালো লাগে কিন্তু গ্রামে গ্রামে গিয়ে বাচ্চাদের স্কুলে ভর্তি করার কাজ করতে আমার আরো বেশি ভালো লাগে। এটাই আমার স্বভাব, আর এই স্বভাবের সাথেই আমি এগিয়ে চলতে চাই।'

শিক্ষক দিবসের দিন ছাত্রছাত্রীরা তাঁকে বিভিন্ন প্রশ্ন করে, তিনি তার উত্তরও দেন। এই প্রশ্ন গুলি ছিল খুবই গুরুত্বপূর্ণ। এর থেকে শুধু যে তাঁর ম্যানেজমেন্ট দক্ষতা পরিলক্ষিত হয়েছে তাই নয়, বরং তিনি দেশের যে ভবিষ্যতের

ওপর ভরসা করছেন তার ক্ষমতাও বোঝা গেছে। এর জন্যই এইপ্রশ্ন গুলির অংশ বিশেষ এখানে তুলে ধরা হয়েছে, তার থেকে তাঁর কার্যশৈল সম্পর্কেও খানিকটা ধারণা করা যায় :

প্রশ্ন : শ্যার আপনি প্রধানমন্ত্রী হওয়ার পর যখন গান্ধী নগর থেকে দিল্লীতে আসেন তখন আপনার কেমন লেগেছিল?

উত্তর : অনেকটা পার্থক্য ছিল, আমি এখনও দিল্লী ঘুরে দেখার সুযোগ পাইনি, অফিস থেকে বাড়ি আর বাড়ি থেকে অফিস করেই দিন গুলো চলে গেছে। কিন্তু আমি বুঝতে পারছি আপনি কি জানতে চাইছেন। খুব বেশি যে পার্থক্য অনুভব করি তা নয়। মুখ্যমন্ত্রী কাজ আর প্রধানমন্ত্রীর কাজের মধ্যে পার্থক্য আছে, গণ্ডী বদলে যায়, দায়িত্ব বৃদ্ধি পায়, কিন্তু ব্যক্তি জীবনে তেমন পার্থক্য ধরা পড়ে না। যতটা পরিশ্রম করতাম তার চেয়ে একটু বেশি পরিশ্রম করতে হচ্ছে। ভোর ভোরই উঠতে হয়, রাত পর্যন্ত কাজও করতে হয়। রাজ্যে একটা দুটো শব্দ এদিক-ওদিক হয়ে গেলে তেমন টেনশান হতো না, কিন্তু এখন মনে হয় যেন দেশের ক্ষতি হয়ে না যায়। যেন এমন কোনো ভুল করে না ফেলি যাতে দেশের ক্ষতি হোতে পারে, তাই অনেক বেশি সচেতন থাকতে হয়, কিন্তু এটা বলতে পারি যে, মুখ্যমন্ত্রী হিসাবে কাজ করার অভিজ্ঞতা আছে বলে, কাজ করার ক্ষেত্রে বা অফিসারদের দিয়ে কাজ করিয়ে নেওয়ার ব্যাপারে আমার খুব বেশি সমস্যা হচ্ছে না। এখনও পর্যন্ত অতি সহজেই সব কাজ করতে পারছি, পরবর্তি কালে কোনো সমস্যা দেখা দিলে তখন দেখা যাবে।

প্রশ্ন : শ্যার, আমি আপনাকে জিজ্ঞাসা করতে চাই যে, আপনার জীবনে কার অবদান সবচেয়ে বেশি? আপনার অভিজ্ঞতার নাকি আপনার শিক্ষকদের?

উত্তর : এটা বেশ জটিল প্রশ্ন, কারণ আমাদের শেখানো হয় যে, অভিজ্ঞতাই হল সবচেয়ে বড় শিক্ষক, কিন্তু বিষয়টাকে একটু অন্যরকম ভাবে দেখা যাক্, আপনি যদি সঠিক শিক্ষা না পান তাহলে সেই অভিজ্ঞতা আপনাকে ধ্বংস করে দিতে পারে, আর সঠিক শিক্ষার কাছ থেকে প্রাপ্ত অভিজ্ঞতা আপনাকে অনেকটা পথ এগিয়ে নিয়ে যেতে পারে। তাই অভিজ্ঞতা হল সবচেয়ে বড় শিক্ষক। এই কথা স্বীকার করা সত্ত্বেও আমার মনে হয় যে, আপনার শিক্ষা এবং সংস্কৃতির ওপরেই নির্ভর করবে যে, আপনার অভিজ্ঞতা কিভাবে কাজে লাগাবেন। মনে করুন আপনি বাসে করে কোথাও যাচ্ছেন আর কোনো পকেট মার আপনার ব্যাগটা

চুরি করে নিল, সেটা হল আপনার অভিজ্ঞতা। যদি আপনার শিক্ষা আর সংস্কৃতি ঠিক না হয় তখন আপনার কি মনে হবে, আপনার মনে হবে যে, দেখো কোনো কষ্ট ছাড়াই কি সুন্দর টাকা পেয়ে গেল, চলো আমিও তাই করি। আপনার মধ্যে যদি সঠিক শিক্ষা থাকে তখন আপনার মনে হবে যে, যতটা সচেতন থাকা উচিত ছিল আমি ততটা সচেতন ছিলাম না, ব্যাগটা ঠিক জায়গায় রাখিনি, তাই আমার হাত থেকে পয়সা গুলো চলে গেল, এবার থেকে আরো বেশি সচেতন থাকতে হবে। এই অভিজ্ঞতা থেকেই আপনি কি শিক্ষা পেলেন তা বোঝা যাবে। তাই আমার জীবনে শিক্ষার, শিক্ষকের, আর সংস্কারের গুরুত্ব ততটাই যতটা অভিজ্ঞতার, আমার কাছে দুটির উপযোগিতাই সমান।

প্রশ্ন: শ্যার, আপনি যখন ছোটো ছিলেন তখন কখনও ভারতের প্রধামন্ত্রী হওয়ার স্বপ্ন দেখেছিলেন কি? কখনও ভেবেছিলেন কি আপনি একদিন বিশ্বের বিখ্যাত ব্যক্তিত্ব হয়ে উঠবেন?

প্রধানমন্ত্রী : আমি কখনও ভাবিনি। কারণ আমার ব্যাকগ্রাউন্ড সবাই জানে, আমি অতি সাধারণ পরিবারের মানুষ। আমি কখনও স্কুলের মনিটার পর্যন্ত হইনি। এমন কথা চিন্তা করার প্রশ্নই ছিল না। ধীরে ধীরে বড় হয়েছি, পড়াশোনা করেছি, তখন বড়দের কাছ থেকে শুনতাম যে, কখন কখন এমন উচ্চাকাঙ্খা বিরাট বোঝায় পরিণত হয়, যা সমস্যার সৃষ্টি করে আর সেই কারণেই বহু লোক দুঃখে সাথে জীবন যাপন করে, কারণ তারা কিছু হওয়ার স্বপ্ন দেখেছিল। যখন আমরা ছোটো থাকি তখন বাবা-মা অন্যদের সাথে পরিচয় করানোর সময় বলেন, এটা আমার ছেলে, আমি ওকে ডাক্তার করতে চাই, আমার ছেলেকে আমি ইঞ্জিনিয়ার করতে চাই, আর একাদশ-দ্বাদশ শ্রেণীতে আসতে আসতে গাড়ি ধীমে হয়ে যায়। তারপর কোথাও এডমিশান পায় না। তারপর কেউ চাকরি করে, কেউ শিক্ষকতা করে আর সারা জীবন ধরে নিজেকে গালাগালি দিতে থাকে। ডাক্তার হওয়ার ইচ্ছা ছিল, হলাম শিক্ষক। ডাক্তার হওয়ার ইচ্ছা ছিল, হলাম ক্লার্ক। ডাক্তার হওয়ার ইচ্ছা ছিল, হলাম ড্রাইভার। তখন সারা জীবন ধরে কান্না ছাড়া কিছুই থাকে না। যা হোতে পেরেছে তার আনন্দও ভোগ করতে পারে না। তাই কিছু করার স্বপ্ন দেখুন, তার মধ্যে থেকে খানিকটা করতে পারলেও জীবনের থেকে বহু প্রেরণা লাভ করা যায়, এত আনন্দ পাওয়া যায় যে, আরো কিছু করার প্রেরণা সঞ্চারিত হয়। আমি আমার সমস্ত ছোটো বন্ধুদের উদ্দেশ্যে বলতে চাই যে, কিছু করার স্বপ্ন

অবশ্যই দেখুন, তা করতে করতে যদি কিছু হোতে পারেন তো খুব ভালো, আর যদি কিছু না হোতে পারেন, তাহলেও কোনো দুঃখ নেই। কাজ করার মধ্যেই আছে অনেক আনন্দ, তাই আমার জীবনে কাজের অভাব ঘটেনি।

প্রশ্ন : ছাত্রদের সাথে কথা বলে কি লাভ হয়?

প্রধানমন্ত্রী : যদি লাভের প্রশ্ন থাকত তাহলে আমি আসতাম না, কারণ যারা লাভের কথা ভেবে কোনো কাজ করে তারা সবচেয়ে বেশি সমস্যায় পড়ে। যে কাজের পিছনে লাভ লোকশানের বিচার করা হয়না, তা করলে একটা আলাদা রকম আনন্দ পাওয়া যায়। আজ আমি দেশের মিডিয়াকে কৃতজ্ঞতা জানাচ্ছি। তাদের কাজের তুলনা নেই। আমি সময় পাইনি, কিন্তু একটু হলেও দেখেছি। তারা দেশের বাচ্চাদের কাছে গিয়ে গিয়ে জিজ্ঞাসা করেছেন যে, বল তোমরা প্রধানমন্ত্রীকে কি জিজ্ঞাসা করতে চাও। বাচ্চারা হয়তো এইভাবে প্রশ্ন করার সুযোগ এর আগে কখনও পাইনি। আজ সারা দেশ জুড়ে বহু বাচ্চা বহু প্রশ্ন করার সুযোগ পেয়েছে। আজ সারা দেশ জুড়ে আমার ছোট্ট বন্ধুরাই টিভি দখল করে রেখেছে। আমার মনে হয় এটাই আমার সবচেয়ে বড় পাওনা, সবচেয়ে বড় লাভ। নাহলে এত দিন ধরে দেশ আমার মুখ দেখে দেখে ক্লান্ত হয়ে গেছিল। আজ সারা ভারত আপনাদের মুখ দেখে আনন্দে ভরে উঠেছে। আপনাদের কথা শুনে আমার যে কি ভালো লাগছে তা বলতে পারব না, বাঃ! আমাদের দেশের বাচ্চাদের চিন্তাভাবনা কত বৃহৎ। আপনাদের সাথে দেখা করতে পারলে আমার ব্যাটারি চার্জ হয়ে যায়, তা না হলে ডিসচার্জ হয়ে যেত।

প্রশ্ন : লোকেরা বলে আপনি হেডমাস্টারের মতো। কিন্তু আপনি আমাদের সাথে বন্ধুর মতো ব্যবহার করছেন। শ্যার, আপনি ব্যক্তিগত জীবনে কেমন মানুষ?

উত্তর : আমি একটা ছোট্ট ঘটনার উল্লেখ করতে চাই। আজ যেমন আপনারা ড. সর্বপল্লী রাধাকৃষ্ণণের ওপর বক্তৃতা দিলেন, তেমনি ছোটোর থেকেই আমার বক্তৃতা দেওয়ার খুব শখ ছিল, অনেকে আমাকে কিছু বলার জন্য ডেকেও নিয়ে যেত। একবার এক গ্রামে রোটারী ক্লাবের ফাংশানে আমাকে নিয়ে যাওয়া হয়েছিল কিছু বলার জন্য। এখন সেটার প্রোটোকল হবে। ছোট্ট গ্রাম, সেখানে প্রায় তিরিশ হাজার মতো বাস্তি ছিল। তারপর ওনারা আমাকে আমার বায়ডাটা দিতে বলেন। আমার কাছে বায়োডাটা বলে কিছু ছিল না, আমি কি পাঠাতাম!

এই অনুষ্ঠান চালানোর জন্য এক ব্যক্তি ডোনেশান দিতেন, তাঁকেও তারা ডেকেছিল, তাঁকেও তাঁর বায়োডাটা পাঠাতে বলা হয়েছিল। তিনি দশ পৃষ্ঠার বায়োডাটা তৈরি করেন। তিনি কোন মাসে কি কি করেছিলেন বিস্তারিত ভাবে তার উল্লেখ করেন, কিন্তু ভাষণ দেন মাত্র 3 মিনিটের। বোধ হয় দুটি প্যারাগ্রাফ লিখে এনেছিলেন সেটাই পড়েন। যখন আমার কাছ থেকে বায়োডাটা চাওয়া হয়, তখন আমি জানাই যে, আমাদের শাস্ত্র বলে, আমি কে, তার জবাব এখনও খোঁজা হচ্ছে, কেই কি জানে সে কে? যখন মানুষ জানতে পারে যে সে কে, তখন তার জীবনের সব কাজ শেষ হয়ে যায়। সে সন্তোষ লাভ করে। আমি লিখি যে, আমি জানিনা আমি কে। তাই আমি আপনাদের কিভাবে উত্তর দেব। ওনারা আমার সেই বায়োডাটাই পড়েছিলেন। যাক, তুমি জিজ্ঞাসা করেছো, আপনি কেমন? আমি কিভাবে বলব আমি কে বা আমি কেমন, তবে আমি হেডমাস্টারের মতো কাজ করি, আমি টাস্ক মাস্টার অবশ্যই। আমি অনেক কাজ করি, সকলকে দিয়ে অনেক কাজ করাই, আর সময়ের মধ্যে কাজ করিয়ে নেওয়ার বিষয়েও যথেষ্ট আগ্রহী। আমি নিজে যদি নিয়মের মধ্যে চলতে না পারতাম তাহলে হয়তো এত কাজ করতে পারতাম না। আমি নিজে রিলাক্স করি আর অন্যদের দিয়ে কাজ করাই এমনটা নয়। তাই আমি 15 ই আগস্টের দিন সার্বজনিক ভাবে অফিসারদের বলেছিলাম যে, আপনারা যদি 11 ঘন্টা কাজ করেন তাহলে আমি 12 ঘন্টা কাজ করতে প্রস্তুত। আমি এইভাবেই কাজ করি।

প্রশ্ন : আমি কিভাবে ভারতের প্রধানমন্ত্রী হোতে পারব?

উত্তর : 2024 সালে ভোটে লড়াই করার জন্য প্রস্তুত হও, এর মানে হল তখন আমার আর কোনো বিপদ থাকবে না। দেখুন, ভারত হল গণতান্ত্রিক দেশ, আর আমাদের সংবিধান প্রণেতারা এতটাই সুযোগ দিয়ে রেখেছেন যে, যদি কেউ ভারতবাসীদের মন জয় করতে পারে, তাদের আস্থা অর্জন করতে পারে তাহলে যে কেউ এই পদের অধিকারি হোতে পারে। আমার তরফ থেকে আমি আপনাকে অগ্রীম শুভকামনা জানাচ্ছি, আপনার শপথ গ্রহণ অনুষ্ঠানে আমাকে আমন্ত্রণ জানাতে ভুলবেন না।

প্রশ্ন : সম্প্রতি আপনি জাপান থেকে ঘুরে এসেছেন, আপনি সেখানকার একটা বিদ্যালয়ও দেখেছেন। শ্যার, জাপানের শিক্ষা ব্যবস্থা আর আমাদের শিক্ষা ব্যবস্থার মধ্যে আপনি কি পার্থক্য দেখছেন?

প্রধানমন্ত্রী : এবার জাপানে গিয়ে আমার মনে হয়েছিল যে, ওখানকার শিক্ষা ব্যবস্থাটা একটু বোঝা দরকার। তাই আমি ওখানকার একটা প্রাইমারী স্কুলে যাই, সেখানকার একটা ওম্যান্স ইউনিভার্সিটিতেও গেছিলাম। প্রাইমারী স্কুলে গিয়ে সেখানকার শিক্ষা ব্যবস্থাকে বোঝার চেষ্টা করেছিলাম। ওখানে টিচিং নেই বললেই চলে। আপনাদের মনে হচ্ছে তো, সে আবার কি স্কুল যেখানে টিচিং নেই, কিন্তু ওখানে একশো শতাংশ লার্নিং আছে। ওখানকার কার্য শৈলী এমন যে, বাচ্চারা কিছু শেখার সুযোগ পায়, তারা নিজেরাই কিছু না কিছু করে। তারা নিজেরাই প্রসেসের অঙ্গ, যার জন্য আগ্রহের অভাব থাকে না। তাদের নিয়মানুবর্তিতা দেখে আমি অবাক হয়ে গেছিলাম। ওখানে বাবা-মারা স্কুলে ছাড়তে আসে না। প্রতি পঁচিশ পা পর্যন্ত প্যারেন্টসরা ছাড়তে থাকে। পঁচিশ পা দূরে একই ইউনিফর্মের যে প্যারেন্টস থাকে, সে এই বাচ্চাদের ওপর জনর রাখে। এরফলে সমস্ত বাচ্চাদের সাথে সমান ব্যবহার হয়। বাচ্চাদের নিজেদের সাথে সামলে যাতায়াত করানোর প্রথা সেখানে নেই। প্রত্যেক বাচ্চাকে হেঁটে স্কুল যেতে হয়, বাবা-মার নজর থাকে তাদের ওপর। এমন বহু জিনিস আমার চোখে পড়েছে যা আমার মনকে ছুঁয়ে গেছে। আমার খুব ভালো লেগেছে। টেকনোলজির এইরকম ভরপুর ব্যবহার ভাবাই যায় না। ছোট-ছোট বাচ্চারাও টেকনলজির সাহায্যে প্রতিটা জিনিস বোঝার চেষ্টা করে। ওঁরা বৈজ্ঞানিক চিন্তাধারার ওপর জোর দেয়। এমন ব্যবস্থা করে রেখেছে যে, সকলের কাছে অনুশাসন ব্যবস্থা সহজ হয়ে উঠেছে, অতি সহজেই চারদিক পরিষ্কার পরিচ্ছন্ন থেকে। তারা সামান্য মাথা নত করেই অন্যদের প্রতি সম্মান জ্ঞাপন করে থাকে। সবচেয়ে বড় কথা হল, প্রত্যেকের ব্যবহারের মধ্যেই এই সহজবোধ দেখা যায়, আমাদের সঙ্গে তাঁদের বহু পার্থক্য আছে।

প্রশ্ন : আপনি যদি শিক্ষক হোতেন তাহলে কোন ছাত্রদের দিকে বেশি নজর দিতেন, মেধাবী, অলস সাধারণ না পরিশ্রমি?

প্রধানমন্ত্রী : খুবই জটিল প্রশ্ন। যদি কোনো শিক্ষক হিসাবেই দেখতে হয় তাহলে কোনো রকম ডিস্ক্রিমনেশান থাকা উচিত না। সমস্ত ছাত্রকে, মানে যদি 30 জন ছাত্রের ক্লাস হয় তাহলে প্রত্যেকেই সমান নজরে দেখা উচিত। প্রত্যেক ব্যক্তির মধ্যে কোনো না কোনো গুণ অবশ্যই থাকে। একজনের মধ্যেই সমস্ত গুণ বিদ্যমান আর অপর জনের মধ্যে কোনো গুণ নেই এমনটা কখনই হয় না।

যাকে দেখে খুব গুণী বলে মনে হয় তার মধ্যেও কোনো না কোনো ক্রটি অবশ্যই আছে, আর যাকে দেখলে শুধু ক্রটিই চোখে পড়ে তার মধ্যেও কোনো না কোনো গুণ অবশ্যই আছে। শিক্ষকের কাজ হল প্রতিটা ছাত্রের মধ্যে গুণের সন্ধান করা। তা খুঁজে বার করা। সে যেমনই হোক না কেন, তার জীবন যে খাতেই প্রবাহিত হোক না কেনো সে যাতে সামনের দিকে এগিয়ে যেতে পারে সেই ব্যবস্থা করা। যদি কোনো শিক্ষক মনে করেন যে, এই চার জন ছাত্র খুবই মেধাবী এদের প্রতি বিশেষ নজর দিলে ওরা অবশ্যই এগিয়ে যেতে পারবে, আমার নাম হয়ে যাবে, আর অন্য ছাত্র সম্পর্কে যদি মনে করে যে, আরে ওর কথা বাদ দাও, ওর মাথায় তো কিছুই নেই, ওকে নিয়ে ভেবে কাজ নেই, ওর বাবা-মা যা পারবে তাই করবে, তা কখনই হওয়া উচিত না। কোনো শিক্ষক এমন কাজ করতে পারেন না। এক মায়ের তিনটি সন্তান হলে তারা তিন রকমই হয়, তাদের মধ্যে কেউ শক্তিশালী তো কেউ দুর্বল, কিন্তু মায়ের নজরে সকলেই সমান হয়। তেমনি শিক্ষকের কাছেও কেউ আগে, কেউ নিচে, কেউ ওপরে বা কেউ পিছনে এমনটা হয় না। তাঁর চোখে সকলেই সমান, সকলেই তাঁর আপনার। প্রত্যেকের মধ্যে লুকিয়ে থাকা গুণের সন্ধান করতে হবে। তিরিশ জন ছাত্রের একটা ক্লাসে পড়ানো মানে, তিনজনকে পড়ানো নয়, তিরিশ জনকেই পড়ানো। তাঁকে ব্যক্তিগত ভাবেও এই তিরিশ জনের সাথেই সম্পর্ক গড়ে তুলতে হবে। কোনো কিছু পড়ানোর সময়তেও তাঁকে এটা মাথায় রাখতে হবে যে, তাঁর ক্লাসে এমন ছাত্রও আছে যারা একটু দেরিতে বোঝে, কিছু ছাত্র এক কথাতেই সম্পূর্ণ বিষয়টা বুঝতে পারে, আবার কিছু ছাত্রকে বোঝানোর জন্য অনেক বাক্যের ব্যয় করতে হয়, তাঁকে এটা দেখতে হবে যে, সকলের কাছে তিনি যেন সমান ভাবে পরিবেশন করতে পারেন। আমি যদি শিক্ষক হোতাম তাহলে ডিস্ক্রিমিনেশানের পক্ষ নিতাম না। কাউকে অধিক স্নেহ, কাউকে কম স্নেহ এমনটা হওয়া উচিত না। সকলেই আপনার হওয়া উচিত।

প্রশ্ন : শ্যার, আমি জানতে চাই যে, আমাদের দেশের বহু স্থানে শিক্ষার ব্যবস্থা খুবই অনুন্নত, মেয়েদের শিক্ষার ব্যবস্থা নেই বললেই চলে, এর জন্য আপনি কি করতে চান?

প্রধানমন্ত্রী : এই রকম বহু স্থানে আমি বহুবার গেছি। বস্তর, দাঁতেবাড়াতেও গেছি। আমি এর জন্য ছত্তিসগড়ের মুখ্যমন্ত্রীকে ধন্যবাদ জ্ঞাপন করতে চাই। উনি বস্তরে শিক্ষার প্রসার ঘটানোর জন্য খুবই সচেষ্ট। এটা ঠিক

যে, দেশকে উন্নতির চরম শিখরে নিয়ে যাওয়ার জন্য মেয়েদের শিক্ষার দিকে বিশেষ ধ্যান দেওয়া উচিত। মহাত্মা গান্ধী বলতেন যে, কোনো ছেলেকে পড়ানো মানে একজন ব্যক্তিকে পড়ানো, আর কোনো মেয়েকে পড়ানোর মানে দুটি পরিবারকে পড়ানো। বাপের বাড়ি ও শ্বশুর বাড়ি। এই কারণে আজকের দিনে দেখা যাচ্ছে যে, যেকোনো খেলায় প্রায় পঞ্চাশ শতাংশ মেডেল লাভ করছে মেয়েরা। এবার এডুকেশানের দিকে নজর দিন, প্রথম দশ জন টপারকে দেখুন, প্রত্যেক স্টেজে 6 - 7 টা মেয়ে চোখে পড়বে। আজকের জগতে ছেলেরা পিছিয়ে পড়ছে। মহিলাদের উন্নতির মানে দেশের পঞ্চাশ শতাংশের উন্নতি, তাই দেশের বিকাসের জন্য মেয়েদের উন্নতি হওয়াটা খুবই জরুরি। তাই আমি নিজে গার্ল চাইল্ড এডুকেশানের ব্যাপারে খুবই আগ্রহী। আমি আজ স্কুলে স্কুলে মেয়েদের শৌচালয় কেনো বানাতে চাইছি? কারণ আমি চাই তারা স্কুলে যাক, তাদের কোনো রকম সমস্যা যেন না হয়। সমীক্ষা করে দেখা গেছে যে, ছোটো মেয়েরা স্কুলে গেলেও থ্রী-ফোরে উঠতে না উঠতেই স্কুল ছেড়ে চলে যায়, কারণ অনুসন্ধান করে দেখা গেলো যে, টয়লেট না থাকার জন্য তারা অসহজতা বোধ করে, আর তার জন্য স্কুল ত্যাগ করে চলে যায়। এটা অতি ছোট্টো বিষয়। যদি কেউ আগে থেকেই বিষয়টির দিকে ধ্যান দিত তাহলে বিষয়টা এতদূর গড়াতে পারত না। এই কারণেই আমি আজ সারা ভারত বর্ষের সমস্ত স্কুলে আলাদা আলাদা ভাবে টয়লেট গড়ার জন্য এতটা তৎপর। মেয়েদের স্কুলেতো ভর্তি করে দেয়, কিন্তু বাবা-মারা ভাবেন যে, কত দূরই বা পড়াশোনা করবে, খুব বেশি হলে পঞ্চম ক্লাস পর্যন্ত, আর একটু বেশি হলে সপ্তম ক্লাস পর্যন্ত। আমি চাই কোনো মেয়েকে যেন স্কুল ছাড়তে না হয়, তারা যেন অনেক দূর পর্যন্ত এগিয়ে যেতে পারে। আর আমি আজ সেই উদ্দেশ্যেই কাজ করে চলেছি। এর পরিণাম আপনারা অবশ্যই দেখতে পাবেন, আপনারা অনুন্নত সম্প্রদায়ের মানুদের নিয়ে চিন্তিত, বস্তরের মতো এলাকার শিক্ষা ব্যবস্থা নিয়ে ভাবছেন, শুনতে পেয়ে খুবই ভালো লাগল, বিশেষ করে একটা মেয়ের মুখ থেকে এমন প্রশ্ন শুনে আমি সত্যিই খুব খুশি হয়েছি। বস্তরের মাটি আজ মাও বাদীদের জন্য রক্তাক্ত, আর একটা মেয়ে সেখানকার মেয়েদের শিক্ষার কথা ভাবছে, আমার মনে হচ্ছে এই প্রশ্নের মধ্যে লুকিয়ে আছে, দেশকে জাগিয়ে তোলার মতো কথা।

প্রশ্ন : দেশের উন্নতি ও বিকাসের জন্য আমাদের মতো বাচ্চারা আপনাকে কির্ভাবে সাহায্য করতে পারি?

প্রধানমন্ত্রী : দেখুন, একজন ভালো ছাত্র হয়ে ওঠার চেষ্টা করুন, তাতে করেও দেশের বহু সেবা করা যেতে পারে। প্রত্যেককে সুশিক্ষা লাভ করতে হবে। আর পরিস্কার-পরিচ্ছন্নতার ব্যাপারে কখনও কোনো সামঝোতা করবেন না। আমি আপনাদের একটা প্রশ্ন করছি, আপনাদের মধ্যে কতজন স্কুল থেকে ফিরেই নিজের ব্যাগ ফেলে দেন? কতজন এই কাজ করেন, সত্যি করে বলুন? কাউর ছবি ছাপা হবে না, বলে ফেলুন। মা কি করেন, আপনার ব্যাগটা উঠিয়ে জায়গা মতো রেখে দেন। এমন অনেক বাচ্চা আছে, যারা বাড়িতে যত লোকই আসুক না কেন, বাড়িতে যত আত্মীয় স্বজনই থাকুক না কেনো, কোনো দিকেই কোনো খেয়াল করে না। তারা স্কুল থেকে ফিরে ব্যাগের জায়গায় ব্যাগ রাখে, জুতো খুলে ঠিক জায়গায় রেখে দেয়। তারপর এসে সকলকে প্রণাম করে সকলের সাথে কথাবার্তা বলে। সাধারণত দুই প্রকারের বাচ্চা দেখা যায়। এবার ভেবে দেখুন তো আপনি যদি সঠিক পন্থায় জীবন যাপন করেন, তাহলে আপনি সেই উপায়ের মাধ্যমেই দেশের সেবা করছেন কিনা?

কিছু লোক মনে করেন যে, দেশের জন্য প্রাণ দেওয়া বা দেশের জন্য রাজনীতিতে অংশ গ্রহণ করলে তবেই দেশের সেবা করা সম্ভব হয়। কিন্তু তা নয়। ইলেকট্রিসিটি সঞ্চয়ের কথাই ভাবুন, আপনি বাড়িতে গিয়ে আপনার বাবা-মাকে জিজ্ঞাসা করুন যে, আপনাদের লাইটের বিল কত আসে? আজ পর্যন্ত আপনি এই প্রশ্ন নিশ্চই করেননি। বাচ্চারা সাধারণত কি করে, আমার এটা চাই ওটা চাই। শ্যার বলেছেন কম্পাস নিয়ে যেতে হবে, আমার কম্পাস চাই। এই হল তার সাথে বাড়ির সম্পর্ক, অর্থাৎ অর্থের সম্পর্ক। আমি আজ বন্ধুদের সাথে ওখানে যাব, আমার এত পয়সার প্রয়োজন। ঘরের কোনো বিষয়ে আপনি কখনও কোনো ইন্টারেস্ট দেখিয়েছেন? আজ একটা কাজ করবেন, বাড়িতে যখন বাবা-মা সকলের সাথে একসাথে খেতে বসবেন, তখন বাবা-মাকে জিজ্ঞাসা করবেন যে, আপনাদের লাইটের বিল কত আসে? যদি তাঁর বলেন যে, 100 টাকার বিল আসে, তাহলে প্রশ্ন করুন, সেটাকে 90 টাকা করা যায় কি? যদি 50 টাকার বিল আসে, তাহলে সেটাকে 45 টাকা করা যায় কিনা জিজ্ঞাসা করুন। কিভাবে এই কাজ করা সম্ভব বাড়িতে সেই নিয়ে আলোচনা করুন। বিদ্যুতের ব্যবহার কমানোর চেষ্টা করুন,

তা যাতে অপচয় না হয় সেই দিকে ধ্যান দিন, আপনি ইচ্ছা করলেই এই কাজটা করতে পারেন। আপনি যদি আপনার বাড়িতে একটু হলেও ইলেকট্রিসিটি বাঁচাতে পারেন, তাহলে আপনার বাড়ির লাভ তো হবেই, সেই সাথে আপনার এই কাজের জন্য কোনো গরিবের বাড়িতেও লাইটের আলো জ্বলবে। এটিকেও দেশ সেবাই বলা হয়, একটা গাছ লাগান, যা আপনার পরিবেশকে দূষণের হাত থেকে রক্ষা করবে। তেমনি আপনি আপনার বাড়িতে ইলেক্ট্রিকের খরচ কমিয়েও পরিবেশকে রক্ষা করতে পারবেন। তাই দেশের সেবা করার জন্য বা সমাজের উপকার করার জন্য অনেক বড় কিছু করার প্রয়োজন হয় না। ছোটো ছোটো জিনিসের মধ্যে দিয়েও দেশ ভক্তি প্রকটিত হোতে পারে। এই ছোটো ছোটো বিষয় গুলির দিকে নজর দিন, এর চেয়ে বড় দেশ সেবা আর কিই বা হোতে পারে? এই গুলিও দেশের জন্য বিরাট সেবা।

প্রশ্ন : শ্যার, আমরা আসামে থাকি, এখানকার জলবায়ু পরিবর্তন আর তার প্রভাব নিয়ে আমরা খুবই চিন্তিত। শ্যার, আমাদের পবিত্র পরিবেশকে বাঁচানোর জন্য আপনি আমাদের কিভাবে সাহায্য করতে পারেন?

প্রধানমন্ত্রী : দেখুন, আজকাল ছোটো ছোটো বাচ্চাদের মুখেও জলবায়ু পরিবর্তনের কথা শোনা যায়। এখন আমার মনে একটা প্রশ্ন জাগছে যে, সত্যি কি হয়েছে। আমাদের প্রত্যেকের নিজেদেরকে এই প্রশ্ন করা উচিত। খেয়াল করে দেখবেন, গ্রামের বয়স্ক লোকেরা, 70-80-85-90 বছরের লোকেরা বলেন যে, গত বছরের থেকে এই বছরে ঠান্ডা অনেক বেশি পড়েছে। আসলে তা বেশি পড়েনি, কিন্তু তাদের বয়স বাড়ছে, যার জন্য তাদের সহ্য ক্ষমতা কমে আসছে। তাই তাদের ঠান্ডা বেশি লাগে। আমাদের পরিবারে যে বয়স্ক মানুষরা থাকেন তাঁরাও বলেন যে, গতবারের তুলনায় এবারের ঠান্ডা অনেক বেশি। ঠিক তেমনিই ক্লাইমেট চেঞ্জ হয়নি, আমরা চেঞ্জ হয়ে গেছি, আমরা বদলে গেছি, আমাদের অভ্যাস বদলে গেছে, আমরা কিছু কুঅভ্যাস রপ্ত করে ফেলেছি আর সেই কারণেই আজ সম্পূর্ণ পরিবেশকে কুলষিত করে তুলছি।

আমরা যদি বদলে যাই, তাহলে আমাদের সাথে সাথে এটাও বদলে যাবে। ঈশ্বর এমন ভাবেই সৃষ্টি করেছেন যে, অতি সহজেই ভারসাম্য বজায় রাখা সম্ভব, কিন্তু তার প্রধান শর্ত হল মানুষকে প্রকৃতির সাথে সংঘর্ষ করা বন্ধ করতে হবে। মানুষকে প্রকৃতিকে ভালোবাসতে শিখতে হবে, জল, বায়ু, গাছ

প্রতিটা জিনিসকে ভালোবাসতে হবে, আমাদের শাস্ত্রে গাছকে পরমাত্মা বলা হয়, নদীকে মা বলা হয়, কিন্তু আমরা তা ভুলে গেছি, আর আজ সেই কারণেই গঙ্গাও দূষণে জরা-জীর্ণ। আমাদের ছোটোর থেকেই শেখানো হয় যে, এই বিশ্ব ব্রাহ্মাণ্ড হল একটি পরিবার। এমন খুব কম পরিবার আছে যেখানে বাচ্চাদের শেখানো হয় যে, বিছানা থেকে পা মাটিতে রাখার সময় পৃথিবীর কাছে হাত জোড় করে ক্ষমা চাওয়া উচিত, কারণ এই পৃথিবী হল মায়ের সমান। আমি তাঁর ওপর পা রাখছি, তাঁর অবশ্যই ব্যথা করছে। এখান থেকেই সংস্কারের শুরু, হ্যাঁ কি না? ছোটো বেলায় প্রতিটি বাচ্চাই তাঁর মায়ের মুখ থেকে শুনে থাকবে যে, চাঁদ হল তাঁর মামা আর সূর্য হল ঠাকুরদাদা। পরিবেশের সাথে একাত্মতা বোধ গড়ে তোলানোর জন্য এই কথা গুলির প্রচলন করা হয়েছিল, কিন্তু এখন আমরা এমন একটা সময়ের মধ্যে দিয়ে যাচ্ছি যে, আমাদের মাথায় একটাই কথা ঢুকে গেছে, আর তা হল, সব খারাপ, সব দূষিত। আর এই সব কারণের জন্যই আজ আমাদের এই রকম অবস্থা।

কিছুদিন আগেই নাগপুরের মেয়রের সাথে দেখা হয়েছিল। তিনি আমাকে একটা খুব ভালো কথা বলেছিলেন, তিনি বলেন যে, পূর্ণিমার দিন স্ট্রীট লাইট বন্ধ করে দেওয়া হয়। তিনি প্রথমে ঘোষণা করেছিলেন যে, পূর্ণিমার দিন সব লোক বাইরে আসুন আর 2 - 3 ঘন্টা স্ট্রীট লাইট বন্ধ করা থাকবে। তাতে করে একটা মেলার মতো পরিবেশের সৃষ্টি হয়েছিল। লোকেরা নিজেদের বাড়িতেও পূর্ণিমার রাতে চাঁদের আলো উপভোগ করার জন্য লাইট নিভিয়ে রেখেছিল।

আপনাদের মধ্যে কতজন সূর্যোদয় দেখেছেন বলতে পারবেন? সূর্যোদয় দেখার কথা জিজ্ঞাসা করছি, আলো ফোটার কথা বলছি না। কতজন সূর্যাস্ত দেখেছেন? কতজন পূর্ণিমার রাতে একটা আস্ত চাঁদ দেখেছেন? দেখুন, আমাদের সেই অভ্যাসই চলে গেছে। আমরা প্রকৃতির সাথে তাল মিলিয়ে বাঁচতে শেখা ভুলে গেছি, আমাদের প্রকৃতির সাথে বাঁচতে শিখতে হবে। এই মেয়র আমাকে বলছিলেন যে, তিনি নাগপুরে বিদ্যুতের খরচ খানিকটা কম করতে পেরেছেন। এখন সেখানকার লোকেরা খুব আনন্দের সাথে দু-তিন ঘন্টার জন্য বাইরে বেরিয়ে পড়েন। আমি তাঁকে একটা পরামর্শ দিয়েছিলেম, আমি তাঁকে একটা কম্পিটিশানের আয়োজন করতে বলেছিলাম, পূর্ণিমার রাতে কে ছুঁচে সুতো পড়াতে পারবে তার প্রতিযোগিতা করুন, তাহলে মানুষ আরো উৎসাহিত হবে। পূর্ণিমার রাতকে

উপভোগ করতে পারবে। তিনি কথা দিয়েছেন তিনি তাই করবেন, আর তারপর আমাকে চিঠি লিখবেন। আমি বিশ্বাস করি, সারা দেশের বাচ্চাদের বিশ্বাস করি। আপনারাই বলুন তো যদি পূর্ণিমার রাতে দুই তিন ঘন্টার জন্য স্ট্রীট লাইট নিভিয়ে দেওয়া যায়, তাহলে পরিবেশের সেবা হবে কিনা? পূর্ণিমার রাতটাকে উপভোগ করা যাবে কিনা? পরিবেশের সাথে একটা একাত্মতা বোধ গড়ে উঠবে কি না? প্রকৃতিকে ভালোবাসতে শিখবে কিনা? সেটাই করুন, যা আপনারা অতি সহজে করতে পারবেন। খুব বড় বড় কিছু করতে হবে তা নয়, ছোটো ছোটো জিনিস গুলিতো আমরা করতেই পারি!

প্রশ্ন : শ্যার, আপনার কি মনে হয় রাজনীতি কি খুব কঠিন পেশা, আপনাকে কি সর্বদা মানসিক চাপ ও কাজের চাপের মধ্যে দিয়ে জীবন কাটাতে হয়?

প্রধানমন্ত্রী : প্রথম কথা হল রাজনীতি কোনো পেশা নয়। এটাকে একটা সেবা রূপে দেখা উচিত, আর এই সেবার বোধ তখনই জন্মায় যখন একটা একাত্মতা বোধের জন্ম হয়। একাত্মতা বোধ না থাকলে সেবার মনোভাব কখনই সৃষ্টি হবে না। একটা পুরানো ঘটনার কথা মনে পড়ছে। একটা পাঁচ বছরের মেয়ে তার তিন বছরের ছোটো ভাইকে কোলে নিয়ে খুব কষ্ট করে পাহাড়ের ওপরে উঠছিল, এক মহাত্মা তাকে দেখে জিজ্ঞাসা করেন যে, 'বাছা, তোমার কষ্ট হচ্ছে না?' সে বলে না, আমার ভাই তো। মহাত্মা আবার জিজ্ঞাসা করেন যে, ও কে হয় তা জিজ্ঞাসা করছি না, আমি জিজ্ঞাসা করছি তোমার কষ্ট হচ্ছে না? সে আবার বলে - আরে আমার ভাই। মহাত্মা আবার বলেন, তোমাকে জিজ্ঞাসা করছি না কে হয়? আমি জিজ্ঞাসা করছি তোমার কষ্ট হচ্ছে না? তৃতীয়বারও সে পুনরায় বলে, আরে আমার ভাই তো। মহাত্মা বলেন, তুমি আমার প্রশ্নটা বুঝতে পারছো না? তখন সে বলে, আমি আপনার কথা বুঝতে পেরেছি, কিন্তু ও আমার ভাই তাই আমার কোনো কষ্ট হচ্ছে না। পাঁচ বছরের মেয়ে। আমি যখন মনে করি যে, এই সোয়া শো কোটি ভারতবাসী আমার পরিবারের অংশ তখন আমার সমস্ত ক্লান্তি দূর হয়ে যায়। আর কাজ করার ইচ্ছা জাগ্রত হয় মন থেকে, আরো কিছু করতে ইচ্ছা করে, নতুন কিছু করতে ইচ্ছা করে, আর সেই সমস্ত বোধের জাগরণ ঘটে মন থেকে। তাই রাজনীতিকে কখনই পেশা হিসাবে দেখা উচিত না, রাজনীতি হল একটা সেবার ধর্ম, আর এই সেবা ধর্ম জাগ্রত হয় একাত্মতা বোধ

থেকে, কোনো পদের জন্য নয়। পদ তো আজ আছে কাল নেই, এটা তো গণতান্ত্রিক ব্যবস্থার অন্তর্ভূক্ত। একাত্মতা বোধ হল একটি আত্মিক বিষয়, তার জন্য কোনো ক্লান্তি হয়না, কোনো শ্লেষের জন্ম হয় না। আর দ্বিতীয় কথা হল, মানুষের শরীর বলেও একটা জিনিস আছে, তা তো আপনাদের মতো ছোটো ছোটো বাচ্চাদের সাথে একটু গল্প করতে পারলেই চাঙ্গা হয়ে ওঠে।

প্রশ্ন : আপনি যখন গুজরাটের মুখ্যমন্ত্রী ছিলেন তখন গুজরাটকে স্বাক্ষর করে তোলার জন্য, অর্থাৎ 'বাঁচে গুজরাট' নামক একটা অভিযান শুরু করেছিলেন। আমি জানতে চাই যে, আপনি কি রাষ্ট্রীয় স্তরে এমন কোনো অভিযানের কাজ শুরু করতে চান?

প্রধানমন্ত্রী : এমন কোনো বিচার আমি এখনও পর্যন্ত করিনি, কিন্তু বর্তমানে আমি ডিজিটাল ইন্ডিয়া গড়ার কথা ভাবছি। আমি যেখানে ডিজিটাল ইণ্ডিয়ার কথা ভাবছি, সেখানে সবার আগে আমাকে ভাবতে হচ্ছে যে, আমাদের প্রতিটা ছাত্রের কাছে যেন আধুনিক টেকনোলজি পৌঁছে যায় এবং টেকনোলজির সাহায্যে যেন সমস্ত ভাষার লোকেরা উপকৃত হয়, সেই দিকটাও বিচার করতে হচ্ছে। তারা যাতে ইনফোর্মেশান টেকনোলজির সুযোগ পায়, ইন্টারনেটের ব্যবহার করতে পারে, ব্রডব্রান্ড ক্যানেকটিভিটির ব্যবহার করতে পারে, সেই নিয়ে ভাবছি। তারা যেন নতুন নতুন জিনিস দেখতে পারে, খুঁজতে পারে, পড়তে পারে এবং বুঝতে পারে। আমি যদি তাদের প্রত্যেকের মধ্যে এই অভ্যাস তৈরি করে দিতে পারি, তাহলে বুঝব যে, আমারা ডিজিটাল ভারত গঠণের স্বপ্ন সার্থক হয়ে গেছে।

আমি যে সমস্ত কাজ হাতে নিচ্ছি, তা একটু কঠিন, কিন্তু এই কঠিন কাজে যদি আমিই হস্তক্ষেপ না করি, তাহলে এই কাজ করবে কে? আমিই এর দায়িত্ব নিয়েছি। আমি যে কাজ গুলি করব বলে ঠিক করেছি, তার জন্য একটা ম্যাপ তৈরি করেছি। আমাদের দেশে বহু দিন ধরে এই নিয়ে আলোচনা চলছে, কম্প্যুটারের কথা শোনা যায়, 21 শতাব্দীর কথা শোনা যায়, আমরা কি না শুনেছি। আমি এটা দেখতে চাই যে, ভারতবর্ষে এমন কতগুলি স্কুল আছে, যেখানে আমার ই-মেল পৌঁছেচে। এমন কত গুলি স্কুল আছে, যেখানে ইন্টারনেট টেকনোলজির সাহায্যে আমি বাচ্চাদের কাছে পৌঁছেচি। এটা আমার একধরনের টেস্টিং-এর কাজ বলা যায়। এই কার্যক্রম আপনাদের, আমার সরকারের জন্য ভেতর থেকে আর একটা কার্যক্রমের আয়োজন করা হয়েছে।

আমি আগেও বলেছি, যাই পড়ুন না কেনো, পড়ার অভ্যাস থাকাটা বড়ো কথা। যা ইচ্ছা পড়ুন। আমি এমন লোকও দেখেছি, যে পয়সা খরচ করে বাজার থেকে তেলেভাজা কেনে, তেলেভাজা যে ঠোঙাটাতে মুড়িয়ে দেওয়া হয়, সেই ঠোঙায় কি লেখা আছে তারা তা পড়ে দেখে। কারণ এটাই তাদের সংস্কার, এটাই তাদের অভ্যাস। তেলেভাজার স্বাদ কেমন তা আস্বাদন করার আগে, ঠোঙার গায়ে কি লেখা আছে তা পড়ে দেখার স্বাদ তারা ত্যাগ করতে পারে না। আপনারাও নিশ্চই এমন লোক দেখেছেন। সবাই যা পড়ছে আপনাকেও তাই পড়তে হবে তার কোনো মানে নেই, আপনার যা ইচ্ছা আপনি তাই পড়তে পারেন। ইচ্ছা করলে কমিক বুক্স পড়তে পারেন। এটাই পড়তে হবে এমন কোনো বাধ্যবাধকতা নেই। পড়ার অভ্যাস তৈরি করুন। নিজের থেকেই ঠিক জিনিসটা পড়তে শুরু করবেন, কিন্তু আপনার মধ্যে যদি পড়ার অভ্যাসটাই না থাকে তাহলে, আপনার সামনে যত রোমাঞ্চকর বইই পড়ে থাকুক না কেনো, আপনার তা হাতে নিয়ে একবারের জন্যও পড়তে ইচ্ছা করবে না।

কেউ আমাকে জিজ্ঞাসা করেছিল যে, সিএমন আর পীএমন হওয়ার মধ্যে কি পার্থক্য? আপনারা কাউকে আলাদা করে দেখতে পান কি? আমি তো দেখতে পাই না, কিন্তু আমি একটা জিনিস দেখতে পাই, আর সেটা হল, আমি যখন সীএম ছিলাম না তখন আমি পড়ার সুযোগ পেতাম, আর আমি অনেক অনেক পড়তাম। আমার খুব ভালো লাগত। কিন্তু পরে তা কোথায় হারিয়ে যায়। আমি সেটাকে একদিক থেকে ব্যক্তিগত ক্ষতি বলেই মনে করি। এখন শুধু ফাইল পড়ার সুযোগ পাই, কিন্তু আমি চাই আপনারা অনেক বেশি বেশি পড়ুন।

আমি যখন গুজরাটে ছিলাম তখন 'বাঁচে গুজরাট' অভিযান শুরু করেছিলাম। তা সত্যিই একটা বোঝার মতো জিনিস ছিল। সেই সময় সারা রাজ্য জুড়ে যত গুলি লাইব্রেরি ছিল কোথাও কোনো বই ছিল না। এমন কিছু লাইব্রেরি ছিল যেখানকার আলমারি গুলি তো দশ বছর ধরে এই ভাবেই পড়েছিল, পরিষ্কার পর্যন্ত হয়নি। কিন্তু আমি দেখতে পারছিলাম যে, এই অভিযানের জন্য লোকেরা ইনফ্লুএন্সের জন্য চিঠি নিয়ে যেত, বলত যে, অমুক লাইব্রেরিকে বলুন না আমাকে ওমুক বই দিতে, আমার এই বইটা চাই। কারণ একটা নির্দিষ্ট সময়ের মধ্যে কত বই পড়া যেতে পারে তা দেখা হচ্ছিল। কত দ্রুত গতিতে কেউ পড়তে পারে তারও প্রতিযোগিতা করা হয়েছিল। বাচ্চারা পড়েছি কিনা বা কিভাবে পড়েছে

তা দেখার জন্য একটা প্রশ্ন-উত্তর পর্বের আয়োজন করা হয়েছিল। এই অভিযান এতটাই শক্তিশালী বলে প্রমাণিত হয়েছিল যে, সম্পূর্ণ সমাজ তার সাথে যুক্ত হয়ে যাচ্ছিল। সরকার শুধু শুরু করেছিল, তারপর সরকারের আর কোনো কাজ ছিল না। সম্পূর্ণ সমাজ এই কাজে এগিয়ে এসেছিল। আমি নিজে 'বাঁচে গুজরাট' কার্যক্রমের জন্য লাইব্রেরি গেছিলাম, ওখানে গিয়ে কিছু পড়ার জন্য বসেছিলাম, আর প্রত্যেকের জন্য কার্যক্রমের আয়োজন করেছিলাম। একটা পড়ার পরিবেশ গড়ে উঠেছিল।

আমি একটা সার্বজনিক পড়ার পরিবেশ তৈরির কথা ভেবেছিলাম। স্কুলেও এমনটা হওয়া উচিত। স্কুলের লাইব্রেরি থেকে প্রত্যেক সপ্তাহে বই নিন, এক সপ্তাহ ধরে তা পড়ুন। নতুন নতুন কিছু পড়ুন। সাত দিন বাদে জিজ্ঞাসা করা হবে কে কোন বই পড়েছে? তার ওপর ভাইভা হবে। প্রতিটা স্কুলে এমন কার্যক্রম গড়া যেতে পারে, কিন্তু আপনাদের মধ্যে পড়ার ইন্টারেস্ট থাকাটা সবচেয়ে বড় কথা। এই অনুষ্ঠান কেমন হয়েছিল, গুজরাট থেকে আপনারা তা জানতে পারেন। লক্ষাধিক লোক এই অনুষ্ঠানে অংশ গ্রহণ করার জন্য এগিয়ে এসেছিলেন, কোটি কোটি ঘন্টা ধরে পড়াশোনা হয়েছিল। ভারতের জন্য এটা ছিল এক বিরাট বড় অভিযান, কিন্তু আমি ভারত জুড়ে এমন কার্যক্রম করার কথা এখনও ভাবিনি, কিন্তু ডিজিটাল ইন্ডিয়ার মাধ্যমে শিক্ষার ক্ষেত্রে টেকনোলজির প্রসার ঘটুক, আমাদের বাচ্চারা নতুন নতুন কিছু শিখুক, পৃথিবীকে বুঝতে শিখুক, সেটা অবশ্যই চাই।

প্রশ্ন : আপনি নিজের ভাষণে বলেন যে, বিদ্যুৎ বাঁচাও। এই ব্যাপারে আপনি আমাদের কাছ থেকে কি আশা করেন? আমরা কিভাবে আপনাকে সাহায্য করতে পারব?

প্রধানমন্ত্রী : আমি আগেও এই নিয়ে কথা বলেছি, কিন্তু আমার মনে হয় আপনারা ইচ্ছা করলে অনেক কিছু করতে পারেন। মনে করুন আপনি ঘরে পাখা চালিয়ে বসেছিলেন, আপনার কোনো বন্ধু এলো আপনি বাইরে চলে গেলেন তার সাথে কথা বলতে। ঘরের পাখাটা বন্ধ করার কথা ভুলেই যান। এই ধরনের ভুল যাতে না হয় তা ঠিক করার দায়িত্ব আমাদেরই। আমরা স্কুল থেকে বাড়ি চলে আসি। প্রত্যেক ক্লাসে এমন একজনকে থাকতে হবে, যে দেখে বেরাবে যে, ক্লাসের প্রতিটা লাইট পাখা বন্ধ করা হয়েছে কি না। আজকাল তো ঘরের জানলা

খুলে শোয়ার অভ্যাস চলেই গেছে, কারণ মানুষের এসির অভ্যাস হয়ে গেছে। কেউ কখন চেষ্টা করেছেন? এগুলো খুব ছোটো ছোটো কথা, কিন্তু আমরা একটু চেষ্টা করতেই পারি। আজ সারা বিশ্ব জুড়ে বিদ্যুতের সংকট দেখা গেছে। কয়লা, গ্যাস, পেট্রোল সমস্ত কিছু একটা সীমার মধ্যে আবদ্ধ। তাহলে অধিক বিদ্যুৎ কিভাবে সৃষ্টি করা যেতে পারে। তাহলে কখন না কখন তো আমাদের বিদ্যুৎ বাঁচানোর চেষ্টা করতেই হবে। যদি বিদ্যুৎ বাঁচানো যায়, তাহলে যাদের কাছে বিদ্যুৎ পৌঁছাইনি, তাদের কাছেও বিদ্যুৎ পৌঁছে যাবে।

বিদ্যুৎ উৎপাদনের কাজ খুবই ব্যয় সাপেক্ষ, কিন্তু অতি সহজে তা বাঁচানো যেতে পারে। আজকাল টেকনোলোজী এনার্জী সেভেঙ্গ যুক্ত বাল্বের উদ্ভাবন করা হচ্ছে, আগে আপনার বাড়িতে টিউব জ্বলার ফলে যত বিদ্যুৎ পুড়ত আজ আর অতটা পুড়বে না। এখন নতুন ধরনের টিউবের উদ্ভাবন করা হচ্ছে। আপনার এনার্জির সেভিং হচ্ছে। পয়সাও বাঁচছে। তাই এই নিয়ে আপনারও পরিবারের লোকেদের সাথে কথা বলা উচিত। শুধু বিদ্যুৎ নয়, জলের কথাটাও মাথায় রাখতে হবে। আমরা স্নান করার সময় কল খুলে স্নান করি, কিন্তু ব্রাশ করার সময় সেই কলটা তো বন্ধ রাখতেই পারি। আমরা যদি কল চালিয়ে ব্রাশ করি তার মানে হল জলটা নষ্ট হচ্ছে, এই ছোটোখাটো জিনিস গুলিকে মাথায় রাখতেই হবে। পুনরায় একটা কথা বলব, যদি সমস্ত শিক্ষক স্কুলটাকে নিজের পরিবার বলে মনে করতে পারেন, তাহলে সকলেই সেখানে নিজের পরিবারের মতো দায়িত্ব পালন করতে শুরু করবেন, সকলেই সেই কাজে এগিয়ে আসবে। কোনো প্রধানমন্ত্রী চাইলে এই কাজ হবে, আর না চাইলে হবে না, এমনটা নয়। প্রধানমন্ত্রী নিজের বাড়িতে কত বিদ্যুতের সঞ্চয় করবে? কিন্তু সবাই মিলে এই প্রচেষ্টায় অংশ গ্রহণ করলে বিন্দু বিন্দু জলে সিন্ধু দর্শন করা সম্ভব হবে।

প্রশ্ন : শ্যার, মেয়েদের শিক্ষার বিষয়ে আপনি যেভাবে এগাচ্ছেন তাতে আমরা খুবই খুশি, কিন্তু আপনি এই ব্যাপারে আর কি করবেন তা দয়া করে বলবেন কি?

প্রধানমন্ত্রী : এটাই তো সবচেয়ে বড়ো চিন্তার কথা, অনেক সময় পঞ্চম শ্রেণীতে পাশ করার পর মেয়েদের নিজের গ্রাম ছেড়ে অন্য গ্রামে পড়তে যেতে হয়, কিন্তু বাবা-মারা তাদের ছাড়ে না। বাবা-মাদের মনে হয় তারা অনেক ছোটো তারা যাবে না। সেখান থেকেই তাদের জীবনে বাধার সৃষ্টি হোতে শুরু

করে, তাই কিভাবে মেয়েরা বাড়ির কাছে থেকেই আরো বেশি করে পড়াশোনা করার সুযোগ লাভ করতে পারে, তাদের যাতে পড়াশোনা ছাড়তে না হয়, সেগুলি দেখাটাই এখন সবচেয়ে বড় কাজ হয়ে উঠেছে। সপ্তম-অষ্টম ক্লাসের পর আর এই ধরনের বাধা থাকে না, তখন বাবা-মারাও বিশ্বাস করে মেয়েদের ছাড়তে পারে, তাই মেয়েরা যাতে তাদের নিকটেই স্কুল পেয়ে যায়, সেদিকে সমস্ত রকম ব্যবস্থা করা হচ্ছে। এই কাজটা করতে সফল হলে, তারা শিক্ষার সুযোগ লাভ করবে।

দ্বিতীয়ত, কোয়ালিটি অফ এডুকেশানের বিষয়টা দেখাও খুব জরুরি। এতে আমাদের টেকনোলজির ভরপুর ব্যবহার করাটা খুবই জরুরি। আজকাল ভালো শিক্ষকরা দূর-দূরান্তের গ্রামে যেতে চায় না, তারা শহরে থাকতে চায়, এখন উপায় কি? তাহলে লোকেদের ডিস্টেন্স টেকনোলজির সাহায্যে পড়ানো যেতে পারে। যেমন ধরুন, আমি এখন বাচ্চাদের সাথে কথা বলছি, ভারত বর্ষের যেকোনো কোণার বাচ্চা সে তিরুপতির হোক বা পোর্টব্লেয়ারের আমার সাথে কথা বলতে পারে। এই ভাবেই ভবিষ্যতে ভালো শিক্ষকদের দিয়ে পড়ানোও যেতে পারে। একজন টিচার সেন্টারস্টেজের সাহায্যে একসাথে লক্ষাধিক ক্লাস রুমে সুন্দর ভাবে পড়াতে পারেন, আর বাচ্চারা অতি সহজেই তা পড়তে পারে। আমরা যদি এই কাজটা করতে পারি তাহলে বাচ্চাদের আরো ভালো শিক্ষা প্রদানের বিষয়ে সফলতা লাভ করতে পারব।

প্রশ্ন : শ্যার, আমাদের দেশে রোজগারের সমস্যা খুবই প্রকট, আপনি কি স্কুলে স্কিল ডেভলপমেন্ট -কে বৃদ্ধি করার কথা ভাবছেন?

প্রধানমন্ত্রী : পৃথিবীর সমৃদ্ধ থেকে সমৃদ্ধতর দেশ গুলি এর ওপর বল দিচ্ছে। একটা ঘটনার কথা বলছি। এতে করে আপনি বুঝতে পারবেন যে, স্কিল ডেভলপমেন্টের প্রয়োজন কত খানি। আপনারা সকলেই নিশ্চই আচার্য বিনোবা ভাবের নাম শুনেছেন। মহাত্মা গান্ধীর চিন্তাধারায় চলে তিনি দেশের জন্য বহু সেবা করেছেন। তাঁর একজন অন্যতম সঙ্গী ছিলেন দাদা ধর্মাধিকারী, তিনি ছিলেন একজন দার্শনিক প্রকৃতির মানুষ, দাদা ধর্মাধিকারের ছোটো-ছোটো ঘটনার ওপর বই আছে, যেগুলি পড়তে খুব ভালো লাগবে।

দাদা ধর্মাধিকারী একটা প্রসঙ্গে খুব ইন্টারেস্টিং কিছু কথা লিখেছিলেন। এক যুবক এসে তাঁকে বলেছিল যে, দাদা আমার চাকরির জন্য কিছু করুন। তিনি

জিজ্ঞাসা করেছিলেন, তুমি কি করতে পার? তখন সে বলে আমি এম. এ.। তিনি বলেন যে, ঠিক আছে তুমি এম.এ. কিন্তু সেটা তো তোমার ডিগ্রী, তুমি কি পার সেটা জিজ্ঞাসা করছি। সে বলে, না না আমি এম.এ. পাশ করেছি না। কিন্তু তুমি কি পার সেটা তো বল। তারপর উনি নিজেই এগিয়ে যান, সেই সময় টাইপ রাইটারের চল ছিল, তিনি তাকে জিজ্ঞাসা করেন যে, আচ্ছা বল তুমি টাইপ করতে পার? তখন সে বলে সে পারে না, ড্রাইভিং জানো? সে বলে সে জানে না, রান্না করতে পার? না। ঘর দুয়ার পরিষ্কার পরিচ্ছন্ন করতে পার? না। তাহলে বল, তুমি এম.এ. পাশ করে কি করবে? এই কথা দাদা ধর্মাধিকারী নিজের একটি প্রবন্ধে লিখেছিলেন।

আমার এই কথা বলার অর্থ হল, ডিগ্রী থাকার সাথে সাথে দক্ষতা থাকাটা খুবই জরুরি। প্রতিটা ছাত্রের ব্যক্তিত্ব বিকসিত করে তোলার জন্য তার স্কিল ডেভলপমেন্ট হওয়াটা খুবই জরুরি। আমাদের দেশের সব বাচ্চারা অনেক পড়াশোনা শিখতে পারে না। সপ্তম ক্লাসেই বহু বাচ্চা পড়াশোনা ছেড়ে দেয়, দশম ক্লাসের পর তো বহু বাচ্চা পড়াশোনা ছেড়ে দেয়। কলেজ ইউনিভার্সিটির গণ্ডীতে তো খুব কম বাচ্চাই প্রবেশ করে থাকে। একটা গ্রামের খুব বেশি হলে একটা থেকে দুটো বাচ্চা উচ্চ শিক্ষা লাভ করতে পারে। এদের জন্য স্কিল ডেভলপমেন্ট খুবই জরুরি। এদিকে আছে বহু যুবক যাদের কাছে কোনো কাজ নেই আর অন্যদিকে আছে আপনার ঘরে কলের বা গাড়ি চালানোর জন্য ড্রাইভারের সমস্যা, না একটা প্লামবার পাওয়া যায়, না একটা ড্রাইভার পাওয়া যায়। লোক আছে, কিন্তু যেভাবে তৈরি হওয়া উচিত ছিল সেইভাবে প্রস্তুত নয়। যদি আমরা ভালো ড্রাইভার তৈরি করতে পারি তাহলে ভালো ড্রাইভার পেতে পারি, ভালো রাঁধুনি তৈরি করতে পারলে ভালো রাঁধুনি পাব। যদি ভালো ফুলের বুকে তৈরি করার লোক বানাই তাহলে ফুলের বুকে প্রস্তুতের সংখ্যা বৃদ্ধি পাবে। স্কিল ডেভলপমেন্ট বিকাসের জন্য, কোনো যুবকের রোজগারের জন্য, যেকোনো দেশের জন্য অত্যাবশ্যক বিষয়।

দ্বিতীয়ত বলা যায় যে, প্রয়োজনানুসারে স্কিল ডেভলেপমেন্ট করতে হয়। আমি যখন গুজরাটে ছিলাম তখন সেখানে ন্যানো গাড়ি তৈরির কাজ শুরু হয়েছিল, আশেপাশে যত আইটিআই কলেজ ছিল আমি তাদের অটোমোবাইলের ট্রেনিং শুরু করতে বলি। কম্পানী গড়তে গড়তে একবছর লেগে যাবে, আর

ততদিনে বাচ্চারাও ট্রেনিং নিয়ে নেবে, 15 - 20 কিলোমিটারের মধ্যে যতগুলি কলেজ ছিল সব কটিতেই ট্রেনিং শুরু করে দেওয়া হয়, কম্পানী তৈরি হোতে হোতে বাচ্চারাও তৈরি হয়ে যায়। তারা সেখানে চাকরি পেয়ে যায়। সুতরাং যেখানে যেরকম কাজের ম্যাপ থাকে সেখানে সেই রকম ট্রেনিং-এর ও প্রয়োজন দেখা দেয়। এই ভাবে চলতে পারলে আর্থিক বিকাসের ক্ষেত্রে অভিনব পরিবর্তন দেখা যাবে। আমাদের দেশে রোজগার হল সবচেয়ে গুরুত্বপূর্ণ বিষয়, আর রোজগারের জন্য ডিগ্রীর সাথে সাথে স্কিল থাকাটা খুবই জরুরি। আগামী দিনের জন্য যে কার্যক্রমের আয়োজন করা হয়েছে, তার জন্য সরকার স্কিল ডেভলপমেন্টের আলাদা মিনিস্ট্রী গঠন করেছে আর আলাদা মন্ত্রীদের রেখেছে। তা নিয়ে একটা ফোকস্ড এক্টীভিটী করা হচ্ছে। যার পরিণাম অতি সত্তর দেখা যাবে।

টেকনিকের ব্যবহার

আজকের দিনে যেকোনো ক্ষেত্রে নিজের কাজকে অতি সুন্দর ভাবে উপস্থাপিত করার জন্য টেকনিকের ব্যবহার করাটা খুবই জরুরি। এমন অনেক ক্ষেত্রে আছে, যাতে এই ছাড়া কাজ হওয়া অসম্ভব। তেমনি এমন অনেক ক্ষেত্র আছে যেখানে সরাসরি টেকনিকের ব্যবহার না হলেও পরোক্ষ ভাবে টেকনিকের ব্যবহার হয়ে থাকে। এ-মত অবস্থায় বলা যেতে পারে যে, আজকের পৃথিবীতে সঠিক পন্থায় টেকনিকের প্রয়োগ করার যোগ্যতা ম্যানেজমেন্ট কৌশলের এক গুরুত্বপূর্ণ অংশ। এই দৃষ্টিভঙ্গীতে দেখলে আমরা বুঝতে পারব যে, নরেন্দ্র মোদী আমাদের অনেক কিছু বলে যান।

বয়সের দিক দিয়ে বিচার করলে উনি 64 বছরের মানুষ। মুখ্যমন্ত্রীর পদে বসার সময় তাঁর বয়স পঞ্চাশের ওপর হয়ে গেছিল। সেটা ছিল এমন একটা বয়স, যে বয়সে এসে বহু লোক এই বলে আর কিছু শিখতে চায় না যে, আর নতুন করে কিছু শেখার বয়স নেই। এমন লোকের অভাব কোথায় নেই, অতি সহজেই এমন লোকজন দেখতে পাবেন। আমাদের প্রতিদিনকার কাজে টেকনিকের ব্যবহার নিয়েও এই ধরনের লোকেরা বহু বাধা-বিপত্তি খাড়া করে দেয়। এমত অবস্থায় নরেন্দ্র মোদী হয়ে উঠতে পারেন, আপনাদের কাছে প্রেরণার উৎস। নরেন্দ্র মোদীর সাথে যারা কাজ করেন তাদের জন্য অন্যতম শর্ত থাকে টেকনিকের দক্ষতা। বিশেষ করে কম্প্যুটারের সাথে সম্পর্কিত সঞ্চারের ব্যাপারে নতুন যা আসবে, তা জানার জন্য নরেন্দ্র মোদী নিজেও যথেষ্ট আগ্রহ দেখান, আর নিজের সহযোগিদের ক্ষেত্রেও আশা করেন যে, তারা যেন এই পরিবর্তন সম্পর্কে ওয়াকিবহাল থাকে।

নরেন্দ্র মোদী যে দৈনন্দিন কাজে ব্যবহৃত টেকনিকের বিষয়েই অতি সজাগ তাই নয়, বরণ তিনি টেকনিকের ব্যবহার আরো বিস্তারিত ভাবে করতে চান। তিনি টেকনিকের সাহায্যে তাঁর কল্পিত বহু পরিকল্পনাকে সাধারণ মানুষের কাছে পৌঁছে দিয়েছেন। লোকসভা নির্বাচনের সময় এর যদৃচ্ছো ব্যবহার দেখা গেছে, নির্বাচন প্রচারের সম্পূর্ণ কাঠামোটাই এর ওপর ভিত্তি করে দাঁড়িয়েছিল। আর এর জোরেই উনি জনতার আদালত থেকে প্রধানমন্ত্রী হতে সক্ষম হয়েছিলেন। তিনি গুজরাটে এমন কিছু মডেলের অবতারণা করেছেন যাতে টেকনিকের ব্যবহারের সাহায্যে লোকেদের কাছে সেবা পৌঁছে দেওয়া হয়। এমন কিছু মডেল সম্পর্কে এই পুস্তকের গভর্নেন্স নামক অধ্যায়ে আলোচনা করা হয়েছে। তিনি টেকনিকের ব্যবহার করেই রাজ্যে সংগঠিত বিকাস কার্যের ব্যাপারে মোনিটরিঙ্গ করতেন। তার ইতিবাচক পরিণামও পাওয়া যায়। নরেন্দ্রে মোদী ভিডিও কনফারেন্সের সাহায্যে যবে থেকে অফিসারদের সাথে আলোচনা করার কাজ শুরু করেছিলেন, তখনও পর্যন্ত কেন্দ্রেও এই কাজ শুরু হয়নি।

2014 সালে লোকসভা ভোটের আগে যখন প্রচারের কাজ শুরু হয়েছিল তখন নরেন্দ্র মোদী যে শুধু সোশাল মিডিয়ার ব্যবহার করেছিলেন তাই নয় বরং তিনি এই উদ্দেশ্য পূরণের জন্য 3ডী সভা, চা পানের সময় আলোচনার মতো কাজও করেছেন। তিনি সফলতার সাথে মোবাইলের টেকনিকের ব্যবহার করে থাকেন। যেকোনো পরব বা উৎসবে তাঁর নিজের কণ্ঠস্বরে প্রত্যেক মানুষের কাছে শুভকামনার বার্তা পৌঁছে যায়। লোকেরা নিজেদের ই-মেলে নরেন্দ্র মোদীর শুভকামনার বার্তা পেয়ে থাকে।

লোকসভা নির্বাচনের সময় যে প্রচার অভিযান চলেছিল তাতে তিনি যেভাবে টেকনিকের ব্যবহার করেছিলেন সেই সম্পর্কে তিনি নিজেই একটা ব্লগ লিখেছিলেন, প্রচার অভিযান শেষ হয়ে যাওয়ার পর তাঁর লেখা ব্লগে তিনি জানিয়েছিলেন, ' যত দিন ধরে নির্বাচনের প্রচার চলেছে, আমি স্থানীয় লোক ও স্থানীয় সমস্যার সাথে সম্পর্ক স্থাপন করতে সক্ষম হয়েছিলাম আর তার জন্য আমি খুবই খুশী। সোশাল মিডিয়া ছাড়া এইভাবে স্থানীয় বিষয়ের সাথে যুক্ত হওয়া সম্ভব ছিল না। এই প্রথম নির্বাচনের প্রচারের কাজে সোশাল মিডিয়া এইভাবে ব্যাপকতর রূপে গুরুত্বপূর্ণ ভূমিকা পালন করেছে। যতদিন যাবে এই

মাধ্যমের ভূমিকা তত বৃদ্ধি পাবে। আমাদের পার্টী, আমাদের অভিযান এবং ব্যক্তিগত ভাবেও আমি সোশাল মিডিয়ার থেকে খুবই লাভবান হয়েছি। এটি সূচনার প্রত্যক্ষ সাধন হয়ে উঠেছে এবং এর থেকে আমরা বিভিন্ন বিষয় সম্পর্কে কোনো রকম পক্ষপাত ছাড়াই বিভিন্ন তথ্য লাভ করতে সক্ষম হই। কোনো সংগঠের কার্যকর্তারা বা শুভচিন্তকরা এই সংগঠের শীর্ষ স্থানীয়দের কতটা সঠিক ও সময়বদ্ধ তথ্য প্রদান করছে তার উপরেই এই সংগঠনের সফলতা নির্ভর করে থাকে। সেই সাথে যারা কর্মের দিক থেকে সংগঠনের ভিতরে অবস্থান করে তাদেরও সময়ের মধ্যে স্পষ্ট দিক নির্দেশ করে দেওয়াটা খুবই জরুরি। সোশাল মিডিয়ার আগমনের ফলে সংগঠনাত্মক কার্যপ্রণালী থেকে এই সিদ্ধান্ত আরো বেশি দৃঢ় হয়ে যায়। এর জন্য সোশাল মিডিয়াকে আমাদের মন থেকে কৃতজ্ঞতা জ্ঞাপন করা উচিত, কারণ এর দ্বারাই প্রথম থেকে ভেঙেচুড়ে গঠন করা মিথ্যা ও অর্ধ সত্য বিষয় গুলিকে আটকানোর কাজ করা সম্ভব হয়েছে। নির্বাচনের আগে আমরা এমন কিছু লোকদের দেখতাম যাদের মিথ্যা সমাজের প্রত্যেক শ্রেণীর মানুষের কাছে পৌঁছে যেত। যখন মানুষের জানার উপায় কম ছিল, তখন অনেক নেতারা অসম্পূর্ণ তথ্য প্রদান করেও ভাষণ প্রদানের কাজটা চালিয়ে দিত, কিন্তু সোশাল মিডিয়ার জন্য তা বদলানো গেছে। আজ তথ্য-প্রযুক্তি ও সোশাল মিডিয়ার যুগে তাদের মাইক থেকে নির্গত মিথ্যা তাদের মঞ্চের থেকে আর এগাতে পারে না, তাহলে অন্যের কাছে পৌঁছাবে কিভাবে? যতদিন যাবে সোশাল মিডিয়ার শক্তি ততই বৃদ্ধি পাবে।'

নরেন্দ্র মোদী 2014 সালের নির্বাচনে টেকনিকের ব্যবহার সম্পর্কে আলোচনা করতে গিয়ে আর একটি ব্লগে লিখেছিলেন, 'এখানে প্রচারের ক্ষেত্রে এতটাই অভিনবত্বের প্রয়োগ করা হয়েছিল, তার জন্যই এই নির্বাচনের কথা মানুষ মনে রাখবে। এক মাসের মধ্যে 12 বারে 1350 স্থানে 3ডী র‍্যালীর আয়োজন করা হয়েছিল। 3ডী র‍্যালী সম্পর্কে লোকেদের উৎসাহের কোনো অভাব ছিল না। বহু যুবক আমাকে সোশাল মিডিয়া এবং ই-মেলের সাহায্যে তাদের গ্রামে যাওয়ার জন্য ধন্যবাদ জ্ঞাপন করেছে। লোকেরা আমাদের কার্যকর্তাদের বলেছিলেন যে, আমরা মঞ্চের ওপরে গিয়ে মোদীজীর সাথে দেখা করতে চাই। ভারতের নির্বাচনের ইতিহাসে প্রথমবার একটা বিশেষ ওয়েবসাইট মিশন 272 প্লাস রূপে স্থাপিত করা হয়েছিল। এর সাথে যুক্ত লক্ষাধিক ভলেন্টিয়ার্স অনলাইন এবং

ভূমিগত স্তরে দুই ক্ষেত্রেই গুরুত্বপূর্ণ অবদান রেখে গেছে। আমি বহু বিচার ও যোগদানের লাভ পেয়েছি। এই ধরনের ফোরমে প্রচারের গতি প্রদান এবং শুভাকাঙ্খীদের সাথে বিচার পরামর্শ করা এবং ভলেন্টিয়ার্সদের যোগদানের অপার সম্ভবনা দেখা যায়। নরেন্দ্র মোদী আরো লিখেছিলেন, 'প্রচারের সময় অদ্ভুত ভাবে সোশাল মিডিয়ার ব্যবহার করা হয়েছে। বহু বন্ধুরা আমাকে ওয়াটসআপে বহু রচনাত্মক সন্দেশ, স্লোগান এবং ইন্ফোগ্রাফিক পাঠিয়েছিলেন যা খুবই জনপ্রিয়তা লাভ করেছে। আমি ভোট প্রদানের পর নিজের ফটো (সেল্ফী) তুলি এবং আপনাদেরও সেল্ফী পাঠানোর জন্য আহ্বান জানিয়েছিলাম।' নরেন্দ্র মোদী বিশ্বাস করেন যে, টেকনিকের ব্যবহার করে জনসাধারণের কাছে সরকারি পরিকল্পনা গুলি পৌঁছে দেওয়া সম্ভব হয়। তিনি মনে করেন যে, টেকনিকের ব্যবহার করে সাধারণ লোক ও সরকারের মধ্যে একটা মেলবন্ধন গঠন করা সম্ভব । এই কারণেই প্রধানমন্ত্রী হওয়ার পরে তিনি যে শুধু সমস্ত মন্ত্রী বা মন্ত্রালয়কে সোশাল নেটওয়ার্কের বিষয়ে সক্রিয় হোতে বলেছিলেন তাই নয় তিনি ভারতীয় জনতা পার্টীর সমস্ত সদস্যকেও সোশাল নেটওয়ার্কের বিষয়ে তৎপর হোতে বলেছিলেন। আজকের দিনে সকলেই টুইটার ও ফেসবুকে নিজেদের প্রোফাইল তৈরি করে ফেলেছে। তারা যে কোনো জরুরি সূচনা এই সাইটের সাহায্যেই দিয়ে থাকে।

সরকারে সোশাল নেটওয়ার্ক সাইটের ব্যবহার বৃদ্ধির জন্য নরেন্দ্র মোদী প্রধানমন্ত্রীর আসনে বসার পর ফেসবুকের মুখ্য সঞ্চালক শোরিল সান্ডবর্গের সাথে দেখা করেন। প্রধানমন্ত্রী সরকার ও জনগণের মধ্যে একটা মেলবন্ধন গড়ে তোলার জন্য ও সুশাসনের কথা মাথায় রেখে ফেসবুককে একটা মঞ্চ হিসাবে ব্যবহার করতে চান, এই বিষয়ে তিনি সান্ডবর্গের সাথে আলোচনাও করেছেন। তিনি এই ফেসবুকের সাহায্যেই ভারতের পর্যটন শিল্পের উন্নতি ঘটানোর চেষ্টা করেছেন, তিনি এর মাধ্যমে বিদেশিদের আকর্ষণ করার কথা ভেবেছেন। নরেন্দ্র মোদী মহাত্মা গান্ধীর 150তম জন্ম জয়ন্তী উদ্যাপন ও স্বচ্ছতা অভিযানের বিষয়ে কিভাবে ফেসবুককে কাজে লাগানো যায় সেই নিয়েও বিচার বিবেচনা করেছেন। পরে প্রধানমন্ত্রী নিজের ফেসবুকে লিখেছেন, 'সুশ্রী শেরিল স্যান্ডবর্গের সাথে দেখা করাটা খুবই ফলদায়ী বলে প্রমাণিত হয়েছে। তিনি সংকেত দিয়েছিলেন যে, এত সংখ্যক ভারতীয় ফেসবুকের সাথে যুক্ত আছে যে তা দেখে সহজেই অনুধাবন

করা যায় যে, ভারত ফেসবুকের জন্য একটা আদর্শ স্থান। আমি নিজে সোশাল মিডিয়ার ব্যবহার করি, সেই হিসাবে আমি শ্রীমতি শেরিল স্যান্ডবর্গকে জিজ্ঞাসা করেছিলাম যে, কিভাবে সরকারের সাথে জনগণের মেলবন্ধন গড়ে তোলার কাজে এবং সুশাসন পরিচালনার জন্য এই মঞ্চের ব্যবহার করা যেতে পারে। ভারতের পর্যটন শিল্পের উন্নতির জন্য আমি ফেসবুককেই অন্যতম মাধ্যম বলে মনে করি। আমরা স্বচ্ছতার ওপর বিশেষ ধ্যান দিয়ে মহাত্মা গান্ধীর 150তম জন্ম জয়িন্তী পালনের কথা ভেবেছি এবং আমি তাঁকে এটাও জিজ্ঞাসা করেছিলাম যে, আমাদের এই অভিযানে ফেসবুক কিভাবে আমাদের সাহায্য করতে পারে?'

প্রধানমন্ত্রী হওয়ার পরে নরেন্দ্র মোদী এই দেশকে আরো উন্নততর সেবা প্রদানের জন্য এই টেকনিকের সাথে মেলবন্ধন গড়ে তোলার চেষ্টা করেছেন। প্রধানমন্ত্রীর পদে বসার দুই মাস বাদে নরেন্দ্র মোদী 'মাই গভর্নমেন্ট' নামক একটি ওয়েবসাইট লঞ্চ করেছেন। এর সুবাদে প্রধানমন্ত্রীর কার্যালয় থেকে যে বয়ান এসেছে সেই অনুসারে বলা যায় যে, এটা এমন একটা মঞ্চ যা ভারতের নাগরিকদের সুশাসন প্রদান করার বিষয়ে এগিয়ে আসার জন্য একটা অধিকারের প্ল্যাটর্ফম তৈরি করে দেয়। এই ওয়েবসাইট শুরু করার সময়ে প্রধানমন্ত্রী বলেছিলেন, জনগণের সক্রিয় হস্তক্ষেপ ছাড়া গণতন্ত্র কখনই সফল হোতে পারে না। অতীতে সরকার ও জনগণের মধ্যে যে বিস্তর ফাঁক ছিল সেই বিষয়ে কথা বলতে গিয়ে নরেন্দ্র মোদী বলেছিলেন যে, 60 দিন সরকারের দায়িত্ব হাতে নিয়ে তিনি এটা বুঝেছেন যে, রাষ্ট্র নির্মাণের বিষয়ে সমস্ত লোকের এগিয়ে আসা উচিত এবং এর জন্য তাদের সময় ও শক্তি দুয়েরই ব্যবহার করা উচিত। তারা যাতে এই বিষয়ে যোগ দিতে পারে তার জন্য তাদের সুযোগ করে দিতে হবে। প্রধানমন্ত্রী মনে করেন যে মাই গভর্নমেন্টের মঞ্চ হল একটি টেকনিক্যাল ভিত্তিক মাধ্যম, যা সুশাসনের বিষয়ে সকলকে এগিয়ে আসার জন্য একটা সুযোগ করে দিচ্ছে।

প্রধানমন্ত্রী বিশ্বাস করেন যে, লোকেরা তাঁর এই প্রয়াসকে সাদরে স্বাগত জানাবে। তিনি এই মঞ্চকে আরোও মজবুত করার জন্য ও তার সংশোধনের জন্য পরামর্শ চেয়েছেন। তিনি আশা করেছেন যে, দেশকে এগিয়ে নিয়ে যাওয়ার জন্য এবং দরিদ্র থেকে দরিদ্রতর মানুষ গুলির আকাঙ্খা পূরণের জন্য প্রত্যেক মানুষকে এগিয়ে আসতে হবে এবং এই মঞ্চের সাথে মেলবন্ধন গড়ে তুলতে

হবে। তিনি জানিয়েছেন যে, এই মিশন সফল হবেই, কারণ 125 কোটি ভারতবাসীর শক্তি ও ক্ষমতার ওপর তাঁর গভীর আস্থা আছে। প্রধানমন্ত্রী বলেন যে, তিনি লোকেদের পরামর্শ, তাদের রায় এবং বিচারে প্রতি আশান্বিত। মাই গভর্নমেন্ট হল এমন একটি মঞ্চ যা জনগণকে কাজ করার তথা পরামর্শ জ্ঞাপনের ব্যাপারে একটা সুযোগ করে দেয়। মাই গভর্নমেন্টের সাহায্যে যে সমস্ত বিচার গুলি হবে জনগণ তাতে নিজেদের পরামর্শ জানাতে পারবে। যার পরামর্শকে সঠিক বলে বিচার করা হবে তাকে রচনাত্মক ফীডব্যাক প্রদান করা হবে। যারা বিচার-বিবেচনার ওপরে উঠে কায়িকভাবে যুক্ত হোতে চাইবে তার জন্য মাই গভর্নমেন্ট পোর্টল বহু সুযোগ প্রদান করবে। বিভিন্ন কাজের জন্য নাগরিকরা এগিয়ে এসে নিজেদের বিচার-বিবেচনা ব্যক্ত করতে পারবে। তারপর এই কাজের সমীক্ষা করবে অন্য সদস্য তথা বিশেষজ্ঞগণ। মঞ্জুরীর পর যারা এই কাজ সম্পূর্ণ করছে তাদের সাথে মাই গভর্নমেন্টের অন্য সদস্যদের সম্পর্ক গড়ে তোলা হবে। প্রত্যেক মঞ্জুরী কার্য সম্পূর্ণ করার জন্য উৎসাহের নম্বর পাওয়া যাবে। ন্যাশানাল ইনফোরমেটিক্স সেন্টার (এনআইসী) তথা ইলেক্ট্রনিক্স এবং তথ্য প্রযুক্তির বিভাগ মাই গভর্নমেন্ট মঞ্চের ক্রিয়ান্বয় এবং ব্যবস্থাপনা করবে এবং তার ফলে সুশাসনের বিষয়ে জনগণের সাহায্য লাভ করা যাবে। ভাগ ও কর্নর হল মাই গভর্নমেন্টের মুখ্য ভাগ। এই মঞ্চকে স্বচ্ছ গঙ্গা, বালিকা শিক্ষা, স্বচ্ছ ভারত, কৌশলপূর্ণ ভারত, ডিজিটাল ভারত এবং রোজগার সৃজনের মতো বিভিন্ন ভাগে ভাগ করা হয়েছে। প্রত্যেক ভাগের ক্ষেত্রে অনলাইন তথা অনগ্রাউন্ড কার্যের ব্যবস্থা আছে, যোগদান কর্তা যে ভাবে করতে চায় করতে পারে। এর উদ্দেশ্য হল জনগণের হস্তক্ষেপের দ্বারা যেন সমস্ত কাজের গুণগত পরিবর্তন ঘটে।

এই টেকনিকের সাহায্যে জনকল্যাণের লক্ষ্য পূরণের বিষয়ে নরেন্দ্র মোদী যে চিন্তা করেছিলেন তার জন্য আজ ডিজিটাল ইন্ডিয়া নামে একটা উচ্চাকাঙ্খী পরিকল্পনার ওপরেও কাজ করা হচ্ছে। 2014 সালের 20 শে আগস্ট, প্রধানমন্ত্রী নরেন্দ্র মোদীর অধ্যক্ষতায় মন্ত্রী মণ্ডলের বৈঠকে ডিজিটাল ইন্ডিয়ার জন্য মঞ্জুরি প্রদান করা হয়েছিল। ডিজিটাল কার্যক্রমের আয়োজন করা হয়েছে ভারতের ডিজিটাল সশক্ত সমাজ এবং জ্ঞান অর্থব্যবস্থায় পরিবর্তন এনে দেওয়ার জন্য। 2014 সালের 7 ই আগস্ট, ডিজিটাল ইন্ডিয়ার কার্যক্রম সম্পর্কে প্রধানমন্ত্রী যে

বৈঠকের আয়োজন করেছিলেন, সেই সময় কার্যক্রমের ডিজাইন সম্পর্কিত মুখ্য নির্ণয় এবং সমস্ত মন্ত্রালয়ের প্রত্যেক কোণা যাতে সরকারের এই বিশাল কার্যক্রমের ব্যাপারে জানতে পারে, সেই পদক্ষেপই গ্রহণ করা হয়েছিল। এই কার্যক্রম হল ইলেক্ট্রনিক্স এবং প্রযুক্তি বিভাগের পরিকল্পনা।

ডিজিটাল ইন্ডিয়া ভিশানের উদ্দেশ্য দেশের ডিজিটাল সশক্ত সমাজ এবং জ্ঞান অর্থব্যবস্থায় রূপান্তরিত করা। এই কার্যক্রম চালু বছর থেকে 2018 সাল পর্যন্ত চরণবদ্ধ ঢঙে প্রয়োগ করা হবে। ডিজিটাল ইন্ডিয়ার প্রকৃতি রূপান্তরকারী তথা এর থেকে সুনিশ্চিত হবে যে সরকারী সেবা গুলি নাগরিকরা ইলেক্ট্রনিক রূপেই প্রাপ্ত করতে সক্ষম হবে। এর সাহায্যে সরকারের প্রদেয় সেবা গুলিকে ইলেক্ট্রনিক রূপে সার্বজনিক করে তোলা হবে। বর্তমানে অধিকতর ই-মেল গভর্নেস পরিকল্পনার জন্য আর্থিক সাহায্য কেন্দ্র ও রাজ্য সরকারের সাথে সম্পর্কিত মন্ত্রালয়/বিভাগীয় বাজেটের ব্যবস্থাপনার মাধ্যম হয়ে ওঠেছে। ডিজিটাল ইন্ডীয়ার জন্য আলাদা আলাদা পরিকল্পনার কারণে ফান্ডের প্রয়োজন অনুমান করে তা পূরণ করবে নিড মন্ত্রালয়/বিভাগ।

1. ডিজিটাল ইন্ডিয়ার ভিশন ক্ষেত্র :

- প্রত্যেক নাগরিকদের জন্য সুবিধার রূপে বুনিয়াদী কাঠামো
- মুখ্য সুবিধার রূপে হাই স্পীড ইন্টারনেটের সুযোগ সমস্ত গ্রাম পঞ্চায়েতের কাছে পৌঁছে দেওয়া হবে।
- অদ্ভুত, আজীবন, অনলাইন এবং প্রমাণ যোগ্য ডিজিটাল গঠন
- মোবাইল ফোন ও ব্যাঙ্ক একাউন্ট ব্যক্তিগত স্তরে ডিজিটল এবং আর্থিক রূপে অংশীদারী বিষয়ে সমর্থ হবে।
- স্থানীয় স্তরে সাধারণ সেবা কেন্দ্রে সহজে পৌঁছে যাওয়া।
- পাবলিক ক্লাউডে সংঘবদ্ধ হওয়ার জন্য নিজেস্ব স্থান
- দেশে সুরক্ষিত সাইবার স্পেস

2. গভর্নেস এবং চাহিদার ওপর সেবা প্রদান

- সমস্ত লোকেদের কাছে সহজ এবং সিঙ্গেল উইন্ডো এক্সেস প্রদান করার জন্য বিভাগ গুলি ও অধিকার ক্ষেত্র পর্যন্ত নির্বাধ

যোগাযোগ।

- অনলাইন ও মোবাইল প্ল্যাটফর্ম থেকে রিয়েল টাইমে সরকারী সেবা প্রদান।

- সুগম এক্সেস সুনিশ্চিত করার জন্য সমস্ত নাগরিকদের ক্লাউডে সংঘবদ্ধ করা।

- ইলেক্ট্রনিক ও ক্যাশলেস আর্থিক লেনদেন।

3. ডিজিটল সশক্ত নাগরিক :

- সবাইকে ডিজিটাল সাক্ষর করে তোলা।

- সমস্ত ডিজিটাল উপায় সবার জন্য সুগম-সুলভ করা

- সমস্ত সরকারি কাগজত্র/প্রমাণপত্র ক্লাউডে উপলব্ধ করা যাবে

- ভারতীয় ভাষায় ডিজিটাল উপায়/সেবা প্রদান

4. - ডিজিটাল ইন্ডিয়ার কার্যক্ষেত্র

- ভারতের জ্ঞান ভবিষ্যতের জন্য প্রস্তুত করা

-পরিবর্তনের জন্য প্রযুক্তির দিকে সবচেয়ে বেশি ধ্যান দেওয়া

5. ডিজিটাল ইন্ডিয়ার উদ্দেশ্য বৃদ্ধির জন্য নয়টি মুখ্য স্তম্ভের ওপর আবশ্যিক ধ্যান দেওয়া -

1. ব্রডব্যান্ড হাইওয়েজ
2. সকলের মোবাইল কানেক্টিভিটি সুগম-সুলভ করা
3. পাবলিক ইন্টারনেট এক্সেস প্রোগ্রাম
4. ই-গভর্নেন্স : প্রযুক্তির মাধ্যমে সরকারকে পরিবর্তন
5. ই-বিপ্লব - সেবাগুলির ইলেক্ট্রনিক ডিলীভারী
6. সকলের জন্য জানার ব্যবস্থা
7. ইলেক্ট্রনিক্স বিনির্মাণ
8. রোজগারের জন্য সূচনা প্রযুক্তি
9. আর্লী হার্ভেস্ট প্রোগ্রাম

ডিজিটাল ইন্ডিয়া হল নরেন্দ্র মোদীর সৃষ্ট এমন একটি পরিকল্পনা যা সঠিক প্রক্রিয়ায় লাগু হলে এর দ্বারা কয়েকটি ক্ষেত্রের কার্যক্ষমতা খুবই বৃদ্ধি পাবে। এতে শাসনতন্ত্রের ক্ষেত্রেও গুণগত পরিবর্তন আসবে। শিক্ষা ক্ষেত্রে এর

গুরুত্ব কতখানি তা বোঝানোর জন্য নরেন্দ্র মোদী 2014 সালের 5 ই সেপ্টেম্বর সারা ভারতের ছাত্র-ছাত্রীদের উদ্দেশ্যে বলেছিলেন যে, 'আমি যখন ডিজিটাল ইন্ডিয়ার কথা বলছি তখন আমি আশা করব যে, আমার ছাত্রদের কাছে যেন আধুনিক টেকনোলজি পৌঁছে যায়, আর তা যেন সমস্ত ভাষায় পৌঁছায়, আর এই টেকনোলজির মাধ্যমে যেন ইনফর্মেশান কম্যুনিকেশান টেকনোলোজীর লাভ নেওয়া যায়, ইন্টানেটের সুবিধা নেওয়া জন্য ব্রডব্রান্ড কানেক্টিভিটির সুবিধা গ্রহণ করা হয়, সেই অভ্যাস বশত লোকেরা নতুন নতুন জিনিসের সন্ধান করবে, তা দেখার, পড়ার ও বোঝার চেষ্টা করবে। যদি তা তাদের অভ্যাসে পরিণত হয় তাহলে আমি বুঝবো যে, হয়তো আমার ডিজিটাল ইন্ডিয়ার স্বপ্ন পূরণ হয়েছে।'

স্বচ্ছ ভারত অভিযান

নরেন্দ্র মোদীর ম্যানেজমেন্ট কৌশলের একটা বড় উদাহরণ হল স্বচ্ছ ভারত অভিযান। 2014 সালের 2 শরা অক্টোবর গান্ধী জয়ন্তীর দিন তিনি এই অনুষ্ঠানের শুভ সূচনা করেছিলেন। সাধারণ দৃষ্টিতে দেখলে এই অভিযানকে ভারতকে পরিষ্কার পরিচ্ছন্ন করে তোলার একটা পরিকল্পনা বলে মনে হবে কিন্তু এর আরো অনেক গুলি দিক আছে। এই পরিকল্পনার জন্য দেশের বিভিন্ন ক্ষেত্র লাভবান হবে। স্বাস্থ্যের ব্যাপারে এই পরিকল্পনা একটা ইতিবাচক প্রভাব সৃষ্টি করতে পারবে। যদি নরেন্দ্র মোদী তাঁর এই পরিকল্পনাকে সঠিক রূপে বাস্তবায়িত করতে পারেন তাহলে দেশের পর্যটন শিল্পের ক্ষেত্রেও গুরুত্বপূর্ণ প্রভাব দেখা যাবে। বিকাসের ব্যাপারে যে পরিকল্পনা করা হয়েছে, সেই ব্যাপারেও এর গভীর প্রভাব দেখা যাবে। স্কুলের শিক্ষা ব্যবস্থাতেও এর ইতিবাচক প্রভাব পড়বে। সব মিলিয়ে বলা যায় যে, যদি সঠিক ঢঙে এই অভিযান চালানো সম্ভব হয় তাহলে সম্পূর্ণ অর্থব্যবস্থায় এর ইতিবাচক প্রভাব দেখা যাবে। লোকেদের জীবনশৈলী ও জীবনযাপনের ক্ষেত্রেও ইতিবাচক প্রভাব দেখা যাবে। বলা যেতে পারে যে, এই অভিযান পারে দেশের সম্পূর্ণ ছবিটা বদলে ফেলতে।

এই অভিযানের ব্যাপারে নরেন্দ্র মোদী যে খুবই সিরিয়াস তাতে কোনো সন্দেহ নেই। এই অভিযানটি শুরু সময় তিনি কোনো সরকারি ক্ষেত্রের প্রধান হিসাবে এই কাজ শুরু করেননি, বরং নিজে হোমওয়ার্ক করেছেন, তাই মনে হচ্ছে এই বিষয়ে তিনি যথেষ্ট গম্ভীর। তিনি যে অভিযানটা শুরু করার কয়েকদিন আগে থেকে এই ব্যাপারে সমীক্ষা করেছেন তাই নয় বরং তিনি দলের ওপরে উঠে এই অভিযানের সাথে যাতে সবাই যুক্ত হয় তার জন্য আমন্ত্রণও জানিয়েছেন, তার থেকে বোঝা যাচ্ছে যে তিনি এই ব্যাপারে যথেষ্ট সিরিয়াস। প্রধানমন্ত্রী যাদের এই অভিযানের সাথে যুক্ত হওয়ার বিষয়ে আমন্ত্রণ জানিয়েছেন, তাঁর

হলেন - মৃদুলা সিংহ, সচিন তেন্ডুলকার, বাবা রামদেব, শশি থরুর, অনিল আম্বানী, কমল হাসান, সলমান খান, প্রিয়াঙ্কা চোপড়া এবং 'তারক মেহতার উল্টো চশমার' দল। প্রধানমন্ত্রী 2014 সালের 2 শরা অক্টোবর এই অভিযানের শুরু করলেও এর তিনসপ্তাহ আগে থেকেই তিনি বিভিন্ন অফিসারদের সাথে এই বিষয় নিয়ে আলোচনা চালিয়ে গেছেন, তিনি বারংবার এর সমীক্ষা করেছেন। এই অভিযানের বিষয়ে আলোচনা করার জন্য প্রধানমন্ত্রী মাই গভর্নমেন্ট ওয়েবসাইটের সাহায্যে জনগণের পরামর্শ চেয়েছিলেন।

এই কাজের প্রেরণা হলেন গান্ধীজী, তাই তাঁর জন্ম তিথিতেই তিনি এই অভিযান শুরু করার কথা ভেবেছিলেন, কারণ তিনি চেয়েছেন যে 2019 সালে যখন গান্ধীজীর 150 তম জন্ম জয়েন্তীর উৎসব পালন করা হবে তখন তিনি স্বচ্ছ ভারত গড়ার যে স্বপ্ন দেখেছিলেন তা যেন বাস্তবায়িত হয়ে উঠতে পারে। বিশ্বের দরবারে আমাদের দেশকে উন্নত ভারত রূপে প্রতিষ্ঠিত করার জন্য এবং পর্যটন শিল্পকে উন্নত করে তোলার জন্য মুখ্যত এই অভিযানের পরিকল্পনা, মোদীজীর মতে ভারতের পর্যটন শিল্পকে উন্নততর করতে হলে ভারতের 50 টি শীর্ষ স্থানীয় পর্যটন কেন্দ্রের স্বাস্থ্য ও পরিষ্কার-পরিচ্ছন্নতার দিকে ধ্যান দিতে হবে, তা বিশ্বস্তরীয় হয়ে ওঠাটা খুবই জরুরি।

2014 সালের 25 শে সেপ্টেম্বর এই অভিযান শুরু করার আগে নরেন্দ্র মোদী সকলের উদ্দেশ্যে যে বার্তা দিয়েছিলন, তা হল 'আপনারা হয়তো অনেকবার শুনেছেন যে, যেখানে পরিষ্কার পরিচ্ছন্নতা থাকে সেখানেই ভগবানের বাস হয়, আমি সেটা বিশ্বাস করি, কিন্তু বাস্তবে আমরা এর একটা উল্টো রূপই দেখতে পাই। ভারতকে স্বচ্ছ করে তোলার জন্য আমরা আগামী 2 শরা অক্টোবর 'স্বচ্ছ ভারত অভিযান' নামক একটা বিরাট আন্দোলন শুরু করতে চলেছি। 2019 সালে আমরা যখন বাপুর 150 তম জন্মজয়েন্তীর উৎসব পালন করব তখন যেন স্বচ্ছ ভারত গড়ে তাঁকে প্রকৃত অর্থে একটা শ্রদ্ধাঞ্জলি অর্পণ করতে পারি। মহাত্মা গান্ধী স্বরাজ্য প্রাপ্ত করার জন্য তাঁর সম্পূর্ণ জীবন অর্পণ করেছিলেন। এখন এই মাতৃভূমিকে স্বচ্ছ করে তোলার জন্য আমাদের নিজেদেরকে সমর্পণ করতে হবে। আমি আপনাদের কাছে আবেদন করছি যে, আপনারা প্রতি সপ্তাহে এই অভিযানের জন্য দুঘন্টা দিন, অর্থাৎ বছরে একশো ঘন্টা এর জন্য অর্পণ করুন। আমরা আর ভারতকে অস্বচ্ছ থাকতে দিতে পারব না। 2 শরা অক্টোবরের মতো শুভদিনে

আমি নিজে ঝাড়ু হাতে এই অভিযান শুরু করব। আজ আমি সেই সমস্ত ব্যক্তি, বিশেষকরে রাজনৈতিক ও ধার্মিক ব্যক্তিত্ব, নেতা, পঞ্চায়েত প্রধান এবং শিল্প জগতের ব্যক্তিদের কাছে আপিল করছি যে, তারা যেন শহরের আশেপাশের ক্ষেত্র , গ্রাম, কার্যস্থল এবং এমনকি নিজেদের কার্যস্থল গুলিকেও পরিষ্কার পরিচ্ছন্ন করে তোলে, আর সুচারু উপায়ে সেখানে যাতে কাজ কর্ম করা যায় সেই ব্যবস্থা করে। আমার স্বচ্ছ ভারত নির্মাণের এই পরিকল্পনাকে বাস্তবায়িত করে তোলার জন্য আপনাদের সক্রিয় যোগদান আশা করছি।'

প্রধানমন্ত্রীর এই আপিলের ফলে একটা উপকার হয়েছিল, সমস্ত সরকারি দপ্তরের কর্মীদের সেদিন ঝাড়ু হাতে দেখা গেছিল। শুধু মন্ত্রী গণই নন সেদিন বহু সরকারি অফিসারও এই অভিযানে যোগ দিয়েছিল। হাতে ঝাড়ু অবস্থায় এই সরকারি অফিসারদের খবরের কাগজে ছাপা হয়। উদাহরণ হিসাবে রক্ষা মন্ত্রালয়ের কথা বলা যেতে পারে। স্বচ্ছ ভারত অভিযানে যোগ দিয়ে রক্ষা মন্ত্রালয়ের বিশিষ্ট উচ্চ পদস্থ অফিসাররা বিশেষ স্বচ্ছতার কাজ শুরু করেছিল, সমস্ত সহযোগীদের তাদের কর্মক্ষেত্রকে পরিষ্কার করে তোলার জন্য বিশেষ ভাবে উৎসাহিত করা হয়েছিল। প্রথম ধাপে উপ সচিব/নির্দেশক গণ হাতে ঝাড়ু এবং ডাস্টার নিয়ে স্বচ্ছতার কাজে লেগে পড়েছিলেন এবং সেনা ভবনে নিজেদের করিডোর ও ঘর গুলিকে পরিষ্কার করেছিলেন। পরে উপ সচিব (জেনারেল) পরিষ্কার-পরিচ্ছন্নতার গুরুত্ব কতখানি তা বোঝানোর জন্য একটা সংগঠনের আয়োজন করেন, যাতে তিনি গান্ধীজীর স্বচ্ছ ভারতের স্বপ্নকে কিভাবে পূরণ করা যায় সেই নিয়ে নতুন করে বিচার বিবেচনা করেন। রক্ষা মন্ত্রালয় এই স্বচ্ছ ভারত অভিযানকে সফল করে তোলার জন্য আগামী দিনে আরো কি কি করা হবে সেই নিয়ে একটা বিশেষ পরিকল্পনা গড়ে তুলেছে।

এইভাবেই এসেছিল 2014 সালের 2 শরা অক্টোবর। সেদিন প্রধানমন্ত্রী নরেন্দ্র মোদী তাঁর 'স্বচ্ছ ভারত অভিযানের' আনুষ্ঠানিক শুরু করেছিলেন। এই সময়ে তিনি সারা ভারত বাসীকে এই অভিযানে যুক্ত হয়ে তাঁর এই পরিকল্পনাকে বাস্তবায়িত করে তোলার জন্য আহ্বান জানান। স্বচ্ছ ভারত অভিযানের অনুষ্ঠানটি উদ্বোধন হয়েছিল নতুন দিল্লীর রাজপথ থেকে, সেই সময় প্রধানমন্ত্রী বলেন যে, মহাত্মা গান্ধী প্রকৃতপক্ষে দুটি স্বপ্ন দেখেছিলেন, এক ভারত ছাড়ো আর অপরটি হল স্বচ্ছ ভারত। এর মধ্যে প্রথমটি বাস্তাবায়িত করার জন্য সারা ভারতের লোক

সংঘবদ্ধ হয়েছিল। কিন্তু তাঁর দেখা দ্বিতীয় স্বপ্ন 'স্বচ্ছ ভারত অভিযান' এখনও বাস্তবায়িত হয়নি। তিনি বলেন যে, একজন ভারতীয় নাগরিক হিসাবে এটা হল আমাদের সামাজিক দায়িত্ব, আমাদের দায়িত্ব 2019 সালে যখন মহাত্মা গান্ধীর 150 তম জন্ম জয়েন্তী পালন করা হবে তখন আমরা যেন প্রকৃত স্বচ্ছ ভারত গড়ে তুলে তাঁর স্বপ্নকে বাস্তবায়িত করতে পারি। প্রধানমন্ত্রী বলেন যে, কোনো একজন ব্যক্তি বা শুধুমাত্র সরকারের এই দেশকে স্বচ্ছ করে তোলার দায়িত্ব তা নয়, দেশের এই কাজের জন্য ভারত মাতার 125 কোটি সন্তানকে এগিয়ে আসতে হবে। তিনি এই স্বচ্ছ ভারত অভিযানকে একটা জন আন্দোলনের রূপ দিতে চেয়েছেন। প্রতিটা মানুষকে ঠিক করতে হবে যে, তারা নোংরা করবে না বা কাউকে করতেও দেবে না। প্রধানমন্ত্রী বলেন যে, বিশ্ব স্বাস্থ্য সংগঠনের অনুসারে পরিষ্কার পরিচ্ছন্ন না থাকার জন্য ব্যক্তি প্রতি গড়ে 6500 টাকা নষ্ট হয়। সবচেয়ে বড় কথা হল সুস্বাস্থ্যের জন্য স্বচ্ছ ভারত গড়ে তোলাটা খুবই জরুরি, যার ফলে গরিবরা অতিকষ্টে যে রোজগার করে তা তারা সঞ্চয় করতে পারবে, যার ফলে রাষ্ট্রিয় অর্থ ব্যবস্থায় একটা গুরুত্বপূণ পরিবর্তন দেখা যাবে।

এই অভিযান শুরু করার দিন প্রধানমন্ত্রী নরেন্দ্র মোদী আনুষ্ঠানিকা ভাবে নতুন দিল্লীর মন্দিরের পথ এবং পুলিশ থানার নিরীক্ষণ করেন। অভিযানের শুরু করার জন্য তিনি বাল্মীকি বস্তিতে গেছিলেন, যাওয়ার পথে তিনি মন্দিরের পথ ও পুলিশ থানায় সরকারি গাড়ি গুলিকে দাঁড়াতে বলেছিলেন। সেখানকার নোংরা দেখে তিনি নিজেই ঝাড়ু নিয়ে পরিষ্কারের কাজে লেগে পড়েন। পুলিশ অফিসাররা তা দেখে মোদীর দিকে ছুটে যায়, কিন্তু মোদী তাদের দাঁড়াতে বলেন। পরে, তিনি পুলিশের লোকেদের পরিষ্কার পরিচ্ছান্ন রাখার জন্য পরামর্শ প্রদান করেন। এরপর দিল্লী পুলিশের অন্যান্য বিভাগ গুলি আপনার থেকেই পরিষ্কার হোতে শুরু করে। স্বয়ং পুলিশ কমিশানার নিজে ঝাড়ু হাতে স্বচ্ছতা অভিযানে যোগ দিয়েছিলেন। পুলিশের অন্যান্য অফিসাররা এই বিষয়ে তৎপরতা দেখিয়েছিল।

এই অভিযান সম্পর্কে গুরুত্বপূর্ণ তথ্য প্রদান করেছিলেন কেন্দ্রীয় গ্রামীণ বিকাস, পানীয় জল ও স্বচ্ছতা মন্ত্রী নিতিন গডকরী। তিনি মিডিয়াকে জানিয়েছিলেন যে, 2019 সালের 2 শরা অক্টোবরের মধ্যে স্বচ্ছ ভারত গড়ে তোলার লক্ষ্য প্রাপ্ত করার জন্য প্রতিটা গ্রামকে প্রতি বছর 20 লক্ষ টাকা করে দেওয়া হবে। তিনি বলেন যে, স্বচ্ছতার উদ্দেশ্য পূরণ করার জন্য প্রত্যেক গ্রাম পঞ্চায়েতের

কাছে অর্থ জমা রাখা হবে। গডকারী মন্ত্রালয়ের অফিসার ও কর্মচারীদের স্বচ্ছতা সম্পর্কিত শপথ প্রদানের পর মিডিয়ার সাথে কথা বলেছেন। তিনি গ্রামীণ বিকাস মন্ত্রালয়ের কার্যালয়ে ঝাঁট দেন, এবং আবর্জনা পরিষ্কার করতে শুরু করেন। মন্ত্রী আগেই ঘোষণা করেছেন যে, মন্ত্রালয় অন্যান্য পরিষ্কার অভিযানের সাথে সাথে পাঁচ বছরে প্রায় 11 কোটি 11 লক্ষ শৌচালয় গড়ে তোলার জন্য প্রায় 13400 কোটি টাকা খরচ করবে।

সুস্বাস্থ্য গড়ে তোলার পিছনে এই অভিযানের গুরুত্ব কতখানি, সেই সম্পর্কে বলার জন্য কেন্দ্রীয় স্বাস্থ মন্ত্রী ড. হর্ষবর্ধন বলেন যে, 'মহাত্মা গান্ধী বলেছিলেন যে, পরিষ্কার পরিচ্ছন্ন স্থানেই ভগবান বিরাজ করেন। আমার মনে হয় স্বচ্ছতা এবং ভক্তির সবচেয়ে বড় প্রভাব দেখা যায় আমাদের শরীরের ওপর, এর ফলে আমরা সুস্বাস্থ্যের অধিকারী হয়ে উঠতে পারি। আমাদের দেশে সাধারণত যে অসুখ গুলি দেখা যায়, পরিষ্কার পরিচ্ছন্নতা থাকলে কখনই সেই রোগের পাদুর্ভাব দেখা যাবে না, আমরা যদি এই অভিযানকে সফল বিপ্লবের রূপ দিতে পারি তাহলে রোগের পিছনে মানুষের যে খরচ হয় তা অনেক কমে যাবে এবং এর ফলে তাদের যে সঞ্চয় হবে সেই অর্থ তারা অন্যকোনো কাজে লাগাতে পারবে।' তিনি আরো বলেন যে, 'বিগত বর্ষার দাপটে শহর ময় যেন একটা নোংরা পরিবেশ দেখা গেছিল, জায়গায় জায়গায় সঞ্চিত স্তপাকার আবর্জনা, নোংরা শৌচালয় ইত্যাদির জন্য দেশের ছবিটা একেবারে বিগড়ে গেছিল, এই ধরণের স্থান থেকেই বিভিন্ন রোগের জন্ম হয়। এখন প্রতিটা ভারতীয় এই অভিযানের সফলতা দেখার জন্য উৎসাহভরে অপেক্ষা করছে।

এই অভিযানের গুরুত্ব রেখাঙ্কিত করার জন্য দৌনিক জাগরণের সম্পাদক সঞ্জয় গুপ্ত লিখেছিলেন, 'একটি সমীক্ষা থেকে দেখা গেছে যে, গ্রামের 60 শতাংশ লোক এখনও খোলা আকাশের নিচেই শৌচ কার্য করতে বাধ্য হয়। শৌচালয় নির্মাণের প্রয়োজনীয়তা সবচেয়ে বেশি, কারণ খোলা স্থানে শৌচকার্য করলে ডায়রিয়া ও পায়খান-বমি হওয়ার মতো রোগের পাদুর্ভাব দেখা যায়। একটা সমীক্ষা থেকে দেখা গেছে যে, ভারতে প্রতিদিন শুধুমাত্র ডায়রিয়ার জন্য এক হাজার বাচ্চার মৃত্যু হয়। ডায়রিয়ার মূল কারণ হল উন্মুক্ত স্থানে শৌচকার্য এবং পরিষ্কার-পরিচ্ছন্নতা না রাখা। আমাদের দেশে 11 কোটির বেশি শৌচালয় গড়ে তুলতে হবে। এটা এক বিরাট লক্ষ্য। ঠিক এই রকম নোংরা আবর্জনার হাত

থেকে রেহাই পাওয়াটাও খুবই কঠিন কাজ। এর জন্য দৃঢ় ইচ্ছা শক্তির সাথে সাথে আধুনিক টেকনিকের প্রয়োগ করাটা খুবই জরুরি। অপরিচ্ছন্ন পরিবেশের জন্য নাগরিকদের দিকে আঙুল তুললেও এটা ভোলা যাবে না যে, সরকার সীবার এবং নালা নির্মাণের কাজে সম্পূর্ণ রূপে ব্যর্থ। কেন্দ্রীয় সত্তা ও রাজ্য সরকার গুলি মিলে এমন কিছু পরিকল্পনা গড়ে তুলতে হবে যাতে সীবার ও নালা নির্মাণের কাজের সাথে সাথে ক্ষতিকারক আবর্জনা গুলিকে এমন স্থানে ফেলে দেওয়া যায়, যাতে করে তার থেকে কোনো ক্ষতি হওয়ার সম্ভবনা না থাকে। সাধারণ মানুষের কাছ থেকে এটা তো আশা করাই যায় যে, তারা নিজেদের ঘর-বাড়ি ও আশেপাশের পরিবেশ পরিষ্কার-পরিচ্ছন্ন রাখবে, কিন্তু তাদেরকে এটাও বলতে হবে যে, তারা কোথায় আবর্জনা ফেলবে। সবথেকে নিরাশাজনক কথা হল রাজ্য সরকার এবং স্থানীয় পঞ্চায়েত বা মিউনিসিপ্যালিটি গুলিও আবর্জনা কোথায় ফেলা হবে সেই নিয়ে যথেষ্ট চিন্তিত। এখন আবর্জনা থেকে শক্তি ও সার তৈরির উপায় বেরিয়ে গেছে, তা সত্ত্বেও আজ আবর্জনা কোথায় ফেলা হবে তা নিয়ে সরকার চিন্তিত। আমরা সেই টেকনিকের সঠিক ব্যবহার না করে আবর্জনা বৃদ্ধি করে চলেছি আর শিল্পের দিক থেকেও দেশকে বঞ্চিত করছি।'

তিনি আরো বলেন যে, 'প্রধানমন্ত্রী এই আবর্জনা মুক্ত সমাজের সাথে আর্থিক উন্নতির বিষয়টিকে যেভাবে সংযুক্ত করছেন, সেই গুলিও বোঝাটা খুবই জরুরি। নোংরার হাত থেকে মুক্তি পেতে পারলে আমার আর্থিক দিক থেকেও সক্ষম হয়ে উঠব। বিশ্ব ব্যাঙ্কের একটা অনুসন্ধানের ওপর ভিত্তি করে বলা যায় যে, যদি পরিস্কার পরিচ্ছন্ন রাখার জন্য এক ডলার খরচ করা হয় তাহলে স্বাস্থ্য ও শিক্ষার জন্য ব্যয়িত নয় ডলার বাঁচানো সম্ভব হয়। নোংরা আবর্জনা নিয়ে কথা বলার সময় একটা যুক্তিকে আমরা কিছুতেই অস্বীকার করতে পারি না যে, ভারত হল একটা গরিব দেশ, কারণ স্বচ্ছতা একটা সংস্কার। এর সাথে ধনী বা দরিদ্রের কোনো সম্পর্ক নেই। নোংরা আবর্জনা যে শুধুমাত্র আমাদের প্রতিষ্ঠাকে প্রভাবিত করছে তাই নয় বরং উপরি পাওনা হিসাবে রোগজীবাণুও প্রদান করছে। আমরা রোগের হাত থেকে রেহাই পাওয়ার জন্য অনেক অর্থ ব্যয় করে থাকি। এই হিসাবে বলা যায় যে, নোংরা আবর্জনা আমাদের আর্থিক উন্নতিকেও প্রভাবিত করে। পরিষ্কার পরিচ্ছন্ন ভাবে থাকা গেলে মানুষ বিভিন্ন রোগের হাত থেকে রক্ষা পায় যার ফলে স্বাস্থ্যের পিছনেও অর্থ ব্যয় করতে হয় না। সকলেই জানে যে নোংরা

আবর্জনার ফলে যে রোগের পাদুর্ভাব দেখা যায় তার জন্য আমাদের জীবন চর্চা আরো বেশি ব্যয় সাপেক্ষ হয়ে ওঠে, তবু স্বচ্ছতার প্রতি আমাদের কোনো ধ্যান নেই। যে দেশে রোগের প্রকোপ দেখা যায়, সেই দেশ কখনই আর্থিক দিক দিয়ে উন্নতি করতে পারে না। দেশ প্রতিটা ক্ষেত্র প্রগতির দিকে এগিয়েছে তা অস্বীকার করার কোনো জায়গা নেই। বিজ্ঞানের ক্ষেত্রে আমরা বহু চমৎকারিত্ব দেখাতে সক্ষম হয়েছি, কিন্তু সীবার ও নালার মতো প্রয়োজনীয় বিষয় গুলির ব্যাপারে আমরা এখনও অনেক পিছনে। যে নালা বা সীবার গুলি আছে তা নোংরা আবর্জনা পরিষ্কার করতে পারে না। নদীর ধারে সৃষ্ট সীভেজ ট্রীটমেন্ট সংযন্ত্র ঠিক মতো কাজ করছে না। যদি স্বাধীনতার পর থেকেই পরিষ্কার-পরিচ্ছন্নতার দিকে ধ্যান দেওয়া হোত তাহলে আবর্জনা এতটা বৃদ্ধি পেতনা, এতে করে তা এত বড় সমস্যায় পরিণত হতো না।'

স্বচ্ছ ভারত অভিযান শুরু করতে গিয়ে নরেন্দ্র মোদী যা বলেছিলেন, আমাদের জন্য আগামী দিনে এই অভিযানকে বোঝার ক্ষেত্রে এবং সেই দিশায় কাজ করার জন্য তা একটা মানদণ্ডের কাজ করবে। এতে তিনি এই পরিকল্পনার কোনো রূপরেখার কথা বলেননি, আর কোনো কার্যপরিকল্পনার কথাও তিনি বলেননি। 2014 সালের 2 শরা অক্টোবর প্রধানমন্ত্রী নরেন্দ্র মোদী এই বিষয়ে যে ভাষণ দিয়েছিলেন তা এখানে উল্লেখ করাটা খুবই জরুরি :

ভারত মায়ের জয়!

মহাত্মা গান্ধী অমর থাকুন। মহাত্মা গান্ধী অমর থাকুন। মহাত্মা গান্ধী অমর থাকুন।

লালা বাহাদুর শাস্ত্রী অমর থাকুন! লালা বাহাদুর শাস্ত্রী অমর থাকুন। লালা বাহাদুর শাস্ত্রী অমর থাকুন।

যতজন বরিষ্ঠ মহানুভাব ও যুবক ও বন্ধুরা এখানে এসেছেন আমি তাঁদের উদ্দেশ্যে বলতে চাই যে, আজ 2 শরা অক্টোবর। পূজনীয় মহাত্মা গান্ধীর জন্ম দিন আজ। পূজনীয় লালা বাহাদুর শাস্ত্রীও আজকের দিনে জন্মেছিলেন। লাল বাহাদুর শাস্ত্রী আমাদের একটা মন্ত্র দিয়েছিলেন, 'জয় জোয়ান জয় কিষান'। কৃষকরা তাঁর একটা আহ্বানে ভারত মাতাকে শষ্যের ভাণ্ডার করে তুলেছিল।

পূজনীয় বাপু আমাদের ভারত ছাড়ো এবং স্বচ্ছ ভারতের আহ্বান জানিয়েছিলেন। দেশবাসী বাপুর একটা আহ্বানে ভারত ছাড়ো আন্দোলনের সাথে

যুক্ত হয়ে এই দেশকে স্বাধীন করে তুলেছিল, কিন্তু বাপুর স্বচ্ছ ভারত গঠনের স্বপ্ন এখন বাস্তবায়িত হয়নি। এখানে একটা ক্রাউড সোর্সিঙ্গের মাধ্যমে দেশের লোককে আহ্বান জানানো হয়েছে, আপনারা এর অংশ হয়ে আমাদের কিছু আইডিয়া দিন। এই ব্যাপারে আপনারা যা বলতে চান তা বলুন। মহারাষ্ট্রের ভাই অনন্ত এতে জয় লাভ করেছে। গুজরাটের রাজকোটের বাসিন্দা ভাগ্যশ্রী বোন এর জন্য পুরস্কার লাভ করেছে।

সেখানে প্রায় কয়েক হাজার লোক জমায়েত হয়েছিল, আমি তাদের দেখি! তাদের দেখে আমার সঠিক বলে মনে হয়েছিল। আমি দেখেছি, আর চশমা চোখে দিয়ে মহাত্মা গান্ধীও দেখছেন যে, ভারত পরিষ্কার আছে কি না! এই লোকেরা শুধু লোক নয়। এই চশমা দিয়ে গান্ধীজী দেখছেন যে, কে কি করছে? কি করছেন, কেমন করে করছেন, কতক্ষণ ধরে করছেন, তাই যখন গান্ধীজীর চশমার দিকে চোখ যায় তখন মনে হয় যেন এই চশমাই আমাদের স্বচ্ছ ভারতের বার্তা দিচ্ছে। আমি এই কল্পনার জন্য, এই কীর্তির রচনাকারীদের আন্তরিক অভিনন্দ জানাচ্ছি। এখানে দাঁড়িয়ে ভাগ্যশ্রীকে স্মরণ করতেই হয়, কারণ তিনি 'স্বচ্ছতার দিকে একপা এগিয়ে আছেন', এর জন্য ভাগ্যশ্রীকে অভিনন্দন জ্ঞাপন করছি।

আমার আদরের দেশবাসী! আমি আজ এই মঞ্চে এসেছি খুবই পবিত্র মন নিয়ে, আজ আমি কিছু প্রমাণ করার চেষ্টা করছি, আমার সামনে রয়েছে ইন্ডিয়া গেট, সেখানে দেশের জন্য যাঁরা প্রাণ দিয়েছেন তাঁদের স্মরণে প্রদীপ প্রজ্জ্বলিত, তাঁদের সাক্ষী করে আমি বলছি, আমি এখানে কোনো রাজনৈতিক ভাষণ দিতে আসিনি। এই দেশের বহু সামাজিক, সংস্কৃতিক এবং ধার্মিক নেতারা এই কাজ করার চেষ্টা করেন। বিভিন্ন লোকেরা, আলাদা আলাদা নামে, এই কার্যক্রমকে এগিয়ে নিয়ে যাওয়ার চেষ্টা করেছেন, প্রত্যেক লোকেদের রূপ -রং আলাদা আলাদা হলেও আমি সকলকেই ধন্যবাদ জানাতে চাই, সকলের বন্দনা করছি। আমি তাঁদের অভিনন্দন জানচ্ছি।

এই কাজকে আমি আরো এগিয়ে নিয়ে যেতে চাই। আপনারা সম্প্রতি যে সরকারকে নির্বাচন করছেন সেই সব কাজ করছে এমন কোনো দাবি আমি করছি না। আমি লালা কেল্লায় ভাষণ দেওয়ার সময়তেও সকল পুরানো সরকারকে অভিনন্দন জ্ঞাপন করেছি। আজ এই পবিত্র মঞ্চ থেকে যে যে সরকার এই পবিত্র কাজ করেছে, তা কেন্দ্র সরকার হোক বা রাজ্য সরকার, মিউনিসিপ্যালিটি হোক

বা কোনো সমাজিক সংগঠন, যদি কোনো সর্বদলীয় নেতা এই কাজে এগিয়ে আসেন, কোনো স্বেচ্ছাসেবি সংগঠন বা এমন কোনো সংগঠনের কোনো কার্যকর্তা, সবাই এই অভিনন্দনের অধিকারী। আজ থেকে এই পবিত্র অভিযান শুরু হচ্ছে, আমি সেই সবাইকে আমার প্রণাম জানাচ্ছি, এঁদের আশীর্বাদকে পাথেয় করে এই কাজে যোগ দেওয়ার জন্য আমি সারা ভারতবাসীকে আমন্ত্রণ জানাচ্ছি। এটাকে আমার প্রার্থনাও মনে করতে পারেন। কখন কখন আমার মনে হয় যে, এই দেশকে পরিষ্কার পরিচ্ছন্ন রাখা, দেশকে আবর্জনা মুক্ত করা কি শুধু যারা পেশায় এই কাজ করেন (পরিষ্কার করার কাজ) তাদেরই কাজ? এই কাজের সব দায়িত্ব কি শুধু তাদের ওপর? সোয়াশো কোটি ভারতবাসীর কি কোনো দায়িত্ব নেই? আমরা সমস্ত দায়িত্ব শুধু তাদের ওপরেই চাপিয়ে দিই, ভালো হলে তো ভালো, কিন্তু কখন কোনো ভুল হয়ে গেলে তাদেরকেই কেনো দায়ী করা হয়? এই পরিস্থিতি বদলাতে হবে।

সোয়াশো কোটি দেশবাসী যেমন ভারত মাতার সন্তান তেমনি প্রধানমন্ত্রীও ভারত মাতার সন্তান, সে আগে মায়ের সন্তান তারপর প্রধানমন্ত্রী। তাই এই মায়ের সন্তান হিসাবে আমাদের প্রত্যেকেরই মায়ের জন্য কিছু দায়িত্ব পালন করা উচিত। আমাদের নিজেদের দেশকে এমন করে রাখা উচিত না। গ্রাম আছে, রাস্তা আছে, পরিবেশ আছে, ঘর আছে, পরিবার আছে, স্কুল আছে, কলেজ আছে, মন্দির আছে, মসজিদ আছে, গুরুদ্বোরা আছে, আরো অনেক স্থান আছে। এই সব স্থান কিভাবে নোংরা হয়, যদি নোংরা হয়ও, যেমন ধরুন কেউ যদি একটা কাগজের টুকরো ফেলে তাহলে আমাদের তো উচিত সেই কাগজের টুকরোটা তুলে ফেলে দেওয়া।

আমি জানি, প্রচার অভিযান দ্বারা এই কাজ করা সম্ভব না। পুরানো অভ্যাস ত্যাগ করার সময় এসে গেছে। কাজটা খুবই কঠিন, কিন্তু আমাদের কাছে 2019 সাল পর্যন্ত সময় আছে, মহাত্মা গান্ধীর 150 তম জন্ম জয়ন্তীর আগে আমাদের এই কাজ শেষ করে ফেলতে হবে। আমি মিডিয়ার বন্ধুদের কৃতজ্ঞতা জানাচ্ছি, গত কয়েকদিন ধরে তারাও এই কথা জনসাধারণের কাছে পৌঁছে দেওয়ার বিষয়ে যথেষ্ট তৎপরতা দেখিয়েছেন। আমরা যদি সবাই মিলে এই কাজটাকে একটা গণ আন্দোলনের চেহারা দিই, তাহলে আমার বিশ্বাস যে, পৃথিবীর মধ্যে আমরাও পরিষ্কার পরিচ্ছন্ন দেশ হিসাবে নিজেদের স্থান

করে নিতে পারব। এই কাজটা ভারতও করতে পারে, ভারতবাসীরা ইচ্ছা করলে সব সম্ভব। ভারতবাসীরা যদি সবচেয়ে কম খরচে মঙ্গল গ্রহে পৌঁছে যেতে পারে তাহলে দেশকে পরিষ্কার করতে পারবে না? মঙ্গল পর্যন্ত পৌঁছানোর জন্য কোনো প্রধানমন্ত্রীর যেতে হয়নি, কোনো মন্ত্রীর যেতে হয়নি, এই কাজ করেছেন বৈজ্ঞানিকেরা, ভারত মাতার সন্তানরা। পরিষ্কার-পরিচ্ছন্ন করার কাজও আমরা সবাই মিলে করব।

আমি জানি, কিছু দিনের মধ্যেই আলোচনা শুরু হয়ে যাবে, দেখো কি হয়েছে? দেখো কি হয়েছে? আমাকে নিয়ে বহু সমালোচনা করা হবে, আমি জানি বহু কটাক্ষ শুনতে হবে, কিন্তু ভারত মাকে পরিষ্কার-পরিচ্ছন্ন করার জন্য যদি আমাকে সমালোচনা শুনতে হয়, তাঁকে আবর্জনা মুক্ত করার জন্য যদি আমাকে কটাক্ষ শুনতে হয়, তাহলে আমি রাজি। আমি এই আশা নিয়েই আজ এখানে এসেছি যে, আমাদের সোয়াশো কোটি ভারতবাসী আর মাকে নোংরা করবে না, আর মাকে কুলষিত করবে না। পূজনীয় বাপুর স্বপ্ন এবার পূরণ হবে। আমরা আর আমাদের দায়িত্ব থেকে পিছে সরব না।

আমি সোশাল মিডিয়াতেও একটা আন্দোলন তৈরি করার কথা ভেবেছি। মাই গভর্নমেন্ট ওয়েবসাইট তো আছেই, ক্লীন ইন্ডিয়ার জন্য আমি আর একটা ওয়েবসাইট তৈরি করব।ফেসবুক, টিউটারেও আমি এই কাজ শুরু করব। আমি দেশবাসীর কাছে প্রার্থনা করছি যে, আপনারাও এই কাজ করুন। কোথাও নোংরা আবর্জনা দেখলে সেই ফটো আপলোড করুন। তারপর সেই স্থানটা নিজে পরিষ্কার করুন। তার ভিডিও আপলোড করুন। তারপর পরিষ্কার স্থানের ফটো আপলোড করুন।

আমার ভাই-বোনেরা, আমি মিডিয়ার কাছেও প্রার্থনা করছি। আমি আজও একটা কথা মনে করিয়ে দিতে চাই যে, আমাদের ভারত মায়ের কাছে যুবক সন্তানের অভাব নেই, ভারতে বহু সংগঠন আছে, আর হিন্দুস্তানের প্রতিটি কোণায় বহু গোষ্ঠি আছে, যারা বহুদিন আগে থেকেই পরিষ্কার করে তোলার কাজে নেমে পড়েছেন, আমি প্রধানমন্ত্রী হওয়ার অনেক আগে থেকেই এই কাজ করে চলছে। আমি মিডিয়ার সাহায্যে ভারতীয় জনতাদের সমানে তাদের আনতে চাই। যে সমস্ত লোক এই দেশকে পরিষ্কার করার কাজ চালিয়ে যাচ্ছে, তাদেরকে সামনে আনতে চাই আমি। আমাদের সকলকে মিলে মিশে একটা প্রেরণার স্রোত

গঠন করতে হবে। কে করল, কে করল না, কে দায়ি, কে দায়ি নয়, কে দোষি এই সব নিয়ে মাথা না ঘামানোই ভালে।

আমি আগেই বলেছি, এটা কোনো রাজনীতি নয়। শুধুমাত্র রাষ্ট্রভক্তির ওপর ভিত্তি করে এই কাজ চালিয়ে যেতে হবে। শুধুমাত্র রাষ্ট্রভক্তিই হয়ে উঠবে আমাদের কাছে মূল প্রেরণার উৎস, রাজনীতির থেকে প্রেরণা গ্রহণের কোনো প্রয়োজন নেই। তবেই এই পরিষ্কার-পরিচ্ছন্ন করার কাজটা করা সম্ভব। তাই আমি বলছি, অনেক সংগঠন আছে, অনেক সামাজিক সংগঠন আছে, অনেক সংস্কৃতিক সংগঠন আছে, তা নিজেদের মতো করে কাজ করে চলেছে।

আমি এমনও কিছু গ্রাম দেখেছি, সেখানকার পঞ্চায়েত প্রধানরা এতটাই সজাগ যে, গ্রামের লোকেরাই গ্রাম পরিষ্কার পরিচ্ছন রেখেছে, তাদের পরিষ্কার পরিচ্ছন্নতা দেখলে আপনি অবাক হয়ে যাবেন। এমন কিছু লোক আছে যারা এই কাজ করে। কেউ কেউ স্কুলে যায়, কিছু শিক্ষক আছেন যারা স্কুল চত্বর ঘুরে দেখেন যে সেখানকার পরিষ্কার পরিচ্ছনতা ঠিক ঠাক আছে কিনা। পরিষ্কার পরিচ্ছন্নতার মধ্যে দিয়েই পবিত্রতার অনুভূতি করা যায়।

আমরা যখন ইন্ডিয়া গেটের দিকে ঘুরতে আসি, যখন ইন্ডিয়া গেট থেকে রাষ্ট্রপতি ভবনের দিকে হেঁটে যাই, তখন সেখানকার পরিষ্কার-পরিচ্ছন্নতা দেখে আমাদের মন ভরে যায়। আমাদের ভারতের প্রতিটা কোণাও এমন পরিষ্কার পরিচ্ছন্ন থাকা উচিত কিনা বলুন? প্রতিটা অলিগোলি এমন পরিষ্কার হওয়া উচিত কিনা বলুন? এটা হল এক বিরাট সামাজিক দায়িত্ব, তাই দয়া করে এর মধ্যে কোনো রকম রাজনীতিকে জরাতে চাইবেন না। এর সাথে যদি কেউ কোনো রাজনৈতিক স্বার্থকে জরিয়ে দেখতে চায়, যদি কেউ মনে করে যে পাবলিসিটির জন্য এই কাজ তাহলে পুনরায় ভারতমাকে অপমান করা হবে, তাঁকে সেবার পরিবর্তে লাঞ্ছিত করা হবে। মহাত্মা গন্ধী ভারতের প্রতিটি অলিগোলি পরিষ্কার পরিচ্ছন্ন করার আহ্বান জানিয়েছিলেন, তিনি এই বিষয়ে সম্পূর্ণ ভারতকে সজাগ করে তুলতে চেয়েছিলেন। আমরা যেখানে আছি, যেমন ভাবি আছি এই কাজ করব, আমাদের মধ্যে এই চেতনার জাগরণ করতে হবে। আমি বিশ্বাস করি যে, ভারত মাকে আবর্জনা মুক্ত করার ক্ষমতা আমাদের আছে। তাঁর সেবা করা কোটি কোটি ভারতবাসীর কর্তব্য।

এই কোটি কোটি ভারতবাসীর মধ্যে মোদী নামেরও একজন মানুষ আছে। কিন্তু মোদী একাই আছে, এমনটি নয়। তাই আমি বারংবার একটা কথাই বলছি যে, এই কাজ সোয়াশো কোটি ভারতবাসীর, প্রত্যেক ভারতবাসীর কর্তব্য। এটা শুধু সরকারের কাজ নয়। শুধু মন্ত্রীদের কাজ নয় এটা। শুধুমাত্র কিছু সামাজিক সংগঠন বা স্বেচ্ছাসেবকরাই এই কাজ করবে এমন নয়। এই কাজ জনগণের কাজ। এই কাজে সাধারণ মানুষ যত এগিয়ে আসবে ততই আমরা লাভবান হব।

সারা ভারতবর্ষ জুড়ে এখন নবরাত্রির পূণ্যতিথি চলছে, কাল বিজয়াদশমী, এই শুভ সময়ে আমি সারা ভারতবাসীকে বিজয়া-দশমীর শুভকামনা জানাচ্ছি।

আজ আমি সোশাল মিডিয়ায় একটা আন্দোলন গড়ার কাজ শুরু করেছি। আজ আমি নয়জন লোককে পাবলিক প্লেসে এসে তাঁদের লোকজনেদের নিয়ে স্বচ্ছতা অভিযানে যোগ দেওয়ার আহ্বান জানিয়েছি। আমি বিশ্বাস করি, যাঁদের আমি আহ্বান জানিয়েছি তাঁরা নিশ্চই এগিয়ে এসে এই কাজে যোগ দেবেন। শুধু তাই নয়, আমি চাই যে, তাঁরা যে নয়জনকে আমন্ত্রণ জানাবেন তাঁদের কাজ যেন তাঁরাই ঠিক করে দেন। তাঁরাই যেন আরো নয়জন লোককে এই কাজ করার জন্য আহ্বান জানান। আমি আপনাদের প্রত্যেককে বলছি, আপনারাও এই পরিষ্কার করার কাজে এগিয়ে আসুন, ভিডিও আপলোড করুন, আর নয়জন লোককে আমন্ত্রণ জানান, এই ভাবে নয় নয় করে একের পর এক চেন গঠন হোতে শুরু করবে।

আমি গোয়ার রাজ্যপাল মাননীয়া মৃদুলা সিন্‌হাকেও আমন্ত্রণ জানিয়েছি। আমি ভারত রত্ন সচীন তেন্ডুলকারকে আহ্বান জানিয়েছি। আমি যোগ গুরু রামদেব বাবাকে আহ্বান করেছি। আমি কংগ্রেসের নেতা শ্রীমান শশী থরুরকে নিমন্ত্রণ জানিয়েছি। আমি শ্রীমান কমল হাসানকে আহ্বান জানিয়েছি। শ্রীমান সলমানখানকে আমন্ত্রণ জানিয়েছি, আমি বোন প্রিয়াঙ্কা চোপড়াকে নিমন্ত্রণ জানিয়েছি। শুধু তাই নয়, তারক মেহতার 'উল্টা চশমা'-র সম্পূর্ণ দলকে আহ্বান জানিয়ে আমি বলেছি যে, আমি এই কাজ করার জন্য আপনাদের আমন্ত্রণ জানাচ্ছি, আপনিও এই কাজ করুন, নিজের সিরিয়ালের মাধ্যমে, আর এই সিরিয়ালের মাধ্যমে এই কাজকে এগিয়ে নিয়ে যাওয়ার চেষ্টা করুন।

আমাদের ফিল্ম ইন্ডাস্ট্রী দেখবে, গত 50 বছরে এমন কিছু ফিল্ম এসেছে, বা এমন কিছু সিরিয়াল এসেছে যাতে কোনো না কোনো ভাবে পরিষ্কার-পরিচ্ছন্ন

করার জন্য সংবাদ প্রেরণ করা হয়েছে, এর মাধ্যমে লোকশিক্ষা দেওয়ার চেষ্টা চালানো হয়ছে। এই কাজটাই আমাদের এগিয়ে নিয়ে যেতে হবে, আরো বেশি করে দায়িত্বশীল হয়ে উঠতে হবে।

আমার ভাই-বোনেরা আপনারা কি জানেন, ডাব্ল্যুএইচও যে সমীক্ষা করেছে তা সত্যিই চমকে দেওয়ার মতো - তাদের মতে নোংরা আবর্জনার কারণেই ভারতে রোগের পাদুর্ভাব দেখা যায়, এই অসুখ বিসুখের জন বহু মানুষের কাজ চলে যায়, পরিবারের লোকেদের অনাহারে থাকতে হয়, প্রত্যেককে কঠোর সংগ্রামের সাথে জীবন অতিবাহিত করতে হয়। ডব্ল্যুএইচও-এর মতে এই নোংরা আবর্জনার জন্য প্রতি বছর ভারতীয় নাগরিকদের প্রায় 6500 টাকা অতিরিক্ত খরচ হয়। অসুখের জন্য, অনেকে অটো রিক্সা চালাতে পারে না। অসুখের জন্য ট্যাক্সি চালাতে পারে না। অসুখের জন্য ঘরে ঘরে খবরের কাগজ পৌঁছে দিতে পারে না। অসুখের জন্য ঘরে ঘরে দুধ দিতে যেতে পারে না। যারা সুখে আছে, যাদের কোনো অভাব নেই তাদের এই সমস্যা ভোগ করতে হয়না ঠিকই, কিন্তু ভারতের জনসংখ্যার একটা বিশাল অংশকে এই সমস্যা অহরহ ভোগ করে চলতে হয়। যদি সুখে থাকা মানুষদেরকে এই মানুষদের থেকে আলাদা করে দেওয়া যায়, তাহলে দেখা যাবে যে, গরিবদের মাথা পিছু অতিরিক্ত 12 - 15 হাজার টাকা বেশি খরচ করতে হয়।

শুধুমাত্র পরিষ্কার পরিচ্ছন্ন করার কাজটা করতে পারলে আমাদের দেশের গরিব মানুষদের পকেটে বছরে 6500 টাকা করে বাঁচানো সম্ভব হবে। এর ফলে তাদের অসুখের হাত থেকেও বাঁচানো সম্ভব হবে। যারা কাজে যেতে পারে না, তারা কাজে যেতে পারবে, রোজগারের সম্ভবনা বৃদ্ধি পাবে। গরিবদের সুস্বাস্থ্যের কথা ভেবে এই নোংরার হাত থেকে সকলের বাঁচাটা খুবই জরুরি। তাই ভারত মায়ের সেবা করার মানে গরিবদের সেবা করা।

আসুন আমরা সকলে মিলে এই কাজ করি। মাই গভর্নমেন্ট ওয়েবসাইটে, আমার ফেসবুকে, টুইটারে, সাধারণ মানুষের কাছ থেকে আসা যে ম্যাসেজ গুলি আমি দেখতে পাই, তার থেকে তাদের উৎসাহ সম্পর্কে আমি যথেষ্ট আশাবাদী। আমি বিশ্বাস করি যে, আমাদের জনতারা সরকারের থেকে 100 কদম এগিয়ে চলতে রাজি আছে, আর জনতা যদি চলতে থাকে তাহলে তাদের বাধা দেওয়ার ক্ষমতা কাউর নেই।

ভাই ও বোনেরা, আমাদের মহাত্মা গান্ধীকে কিছু তো দেওয়া উচিত। 2019 সালে গান্ধীজীর 150 তম জন্ম জয়ন্তী, তখন আমাদের তাঁকে 'স্বচ্ছ-ভারত' গড়ে তুলে শ্রদ্ধাঞ্জলি জ্ঞাপন করতে হবে। ভারত ছাড়ো আন্দোলন কেনো সফল হয়েছিল জানেন, কারণ ভারতের প্রতিটি মানুষ সেই আন্দোলনে যোগ দেওয়ার জন্য এগিয়ে এসেছিলেন। স্বচ্ছ ভারত গড়ার যে স্বপ্ন আমরা দেখছি, তা সফল করে তোলার জন্যও আমাদের প্রত্যেককে এগিয়ে আসতে হবে, ভারতের সোয়াশো কোটি দেশবাসী কে পায়ে পা মিলিয়ে চলতে হবে। লাল বাহাদুর শাস্ত্রী 'জয় জোয়ান জয় কিষাণ' বলে আহ্বান জানিয়েছিলেন, তিনি সম্পূর্ণ কৃষক সম্প্রদায়ের উদ্দেশ্যে এই স্লোগান দিয়েছিলেন বলে, এই স্লোগান এত সফল হয়ে উঠতে পরেছিল। তিনি 'অন্নের' আহ্বান জানিয়েছিলেন, কিন্তু তিনি কৃষকদের ঘরে ঘরে গিয়ে এই কথা বলেননি যে, তুমি হাল চালাচ্ছো কিনা, তুমি খেতে যাচ্ছো কিনা, তুমি শস্য উৎপাদন করছো কিনা, তিনি এই সব কিছুর উর্ধ্বে গিয়ে শুধু একটাই কথা বলেছিলেন, 'জয় কিষাণ'। আর এই আহ্বানেই সারা ভারতের কৃষক এক জোটে দাঁড়িয়ে গেছিল। ভারতের শস্য ভান্ডার ভরতে শুরু করে, ভারতের গরিবরা খেতে পায়, এত বড় একটা বৈপ্লবিক সফলতা এসেছিল এই মহাপুরুষের একটা আহ্বাণের জোরে। এখন মহাত্মা গান্ধীর অসম্পূর্ণ স্বপ্নকে পূরণ করার সময় এসে গেছে।

এই মহাপুরুষের শব্দটায় কতটা পবিত্রতা ছিল তা দেখুন, তাঁর কথাটার মধ্যে কত শক্তি ছিল তা বোঝার চেষ্টা করুন, এই কথাটার প্রতি তিনি নিজে কতটা সমর্পিত ছিলেন তা বোঝার চেষ্টা করুন, এর থেকেই আমরা সম্পূর্ণ রূপে প্রেরণা লাভ করতে পারি। আমি হই বা আপনি, আমাদের সকলের উদ্দেশ্যেই মহাত্মা গান্ধী ভারত ছাড়ো আন্দোলনের ডাক দিয়েছিলেন, এই সফলতা যেমন আমাদের আনন্দ দিয়েছে, স্বচ্ছ ভারত অভিযানের স্বপ্ন পূরণ করতে পারলেও আমরা ঠিক এতটাই আনন্দ ভোগ করতে পারব। ততটাই সুখ আমাদের আঁচলে আসবে, আমাদের সমৃদ্ধির পথ ততটাই প্রশস্ত হবে, এই বিশ্বাসের সাথেই মহাপুরুষদের বলা কথা গুলিকে পাথেয় করে এগিয়ে যেতে হবে।

আমার ওপর ভরসা করতে হবে না, আমার সরকারের ওপর ভরসা করতে হবে না, মহাত্মা গান্ধীর ওপর ভরসা করুন। মহাত্মা গান্ধীর জ্ঞান, তপস্যা ও সমর্পণের ওপর ভরসা করুন। স্বচ্ছ ভারত গড়া নিয়ে তিনি যে স্বপ্ন দেখেছিলেন,

সেই স্বপ্নকে ভরসা করুন। যদি আমরা ভারত মায়ের প্রকৃত সন্তান হয়ে থাকি, তাহলে এটা এখন আমাদের কাছে সবচেয়ে বড় দায়িত্ব, আমরা ভারতকে নোংরা করব না, নোংরা হতে দেব না। এটাই এখন আমাদের সবচেয়ে বড় কর্তব্য হওয়া উচিত।

আমরা কখন বিদেশে ঘুরতে গেলে, সবার আগে বলি, বাহ! কি পরিষ্কার পরিচ্ছন্ন। কোথাও কোনো আবর্জনা চোখে পড়ল না। তাহলে এবার বলুন তো, পরিষ্কার-পরিচ্ছন্নতা দেখলে আপনাদের ভালো লাগে কিনা? যারা বিদেশ ঘুরে এসেছেন তাদের সবাইকে আমি জিজ্ঞাসা করছি যে, সেখানে কাউকে কোথাও নোংরা করতে দেখলেন? কাউকে একটা কাগজের টুকরোও ফেলতে দেখলেন? এখানে সেখানে পানের পিক ফেলতে দেখলেন? সবার কাছ থেকেই শুধু না কথাটাই শোনা যাবে। সুতরাং একটা কথা মাথায় রাখবেন যে, বিদেশের মাটি পরিষ্কার থাকার অন্তিম কারণ হল সেখানকার মানুষদের নিয়মানুবর্তিতা। আমরাও যদি এইভাবে নিয়ম মেনে চলি তাহলে আমি বিশ্বাস করি যে, আমরাও এই কাজে অবশ্যই সফলতা লাভ করব।

আর একটা বিরাট কাজ আছে, তা হল টয়লেট গঠন করা। আমাদের দেশের গ্রামে গঞ্জে 60 শতাংশ লোক খোলা আকাশের নিচেই শৈচোকার্য সম্পূর্ণ করে থাকে। যখন দেখি মা-বোনেরাও বাধ্য হয়ে খোলা আকাশের নিচেই দৈনন্দিন কাজ সম্পন্ন করছেন তখন আমার খুব কষ্ট হয়, আমাদের এই কলঙ্ক দূর করতে হবে। সকলে মিলে প্রচেষ্টা চালিয়ে যেতে হবে। আমি করপোরেট সামাজিক অংশীদারদেরও এই কাজটিকে প্রাথমিকতা প্রদানের জন্য আহ্বান জানিয়েছি। মা-বোনেদের সম্মানের কথা ভেবে আমরা এই কাজটা তো করতেই পারি।

আজও আমাদের দেশে এমন বহু স্কুল আছে যেখানে বালিকাদের জন্য আলাদা টয়লেটের ব্যবস্থা নেই। আমাদের এই স্থিতি বদলাতে হবে। এর জন্য কেউ দোষি নয়, কেউ দায়ি নয়, আমাদের ইতিবাচক দৃষ্টিভঙ্গী নিয়ে ভবিষ্যতের কথা মাথায় রেখে এগিয়ে যেতে হবে। আমার অনুরোধ, এই কাজের সাথে যুক্ত মানুষেরা যেন কোনো রকম রাজনৈতিক টিকা-টিপ্পণী না করে, কারণ আমরা সবাই মিলে একটা কাজ করার জন্য সংঘ বদ্ধ হয়েছি। আমাদের আগেও অনেকে এই কাজ করেছেন, মহাত্মা গান্ধীর নেতৃত্বে কংগ্রেসের হাত ধরেই এই কাজের সূত্রপাত ঘটেছিল।

আমি এই কাজের জন্য বন্দনা করছি এবং সেই কারণে আমি হাত জোড় করে, বিশেষ করে দেশবাসী ও মিডিয়ার উদ্দেশ্যে বলছি, এই সম্পূর্ণ আন্দোলনের সাথে শুধুমাত্র ভারত মাতার ওপর আমাদের ভক্তিকে সংযুক্ত করুন, গরিব থেকে গরিবতর ব্যক্তির স্বাস্থ্যের কথা ভাবুন। কে করছে, কে করছে না, কে সফল, কে বিফল, এই সব নিয়ে ভেবে পরিস্থিতি বিগড়াতে চাইবেন না, একটা দায়িত্ব নিয়ে চলুন, সংঘবদ্ধ দায়িত্বই হয়ে উঠবে সফলতার মূল মন্ত্র।

আমি পুনরায় আপনাদের সকলকে আমন্ত্রণ জানাচ্ছি। আমরা আজ এখানেই শপথ নেব। আমি প্রার্থনা করছি যে, আপনারা বসে বসেই শপথ নিন, আপনাদের দাঁড়ানোর প্রয়োজন নেই, যাঁরা দাঁড়িয়ে আছেন তাঁরা দাঁড়িয়ে থাকুন, আমার আর একটা প্রার্থনা হল আজ আপনারা হাত দুটি জোড়া করে ওপরে তুলে মহাত্মা গান্ধীকে স্মরণ করুন, আপনি যেখানে যেভাবে আছেন সেইভাবেই হাত দুটি জোড়া করে মহাত্মা গান্ধীকে স্মরণ করুন। কারণ পূজনীয় বাপুর দেখানো পথেই আজ আমরা এই কাজ করার জন্য এক হোতে চলেছি। তাঁর স্বপ্নের ভারত তৈরি করার চেষ্টা করছি আমরা। তাই পূজনীয় বাপুকে স্মরণ করে আমার সাথে এই শপথ গ্রহণ অনুষ্ঠানে যোগ দিন। শপথ মানে শুধুমাত্রে মুখে কিছু বলা নয়, শপথ হল গ্রহণ করার নাম।

আপনি শপথ নেবেন? এই স্বচ্ছ ভারত অভিযানকে এগিয়ে নিয়ে যাবেন? কোনো কুণ্ঠা করবেন না, আমার সাথে বলুন, 'মহাত্মা গান্ধী যেভারত গড়ে তোলার স্বপ্ন দেখেছিলেন, তার পিছনে কোনো রাজনৈতিক দৃষ্টি ছিল না, বরং একটা স্বচ্ছ ও বিকসিত ভারত গড়ে তোলার স্বপ্ন ছিল। মহাত্মা গান্ধী পরাধীনতার শৃঙ্খল মোচন করিয়ে ভারতবর্ষকে স্বাধীন করে তুলেছিলেন, আর এখন আমাদের কর্তব্য হল নোংরা আবর্জনা দূর করে ভারত মাতাকে স্বচ্ছ করে তোলা।'

'আমি শপথ গ্রহণ করছি যে, আমি নিজে পরিষ্কার করার ব্যাপারে সজাগ থাকব আর তার জন্য সময় দেব। প্রতি বছর 100 ঘন্টা অর্থাৎ সপ্তাহে দুই ঘন্টা এর জন্য ব্যয় করে আমি ভারতকে আবর্জনা মুক্ত করব। আমি নোংরা করব না, আর কাউকে করতেও দেব না। সবার আগে আমি নিজেকে, তারপর আমার পরিবারকে, তারপর পাড়াকে, তারপর গ্রাম ও তারপর কর্মস্থকলে পরিষ্কার করব। আমি মনে করি যে, পৃথিবীর যে দেশটা আমরা পরিষ্কার পরিচ্ছন্ন দেখি সেখানকার নাগরিকরা কোনো রকম ভাবেই পরিবেশ নোংরা করে না আর তারা তা করতেও

দেয় না। এই বিচারের কথা মাথায় রেখে ভারতের অলিতে গোলিতে স্বচ্ছ ভারত অভিযানের কথা প্রচার করব। আমি আজ নিজে যে শপথ নিচ্ছি, আরো একশো জনকে এই শপথ গ্রহণ করাব। তারা যেন আমাদের মতো পরিষ্কার পরিচ্ছন্ন করার জন্য একশো ঘন্টা দেয়, সেদিকে দেখব। আমি বিশ্বাস করি যে, আমি স্বচ্ছতার দিকে এক পা এগাতে পারলেই সারা ভারতকে স্বচ্ছ করে তোলা যাবে।'

ভারত মাতার জয়!

জয় হিন্দ!

মহাত্মা গান্ধী অমর হোন!

মহাত্মা গান্ধী অমর হোন!

মহাত্মা গান্ধী অমর হোন!

অসংখ্য ধন্যবাদ।

আর্থিক ব্যবস্থাপনা

ম্যানেজমেন্টের কৌশল দেখানোর সবচেয়ে বড় স্থান হল আর্থিক ক্ষেত্র। যে কোনো ক্ষেত্রের জন্যই এই ক্ষেত্রের প্রয়োজন সবার আগে। তা ব্যাবসার ক্ষেত্রেই হোক বা পরিবারের ক্ষেত্রে বা সরকার চালানোর বিষয়ে। কোনো তন্ত্রকে যদি সঠিক ভাবে পরিচালিত করতে হয় তাহলে অর্থনৈতিক দিকটিকে সুসংঘবদ্ধ করাটা খুবই জরুরি। নরেন্দ্র মোদী যখন গুজরাটের মুখ্য মন্ত্রী ছিলেন, তখন এই আর্থিক বিষয়ে তিনি খুবই প্রভাবী কাজ করতে সক্ষম হয়েছিলেন। তাঁর নেতৃত্বে গুজরাটের আর্থিক বিকাস একটা আলাদ স্থান করে নিতে সক্ষম হয়েছে। আর আজ প্রধানমন্ত্রীর পদে বসার পরেও তিনি সেই দিকে যথেষ্ট গুরুত্ব আরোপ করেছেন। নরেন্দ্র মোদী এই আর্থিক বিকাসের কথা মাথায় রেখে কোন কোন কাজ করেছেন সব কটির উল্লেখ এখানে করা সম্ভব না। এছাড়াও নেরেন্দ্র মোদীর কিছু উচ্চাকাঙ্খী পরিকল্পনার মাধ্যমে তাঁর ভবিষ্যতের চিন্তাধারা সম্পর্কে বা তাঁর পরিকল্পনা সম্পর্কে কিছুটা আন্দাজ করা যেতে পারে।

সমস্ত চর্চার আগে নরেন্দ্র মোদী যে বাজেট পেশ করেছিলেন সেই ব্যাপারে আলোচনা করাটা খুবই জরুরি। কারণ এর থেকে এটা বোঝা যায় যে, আগামী দিনে তাঁর সরকার কিভাবে কাজ করবে, আর্থিক ব্যবস্থাপনার বিষয়ে তাঁরা কিভাবে পরিকল্পনা গড়ছেন।

নরেন্দ্র মোদী সরকারের প্রথম বাজেট আর্থিক বছর 2014-15 -র বাজেট পেশ করেছেন অর্থ মন্ত্রী অরুণ জেটলি। এর মুখ্য বিষয় গুলি যদি পয়েন্টের সাহায্যে বলা যায়, তাহলে পাঠক বর্গের বুঝতে সুবিধা হবে। এই গুলি হল -

- ব্যক্তি গত আয়করের সীমা বৃদ্ধি করে দুই লক্ষ থেকে আড়াই লক্ষ করা হয়েছে।

- বরিষ্ঠ নাগরিকদের জন্য আয়কর সীমা বৃদ্ধি করে আড়াই লক্ষ থেকে তিন লক্ষ করা হয়েছে।

- ধারা 80 সী অনুসারে অর্থ বিনিয়োগের সীমা বৃদ্ধি করে এক লক্ষ থেকেদেড় লক্ষ করা হয়েছে।

- গৃহ লোনের ওপর সুদ প্রদানের সীমা দেশ লক্ষ থেকে বৃদ্ধি করে দুই লাখ করা হয়েছে।

- ছোটো ছোটো শিল্প গুলিকে উৎসাহ প্রদান করার জন্য বছরে 25 কোটির বেশি বিনিয়োগ করতে পারলে 15 শতাংশ বিনিয়োগের প্রস্তাব।

- বিশ্ব স্তরের স্মার্ট শহর গুলির জন্য 70 থেকে 60 কোটি টাকার আবন্টন।

- ধার্মিক শহরের জন্য 'প্রসাদ' এবং জনবহুল শহর গুলির জন্য 'হৃদয়' পরিকল্পনার শুভারাম্ভ করা হবে।

- পাঁচটি পর্যটন ক্ষেত্র বানানোর জন্য 500 কোটি টাকার ব্যবস্থাপনা।

- মহিলা ও শিশু বিকাসের প্রতি বিশেষ বল প্রদান।

- 'বেটি বাঁচাও - বেটি পড়াও' পরিকল্পনা শুরু করার প্রস্তাব।

- সরকারী সড়ক পরিবহনে মহিলাদের সুরক্ষা প্রদানের জন্য 50 কোটি টাকা।

- স্ত্রী-পুরুষ ভেদাভেদ দূর করার জন্য স্কুলের পাঠক্রমে বিশেষ অধ্যায় যুক্ত করা হবে।

- বরিষ্ঠ নাগরিকদের কল্যাণের কথা মাথায় রেখে বিশেষ বল আরোপ কার হবে।

- বরিষ্ঠ নাগরিকদের পেনশান বীমা পরিকল্পনা সীমিত সময়ের জন্য পুনরায় শুরু করার প্রস্তাব।

- কর্মচারী ভবিষ্য নিধির সদস্যদের জন্য ন্যুনতম মাসিক পেন্সিয়ান 1000 টাকা।

- রাজকোষের অভাব পূরণের জন্য সমস্ত ঘরোয়া উপাদানের 4.1 শতাংশ বৃদ্ধি করার লক্ষ্য।

- জম্মু-কাশ্মীরে বিশ্বস্তরীয় খেল স্টেডিয়ামের জন্য 200 কোটি টাকা।

মণিপুরে খেলার বিশ্ববিদ্যালয় গড়ে তোলার জন্য 100 কোটি টাকা।

- খেলাধূলাকে উৎসাহ প্রদানের জন্য 100 কোটি টাকা থেকে বন্টন শুরু করা হবে, এর সাথে যুবা নেতৃত্ব কার্যক্রমও শুরু করা হবে।

- 2022 সালের মধ্যে সকলের জন্য আবাস গড়ে তোলার লক্ষ্য পূরণ করার উদ্দেশ্যে রাষ্ট্রীয় আবাস ব্যাঙ্কের জন্য 40 কোটি টাকার ব্যবস্থা।

- প্রত্যক্ষ বিদেশী বিনিয়গকে উৎসাহ প্রদানের জন্য অনেক উপায়ের ঘোষণা।

- নিয়ন্ত্রণ রক্ষা উৎপাদনে প্রত্যক্ষ বিদেশী বিনিয়োগের সীমা 49 শতাংশ।

- শ্যামা প্রসাদ মুখার্জ্জী গ্রামীণ-শহরী মিশনের শুরু।

- প্রত্যেক ঘরে 24 ঘন্টা বৈদ্যতিক সংযোগ প্রদানের জন্য দীনদয়াল উপাধ্যায় গ্রাম জ্যোতি পরিকল্পনার জন্য 500 কোটি টাকা।

- দেশের একতার প্রতীক সর্দার প্যাটেলের বিশাল মূর্তি গড়ার জন্য 200 কোটি টাকা।

- তালিকা ভুক্ত জাতি কল্যাণ পরিকল্পনার জন্য 50548 কোটি টাকা।

- তালিকা ভুক্ত আদিবাসি কল্যাণ পরিকল্পনার জন্য 32387 কোটি টাকা।

- প্রত্যেক ভারতীয়কে ইন্টারনেটের সুবিধা প্রদানের জন্য 'ডিজিটাল ইন্ডিয়া' কার্যক্রম।

- বিবিধ প্রকারের কৌশল কার্যক্রমের জন্য 'স্কিল ইন্ডিয়া'-র ঘোষণা।

- নয়টি বিমান বন্দরে ধাপে ধাপে 'ই-ভীজা'-র শুরু।

- কৃষকদের জন্য এক হাজার কোটি টাকার ব্যবস্থাপনা সহ প্রধানমন্ত্রী কৃষি সঞ্চয়ী পরিকল্পনা।

- বারাণসীতে ব্যাবসায়িক সুবিধা কেন্দ্র এবং শিল্প সংগ্রহালয়।

- পূর্বোত্তর রেলে সম্পর্ক বৃদ্ধির জন্য এক হাজার কোটি টাকা।

- 20 শোকোটি, 37 কোটি টাকা বন্টনের সাথে সমন্বিত গঙ্গা সংরক্ষণ মিশন 'নমামি গঙ্গা' -র শুরু করা হবে।

- নদীর ধারে ঘাট বানানোর জন্য এবং তা সুন্দর করে তোলার জন্য 100 কোটি টাকা।

- প্রবাসী ভারতীয় গঙ্গা নিধির শুরু করা।

- পুনরায় কিষাণ বিকাস পত্রের শুরু।

- 100 কোটি টাকা বরাদ্ধ করা হয়েছে যুদ্ধ স্মারক এবং 50 কোটি টাকা বরাদ্ধ করা হয়েছে রাষ্ট্রীয় পুলিশের স্মারক স্থাপন করার জন্য।

- রক্ষা ক্ষেত্রে বরাদ্ধ অর্থ বৃদ্ধি করে 229000 কোটি টাকা করা হবে।

- আন্দামান নিকোবার দ্বীপ পুঞ্জে সঞ্চারের সুবিধা বৃদ্ধি করার জন্য 150 কোটি টাকা বরাদ্দ করা হবে।

- -পণ্ডীচেরীকে বিপদের থেকে রক্ষা করার জন্য 188 কোটি টাকা।

- সামগ্রীক রেডিওকে উৎসাহ প্রদানের জন্য 100 কোটি টাকা বরাদ্ধ করে নতুন পরিকল্পনা গড়া।

- সুরক্ষিত পেয়জল প্রদানের জন্য 3600 কোটি টাকা।

- দিল্লীতে বিশ্বস্তরীয় শহর গড়ে তোলার উদ্দেশ্যে বিদ্যুতের জন্য 200 এবং জনজীবন সংশোধন করার জন্য 500 কোটি টাকা বরাদ্দ করা হয়েছে।

- কৃষকদের সুবিধার কথা মাথায় রেখে কৃষক টিভি চ্যানেল শুরু করা হবে।

- প্রত্যেক কৃষককে মাটি উর্বরতা কার্ড দেওয়া হবে, 100 কোটি টাকার নতুন পরিকল্পনা গড়ে তোলা হবে।

- পূর্বোত্তর ক্ষেত্রের জন্য 24 ঘন্টা সেবা প্রদানকারী চ্যানেল শুরু করার প্রস্তাব।

- 'ন্যূনতম সরকার ও অধিকতম শাসন' -এর সিদ্ধান্তের জন্য ব্যয় প্রবন্ধন কমিশানের গঠন করা হবে।

- মাটি পরীক্ষা করে দেখার জন্য 100 টি সঞ্চারণশীল গবেষণাগার।

- রাজ্য পুলিশ সংস্থার আধুনিকীকরণের অর্থ বৃদ্ধি করে 3000 কোটি টাকা করে দেওয়া হয়েছে।

- সীমাতে কাঠামো গত বিকাসের জন্য এবং আধুনিকীকরণ করার জন্য 2250 কোটি টাকা।

- প্রধানমন্ত্রীর গ্রাম সড়ক পরিকল্পনার জন্য 14389 কোটি টাকা।

নরেন্দ্র মোদী সরকারের এই প্রথম বাজেটই বলে দেয় যে, তাঁর সরকার আর্থিক ব্যবস্থাপনার বিষয়ে কিভাবে কাজ করতে চায়। এই বাজেটে এমন কিছু বিষয়ের উল্লেখ আছে যার সাথে জনগণের উপকার করার একটা সোজাসুজি সম্পর্ক দেখতে পাওয়া যাচ্ছে। যার থেকে জনগণ সরাসরি উপকার লাভ করতে পারবে।

এবার প্রধানমন্ত্রী 'জনধন' পরিকল্পনা সম্পর্কে আলোচনা করা যাক। এই ব্যাপারে প্রধানমন্ত্রী স্বাধীনতা দিবসের দিন লালাকেল্লায় দাঁড়িয়েই সমস্ত বিষয়ের ঘোষণা করে দিয়েছিলেন। এটি ভারতের আর্থিক সমাবেশের রাষ্ট্রীয় মিশন এবং এর উদ্দেশ্য হল সারা দেশের লোকেদের কাছে ব্যাঙ্কিং সুবিধা পৌঁছে দেওয়া, যাতে সমস্ত পরিবারের কাছে ব্যাঙ্কের বই থাকে সেটা দেখা। 2014 সালের 15ই আগস্ট প্রধানমন্ত্রী নরেন্দ্র মোদী এই পরিকল্পনার ঘোষণা করেছিলেন এবং 2014

সালের 28 শে আগস্ট থেকে এর শুভারাম্ভ হয়েছিল। এই পরিকল্পনা অনুসারে কাজ শুরু করার আগে প্রধানমন্ত্রী সমস্ত ব্যাঙ্ককে ই-মেল পাঠিয়েছিলেন। সেই ই-মেলে তিনি প্রত্যেক পরিবারের কাছে ব্যাঙ্কের বই থাকাটাকে 'রাষ্ট্রীয় গুরুত্ব' বলে ঘোষণা করেছিলেন, এবং যাতে সাত কোটির বেশি পরিবারকে এই পরিকল্পনার অনুর্ভূক্ত করা যায় তার জন্য তিনি সমস্ত ব্যাঙ্ককে জোরকদমে কাজ শুরু করার আহ্বান জানিয়েছিলেন। যে দিন এই পরিকল্পনার শুরু হয়েছিল সেদিন সারা দেশ জুড়ে 1.5 কোটি ব্যাঙ্কের বই করা সম্ভব হয়েছিল।

এই পরিকল্পনার প্রথম অধ্যায় চলবে 2014 সালের 15 ই আগস্ট থেকে 2015 সালের 14 ই আগস্ট পর্যন্ত। এই ধাপে প্রতিটি পরিবারকে ব্যাঙ্কিং সুবিধা প্রদানের চেষ্টা করা হবে। পরিকল্পনা শুরু হওয়ার ছয় মাস বাদে 5000 টাকার ওভার ড্রাফ্‌ট সহ ব্যাঙ্কের বই এবং এক লক্ষ টাকা পর্যন্ত দুর্ঘটান বীমা কভারের সাথে ডেভিড কার্ড এবং কৃষক কার্ডের সুবিধা প্রদান করা হবে। প্রথম ধাপে আর্থিক সুরক্ষা কার্যক্রমও চালানো হবে। এই পরিকল্পনার দ্বিতীয় ধাপ শুরু করা হবে 2015 সালের 15 ই আগস্ট থেকে 2018 সালের 14 ই আগস্ট পর্যন্ত। এই সময়ে ওভার ড্রাফ্‌টের বইতে ক্রেডিট গ্যারান্টি ফাণ্ডের স্থাপনা করা হবে। কিছু ক্ষেত্র বীমা পরিকল্পনাও শুরু করা হবে। এছাড়া এই ধাপে পার্বত্য অঞ্চল, জনজাতি সমূহ এবং দুর্গম ক্ষেত্রে বসবাসকারী পরিবার গুলিকেও শামিল করা হবে। শুধু তাই নয়, এই ধাপে পরিবারের সবচেয়ে বয়স্ক সদস্যদের প্রতি এবং বিদ্যার্থীদের প্রতিও ধ্যান দেওয়া হবে।

2014 সালে যেদিন 'নবরাত্রি'-র শুরু হয়েছিল, সেদিনও নরেন্দ্র মোদীর সরকার ভারতের জন্য একটা নতুন কিছু শুরু করার চেষ্টা করেছিল। সেদিন নরেন্দ্র মোদী দেশের প্রায় সমস্ত বড় করপোরেট পরিবারের মালিকদের এই পরিস্থিতিতে 'মেক ইন ইন্ডিয়া'- পরিকল্পনার আনুষ্ঠানিক ঘোষণা করেছিলেন। তিনি এর প্রথম উত্থাপন করেছিলেন, স্বাধীনতা দিবসের দিন লাল কেল্লার মঞ্চে। প্রধানমন্ত্রীর এই উচ্চাকাঙ্খী পরিকল্পনাকে কিছু ব্যবসায়ী পরিবার ছাড়াও বেশ কিছু বিশেষজ্ঞ বৈপ্লবিক বলে ঘোষণা করেছেন। আবার কিছু লোক এর বহু ত্রুটি বিচ্যুতির দিকে ইশারা করেছেন। সুতরাং এই পরিকল্পনা কিভাবে শুরু করা হবে এবং তার সম্ভাব্য প্রভাব গুলিকে বোঝাটা খুবই জরুরি।

সরকারের 'মেক ইন ইন্ডিয়া' পরিকল্পনাটি সরাসরি ভাবে ম্যানুফ্যাক্যচারিঙ্গ অর্থাৎ নির্মাণের কার্যের সাথে যুক্ত। দেশের উৎপাদন বৃদ্ধির

ওপরেই এর সবচেয়ে বড় জোর প্রদান করা হয়েছে। প্রধানমন্ত্রী বিভিন্ন ক্ষেত্রে এ সম্পর্কে যে কথা বলেছেন, তাতে করে মনে হচ্ছে যে, এর সাথে তিনি যে শুধু দেশের আর্থিক উন্নতির কথা ভাবছেন তাই নয়, এর সাথে যুক্ত আছে বহু বেকার যুবকের সকার হয়ে ওঠার পরিকল্পনা। মেক ইন ইন্ডিয়া পরিকল্পনা শুরু করার সময় প্রধানমন্ত্রী যা বলেছিলেন, তার থেকে আরো একটা কথা স্পষ্ট হয়ে ওঠে, তিনি যেকোনো উপায়ে ভারতে বিনিয়োগ আনতে চান আর তার জন্য ব্যাবসায়ি পরিবারদের যে কোনো জরুরি শর্ত তিনি পূরণ করতে রাজী।

মেক ইন ইন্ডিয়া শুরু করার সময় প্রধানমন্ত্রী শ্রী নরেন্দ্র মোদী বলেছিলেন, 'গত কয়েক বছর ধরে বোঝা যাচ্ছে যে, নীতিগত বিষয়ে স্পষ্টতার অভাব থাকার জন্য ভারতের ব্যবসায়িক ক্ষেত্রে একটা নিরাশার জন্ম হয়েছে। এমনকি এটাও শোনা গেছে যে, ভারতের ব্যাবসায়িরা ভারত ছেড়ে চলে যাবে এবং অন্য কোথাও গিয়ে ব্যবসা করবে। এই কথা শুনে আমি খুবিই দুঃখ পেয়েছিলাম। কোনো ভারতীয় ব্যাবসায়ির কোনো অবস্থাতেই দেশ ছেড়ে অন্য কোথাও গিয়ে ব্যবসা করার কথা ভাবা উচিত না।' প্রধানমন্ত্রী আরো বলেছিলেন, 'এফডীআঈয়ের প্রতিটা বিদেশী বিনিয়োগের বিষয়টি ফর্স্ট ডেভলপ ইন্ডিয়া রূপে বুঝতে হবে। আমি বিনিয়গকারীদের কাছে অনুরোধ করছি যে, আপনারা ভারতকে শুধুমাত্র একটা বাজার হিসাবে দেখবেন না, বরং এটাকে নিজেদের সুযোগের ক্ষেত্র হিসাবে গণ্য করুন। বিদেশী বিনিয়োগকারীদের সুবিধা করে দিতে হবে। সস্তা নির্মাণ এবং উন্মুক্ত কেনাকাটা, যার কাছে ক্রয়ক্ষমতা আছে, দুটিই খুবই জরুরি বিষয়। অধিক রোজগারের অর্থ হল অধিক ক্রয় শক্তি থাকা।'

মেক ইন ইন্ডিয়া লঞ্চ করার সময় প্রধানমন্ত্রী মোদী বলেছিলেন, 'আমাদের সরকারের একটা মন্ত্র আছে, আমরা সবার আগে প্রতিজ্ঞা বদ্ধ। আমাদের প্রতিটা দেশবাসীদের ভরসা নিয়ে চলতে হবে। বিশ্বাসের যে মহল গড়ে উঠেছে তা ব্যবস্থাকে বদলে দেওয়ারও শক্তি রাখে। সংসদের চারদেওয়ালের মধ্যে বসেই নির্মিত আইন ভেঙে দেওয়া যায়, এমনটা নয়, সংসদের বাইরে থাকে মানুষ গুলিও পারে একের পর এক সজাগ হয়ে পরিবর্তনের জোয়ার আনতে।' তিনি আরো বলেন, 'কোনো গরিব মানুষ যদি রোজগার করার সুযোগ পায় তাহলে তার পরিবারের ক্রয় ক্ষমতা বৃদ্ধি পাবে, দরিদ্র থেকে দরিদ্রতর মানুষেরও ক্রয় ক্ষমতা বৃদ্ধি পাবে। কোনো জিনিস যদি 3 টাকায়, 5 টাকায় বা 7 টাকায় পাওয়া যায়, তাহলে আজ সে তা নেওয়ার সময় 3 টাকারটাই কিনবে, এখন তারা কোনো

রকমে জীবন যাপন করে চলেছে, কোনো জিনিসের গুণগত মান নিয়ে ভাবার ক্ষমতা তাদের নেই। রোজগারের সুযোগ করে দিতে পারলে, তাদের ক্রয় ক্ষমতা বৃদ্ধি পাবে, ক্রয় ক্ষমতা যত বৃদ্ধি পাবে আমাদের আর্থিক উন্নতি তত বৃদ্ধি পাবে।'

মোদী জী বলেন, 'আজ ব্যাবসায়ী পরিবারদের নিয়ে সারা বিশ্ব জুড়ে র‍্যাংকিঙ্গ দেখা হয়। কিছু দিন আগে আমার সাথে বিশ্ব ব্যাঙ্কের চেয়ারম্যানের দেখা হয়েছিল, তিনিও এই বিষয় নিয়েই চিন্তিত ছিলেন। সেই সময় বোধ হয় সারা পৃথিবীর মধ্যে আমরা 135 তম স্থানে ছিলাম। ব্যবসায়ি পরিবার গুলিকে আর কোনো বাধা নয়, যদি 135 থেকে 50 নম্বরে আসতে হয় তাহলে সরকারকে সেই অনুসারেই কাজ করতে হবে। সরকার যদি নিজেদের নির্ণয় বদলায়, নিয়ম গুলিকে উন্মুক্ত করে দেয়, সরলতার সাথে কাজ করে এগিয়ে যাওয়ার সুযোগ করে দেয়, তাহলে আমাদের দেশও 135 তম স্থান থেকে এগিয়ে এসে 50 তম স্থান অধিকার করতে পারে। আমি সম্পূর্ণ দলকে সেন্সটাইজ করেছি, আমি পরীক্ষা নিরীক্ষার নামে বা অধিক পারফেকশানের নামে আর কোনো রকম বাধার সৃষ্টি করতে চাই না। আমি নিজের তিন মাসের অভিজ্ঞতা থেকে এটা বলতে পারি যে, দিল্লী সরকার হিসাবে আমার যে টিম বসে আছে, আমার সম্পূর্ণ বিউরোক্রেসী ইতিবাচক চিন্তাধারার সাথে আমার থেকেও কয়েক পা এগিয়ে গেছে। এখনই সময়, এই সময়টাকে হাত ছাড়া করা যাবে না। আজ সারা দুনিয়ার চোখ এশিয়ার দিকে। সারা বিশ্ব ধরে অনুসন্ধানের কাজ শুরু হয়েছে। আমাকে নিমন্ত্রণ জানিয়ে সময় নষ্ট করার কোনো প্রয়োজন নেই, আমাকে শুধু একবার জানাতে হবে যে, অমুক জায়গায় সে আসার জন্য প্রস্তুত। আজ সারা বিশ্ব এশিয়ায় আসার জন্য প্রস্তুত, কিন্তু তারা এটাই বুঝতে পারছে না যে, এশিয়ায় যদি যেতে হয় তাহলে কোথায় যাবে। তাছাড়া তারা ভাবে যে, যেখানে গণতন্ত্র আছে, যেখানে ডেমোগ্রেফিক ডিবিডেন্ড আছে, যেখানে প্রচুর চাহিদা আছে - যদি এই তিনটিকে একত্রে পেতে হয়, তাহলে তার জন্য আদর্শ স্থান হল ভারতবর্ষ। শুধুমাত্র এখানেই তিনটি জিনিস একসাথে বিদ্যমান। যে এই তিনটি বিষয়কে ইতিবাচক দৃষ্টিভঙ্গীতে ব্যবহার করতে পারবে, সেই লাভবান হবে। আমাদের ডেমোক্রেসীর, ডেমোগ্রাফিক ডিবিডেন্ডের এবং ডিমান্ডের, সঠিক ভারসাম্য বজায় রেখে চলতে হবে, তাহলে আমাদেরকে বিশ্বের কাছে ভারতের ঠিকানা বলার জন্য বেরাতে হবেনা, তারা নিজেরাই ভারতে চলে আসবে বলে আমি বিশ্বাস করি। প্রত্যেক অলিতে গলিতে ভাস্কোদাগামার জন্ম হবে, যারা ভারতের সন্ধান করতে করতে এখানে এসে হাজির হবে।'

প্রধানমন্ত্রীর এই কথা গুলির থেকে মেক ইন ইন্ডিয়ার লক্ষ্য এবং সরকারের চিন্তাধার সম্পর্কে একটা স্পষ্ট পরিচয় পাওয়া যাচ্ছে। এই পরিকল্পনাকে বাস্তবায়িত করার জন্য সরকার এই রকম 25 টি গুরুত্বপূর্ণ ক্ষেত্রের সন্ধান করেছে, সরকারের অনুসারে এই সমস্ত ক্ষেত্র গুলির সাহায্যে ভারত বিশ্বস্তরে এগিয়ে যেতে পারবে। এই ক্ষেত্র গুলির মধ্যে অটোমোবাইল, রসায়ন, সূচনা টেকনিক, ঔষধ, কাপড়, বন্দর, বিমান সংক্রান্ত বিষয়, চামড়া, পর্যটন এবং রেল অন্তর্ভুক্ত আছে। এছাড়া মেক ইন ইন্ডিয়ায় আগের মতো বিভিন্ন ঘরোয়া কম্পানী গুলির দিকেও সরকারের বিশেষ নজর থাকবে, নতুন টেকনিকের সাহায্যে নতুন ভাবে সেগুলিকে কিভাবে এগিয়ে নিয়ে যাওয়া যায় সেটাও দেখা হবে। এই গুলিকেও বিশ্বমানের করে তোলার জন্য সরকারকে জোর দিতে হবে।

নরেন্দ্র মোদী সরকারের এই প্রেচেষ্টাকে অন্তরাষ্ট্রীয় রেটিঙ্গ এজেন্সী গুলিও সাদরে অভ্যর্থনা জানিয়েছে। এই পরিকল্পনা যেদিন শুরু হয়েছিল, সেদিনই দুনিয়ার মুখ্য রেটিঙ্গ এজেন্সী স্ট্যান্ডর্ড এন্ড পিওর ভারতের রেটিঙ্গকে 'নেতিবাচক' বলে 'স্থির' করে দিয়েছে। এজেন্সী রেটিঙ্গ এর সংশোধন না করে বলে যে, নতুন সরকারের ভারতের আর্থিক বিকাসের জন্য আবশ্যক পরিবর্তন ঘটানোর ব্যাপারে ইচ্ছা এবং ক্ষমতা দুই আছে। মেক ইন ইন্ডিয়ার অভিযান শুরু করার সময় নরেন্দ্র মোদী হুবহু এই কথাই বলেছিলেন। এই পরিকল্পনা নিয়ে যে ভারতের ব্যাবসায়িক জগতে উৎসাহের কোনো অভাব নেই তা অতি সহজেই বোঝা যায়, কারণ যেদিন দিল্লীর বিজ্ঞান ভবনে মেক ইন ইন্ডিয়ার আয়োজন করা হয়েছিল সেদিন ভারতের সমস্ত ব্যাবসায়িদের সেই অনুষ্ঠানে দেখতে পাওয়া যায়। মেক ইন ইন্ডিয়ার সম্পর্কে যে গুরুত্বপূর্ণ কথাটা বলা যায় তা হল, এর শুরু করার সময় মোদী গাল ভরে কোনো ত্রাণ পাওয়ার কথা বলেননি বা ব্যাবসায়িক জগতের সামনে সে রকম কোনো প্রস্তাবের কথাও তিনি উত্থাপন করেননি। তবে তিনি অনুকূল পরিস্থিতি গড়ে দেবার ব্যাপারে যে তাঁর সরকার প্রতিজ্ঞাবদ্ধ তা বলতে ভোলেন নি।

যে ম্যানুফ্যাক্চারিঙ্গ ক্ষেত্রের ওপর ভিত্তি করে, প্রধানমন্ত্রী দেশের আর্থিক কায়া পাল্টানোর স্বপ্ন দেখে চলেছেন, তার অবস্থা খুবই সংকট জনক। বিশ্ব ব্যাঙ্কের সমীক্ষা অনুসারে 2013 সালে ভারতের জীডীপীতে এই ক্ষেত্রের অবদান ছিল মাত্র 13 শতাংশ। গত দশ বছরের মধ্যে এই বছরের অবস্থা ছিল সবচেয়ে খারাপ। বিশ্বের মধ্যে এক ডজনের থেকেও বেশি দেশের পরিস্থিতি ভারতের থেকে অনেক ভালো। এমনকি বিচার করে দেখা গেছে যে, এই ব্যাপারে ভারতের থেকে পাকিস্তান

ও বাংলাদেশের অবস্থা অনেকটা ভালো। এই খারাপ পরিস্থিতির জন্য উৎপাদনের পরিমাণ কমাকেই দায়ী করা হচ্ছে। সরকারের রায়ও অনেকটা একই রকম। ভারতের আর্থিক সমীক্ষা করে দেখা হয়েছে যে, শিল্প ক্ষেত্রে রোজগার হওয়ার বিষয়ে ভারতে এশিয়ার অন্যান্য দেশ গুলির সাথে একই পংক্তিতে দাঁড়িয়ে থাকলেও বিশেষ উৎপাদন করার বিষয়ে এর অংশীদারী খুবই কম। আর্থিক সমীক্ষার অনুসারে, এর অর্থ হল ভারতের শ্রমিকদের উৎপাদন করার শক্তি কম। চীন, ইন্ডোনেশিয়া এবং দক্ষীণ কোরিয়া এই বিষয়ে অনেক খানি এগিয়ে আছে।

এর থেকে যে বিষয়টা খুবই স্পষ্ট, তাহল নরেন্দ্র মোদী যদি নিজের মেক ইন ইন্ডিয়ার স্বপ্ন পূরণ করতে চান তাহলে তাঁকে ভারতের ক্ষেত্রে প্রাপ্ত শ্রমিক বলকে কাজে লাগানোর জন্য তাদের সঠিক প্রশিক্ষণের বন্দোবস্ত করতে হবে। পরিকল্পনা কমিশানের মতানুসারে ভারতে যত মানুষ কাজ করতে পারে তার মধ্যে 70 শতাংশ সাক্ষর নয়। বিশ্ব ব্যাঙ্কের একটি সমীক্ষা থেকে জানা গেছে যে, শুধুমাত্র 20 শতাংশ ভারতীয় কম্পানী কাজ করার সময় প্রশিক্ষণ প্রদান করে থাকে। প্রধানমন্ত্রী এই সমস্যার সাথে মোকাবিলা করার জন্য স্কিল ইন্ডিয়ার কথা বলেছেন। এতে করে সরকারী পরিকল্পনার অনুসারে যোগ্যতা ও ক্ষমতা বিকাসের কাজ করা হচ্ছে, কিন্তু এই দেশের উৎপাদনের ছবি পরিবর্তন করার জন্য যে পরিমাণে তৎপরতার প্রয়োজন এখনও পর্যন্ত ততটা ব্যাপক ভাবে কোনো কাজ দেখা যাচ্ছে না।

বিশেষজ্ঞরা মনে করছেন যে, মেক ইন ইন্ডিয়াকে সফল করার জন্য সবচেয়ে বেশি প্রয়োজন হল সূক্ষ্ম, লঘু এবং মাঝারি আকারের অর্থাৎ এমএসএমই-কে মুখ্যত রূপে এই পরিকল্পনার সাথে যুক্ত করা। বিশ্বস্তরে আর্থিক স্থিতি ঠিক না হওয়ার জন্য এবং সরকার থেকে প্রয়োজনীয় সাহায্য না পেলেও সম্প্রতিক বছরে এই ক্ষেত্রের বিকাস দর দশ শতাংশের বেশি বৃদ্ধি পেয়েছে। জীডীপী-তে এর অংশীদারি প্রায় আট শতাংশ। ম্যানুফ্যাক্চারিঙ্গ ক্ষেত্রের মোট উৎপাদনে এমএসএমই-এর অংশীদারি 45 শতাংশ এবং ভারতের থেকে 40 শতাংশ উৎপাদন হচ্ছে। কৃষি ছাড়া দেশে রোজগারের যত গুলি উপায় আছে, তার মধ্যে 79 শতাংশের অংশিদার হল এমএসএমই। এই শতকরা ভাগ দেখে একটা বিষয় বোঝা যাচ্ছে যে, এই ক্ষেত্র দেশের বিকাসের জন্য কতখানি জরুরি এবং বেকারত্বহীনতা ঘোচানোর জন্যও এই ক্ষেত্রের প্রয়োজন অপরিহার্য।

ভারত সরকার এই বিষয়ে পদক্ষেপ গ্রহণের ব্যাপারে কিছু বৈশ্বিক রাজনীতির কথা ভাবছে। যে দিন নরেন্দ্র মোদী অনুষ্ঠানিক ভাবে এই পরিকল্পনার শুরু করেছিলেন সেই দিন চীনও 'মেক ইন চায়না' অভিযান শুরু করে। মোদী যদিও মেক ইন ইন্ডিয়ার ঘোষণার সাথে সাথে কোনো কর ছাড়ারের কথা ঘোষণা করেননি, কিন্তু চিন বিনিয়োগ কারীদের আকর্ষণ করার চেষ্টায় প্রচুর কর ছাড়ের কথা ঘোষণা করেছিল। আগে থেকেই সারা বিশ্বের মধ্যে ম্যানুফ্যাক্চারিঙ্গের দৃষ্টিতে চীন সবার আগে আছে, তারা নিজেদের নতুন পরিকল্পনার সাহায্যে এই ক্ষেত্রেকে আরোও দৃঢ় করে তোলার চেষ্টা করছে। আসলে,ম্যানুফ্যাক্চারিঙ্গের দিক থেকে চীনের এত উন্নতির অন্যতম কারণ হল হংকঙ্গ। বিশে করে ইলেক্ট্রনিক্স উপকরণের বিষয়ে। হংকঙ্গের ছাত্রদের বন্দি করার জন্য হংকঙ্গের লোকেরা অধিকার বিষয়ে যে আন্দোলন শুরু করেছিল তার জন্য হংকঙ্গের ম্যানুফ্যাক্চারিঙ্গ ক্ষেত্রে প্রভাব দেখা গেছিল। এই কারণে ভারতের মেক ইন ইন্ডিয়ার ডাক শুনে চীনের চমকে যাওয়াটাই ছিল স্বাভাবিক কারণ চীন ম্যানুফ্যাক্চারিঙ্গের দুনিয়ায় রাজত্ব কায়েম করার জন্য যে হাতিয়ারের ব্যবহার করে থাকে সেই হাতিয়ার ভারতের কাছেও আছে।

দেশের আর্থিক উন্নতির জন্য গ্রামের যোগদান খুবই জরুরি। নরেন্দ্র মোদী সেই কথাটা খুবই ভালো করে বোঝেন। তাই তিনি প্রধানমন্ত্রীর পদে বসার কয়েক দিনের মধ্যেই 'সংসদ আদর্শ গ্রাম পরিকল্পনা' শুরু করেছেন। এই পরিকল্পনা শুরু করার সময় নরেন্দ্র মোদী বলেছিলেন যে, এর ফলে রাজনীতির দ্বার আরো প্রশস্ত হবে। তিনি সমস্ত সংসদদের যে কোনো একটি করে গ্রামকে আদর্শ গ্রাম করে তোলার জন্য আহ্বান জানিয়েছেন, তিনি এই কথাও বলেছেন যে বিকাসের মডেল গুলিকে শুধুমাত্র কি কি নেই এই কথা মাথায় রেখে করলে চলবেনা, জনসাধারণের সাথে কথা বলে তাদের চাহিদা অনুসারে কাজ করতে হবে। প্রধানমন্ত্রী বলেছেন যে, প্রায়ই দেখা হয় যে কোনো গ্রামে কি নেই, আর তার ভিত্তিতে উন্নত করে তোলার কাজ শুরু হয়। তিনি বলেছেন যে, সংসদ আদর্শ গ্রাম পরিকল্পনার ক্ষেত্রে তিনটি বিশেষত্বের কথা মাথায় রাখতে হবে। তা চাহিদার ভিত্তিতে গড়ে উঠবে, সমাজের দ্বারা প্রেরণা লাভ করবে এবং এর সাথে জনতার সংঘবদ্ধ থাকাটা খুবই জরুরি। মোদী বলেছেন যে, গণতন্ত্র এবং রাজনীতিকে কখনই আলাদা করা যায় না, কিন্তু কুরাজনীতি সর্বদাই কুপ্রভাবের সৃষ্টি করে। এই পরিকল্পনা সঠিক রাজনীতিকে এগিয়ে যাওয়ার জন্য প্রেরণা প্রদান করবে এবং সংসদরা প্রধানত সাহায্যদাতার ভূমিকা পালন করবে।

পরিকল্পনা কোন পথে এগাবে তা বলার পর সমারোহের উদ্দেশ্যে প্রধানমন্ত্রী বলেছিলেন যে, স্বাধীনতার পর থেকে আজ পর্যন্ত সমস্ত সরকার গ্রামের উন্নতির জন্য বিভিন্ন কাজ করেছে, সময়ের সাথে সাথে এই চেষ্টার বিষয়েও সংশোধন আনতে হবে, যাতে করে বিশ্বে যে পরিবর্তন ঘটছে তার সাথে তালে তাল মিলিয়ে চলা যায়। তিনি বলেন যে, যদিও সারা দেশ জুড়ে সরকারী বিভিন্ন স্কীমে কাজ করা হচ্ছে কিন্তু প্রতিটা রাজ্যের ক্ষেত্রে খুব মুষ্টিমেয় কিছু গ্রাম আছে যে গুলি নিয়ে গর্ব করা যায়। দেখে বোঝা যায় যে এই গ্রাম গুলিতে নেতৃত্ব এবং জনগণ সরকারি স্কীম ছাড়াও আরো বেশি কিছু প্রয়াস করা হয়েছে। প্রধানমন্ত্রী বলেছেন যে সংসদ আদর্শ গ্রাম পরিকল্পনার পিছনেও আরো কিছু করার ভাবনা আছে।

নরেন্দ্র মোদী বলেছেন যে, সংসদ আদর্শ গ্রাম পরিকল্পনা সংসদদের নেতৃত্বে কাজ করবে। 2016 সালের মধ্যে প্রত্যেক সংসদ একটি করে গ্রামকে বিকসিত করার কাজ করবে এবং পরে 2019 সালের মধ্যে আরো দুটি গ্রাম বিকসিত হয়ে যাবে। প্রধানমন্ত্রী বলেছেন যে, যদি রাজ্য সরকারও বিধায়কদের এই পরিকল্পনা অনুসারে কাজ করার জন্য উৎসাহিত করে তাহলে এই সময়ের মধ্যে সারা দেশ জুড়ে আরো 5 থেকে 6 টি গ্রাম বিকসিত হয়ে উঠবে। তিনি বলেছেন যে, যদি প্রত্যেক ব্লকে একটি করে গ্রাম বিকসিত করা যায় তাহলে ব্লকের অন্যান্য গ্রাম গুলির ক্ষেত্রেও একটা অনুকূল প্রভাবের সৃষ্টি হবে। প্রধানমন্ত্রী বলেছেন যে, বিভিন্ন সরকারি স্কীম গুলিকে প্রায়ই আলাদা আলাদা ভাবে সঞ্চালিত করা হয়, কিন্তু সংসদ আদর্শ গ্রাম পরিকল্পনা সংসদদের এই স্কীম গুলির মধ্যে কি বাধা বিপত্তি আছে তা চিহ্নিত করার সুযোগ দেবে, যার ফলে পরিণাম অনুসারে কাজ করা যাবে। প্রধানমন্ত্রী আরো বলেছেন যে, সংসদ গণ নিজেদের ক্ষেত্রের মধ্যে কোন গ্রামটিকে নির্বাচন করবেন তা ঠিক করার অধিকার তাদের দেওয়া হবে, কিন্তু সে নিজের গ্রাম বা নিজের শ্বশুরবাড়ির গ্রামকে নির্বাচন করতে পারবে না। সংসদ আদর্শ গ্রাম পরিকল্পনার বিষয়ে একটা কমনীয় দৃষ্টিভঙ্গীর প্রয়োগ করা হবে এবং প্রধানমন্ত্রী আশা করেছেন যে, আদর্শ গ্রাম, গ্রামীণ বিকাসের বিষয়ে শিখতে ইচ্ছুক লোকেদের জন্য তীর্থ স্থান হয়ে উঠবে।

গ্রামীণ বিকাস মন্ত্রালয়ের পক্ষ থেকে যে তথ্য পাওয়া গেছে সংসদ আদর্শ গ্রাম পরিকল্পনা (এসএজীওয়াই) অনুসারে প্রত্যেক সংসদকে 2019 সালের মধ্যে তিনটি করে গ্রামকে ভিত্তিগত এবং সংস্থাগত কাঠামো বিকসিত করে তোলার

দায়িত্ব নিতে হবে। সেই অনুসারে 2019 সালের মধ্যে তিনটি করে আদর্শ গ্রাম বিকসিত করার লক্ষ্য নির্ধারণ করা হয়েছে, তার মধ্যে 2016 -র মধ্যেই একটি গ্রাম বিকসিত করে তুলতে হবে। এছাড়া পাঁচটি আদর্শ গ্রাম (বছরে একটি করে) চয়ন করা হবে এবং সেগুলি বিকাসের কাজ 2024 সালের মধ্যে করে ফেলতে হবে। এর উদ্দেশ্য হল গ্রামে বসবাসকারী লোকেদের উন্নতর ভিত্তিগত সুবিধা এবং আরো বেশি সুযোগ সুবিধা দেওয়া হবে, যাতে করে তারা নিজেরাই নিজেদের ভাগ্য গড়ে তুলতে পারে। মহাত্মা গান্ধীর সিদ্ধান্ত এবং মূল্য গুলি থেকে প্রেরিত হয়ে এই পরিকল্পনা অনুসারে রাষ্ট্রীয় গৌরব, দেশ ভক্তি, সামগ্রীক ভাবনা এবং আত্মবিশ্বাসের মূল্য গুলিকে গ্রহণ করে আবশ্যক কাঠামো গড়ে তোলার বিষয়েও সমান জোর দেওয়া হবে। এই পরিকল্পনা খুবই অনবদ্য এবং পরিবর্তকারী, কারণ এতে সামগ্রীক বিকাসের দৃষ্টিকোণ গ্রহণ কার হয়েছে। সেই অনুসারে যে গ্রাম চয়ন করা হবে তার কৃষি, স্বাস্থ্য, পরিষ্কার-পরিচ্ছন্নতা, জীবিকা, পরিবেশ, শিক্ষা ইত্যাদি ক্ষেত্রকে বিকসিত করা হবে। 'এসএজীওয়াই' অনুসারে শুধুমাত্র কাঠামোগত বিকাসের দিকে ধ্যান দেওয়া হবে তাই নয়, বরং গ্রামে বসবাসকারী লোকেদের কিছু বিশেষ মূল্যবোধকে নিজেদের জীবনে গ্রহণ করার জন্য প্রেরণা প্রদান করা হবে, যাতে তা অন্য লোকেদের জন্যও আদর্শ বলে প্রমাণিত হোতে পারে। জন অংশিদারী, মহিলাদের সমানতার ভাব, মহিলাদের জন্য সম্মান, সামাজিক ন্যায়, সামুদায়িক সেবার ভাবনা, স্বচ্ছতা, পরিবেশের অনুকূলতার দিকে ধ্যান দেওয়া, শান্তি ও সদ্‌ভাবনার দিকে খেয়াল রাখা, নিজেদের মধ্যে সহযোগিতা, স্থানীয় স্তরে স্বশাসন, পরিস্থিতির মধ্যে সামঞ্জস্য বিধান, আত্মনির্ভরতা এবং সার্বজনিক জীবনে পারদর্শিতা এবং জবাবদেহী প্রভৃতি এই মূল্যতে অন্তর্ভূক্ত।

সংসদই হল এই পরিকল্পনার স্তম্ভ। গ্রামপঞ্চায়েতের বিকাসের জন্য ভিত্তিমূলক এককের দিকটাও দেখতে হবে। এর আবাদী সমতলে 3000-5000 এবং পাহাড়ি, আদিবাসী ও দুর্গম ক্ষেত্রে 1000-3000 হবে। যে ক্ষেত্রে কত লোকের বাস ঠিক করে গণনা করা সম্ভব হয়না সেই ক্ষেত্রকে আপেক্ষিক আবাদী যুক্ত গ্রাম পঞ্চায়েত হিসাবে গণ্য কার যেতে পারে। যদি প্রত্যেক সংসদ পরিকল্পনা অনুসারে তিনটি করে গ্রামকে দত্তক নেয় তাহলে আগামী পাঁচ বছরের মধ্যে ভারতের 2379 টি গ্রাম পঞ্চায়েতের বিকাস ঘটবে। লোকসভায় আছে 543 জন সংসদ এবং রাজ্যসভায় আছে 250 জন সংসদ, যার মধ্যে 12 মনোনীত। আদর্শ গ্রাম গড়ে তোলার জন্য সংসদরা নিজেদের মর্জি অনুসারে গ্রাম নির্বাচন করতে

পারবে কিন্তু সে নিজের গ্রামকে বা নিজের স্ত্রী/স্বামীর গ্রামকে মনোনিত করতে পারবে না। ভারতে 265000 টি গ্রাম পঞ্চায়েত আছে।

এই পরিকল্পনার কাজ করার জন্য যে কাঠামো গড়া হবে তার দায়িত্ব প্রধানত থাকবে গ্রাম পঞ্চায়েতের ওপর। এর ফলে প্রতিটি গরিব পরিবারের মানুষ গুলিকে দারিদ্রের জ্বালার হাত থেকে নিষ্কৃতি দেওয়া যাবে। এই লক্ষ্য পূরণের জন্য যত টাকার অভাবই দেখা যাক না কেনো তা পূরণ করবে নির্বাচন ক্ষেত্রের কোষ 'এমপীএলএডী'। সহযোগিতার দ্বারা প্রত্যেক গ্রামের নিয়োজন প্রক্রিয়াকে এগিয়ে নিয়ে যাওয়া হবে, যার মধ্যে সমন্বয় স্থাপনের কাজ করবে জেলাধিকারী। সংসদ এই চক্র গুলিকে সফল করে তোলার জন্য গুরুত্বপূর্ণ ভূমিকা পালন করবে।

সংসদ আদর্শ গ্রাম পরিকল্পনা অনুসারে সামগ্রিক অংশিদারিদের দিকে ধ্যান দেওয়া হবে। সরকার মনে করে যে, সামাজিক কার্য পূরণ করার জন্য গ্রামের লোকেদের সক্রিয় সহযোগিতার প্রয়োজন, এতে করে কাজ দ্রুত গতিতে এগাতে পারবে। উদারহণস্বরূপ বলা যায় যে, মনোনিত গ্রামের যেকোনো বয়সের লোকেদের মদ্যপান, ধূম্রপান, নেশার ঔষধ/ তামাক/ গুটখা ইত্যাদির সেবন করার প্রবৃত্তি কমাতে হবে। সংসদ আদর্শ গ্রাম গড়ে তোলার পরিকল্পনার একটা অন্যতম উদ্দেশ্য হল পারদর্শী গ্রাম পঞ্চায়েত তথা সক্রিয় গ্রাম সভার দ্বারা স্থানীয় গণতন্ত্রকে দৃঢ় করা এবং সুশাসন সুনিশ্চিত করা। এই অনুসারে সিদ্ধান্ত গ্রহণের বিষয়ে মহিলাদের অংশগ্রহণের বিষয়টিকেও উৎসাহিত করা হবে। আসলে, এই পরিকল্পনা অনুসারে মহিলা ও শিশুদের অবস্থার উন্নতির কথা ভেবে মহিলা সভা ও শিশু সভা গঠনের কথা ভাবা হয়েছে।

সংসদ আদর্শ গ্রাম পরিকল্পনার অপর গুরুত্বপূর্ণ উদ্দেশ্য গুলি হল শিক্ষার সুবিধা, বয়স্ক মানুদের সাক্ষরতা, ই-সাক্ষরতা সুলভ করা। শিক্ষা ছাড়া এই গ্রাম গুলিতে উচ্চমানের স্বাস্থ্যের সুবিধাও প্রদান করা হবে। প্রতিটি বাচ্চার টীকাকরণ, আইএম আর তথা এমএমআর-এ অভাব, বাচ্চাদের অপুষ্টি দূর করা ইত্যাদি বিষয় গুলির দিকে নজর দিয়ে তা দূর করা সম্ভব হবে। এই পরিকল্পনা সফল করে তোলার জন্য উন্নত টেকনিক গ্রহণ করার সাথে সাথে নতুনবিধির দিকেও ধ্যান দেওয়া হবে। পরিকল্পনা সঠিক পন্থায় এগাচ্ছে কিনা তা দেখার জন্য মোবাইল কেন্দ্রীক টেকনিক, উৎপাদন বৃদ্ধির জন্য কৃষি টেকনিক ইত্যাদির ব্যবহার করা হবে।

এই পরিকল্পনার জন্য রাষ্ট্রীয় স্তরে একটা আলাদা এবং ওয়েব ভিত্তিক বাস্তবিক সময় দর্শানোর জন্য মনীটারিং প্রণালী স্থাপন করা হবে, যার সাহায্যে সমস্ত দিক গুলিকে কভার করা হবে। মন্ত্রালয় গ্রাম পঞ্চায়েত সমেত বিভিন্ন স্তরে সরকারি পদাধিকারীদের জন্য বিশেষ রূপে প্রস্তুত ক্ষমতা সৃজন করার কাজ শুরু করবে। রাজ্য স্তরে মুখ্য সচিবের নজরদারিতে একটি উচ্চাধিকার প্রাপ্ত সমিতি হবে, যাতে সম্পর্কিত বিভাগের পদাধিকারিরা ছাড়াও বিশেষজ্ঞ এবং সিবিল সোসাইটির কমপক্ষে দুইজন প্রতিনিধি থাকবে। সংসদ আদর্শ গ্রাম পরিকল্পনাকে ক্রিয়ান্বিত করার জন্য জেলাধিকারীর মুখ্য অধিকারিকে দায়িত্ব দেওয়া হবে। সে এই পরিকল্পনার সাথে নিযুক্ত অফিসারদের সঙ্গে নিয়ে প্রতিমাসে কাজ কতটা এগিয়েছে সেই দিলে ধ্যান দেবেন। বৈঠকে সম্পর্কিত সংসদ এই সমীক্ষার অধ্যক্ষতা করবে।

নির্বাচনের ব্যবস্থাপনা

যেকোনো মানুষের জীবনে ম্যানেজমেন্ট বা ব্যবস্থাপনা একটি বিশেষ গুরুত্ব পালন করে থাকে। এটা ছাড়া কখনই কেউ সফলতার আশা পর্যন্ত করতে পারে না। জীবনের যে কোনো ক্ষেত্রে সফলতা লাভ করার জন্য প্রতিটি ধাপে সুপরিকল্পিত ভাবে এগিয়ে চলতে হবে। শুধুমাত্র পেশাগত জীবনের ক্ষেত্রেই নয় ব্যক্তিগত জীবনের ক্ষেত্রেও ব্যবস্থাপনা একটি বিশেষ গুরুত্বপূর্ণ ভূমিকা পালন করে থাকে। যে সমস্ত লোকেরা সময়ের সঠিক ব্যবহার করতে জানে, যার তাদের হাতে আসা প্রতিটি সুযোগের সদ্ব্যবহার করতে পারে তাদের জীবনই সফলতার সাথে সুন্দর করে অতিবাহিত হয়। আর যে সময়কে সঠিক ভাবে ব্যবহার করতে জানেন সেই সময়ের অভাব বোধ করে, আর সঠিক সময়ে সঠিক কাজ করতে না পারার জন্য দুঃখ করে। বলা যেতে পারে যে, জীবনের যেকোনো ক্ষেত্রেও ম্যানেজমেন্টের গুরুত্ব অপরিসীম।

এই বিষয়ে আমরা নরেন্দ্র মোদীর কাছ থেকে বহু কিছু শিখতে পারি। অনেক সময় মানুষ ছোটো ছোটো সমস্যা গুলিকেই ঠিক মতো পরিচালিত করতে পারে না। এর ফলে আরো বড় বড় সমস্যার সৃষ্টি হয়। নিজের অসাড়তার থেকেই এই সমস্যার সৃষ্টি, মানুষ তা স্বীকার করতে চায়না আর সেই কারণে বিভিন্ন বাহানা করে থাকে। তারা সমস্যাকে আরো বড় করে দেখে, আর বলে যে, এটা করা অসম্ভব, এই রকম লোকেদের কাছে নরেন্দ্র মোদী হয়ে উঠতে পারেন একটা উজ্জ্বল দৃষ্টান্ত। পার্টির তরফ থেকে তাঁকে যে দায়িত্ব দেওয়া হয়েছে, তা ছোটো বা বড়, তিনি নিজের ম্যানেজমেন্টের কৌশলে সেই সমস্ত দায়িত্ব সফলতার সাথে পালন করেছেন। নরেন্দ্র মোদী যে কতবড় ম্যানেজমেন্ট গুরু তা দুটি জায়গা থেকে বিশেষ ভাবে প্রমাণিত হয়ে গেছে। প্রথম দেখা গেছে নির্বাচনের প্রচারের সময় আর দ্বিতীয়বার দেখা গেছে ভোটে জয়লাভ করার পর সরকার চালানোর সময়। এই অধ্যায়ে আমি তাঁর নির্বাচন ব্যবস্থাপনার কৌশল সম্পর্কে আলোচনা

করব, কারণ নির্বাচনের ব্যবস্থাপনা খুবই গুরু দায়িত্ব। আমরা এটা জানার চেষ্টা করব যে, যদি সঠিক ব্যবস্থাপনার দ্বারা ভোটের মতো বড় কাজকেও সফলতার সাথে করা যায় তাহলে জীবনের অন্য ক্ষেত্রে এই কৌশলের ব্যবহার করে কেনো সফল হওয়া যাবে না?

যবে থেকে নরেন্দ্র মোদী সার্বজনিক জীবনে কাজ করতে শুরু করেছেন তবে থেকেই তিনি নিজের পরিশ্রম ও ব্যবস্থাপনার কৌশলে নিজের দায়িত্ব অক্ষরে অক্ষরে পালন করে গেছেন। তিনি যখন পার্টির জন্য কাজ করতেন তখনও এই একই ঢঙে কাজ করতেন। ভারতীয় সমাজবাদী পার্টির বরিষ্ঠ নেতারা তাঁকে এমন কিছু ক্ষেত্রে সমস্যা সমাধানের দায়িত্ব দিয়েছিল যে সেখানে পার্টিকে বিকসিত করে তোলাটা ছিল খুবই জরুরি। সেই সমস্ত স্থানেও নরেন্দ্র মোদী গিয়ে পার্টির আশানুসারেই কাজ করতে সক্ষম হয়েছিলেন। তিনি পার্টির কাছ থেকে যে দায়িত্ব নিয়েছেন, তাই সফলতার সাথে সম্পূর্ণ করেছেন। কোনো প্রতিদ্বন্দ্বিতা মূলক ক্ষেত্রে র‍্যালির আয়োজন করা থেকে শুরু করে, নির্বাচন অভিযান পর্যন্ত, সমস্ত বিষয়েই তিনি পেয়েছেন সফলতা।

নির্বাচনের একটি গুরুত্বপূর্ণ অংশ হল বূথ ম্যানেজমেন্ট। যদি বূথ স্তরের ম্যানেজমেন্ট কোনো পার্টি ঠিক ভাবে করতে না পারে তাহলে কোনো চমৎকারিত্বই পারে এই পার্টিকে জয়ী করতে। নরেন্দ্র মোদী এর গুরুত্বকে খুব ভালো করে বুঝতে শিখেছিলেন। এইকারণে তিনি বূথ ম্যানেজমেন্টের বিষয়টিতেও বিশেষ জোর দিয়েছিলেন আর যখন তিনি নির্বাচন অভিযানে নেতৃত্ব করার সুযোগ পেয়েছিলেন তখন তিনি তাঁর পার্টির সহযোগিদের বূথ ব্যবস্থাপনার বিষয়ে পরিশ্রমের সাথে কাজ করতে বলেছিলেন। বিজেপির সহযোগী যুবা সংগঠন ভারতীয় জনতা যুবা মোর্চার কার্যকর্তাদের উদ্দেশ্য করে একবার নরেন্দ্র মোদী বলেছিলেন, 'নির্বাচনের সময় বূথ ম্যানেজমেন্টের বিষয়টি খুবই গুরুত্বপূর্ণ। কোনো কেল্লা জয় না করে যেমন কোনো যুদ্ধে জয়লাভ করা যায় না, তেমনি আপনি ভোটের বূথ জয় না করে কোনো নির্বাচনে জয় লাভ করতে পারে না। ভোটের বূথের জয়লাভ করাই হল নির্বাচনের ক্ষেত্রে সবচেয়ে বড় পরীক্ষা।'

নরেন্দ্র মোদীর কথার থেকে এটা স্পষ্ট বোঝা যাচ্ছে যে, ভোটের সময় জয়লাভ করার জন্য বূথ ম্যানেজমেন্ট কতটা গুরুত্বপূর্ণ। সাধারণ মানুষের জীবনে এর অর্থ কি? এর অর্থ হল আপনি যদি কোনো বড় কাজ করতে চান তাহলে গোড়ার কাজ গুলিকে সঠিক ভাবে করতে না পারলে নিজের কোনো কাজই

সঠিক ভাবে করা সম্ভব না, গোড়ার কাজ গুলি সঠিক পন্থায় না হলে সফলতা পাওয়ার সম্ভবনা অসম্ভব। তাই শুধুমাত্র শীর্ষ স্তরে ম্যানেজমেন্টের প্রয়োজন সেই কথা বলা যায় না, বরং একেবারে গোড়ায় এর প্রয়োজন অনেক বেশি।

ম্যানেজমেন্ট গুরু হিসাবে বুথ ব্যবস্থাপনার কৌশল নিজের সহযোগিদের তো তিনি শিখিয়েইছেন সেই সাথে কিভাবে এই কার্যকে সফল করে তোলা যায় সেই বিষয়েও তিনি সঠিক শিক্ষা দিয়েছিলেন। যে ভাষণের উল্লেখ প্রথমে কার হয়েছিল, তাতে তিনি বলেছিলেন যে, সুখে ও দুঃখে পার্টীর কার্যকর্তারা একে অপরকে সহযোগিতা করবে, যেকোনো পরিস্থিতিতে তারা মিলেমিশে থাকবে সেটাই হল সবচেয়ে বড় কথা এবং ব্যক্তিগত দিক থেকে একটা সম্পর্ক গড়ে ওঠা উচিত। নরেন্দ্র মোদীর এই কথার মধ্যে দিয়েই বূথ ব্যবস্থাপনার কৌশল ধরা পড়ছে, বর্তমান পরিস্থিতি অনুসারে বূথ ব্যবস্থাপনা বলতে বোঝায় যে, ভোটদাতাদের প্রলভন দেখিয়ে, পয়সা খরচ করে ও নির্বাচন কমিশানারদের ঘুষ দিয়ে নিজের পক্ষে ভোট দেওয়ানোকেই বূথ ব্যবস্থাপনা বলা হয়। এর সাহায্যে কিছু লোক নির্বাচনে জয়লাভ করলেও সফলতা কখনই টিঁকে থাকতে পারে না, আর জনতার চোখে এমন লোকেদের অপদার্থতা এক না একদিন অবশ্যই ধরা পড়ে যায়। কিন্তু নরেন্দ্র মোদী এমন কোনো উপায়ে বূথ দখল করার শিক্ষা দান করেননি। তিনি এমন একটি রাস্তা বানানো চেষ্টা করেছিলেন যার দ্বারা কার্যকর্তা ও জনতাদের মধ্যে শুধু যেন ভোটের সম্পর্ক গড়ে না ওঠে, বরং তাদের মধ্যে যেন একটা আবেগের সম্পর্ক তৈরি হয়ে যায়, আসলে তিনি কোনো ভোটের রাজনীতি চাননি। কোনো পার্টীর কার্যকর্তা যদি লোকের সুখ স্বাচ্ছন্দ্যের ভাগিদার হয়ে উঠতে পারে তাহলে জনসাধারণের তার ওপর ভরসা বৃদ্ধি পাবে, আর এইভাবে যে সম্পর্ক গড়ে উঠবে তা বহু দিন ধরে চলবে। এই কার্যকর্তার পার্টীও নির্বাচনের সময় বহু দিন পর্যন্ত নিজেদের অস্তিত্ব টিঁকিয়ে রাখতে সক্ষম হবে।

নরেন্দ্র মোদী একজন পাকা ম্যানেজমেন্ট গুরু হিসাবে এটা বোঝেন, আর সেই কারণে নির্বাচনই তাঁর কাছে মুখ্য উদ্দেশ্য হয়ে ওঠেনি, তিনি বূথ দখলের জন্য কুপন্থার অবলম্বন না করে এমন একটা পথে তার সহযোগীদের চলতে বলেছিলেন যাতে করে সময়ের সাথে সাথে তাঁর সফলতা আরোও উজ্জ্বল থেকে উজ্জ্বল তর হয়ে ওঠে। এই ব্যবস্থাপনার কৌশলের জন্যই নরেন্দ্র মোদী পরপর তিনবার গুজরাটের মুখ্যমন্ত্রীর পদে বসেছেন আর দিনে দিনে বিজেপির সফলতাকে আরোও বৃদ্ধি করে গেছেন। এর থেকে বলা যায় যে বূথ ব্যবস্থাপনার

বিষয়ে নরেন্দ্র মোদী সফলতার সাথে প্রচুর পরিশ্রম করে গেছেন, আর তিনি যেভাবে তাঁর কার্যকর্তাদের এই কাজের সাথে যুক্ত করে কাজ করাতে চেয়েছিলেন তারাও সেই অনুসারেই কাজ করে গেছে।

নরেন্দ্র মোদীর ব্যবস্থাপনার কৌশল সম্পর্কে তাঁর আধিকারিকদের ওয়েবসাইট থেকে জানা যায় যর, 'আজ সারা বিশ্ব নরেন্দ্র মোদীকে একজন গতিশীল বিকাস পুরুষ রূপে চেনে। তিনি নিজের গৃহ রাজ্য গুজরাটের ছবিটা একেবারে বদলে ফেলেছেন, কিন্তু নিজের জবরদস্ত প্রবন্ধকীয় কৌশলের জন্য 'মাটিকে সোনায় পরিণত করতে পারা ব্যক্তি' হিসাবে পরিচয় লাভের আগে বিজেপি যখন তাঁকে যে কাজ দিত সেই কাজই তিনি সফলতার সাথে সম্পূর্ণ করতে সক্ষম হোতেন, আজ তাঁর কাজ দেখে বলা যায় যে, তিনি সফলতার প্রতিমা গড়তে সক্ষম হয়েছেন। আজ ভারত তথা সারা বিশ্বের কাছে বিখ্যাত ব্যক্তিত্ব নরেন্দ্র মোদীকে এক বিরাট আলিশান চেম্বারে বসে কাজ করতে দেখা যায়, কিন্তু একটা কথা শুনলে আপনারা অবাক হয়ে যাবেন যে, আজকের এই বিখ্যাত মানুষটিকে রাষ্ট্রীয় স্বয়ং সেবক সংঘ প্রথমে আমেদাবাদে অবস্থিত রাষ্ট্রীয় স্বয়ং সেবা সংঘের মুখ্য কার্যালয়ের মেঝে পরিষ্কার করার কাজ অর্পণ করেছিল। এমনকি তিনি সম্মানের সাথে অনেক সময় বহু বরিষ্ঠ কার্যকর্তাদের জামা কাপড় পর্যন্ত কেচে পরিষ্কার করে দিতেন।'

এই কথা গুলি উল্লেখ করার পিছনে কিছু কারণ আছে, শুধুমাত্র ভোটে জয়লাভ করার জন্য বা কোনো বড় কার্য সম্পাদন করার জন্যই যে ব্যবস্থাপনার কৌশল অবলম্বন করতে হয় তা নয়, ছোটো ছোটো কাজের জন্যও এই দক্ষতার প্রয়োজন হয়। আজ সারা বিশ্ব জুড়ে নরেন্দ্র মোদীর জয়জয়কার শোনা যায়, চারদিকে তাঁর কার্যশৈলীর অভূতপূর্ব প্রশংসা করা হয়, কিন্তু এই কৌশল তিনি একদিনে রপ্ত করতে পারেননি, বরং তিনি যেকোনো ছোটো কাজ কুশলতার সাথে সম্পূর্ণ করতে পেরেছিলেন বলেই আজ এই দক্ষতা অর্জন করতে সক্ষম হয়েছেন।

পুনরায় নরেন্দ্র মোদীর ভোটের প্রবন্ধন কৌশল নিয়ে আলোচনা করা যাক। 1987 সালে রাষ্ট্রীয় স্বয়ংসেবক সংঘ বিজেপিতে যোগদানের জন্য পাঠায়। বিজেপিতে যোগদান করার পর সেই বছরেই আমেদাবাদের নগর নিগম ভোটের সময় তাঁকে প্রথম পরীক্ষা দিতে হয়েছিল। যদিও 1980 সালে বিজেপি রাজকোট ও জূনাগড়ে সফলতা লাভ করতে সক্ষম হয়েছিল। বিধানসভার কিছু সিটে পার্টী

জয়লাভ করলেও কিন্তু আমেদাবাদের নগর নিগমের ভোট ছিল খুবই গুরুত্বপূর্ণ, কারণ পার্টী গুজরাটে নিজের স্থান করে নিতে চাইছিল। সেই সময় গুজরাটে ছিল কংগ্রেসের রাজত্ব, এমত অবস্থায় এই পার্টীকে পরাজিত করা ছিল খুবই কঠিন কাজ।

নরেন্দ্র মোদী সেই অগ্নিপরীক্ষা দিতে রাজী হয়ে যান। তিনি খুব সূক্ষ্মভাবে সমস্যার পর্যালোচনা করেন। সারা শহরের সমস্ত মানুষের খুব কাছে চলে যাওয়ার চেষ্টা করেছিলেন। তিনি নিজে এবং পার্টীর কার্যকর্তাদের সাহায্যে প্রতিটা মানুষের কাছে নিজের পার্টীর বার্তা পৌঁছে দেওয়ার চেষ্টা করেন, সেই সাথে জনগণের সামনে কংগ্রেসদের খারাপ দিক গুলিও তুলে ধরার চেষ্টা করেছিলেন। পরিণাম স্বরূপ আমেদাবাদের নগর নিগমে বিজেপি জয় লাভ করতে সক্ষম হয়। এটা ছিল তাঁর নির্বাচন সম্পর্কিত কৌশল দেখানোর প্রথম সুযোগ। তিনি এই সুযোগের সদ্ব্যবহার করে সেই পরীক্ষায় সফলতার সাথে উত্তীর্ণ হোতে সক্ষম হয়েছিলেন। তিনি নগর নিগমে পার্টীর ভিত এতটাই মজবুত করে দিয়েছিলেন যে, 1987 সালের পর বেশ কয়েকবার এইখানে পার্টী জয়লাভ করতে সক্ষম হয়েছিল।

নরেন্দ্র মোদী যখন গুজরাটে কাজ করতে শুরু করেছিলেন, তখন তিনি নির্বাচনের প্রচারের সময় বিভিন্ন স্থানে যাওয়ার বিষয়টিকে বিশেষ গুরুত্ব দিয়েছিলেন। বিভিন্ন স্থানে গিয়ে তিনি সরাসরি মানুষদের সাথে কথা বলেছেন যার ফলে জনগণের মনেও একটা ভরসার বোধ জেগে উঠত। গুজরাটে বিজেপির মহামন্ত্রীর পদে থাকাকালিন 1987 সালে তিনি ন্যায় যাত্রা বার করেছিলেন। সেখানেই তিনি 1989 সালে লোকশক্তি যাত্রার আয়োজন করেছিলেন। এই যাত্রার সাহায্যে তিনি গুজরাটে কংগ্রেসদের দুর্নীতির বিষয়ে সোচ্চরা অভিযান চলাতে সক্ষম হয়েছিলেন। এই যাত্রা ছিল নরেন্দ্র মোদীর প্রভাবী ব্যবস্থাপনা কৌশলের পরিণাম, পরে তাঁকে পার্টীর তরফ থেকে রাষ্ট্রীয় স্তরের যে যাত্রার দায়িত্ব দেওয়া হয়েছিল, তাও তিনি সফলতার সাথে পালন করেন।

নিগম নির্বাচনে নির্বাচন প্রবন্ধনের কৌশল দেখানোর পর নরেন্দ্র মোদীর পরীক্ষা আরোও বৃদ্ধি পেয়ে যায়। যে মহলে নরেন্দ্র মোদী বিধান সভা নির্বাচনে সক্রিয় ভূমিকা পালন করেছিলেন, তা জানার আগে সেই সময় গুজরাটের রাজনীতি কোন অবস্থায় ছিল সেটা জানাটা খুবই জরুরি। 1980 -র দশকে নরেন্দ্র মোদী যখন বিজেপির জন্য কাজ করতে শুরু করেছিলেন সেই সময় গুজরাটের

রাজনীতিতে কংগ্রেসের মাধব সিংহ সোলংকীর রাজত্ব ছিল। সেখানে তাঁর জোর কতটা ছিল তা বোঝার জন্য একটা তথ্য জানা খুবই জরুরি, 1980 -র দশকে গুজরাট বিধান সভার দুটি বিধানসভা নির্বাচনে মাদব সিংহ সোলঙ্কীর নেতৃত্বে তাঁর পার্টী এবং সহযোগী দল গুলি মিলে প্রথমবার 182 সদস্যের বিধানসভায় 141 সিটে এবং পরের বার 149 গুলি সিটে জয়লাভ করেছিল। এই দুটি নির্বাচনের সময় বিজেপি ক্রমশ নয়টি এবং বারোটি আসন লাভ করেছিল। কিন্তু 1987 সাল থেকে নরেন্দ্র মোদী গুজরাটের রাজনীতিতে সক্রিয় ভূমিকা পালন করতে শুরু করেন তারপর 1990 সালের বিধানসভা নির্বাচনের সময় বিজেপি 67 টি আসনে জয়লাভ করতে সক্ষম হয়েছিল। এর থেকে সহজেই বোঝা যায় যে নরেন্দ্র মোদীর ম্যানেজমেন্ট ক্ষমতা অতুলনীয়।

এরপর আসে 1995 সালের গুজরাট বিধান সভা নির্বাচনের পালা। এই নির্বাচনের সময় বিজেপি জানপ্রাণ লাগিয়ে দিয়েছিল। 1995 সালের নির্বাচনের সময় একটা অস্বাভাবিক ঘটনা দেখা গেছিল, এই প্রথমবার বিজেপি 182 টি বিধানসভা সিটের বিরুদ্ধে লড়াই করার সিদ্ধান্ত নিয়েছিল। এই স্থানে এই প্রথমবার কংগ্রেসের থেকে বেশি সিটের বিরুদ্ধে লড়াই করেছিল। গুজরাটের জনতা বিজেপিকে জনমত প্রদান করে। সেই নির্বাচনে বিজেপি 121 টি আসনে জয়লাভ করতে সক্ষম হয়েছিল। বিজেপি মোট 42.51 শতাংশ ভোট লাভ করতে সক্ষম হয়েছিল। এইভাবে গুজরাটে প্রথমবার বিজেপি সরকার গঠন করতে সক্ষম হয়েছিল। কংগ্রেস মাত্র 45 টি আসনে জয়লাভ করতে সক্ষম হয়েছিল। 1998 সালে বিজেপির বিদ্রোহী নেতারা কংগ্রেসের সাথে মিলিত হয়ে সরকার গঠন করে কিন্তু 1998 সালে বিধানসভা নির্বাচনের সময় পার্টী সরকারে নিজের স্থান ফিরে পেতে সক্ষম হয়।

এই মধ্যে 1991 সালে নরেন্দ্র মোদীকে পার্টী রাষ্ট্রীয় স্তরে একটা গুরুত্বপূর্ণ দায়িত্ব অর্পন করে। 1991 সালে বিজেপির রাষ্ট্রীয় অধ্যক্ষ মুরলী মনিহর জোশীর একতা যাত্রারা আয়োজনের দায়িত্ব প্রদান করা হয়েছিল নরেন্দ্র মোদীকে। ভারতীয় জনতা পার্টীর তরফ থেকে রাষ্ট্রীয় স্তরে মোদীকে এই প্রথম দায়িত্ব অর্পণ করা হয়েছিল। পরে তাঁকে পাঞ্জাব, হরিয়াণা, চণ্ডীগড়, হিমাচল প্রদেশ এবং জম্মু কাশ্মীরের দায়িত্ব প্রদান করা হয়েছিল। এই রাজ্য গুলিতে কাজ করার সময় নরেন্দ্র মোদী পার্টীর পক্ষ থেকে রাষ্ট্রীয় স্তরে নিজের একটা পরিচয় গড়ে তুলতে সক্ষম হয়েছিলেন। যখন 2001 সালে বিজেপি গুজরাটের দুটি উপনির্বাচনে এবং

স্থানীয় নির্বাচনে পরাজিত হয়, সেই সময় গুজরাটের মুখ্যমন্ত্রী কেশুভাই প্যাটেলকেই এই পরাজয়ের জন্য দায়ি করা হয়েছিল এবং 2001 সালের 7 ই অক্টোবর কেশুভাইকে সরিয়ে নরেন্দ্র মোদীকে মুখ্যমন্ত্রীর আসনে বসানো হয়।

বলা যেতে পারে যে, নরেন্দ্র মোদী যখন প্রথমবার মুখ্য মন্ত্রীর আসনে বসেছিলেন তখন তিনি তাঁর নির্বাচন ব্যবস্থাপনরা কৌশল দেখানোর কোনো সুযোগ পাননি কিন্তু নরেন্দ্র মোদী 2002, 2007 এবং 2012 -সালে বিধানসভা নির্বাচনের সময় তিনি বিপুল ভোটে জয়লাভ করতে সক্ষম হয়েছিলেন। যখন 2001 সালে নরেন্দ্র মোদী গুজরাটের মুখ্যমন্ত্রীর পদে বসেছিলেন, তারপর ছয়মাসের মধ্যেই গুজরাটে গোধরা ঘটনা সংগঠিত হয়েছিল। এরপর প্রদেশ জুড়ে দাঙ্গার সৃষ্টি হয়। এই দাঙ্গায় তাঁর ভূমিকা নিয়ে তাঁকে বহু সমালোচনার সম্মখীনতা করতে হয়েছিল।

এই দাঙ্গার এক বছর পরেই সেখানে বিধানসভা নির্বাচনের সময় ছিল, এর একবছর আগেই গুজরাটে দেখা গেছিল প্রবল ভূমিকম্প আর সেই সময় সারা গুজরাটে জ্বলছিল দাঙ্গার আগুন। এই রকম পরিবেশে সত্তাধারী পার্টির জনগণের সামনে যাওয়াটা একটু অসম্ভব হয়ে দাঁড়ায়, কারণ সাধারণ জনগণ সেই সময় নিজেদের রাগ সত্তাধারী পার্টির ওপরেই দেখিয়ে থাকে, আর বিপক্ষীয় দল পায় তার সুবিধা। হয় তো সেই কারণেই দাঙ্গার বিষয় নিয়ে নরেন্দ্র মোদীর ওপর বিভিন্ন প্রশ্ন তোলা হচ্ছিল। তঁরা নেতৃত্ব ক্ষমতা নিয়ে শুধু বিপক্ষের নেতারাই নয় বরং মিডিয়াও বিভিন্ন প্রশ্ন তুলছিল। সেই সময় নরেন্দ্র মোদী এটা বুঝেছিলেন যে, তাঁকে নতুন করে সমস্ত কাজ শুরু করতে হবে, জনমত পাওয়াটা খুবই জরুরি। যদি সাধারণ মানুষ একবার তাঁকে বিশ্বাস করতে শুরু করে তাহলে সমস্ত সমালোচকদের মুখ আপনা থেকেই বন্ধ করা সম্ভব হবে এবং তিনি অতি সহজে নিজের কাজ চালিয়ে যেতে পারবেন।

এমন পরিস্থিতিতে নরেন্দ্র মোদী বিধান সভা ভঙ্গ করে নতুন করে নির্বাচন করানোর নির্ণয় নেন। 2001 সালে ভূমিকম্প এবং 2002 সালে দাঙ্গার পর সত্তায় থাকা সরকার পুনরায় ভোটের আবেদন জানিয়েছিল, যেটা ছিল খুবই সাহসের কাজ। এই রকম পরিস্থিতিতে নির্বাচন লড়া সত্তাধারী পার্টির কাছে কতটা সাহসিকতার কাজ তা নিশ্চই বুঝতে পারছেন। তিনি নিজের অধিকার ফিরে পাওয়ার জন্য অক্লান্ত পরিশ্রম করেন, আর সেখানেও দেখা গেছিল তাঁর ম্যানেজমেন্ট কৌশলের পারদর্শীতা। যার ফলে গুজরাটের জনতাদের তিনি আশ্বস্ত

করতে পেরেছিলেন এই বলে যে, তিনিই তাদের উপযুক্ত শাসনকর্তা, যার পরিণাম স্বরূপ ভারতীয় জনতা পার্টী সেই সময় গুজরাট থেকে বিপুল ভোটে জয়লাভ করতে সক্ষম হয়েছিল। 2007 এবং 2012 সালে বিধানসভা নির্বাচনে নরেন্দ্র মোদী যে বিপুল ভোটে জয়লাভ করেছিলেন তা থেকে পুনরায় তাঁর ম্যানেজমেন্ট কৌশলের দক্ষতার পরিচয়ই পাওয়া যায়।

এরপর 2013 সালে নরেন্দ্র মোদীর ওপর সবচেয়ে বড় দায়িত্ব এসে পড়ে। সেই সময় জনতা পার্টী এবং তার সমর্থনকারী রাষ্ট্রীয় গণতান্ত্রিক দল 2014 সালে লোকসভা নির্বাচনের আগে নরেন্দ্র মোদীকে প্রধানমন্ত্রী পদের জন্য মনোনিত প্রার্থী হিসাবে ঘোষণা করেছিলেন। সারা দেশ জুড়ে সেই সময় কংগ্রেস বিরোধী মহলের সৃষ্টি হয়েছিল এটা ঠিকই কিন্তু তার মানে এই নয় যে দেশ জুড়ে বিজেপির হাওয়া প্রবাহিত হচ্ছিল। ভারতের কয়েকটি রাজ্যে সেখানকার পার্টী গুলির ভিত এতটাই মজবুত ছিল যে, বিজেপির সেখানে গিয়ে দাঁত ফোটানো মুশকিল বলেই পতিত হচ্ছিল। 2009 সালে যে পার্টী লোকসভা নির্বাচনের সময় 116 টি আসন লাভ করেছিল তার পক্ষে কেন্দ্রতে সত্তায় ফিরে আসা সুবিধাজনক বলে মনে হচ্ছিল না, কারণ তার জন্য সেই দল এবং তার সহযোগী দল নিয়ে মোট 272 গুলির থেকেও বেশি আসনের প্রয়োজন ছিল। এমন কঠিন পরিস্থিতিতে নরেন্দ্র মোদীকে প্রধানমন্ত্রী পদের প্রার্থী হিসাবে নির্বাচন করা হয়। এই রকম অবস্থায় নরেন্দ্র মোদীর কাছে পাওয়ার মতো প্রধানমন্ত্রীর পদ সহ খোলা আকাশ ছিল কিন্তু তাঁর কাছে হারানোর জন্যও বহু কিছু ছিল। এতদিন পর্যন্ত তাঁকে গুজরাটের হয়ে পরীক্ষা দিতে হয়েছিল কিন্তু সেই সময় তাঁর পরীক্ষা ছিল সারা দেশের জনগণের সামনে।

এই কঠিন পরিস্থিতর সাথে মোকাবিলা করার জন্য নেরন্দ্র মোদীকে পুনরায় তাঁর ম্যানেজমেন্ট কৌশলের পারদর্শীতা দেখাতে হয়েছিল। নির্বাচনের আগে সমস্ত সম্ভাব্য প্রয়োজন গুলির কথা মাথায় রেখেই তিনি কাজ করেছিলেন। তিনি যে শুধু বহু সংখ্যক সভার আয়োজন করেছিলেন তাই নয় বরং সোশাল মিডিয়া থেকে শুরু করে মুখ্যধারার মিডিয়ার সাহায্যে লোকেদের কাছে নিজের কথা পৌঁছে দিয়েছিলেন। পার্টীর অন্য নেতাদেরও আলাদা আলাদা ভাবে সক্রিয় করে তুলেছিলেন। সমগ্র প্রচার ব্যবস্থা সমন্বয়ের সাথে কাজ করেছিল। যাতে সঠিক লোকই টিকিট পায় সেই দিকেই যথেষ্ট ধ্যান দিয়েছিলেন। তিনি নিজের ম্যানেজমেন্ট দক্ষতার অভিনব প্রয়োগ করেছিলেন। তার মধ্যে উল্লেখ যোগ্য

হল 'চা পানের সময় আলোচনা করা'। সারা দেশ জুড়ে প্রায় 4000 -এর অধিক স্থানে তিনি চা পানের আয়োজন করেছিলেন বিভিন্ন আলোচনার উদ্দেশ্যে। এই সময় তিনি বেশির ভাগ ক্ষেত্রেই লোকেদের কথা শুনেছেন, কিন্তু তাঁর কাছে আসা বিভিন্ন প্রশ্নের উত্তরও দিয়েছেন তিনি।

2014 সালে লোকসভা নির্বাচনের সময় প্রচারের কাজ শেষ হওয়ার পর নরেন্দ্র মোদী একটা বয়ান জারী করেছিলেন। সেই সময় তিনি তাঁর নির্বাচন প্রচারের সময় নিজের কিছু অভিজ্ঞতা এবং ম্যানেজমেন্ট কৌশল সম্পর্কে ব্যক্ত করেছিলেন। সেই সময় নরেন্দ্র মোদী বলেছিলেন যে, 'পুনরায় একবার ভারতের বিবিধতা, লোকেদের উৎসাহ এবং আমাদের সংস্কৃতির ভব্যতা দেখার আনন্দ ময় সুযোগ লাভ করেছি। সংগঠনের হয়ে কাজ করার সুবাদে আমি সারা দেশ ঘুরে বেড়ানোর সুযোগ লাভ করেছি, কিন্তু এইবারকার অভিজ্ঞতা একেবারেই আলাদা, খুবই অদ্ভুত। আমি বহু লোকের বহু আশীর্বাদ লাভ করেছি। সাধারণত এতদিন ধরে যে প্রচার অভিযান চলার পর মানুষ ক্লান্ত হয়ে পড়ে, কিন্তু আমি সে সুখকর অভিজ্ঞতা লাভ করতে সক্ষম হয়েছি তা আমার কাছে এক আনন্দজনক অভিজ্ঞতা, যেমনটা কোনো সাধক লাভ করেন বহু সাধনার পর। সম্পূর্ণ প্রচার অভিযানটা কে একবার দেখার পর আমার মনে তিনটি শব্দের উদ্ভব হয়েছে - ব্যাপক, অভিনব এবং সন্তোষজনক। প্রচারের সময় আমি সারা ভারতের কোণায় কোণায় আমাদের বিকাস ও সুশাসনের এজেন্ডা পৌঁছে দেওয়ার চেষ্টা করেছি। লোকেদের মিথ্যা প্রতিশ্রুতি, দুর্নীতি এবং নিজেদের অকৃতকার্যকে লোকানোর জন্য বংশানুক্রমে একই কথার পুনরাবৃত্তি শুনে শুনে জনসাধারণ ক্লান্ত হয়ে পড়েছে। আজ তারা একটা উজ্জ্বল ভবিষ্যৎ চায়।'

তাঁর বয়ানের যে ভাগটা এখানে উল্লেখ করা হল তার থেকে তাঁর নির্বাচনের সময় ব্যবস্থাপনার কৌশল সম্পর্কে সম্পূর্ণ রূপে জানা না গেলেও তার অংশ বিশেষের আভাস অবশ্যই পাওয়া যাচ্ছে। কিন্তু তিনি যে বক্তব্য উপস্থিত করেছেন তার থেকে তাঁর ম্যানেজমেন্ট কৌশল সম্পর্কে খুব ভালোই বোঝা যাচ্ছে। তিনি আরো বলেছেন যে, 'কার্যকর্তারা যেভাবে উৎসাহের সাথে পরিশ্রম করেছেন তাতে করে আমি অনেক বেশি আনন্দ লাভ করেছি। টিভি ও সোশাল মিডিয়াতে র‍্যালি দেখা একটা কথা, আর মাটিতে নেমে এসে সেই কাজ করার অভিজ্ঞতা একেবারেই অন্যরকম একটা অনুভূতি। নির্বাচনে জয় বা পরাজয় লাভ করার মতন গণ্ডীবদ্ধ দৃষ্টিতে প্রচার অভিযানটি দেখা উচিত না।

এই নির্বাচন অভিযান কার্যকর্তাদের কাছে জীবনের এক চরম অনুভূতিতে পরিণত হয়। এর সাথে সংগঠনের দৃঢ়তা ও বিস্তারের বিষয়টা যুক্ত হয়ে যায়। এর সাহায্যেই জনতা ও সংগঠনের সম্পর্কের মধ্যে একটা বিশ্বাস ও দৃঢ়তার সৃষ্টি হয়। প্রত্যেক কার্যকর্তা প্রতিটা মানুষের কাছে গিয়ে তাদের ঘরে ঘরে পার্টীর বার্তা পৌঁছে দেওয়ার চেষ্টা করেছে, যার জন্য আমি খুবই খুশি হয়েছি। আমাদের এই প্রচার মানে হল বিজেপির কার্যকর্তাদের কঠোর পরিশ্রমের কাহিনি, যার মধ্যে আছে একটা সুন্দর ভারত তৈরি করার জন্য নিঃস্বার্থ যোগদান। এই সম্পূর্ণ প্রচার অভিযানের সময় পার্টীর বরিষ্ঠ নেতাগণ আমাদের সাহায্য করার সাথে সাথে নিরন্তর সঠিক পথ দেখিয়ে গেছেন। এর থেকে অপার শক্তি ও প্রেরণা লাভ করেছি, কার্যকর্তারাও বহু উৎসাহ প্রাপ্ত করেছে। তিনি নিজের নির্বাচন ব্যবস্থাপনার কৌশলকে স্পষ্ট করতে গিয়ে বলেছিলেন, 'এই প্রচার অভিনব প্রচেষ্টার জন্যও স্মরণে রাখা হবে। রাজনীতিতে সাধারণত একতরফা কিছু বার্তা পৌঁছে দেওয়ার চেষ্টা করা হয়, কিন্তু বিভিন্ন বিষয়ে আলোচনা করার জন্য চা-পানের যে ব্যবস্থা করা হয়েছিল তা ছিল এক অভিনব প্রয়াস। সারা দেশ জুড়ে প্রায় 4000 স্থানে চা-পানের আয়োজন করা হয়েছিল। এই সময় বেশ কয়েক ঘন্টা আমি যাঁদের সাথে বসে থাকতাম তাঁদের সমস্ত কথা শুনতাম, বিভিন্ন বিষয়ে তাঁরা আমাকে যে যে প্রশ্ন করতেন সবকটির উত্তর দেওয়ার চেষ্টা করতাম। ভারত বিজয় 3ডী র‍্যালির রূপে এক অভিনব প্রয়োগের চেষ্টা করা হয়েছিল। একমাসের মধ্যে 12 বার 1350 স্থানে 3লী র‍্যালীর আয়োজন করা হয়েছিল। 3ডী র‍্যালী সম্পর্কে লোকেদের উৎসাহের কোনো অভাব ছিল না। বহু যুবক সোশাল মিডিয়া এবং ই-মেলের মাধ্যমে তাদের গ্রামে যাওয়ার জন্য আমাকে ধন্যবাদ জানিয়েছিল। লোকেরা আমাদের কার্যকর্তাদের বলেছিলেন যে, আমরা মঞ্চে গিয়ে মোদীজীর সাথে দেখা করতে চাই। প্রচারের সময় অদ্ভুত ভাবে শোসাল মিডিয়ার প্রয়োগ করা হয়েছিল। বহু বন্ধু আমাকে ওয়াটসআপে বহু রচনাত্মক বার্তা পাঠিয়েছিলেন, সেই সাথে বহু রচনাত্মক স্লোগান ও ইন্ফোগ্রাফিক পাঠিয়েছিলেন। আমি ভোট প্রদানের পর নিজের ফটো (সেল্ফী) তুলি এবং আপনাদেরও নিজেদের সেল্ফী পাঠানোর জন্য আবেদন জানিয়েছিলাম। আমি প্রিন্ট ও ইলেক্ট্রনিক্স মিডিয়ার বহু বন্ধুর সাথে অবাধে বিভিন্ন কথা নিয়ে আলোচনা করেছি। হিন্দী, ক্ষেত্রীয় এবং ইংরেজি মিডিয়ার লোকেরা আমার সাক্ষাৎকার নিয়েছে। '

একজন কুশল নির্বাচন প্রবন্ধক হিসাবে তিনি লোকসভার নির্বাচনের সময় ভোটদাতাদের সাথে নিজের সম্পর্ককে আরো সুদৃঢ় করে তোলার উদ্দেশ্যে বলেছিলেন যে, 'গত আট মাস ধরে আপনাদের কাছ থেকে আমি যে স্নেহ লাভ করেছি তা আমি কোনো দিন ভুলতে পারব না। পাটনার ঘটনা তো আমার মনে গেঁথে গেছে। সেখানে বোমা বিস্ফরণ হয়েছিল কিন্তু লোকেদের সংকল্প বিস্ফোরণের মতন ঘটনাকেও ম্লান করে দিয়েছিল। একজন মানুষও সভা ছেড়ে যায়নি। সেই দিনই আমি একটা স্পষ্ট বার্তা দিয়ে দিয়েছিলাম, যা আমি নির্বাচনের সময় প্রচার অভিযানেও বলেছি, আমরা একে অপরের সাথে লড়াই করতে চাই নাকি একত্রিত হয়ে দারিদ্রের বিরুদ্ধে সংগ্রাম করতে চাই সেই সিদ্ধান্ত নেওয়ার ক্ষমতা আমাদের হাতে আছে। প্রথম কাজটা আমাদেরকে কোথাও নিয়ে যাবে না, কিন্তু দ্বিতীয় কাজটা করলে আমাদের দেশ একটা নতুন দিগন্ত লাভ করবে। আমি সারা ভারতবাসীকে কৃতজ্ঞতা জানাতে চাই, তারা সকলে আমাদের আয়োজিত সভায় এবং 3ডী আয়োজনে অংশগ্রহণ করেছে এবং সেই নিয়ে চর্চাও করেছে। সমস্ত বয়সের লোকেরা এবং সমস্ত ধর্মের লোকেদের কাছ থেকে বহু সাহায্য লাভ করেছি। আমি প্রায়ই বলতাম যে, নরেন্দ্র মোদী বা কোনো একজন ব্যক্তি ভোটে লড়াই করে না। ভারতের সমস্ত জনগণ এই নির্বাচনকে নিজেদের কাঁধে নিয়ে নিয়েছে। ভারতের প্রতিটা নাগরিক এই পরিবর্তনের বাহক হয়ে উঠেছে। আমি বহু স্থানে সভার আয়োজন করেছি, কোনো স্থানে ছিল প্রচণ্ড গরম, কিন্তু সেখানেও লোকেদের অভাব ছিল না। কিছুদিন আগে আমি বিশাখাপট্টনমে গেছিলাম, সভার মাঝপথেই হঠাৎ বৃষ্টি শুরু হয়ে যায়, কিন্তু কোনো মানুষ নিজের জায়গা থেকে নড়েনি। তাদের কি ভাষায় কৃতজ্ঞতা জানাব আমি তা বুঝে উঠতে পারছিলাম না। আমি ভারতের প্রতিটি বাসিন্দাকে আশ্বস্ত করতে চাই এই বলে যে, আপনাদের এই স্নেহ ও ভালোবাসার দাম আমি ভারতকে বিকসিত করে শোধ করতে চাই, যার ফলে মজবুত ভারতের ভিত তৈরি করা সম্ভব হবে। এই ভারত ভ্রমণের সময় আমি নিজে অনুভব করেছি যে, আমাদের দেশ সত্যিই বিশেষ, এর জন্য একটা বিশেষ দায়িত্ব পালন করতে হবে। কিভাবে আমাদের দেশ বিভিন্ন সময়ে সারা বিশ্বকে পথ দেখিয়েছে ইতিহাসে সেই উদাহরণের কোনো অভাব নেই, আজ পুনরায় সেই সময় উপস্থিত, ভারতকে পুনরায় জগদ্‌গুরু হয়ে উঠতে হবে। আসুন আমরা সবাই মিলে একটা দৃঢ় ও বিকসিত ভারত গড়ে তুলি, যা সারা বিশ্বকে নতুন করে সেজে ওঠার রাস্তা দেখাতে পারবে।

নির্বাচনের প্রচার শেষ হওয়া মনেই সব কথা শেষ এমন চিন্তা ধারায় নরেন্দ্র মোদী চলেন না, যার ফলে নির্বাচন প্রচার শেষ হয়ে যাওয়ার পরেও তাঁর বলার অনেক কিছু থেকে যায়। ভোট হয়ে যাওয়ার পর তিনি ভোটদাতাদের কাছে কৃতজ্ঞতা জানান এবং পরবর্তীকালেও তাদের সাহায্য পাওয়ার আশা প্রকট করেন। তিনি লোকেদের মনে বিশ্বাসের সঞ্চার করেন। তিনি লোকেদের শুধু স্বপ্ন দেখাতে চান না তা পূরণ করারও চেষ্টা করেন।

নরেন্দ্র মোদী 2014 সালের লোকসভা নির্বাচনের সময় যে কুশলতার সাথে নিজের নির্বাচন ব্যবস্থাপনার কৌশলকে ব্যবহার করেছিলেন, তার ফলও তিনি পেয়েছেন ঐতিহাসিক। নরেন্দ্র মোদীর নির্বাচন ব্যবস্থাপনার কৌশলের ওপর জনগণ ছাপ দিয়ে তাঁকে বিপুল ভোটে জয়যুক্ত করতে সাহায্য করেছিল, এটা ছিল বিজেপির সবচেয়ে বড় জয়। নরেন্দ্র মোদীর নেতৃত্বে, রাষ্ট্রীয় গণতান্ত্রিক সংগঠন 16 তম লোকসভা নির্বাচনের সময় 335 টি আসন লাভ করেছিল। কংগ্রেসের এই পরাজয় ছিল সবচেয়ে বড় পরাজয়। কংগ্রেসদের বিরোধীতা করে 'মোদীর প্রবাহের' সাহায্যে নরেন্দ্র মোদী 63 বছর বয়সে বিজয় রথে উপবেশন করে বিজেপিকে স্পষ্ট জনমত পাইয়ে দিতে সচ্চার হয়ে উঠেছিলেন। এর আগে রাষ্ট্রীয় স্তরে মোদীর প্রভাব নিয়ে যথেষ্ট সমালোচনাও দেখা গেছিল। এমন বহু লোক ছিল, যারা মনে করত যে, মোদীর প্রভাব শুধু গুজরাটের মধ্যেই সীমাবদ্ধ, সেখান থেকে বাইরে বেরানোর পর মোদীর প্রভাব ক্ষীণ হয়ে যাবে।

পার্লামেন্টে বিজেপি ছাড়াও আরো 24 টি ছোটো ছোটো দল আছে। 543 সদস্যের লোকসভায় নরেন্দ্র মোদী নিজের জোরে একা 282 টি আসনে বিজেপিকে জয়লাভ করাতে সক্ষম হয়েছিলেন। 1984 সালের পরে 30 বছর বাদে বিজেপি হয়ে উঠল এমন একটি দল, যা একক সংখ্যা গোরিষ্ঠতা লাভ করতে সক্ষম হয়েছিল। 1984 সালে রাজীব গান্ধীর নেতৃত্বে কংগ্রেস প্রবল জয় দেখার পর তিরিশ বছর বাদে বিজেপি হয়ে উঠল এমন একটি দল, যা সংখ্যা গোরিষ্ঠতা অর্জন করতে সক্ষম হয়েছে। 1984 সালে রাজীব গান্ধীর নেতৃত্বে কংগ্রেস 400 টির বেশি সিটে জয়লাভ করেছিল, কিন্তু এই শ্রেয় রাজীব গান্ধীর নেতৃত্ব প্রদানের ক্ষমতাকে দেওয়া হয়না। ইন্দিরা গান্ধী হত্যার পর সারা দেশ জুড়ে যে সহানুভূতির জোয়ার দেখা গেছিল, তার জন্যই 1984 সালে রাজীব এই ব্যাপক জয়ের মুখ দেখতে পেয়েছিলেন।

হিন্দী ভাষী রাজ্য গুলির ওপর মোদীর নেতৃত্বের ক্ষমতা ব্যাপক রূপ ধারণ করেছিল। উত্তরপ্রদেশ, বিহার, রাজস্থান, মধ্যপ্রদেশ, ছত্তিসগড়, হরিয়াণা, দিল্লী, ঝারখণ্ড, হিমাচল প্রদেশ ও উত্তরখন্ডের মোট 225 টি আসনের মধ্যে 190 টিতে বিজেপি জয়লাভ করেছে। এই রাজ্য গুলি থেকে তিনি যে শুধু কংগ্রেসদের অপসারিত করেছিলেন তাই নয় বহু ছোটোছোটো দলগুলিরও কোনো নামনিশানা পাওয়া যায়নি। গুজরাট ছাড়া মহারাষ্ট্র, কর্নাটক এবং আসামের মতো গুরুত্বপূর্ণ রাজ্য গুলিতেও মোদীর জোয়ারে প্লাবন দেখা গেছিল। গত লোকসভায় বিজেপির সদস্য সংখ্যা ছিল 116, আর ভোট পেয়েছিল 18.8 শতাংশ। কংগ্রেস লাভ করেছিল 28.55 শতাংশ ভোট, সেই সাথে তা 206 জনের সবচেয়ে বড় পার্টীতে পরিণত হয়েছিল। নরেন্দ্র মোদীর নেতৃত্ব প্রদানের ক্ষমতার জন্যই বিজেপি 31.4 শতাংশ ভোট লাভ করতে সক্ষম হয়েছিল। সেখানে কংগ্রেস পেয়েছে মাত্র 19.5 শতাংশ ভোট।

নরেন্দ্র মোদীর নির্বাচন প্রবন্ধনের সফলতা লোকসভা নির্বাচনের ক্ষেত্রেই সীমিত ছিল না, বরং লোকসভা নির্বাচনের পরে মহারাষ্ট্র ও হরিয়ানার বিধানসভা নির্বাচনের সময়তেও নরেন্দ্র মোদীর এই জাদু একই ভাবে কার্যকরী হয়েছে। এই দুই রাজ্যে নরেন্দ্র মোদীর জনতা পার্টীর পরিস্থিতি খুব ভালো ছিল না। ভোটের আগে মহারাষ্ট্রে আসনের ভাগাভাগি নিয়ে বিজেপি এবং তার বহু পুরানো সহযোগী দল শিব সেনার মধ্যে ফাটলের সৃষ্টি হয়, তাদের ঐক্যবদ্ধতা ভেঙে দু টুকরো হয়ে যায়। অন্যদিকে বিজেপি হরিয়াণাতেও একাই লড়াই করার জন্য প্রস্তুতি নিয়েছিল। তা সত্ত্বেও এই দুটি রাজ্যতে নিজেদের সত্তা পাওয়ার জন্য নরেন্দ্র মোদী নিজের জানপ্রাণ লড়িয়ে দিয়েছিলেন। শুধু মহারাষ্ট্রতেই তিনি 21 টি সভার আয়োজন করেছিলেন। হরিয়াণাতেও দেখা গেছিল তাঁর ধোঁয়াধার প্রচার। বিপক্ষীয় দল বিধানসভা নির্বাচনের সময় তাঁর এই তৎপরতাকে অতি সক্রিয়তা বলে ব্যঙ্গ করলেও আজ তিনিই পেরেছেন এই দুটি রাজ্যের ক্ষমতাও বিজেপির হাতে তুলে দিতে। হরিয়াণাতে মুখ্যমন্ত্রীর আসনে বসেছেন মনোহর লাল খট্টর আর মহারাষ্ট্রে এই পদ অলংকৃত করছেন দেবেন্দ্র ফড়ণবীস, কিন্তু একথা সকলেই জানে যে, এই দুই নেতা প্রধানমন্ত্রী নরেন্দ্র মোদীর জন্যই এই দুটি পদ লাভ করতে সক্ষম হয়েছেন।

নরেন্দ্র মোদীকে যখনই নির্বাচনের দায়িত্ব দেওয়া হয়েছে, তখনই তিনি নিজের নির্বাচন প্রবন্ধনের কৌশল দেখাতে সক্ষম হয়েছেন, এবং পার্টীকে জয়ের

আসনে বসিয়েছেন। এর থেকে যেকোনো ক্ষেত্রের সাথে যুক্ত লোকেরা একটা কথা শিখতে পারে যে, যদি নির্বাচনে জয়লাভ করার মতো কঠিন কাজ ম্যানেজমেন্ট কৌশলের দ্বারা সম্ভব হয় তাহলে আরো বহু কাজ এই ম্যানেজমেন্ট কৌশলের দ্বারা করা সম্ভব। বারংবার নিজের জোরে নির্বাচনে জয় লাভ করে নরেন্দ্র মোদী সাধারণ মানুষদের এটা শেখাতে পেরেছেন যে, মানুষ চাইলে বহু কঠিন কাজও সফলতার সাথে সম্পূর্ণ করতে পারে। কিভাবে নরেন্দ্র মোদী নিজের ম্যানেজমেন্ট কৌশলের দ্বারা বারংবার সফলতা লাভ করেছেন এই অধ্যায়ে বিস্তারিত ভাবে তাঁরই আলোচনা করা হয়েছে। তিনি এটা দেখানোর চেষ্টা করেছেন যে, যদি সঠিক ঢঙে নিজের ব্যবস্থাপনার কৌশলকে ব্যবহার করা যায় তাহলে হেরে যাওয়া বাজিতেও জয়লাভ করা সম্ভব হয়।

জ্ঞানের মহত্ত্ব

নরেন্দ্র মোদীর শাসন তন্ত্র এবং কার্যশৈলীর মধ্যে তাঁর জ্ঞানের স্পষ্ট ছাপ দেখতে পাওয়া যায়। তিনি যখন গুজরাটের মুখ্যমন্ত্রী ছিলেন, তখনও তিনি গুজরাটের উন্নতির জন্য বহু কাজ করেছেন, আর আজ তিনি ভারতের প্রধানমন্ত্রীর আসনে বসার পর সেই উদ্দেশ্যেই কাজ করে চলেছেন। তিনি জানেন যে, কিভাবে জ্ঞানী মানুষদের নিজের সাথে যুক্ত করতে হয় এবং কিভাবে তাদের ব্যবহার করে সঠিক কাজটা নিয়ে নেওয়া যায় সেই বিষয়েও তিনি ওয়াকিবহাল। তাঁর থেকে যেকেউ সহজে এটা বুঝতে পারে যে, যে যে ক্ষেত্রেই কাজ করুক না কেন যদি সে সঠিক ভাবে জ্ঞানের মহত্ত্বকে অনুধাবন করতে পারে তাহলে সেই ক্ষেত্রেই নিজের একটা ছাপ গড়তে সক্ষম হবে।

এই বিষয়ে আলোচনা করার সময়, গুজরাটে মুখ্যমন্ত্রী হিসাবে থাকার সময় নরেন্দ্র মোদী কি কি কাজ করেছেন তার সংক্ষিপ্ত আলোচনা করব আর প্রধানমন্ত্রীর পদে বসার পর তিনি কি কি করেছেন বিস্তারিত ভাবে তার আলোচনা করব। নরেন্দ্র মোদী যখন গুজরাটের মুখ্যমন্ত্রী ছিলেন তখন তিনি সেখানকার বাচ্চাদের পড়াশোনা করানোর জন্য 'বাঁচে গুজরাট' নামক একটি পরিকল্পনা শুরু করেছিলেন। তাঁর এই পরিকল্পনা খুবই সফল হয়েছিল। এই পরিকল্পনা কি ছিল এবং কিভাবে এর জন্য কাজ করা হয়েছিল সেই বিষয়ে 5 ই সেপ্টেম্বর 2014 তে ভারতের ছাত্রছাত্রীদের সাথে কথা বলার সময় তিনি নিজেই আলোচনা করেছেন। আমি যখন গুজরাটে ছিলাম তখন 'বাঁচে গুজরাট' অভিযান শুরু করেছিলাম। তা সত্যিই একটা বোঝার মতো জিনিস ছিল। সেই সময় সারা রাজ্য জুড়ে যত গুলি লাইব্রেরি ছিল কোথাও কোনো বই ছিল না। এমন কিছু লাইব্রেরি ছিল যেখানকার আলমারি গুলি তো দশ বছর ধরে এই ভাবেই পড়েছিল, পরিষ্কার পর্যন্ত হয়নি। কিন্তু আমি দেখতে পারছিলাম যে, এই অভিযানের জন্য লোকেরা ইনফ্লুএন্সের জন্য চিঠি নিয়ে যেত, বলত যে, অমুক লাইব্রেরিকে বলুন না আমাকে

ওমুক বই দিতে, আমার এই বইটা চাই। কারণ একটা নির্দিষ্ট সময়ের মধ্যে কত বই পড়া যেতে পারে তা দেখা হচ্ছিল। কত দ্রুত গতিতে কেউ পড়তে পারে তারও প্রতিযোগিতা করা হয়েছিল। বাচ্চারা পড়েছি কিনা বা কিভাবে পড়েছে তা দেখার জন্য একটা প্রশ্ন-উত্তর পর্বের আয়োজন করা হয়েছিল। এই অভিযান এতটাই শক্তিশালী বলে প্রমাণিত হয়েছিল যে, সম্পূর্ণ সমাজ তার সাথে যুক্ত হয়ে যাচ্ছিল। সরকার শুধু শুরু করেছিল, তারপর সরকারের আর কোনো কাজ ছিল না। সম্পূর্ণ সমাজ এই কাজে এগিয়ে এসেছিল। আমি নিজে 'বাঁচে গুজরাট' কার্যক্রমের জন্য লাইব্রেরি গেছিলাম, ওখানে গিয়ে কিছু পড়ার জন্য বসেছিলাম, আর প্রত্যেকের জন্য কার্যক্রমের আয়োজন করেছিলাম। একটা পড়ার পরিবেশ গড়ে উঠেছিল। আমি একটা সার্বজনিক পড়ার পরিবেশ তৈরির কথা ভেবেছিলাম। স্কুলেও এমনটা হওয়া উচিত। স্কুলের লাইব্রেরি থেকে প্রত্যেক সপ্তাহে বই নিন, এক সপ্তাহ ধরে তা পড়ুন। নতুন নতুন কিছু পড়ুন। সাত দিন বাদে জিজ্ঞাসা করা হবে কে কোন বই পড়েছে? তার ওপর ভাইভা হবে। প্রতিটা স্কুলে এমন কার্যক্রম গড়া যেতে পারে, কিন্তু আপনাদের মধ্যে পড়ার ইন্টারেস্ট থাকাটা সবচেয়ে বড় কথা। এই অনুষ্ঠান কেমন হয়েছিল, গুজরাট থেকে আপনারা তা জানতে পারেন। লক্ষাধিক লোক এই অনুষ্ঠানে অংশ গ্রহণ করার জন্য এগিয়ে এসেছিলেন, কোটি কোটি ঘন্টা ধরে পড়াশোনা হয়েছিল। ভারতের জন্য এটা ছিল এক বিরাট বড় অভিযান, কিন্তু আমি ভারত জুড়ে এমন কার্যক্রম করার কথা এখনও ভাবিনি, কিন্তু ডিজিটাল ইন্ডিয়ার মাধ্যমে শিক্ষার ক্ষেত্রে টেকনোলজির প্রসার ঘটুক, আমাদের বাচ্চারা নতুন নতুন কিছু শিখুক, পৃথিবীকে বুঝতে শিখুক, সেটা অবশ্যই চাই।'

মুখ্যমন্ত্রী হিসাবে নরেন্দ্র মোদী নিজের কার্যকালে 'শালা প্রবেশোৎসব' নামক একটি পরিকল্পনা গড়েছিলেন। এই অনুসারে সমস্ত সরকারি স্কুল পুনরায় খোলার আগে গ্রামে গিয়ে বাচ্চাদের নাম সঞ্চয়ের কাজ করেছিল। নরেন্দ্র মোদীর অফিসারদের ওয়েবসাটি থেকে জানা যায় যে, 'প্রচণ্ড গরম থাকা সত্ত্বেও সমস্ত সরকারি কর্মীরা দূর দূর গ্রামে গিয়ে শালা প্রবেশোৎসবে অংশ গ্রহণ করে এটা সুনিশ্চিত করেছিল যে, উৎসবের পরিবেশেই যেন বাচ্চার স্কুল যেতে শুরু করে। শালাতে দেখা গেছিল যে, স্কুল না যাওয়ার প্রবনতা মেয়েদের মধ্যে বেশি , সেই কারণ বিশ্লেষণ করে দেখা গেল যে, উপযুক্ত শৌচালয়ের অভাবের জন্যই তারা স্কুলে যায় না। তারপর গুরাটের সমস্ত পাঠশালায় বালিকাদের জন্য উপযুক্ত

শৌচালয় বানানো হয়। নরেন্দ্র মোদী কাজের গুণাগুণের মূল্যাঙ্কন করার জন্য উপযুক্ত পদক্ষেপ গ্রহণ করেছিলেন। আমাদের দেশে একটা নিয়ম হয়ে আছে যে, স্কুলের গুণমান বিচারের সময় কক্ষ, কক্ষের সাইজ, পেয়জল, শৌচালয় প্রভৃতির সুযোগ সুবিধার বিষয়ে বিশ্লেষণ করা হয়। কিন্তু নরেন্দ্র মোদী এই কাজ করার সময় এক পা এগিয়ে গিয়ে তার বিশ্লেষণ করে ছিলেন। তা গুজরাটে গুণোৎসব নামে পরিচিত। আগে আমাদের দেশের বিজনেস স্কুল গুলিতে এমন মূল্যাঙ্কন করা হতো।'

এখন এই বিষয়টা ঠিক করে বুঝতে হবে, প্রধানমন্ত্রী নরেন্দ্র মোদী এক্ষেত্রে এমন কি কাজ করেছিলেন যার থেকে মনে হয় যে, তিনি জ্ঞানের মহত্ত্ব দিতে জানেন। এই বিষয়ে কথা বলতে গিয়ে সবচেয়ে গুরুত্বপূর্ণ যে বিষয়টি উল্লেখ করতে হয় তাহল, বিদ্যার্থী ও শিক্ষকদের মধ্যে সম্পর্ক স্থাপন। প্রধানমন্ত্রীর আসনে বসার পর প্রথম শিক্ষক দিবসের দিন, তিনি যে শুধু 350 জন পুরস্কার প্রাপ্ত শিক্ষকদের সামনা সামনি বসে কথা বলেছিলেন তাই নয়, বহু শিক্ষকদের তিনি ই-মেলও পাঠিয়েছিলেন। এর পর তিনি ছাত্রদের সাথেও টেলিভিশান ও টেলিকম্ফারেন্সের মাধ্যমে কথা বলেছিলেন। তখন যে তিনি শুধুমাত্র বিদ্যার্থীদের সাথে কথা বলেছেন তাই নয়, তিনি তাদের করা বহু প্রশ্নের উত্তরও দিয়েছেন। এর থেকে স্পষ্টই বোঝা যাচ্ছে যে, জ্ঞানের ব্যাপারে তিনি নিজে কতখানি উৎসাহি।

নরেন্দ্র মোদী যে জ্ঞানের কত বড় পূজারী তা আন্দাজ করা যায় প্রধানমন্ত্রীর পদে বসার পর তাঁর কিছু উৎসাহ দেখে, যবে থেকে তিনি এই আসনে বসেছেন তখন থেকে যদি ভারতের কোনো বৈজ্ঞানিক বা বৈজ্ঞানিক সংস্থা সফলতা লাভ করতে সক্ষম হয়েছে তাহলে তাদের আরো উৎসাহ দেওয়ার জন্য নরেন্দ্র মোদী নিজে তাদের কাছে পৌঁছে যেতেন। প্রধানমন্ত্রী হওয়ার কিছুদিনের মধ্যে নরেন্দ্র মোদী শ্রীহরিকোটা থেকে পোলার সেটেলাইট লঞ্চ ভিকেল (পীএসএলভী) সী23 সফল প্রক্ষেপণ দেখেন। মিশন কন্ট্রোল সেন্টার থেকে নিজের অভিনন্দন জ্ঞাপনের সময় তিনি অন্তরিক্ষের বৈজ্ঞানিকদের নিজের সাথে মিলিয়ে শাসন প্রণালী তথা বিকাসের ক্ষেত্রে অন্তরিক্ষ বিজ্ঞানের যতটা সম্ভব বেশি ব্যবহারের ব্যাপারে তিনি আহ্বান জানিয়েছেন। তিনি বলেন যে, ভারত অন্তরিক্ষের ব্যাপারে যেভাবে সফলতা লাভ করেছে, তার দ্বারা সামাজিক পরিবর্তন, আর্থিক বিকাস তথা বিভিন্ন প্রয়োজনীয় উপায়ের সংরক্ষণ করা সম্ভব হবে। ভারতের 'বসুধৈব কুটুম্বক' এর প্রাচীন মান্যতার উল্লেখ করে নরেন্দ্র মোদী বলেছিলেন যে, ভারতের অন্তরিক্ষের

কার্যক্রম মানবতার সেবার কথা মাথায় রেখেই করা হয়, এর সাথে ভারতের শক্তি বিকাসের কোনো সম্পর্ক নেই। তিনি বলেন যে বিজ্ঞান তথা শিল্পের ক্ষেত্রে ভারতের ইতিহাস খুবই উজ্জ্বল, যার সাথে অন্তরিক্ষ বিজ্ঞানও অন্তর্ভূক্ত আছে। শ্রী মোদী বলেন যে ভাস্করাচার্য তথা আর্যভট্রের মতো ভারতের প্রাচীন মহান বৈজ্ঞানিকেরা বংশ পরম্পরায় প্রেরণার সঞ্চার করে চলেছেন। তিনি বলেন যে, ভারতকে অন্তরিক্ষের দিক দিয়েও বিকসিত দেশ হয়ে উঠতে হবে, বিশেষ করে প্রতিবেশি দেশের সঙ্গে সমন্বয় সাধন করে চলাটা খুবই জরুরি। তিনি অন্তরিক্ষ বৈজ্ঞানিকদের আহ্বান করেছেন তারা যেন সার্ক দেশের জন্য কৃত্রিম উপগ্রহ তৈরি করে, ভারত নিজের প্রতিবেশি দেশ গুলিকে এই সেবা উপহার স্বরূপ প্রদান করতে চায়।

এই সময় নরেন্দ্র মোদী একথাও বলেছিলেন যে, সম্পূর্ণ রূপে স্বদেশী ভারতীয় অন্তরিক্ষ কার্যক্রম অন্তরাষ্ট্রীয় চাপ তথা বাধা গুলির মধ্যে বিকসিত হয়েছিল। তিনি বলেন যে, এই ক্ষেত্রে আমরা সাধারণ স্থিতি থেকে ওপরে উঠে উৎকৃষ্টতা প্রাপ্ত করেছি। সাধারণ মানুষ অন্তরিক্ষ টেকনিকের সাহায্যে কি সুবিধা পেতে পারে সেই কথা বলতে গিয়ে প্রধানমন্ত্রী বলেছিলেন যে, এর থেকে আধুনিক সঞ্চার ব্যবস্থা সম্ভব, সুদূর গ্রামে বাচ্চাদের এই স্তরের শিক্ষা প্রদান করে তাদের শক্তিশালী করে তোলা যেতে পারে এবং সেই সাথে টেলীমেডিসিন দ্বারা স্বাস্থ্য সম্পর্কিত আরো ভালো সেবা প্রদান করা যেতে পারে। প্রধানমন্ত্রী বলেছিলেন যে, অন্তরিক্ষ বিজ্ঞানের বিষয়ে আমাদের আরো অভিনব প্রয়াস চালিয়ে যেতে হবে। তিনি অত্যাধুনিক উপগ্রহ গুলির বিকাস এবং সাটালাইট ফুট প্রিন্ট বৃদ্ধি করতে বলেছেন। তিনি বলেন যে, ভারতের কাছে বিশ্বের জন্য সার্ভিস প্রোভাঈডার তৈরির ক্ষমতা আছে, আর ভারতকে সেই অনুসারে কাজ করা উচিত। প্রধানমন্ত্রী ভারতের যুবক বৃন্দকে অন্তরিক্ষের কার্যক্রমের সাথে যুক্ত হওয়ার আহ্বান জানিয়েছেন। মোদী বলেছেন যে, শ্রীহরিকোটায় যুবা বৈজ্ঞানিকদের সাথে কথা বলে এবং তাদের কাজ কর্ম দেখে তিনি খুবই খুশি হয়েছেন।

ঠিক সেই ভাবে যখন ভাবা পরমাণু অনুসন্ধান কেন্দ্রে হীরক জয়ন্তীর সমারোহ পালন করা হয়েছিল তখন প্রধানমন্ত্রী নরেন্দ্র মোদী নিজে সেখানে পৌঁছে গেছিলেন এবং তিনি সেখানে বৈজ্ঞানিকদের উৎসাহ প্রদানের কাজ করেন। 2014 সালের 3 শরা আগস্ট পরমাণু উর্জা বিভাগের হীরক জয়ন্তীর উৎসব পালিত হয়েছিল। এই সম্পর্কে চর্চা করতে গিয়ে প্রধানমন্ত্রী পরমাণু উর্জা বিভাগকে

পুরো বছরটা জুড়ে এই হীরক জয়েন্তী উৎসবকে উপভোগ করার জন্য বিভিন্ন কার্যক্রম তৈরি করতে বলেছিলেন। তিনি বলেন যে, যে কার্যক্রমের তালিকা প্রস্তুত করা হবে তাতে যেন পরমাণু বিজ্ঞান ও মানবীয় বিকাসের কথা মাথায় রাখা হয়। তিনি এই সম্পূর্ণ বিষয়টিকে সারা দেশের স্কুল ও কলেজে পৌঁছে দিতে চেয়েছিলেন। প্রধানমন্ত্রী পরমাণু উর্জা বিভাগকে বলেছিলেন যে, তারা যেন সারা বিশ্বে পরমাণু বিজ্ঞানের ক্ষেত্রে ভারতের ক্ষমতার মানবীয় পক্ষকে উজাগর করতে সক্ষম হয়। প্রধানমন্ত্রী সর্বাধিক জটিল তথা প্রতিদ্বন্দ্বী পূর্ণ বিজভান টেকনোলজির ক্ষেত্রে ভারতীয় বৈজ্ঞানিক সমুদয়ের অসাধারণ উপলব্ধির উচ্চশিত প্রশংসা করেন। প্রধানমন্ত্রী বলেন যে, বৈজ্ঞানিক দলের সফলতা বিশেষ ভাবে ধৈর্য্য শক্তির ওপর নির্ভর করে, কারণ বেশ কয়েক বছর ধরে অন্তর্রাষ্ট্রীয় টেকনোলজি প্রাপ্ত করা সম্ভব হচ্ছিল না। তিনি বলেন যে, পরমাণু ইন্ধন চক্রতে ভারতের আত্মনির্ভরতা তথা স্বদেশী রিয়ক্টরের বাণিজ্যিক সফলতার থেকে এটা প্রমাণ হয়ে যায় যে, দৃষ্টিভঙ্গী, নিশ্চয় তথা কঠিন কার্যের জোরে ভারত সর্বাধিক প্রতিদ্বন্দ্বিতা পূর্ণ এলাকাতেও শীর্ষ স্থানে যাওয়া ক্ষমতা রাখে।

নরেন্দ্র মোদী স্বচ্ছ তথা বিশ্বাসযোগ্য উর্জা স্রোতের ওপর নির্ভরশীল উর্জা সুরক্ষার মহত্ত্ব সম্পর্কে নিজের মান্যতাকে পুনরায় জানিয়েছিলেন। তিনি ভারতের উর্জা রণনীতিতে পরমাণু শক্তির প্রয়োজনীয়তা কতখানি সেকথা বলেছেন। তিনি পরমাণু উর্জা বিভাগের উচ্চাকাঙ্খী বিস্তার কার্যক্রমকে লাগু করার জন্য পূর্ণ সমর্থনের আশ্বাসন দিয়েছেন আর আশা করেছেন যে, পরমাণু উর্জা বিভাগ সম্ভবত 2023 - 24 সালের মধ্যে 5780 মেগাবাইটের বর্তমান ক্ষমতাকে 3 গুণ করে তোলার লক্ষ্য পূরণ করতে পারবে। তিনি পরমাণু উর্জাকে বাণিজ্যিক রূপে ব্যবহারিক করে তোলার জন্য এবং দীর্ঘকালিন দৃষ্টিতে স্বচ্ছ উর্জার স্রোতে প্রতিযোগি করে তোলার প্রয়োজনেরর ওপর জোর দিয়েছেন। তিনি পরমাণু উর্জা বিভাগকে দীর্ঘকালিন পরিকল্পনা তথা অন্তর্রাষ্ট্রীয় মান্যতার অনুরূপ টেকনোলজিকে নিরন্তর রূপে উন্নত রাখতে বলেছেন। তিনি বলেন যে, পরমাণু উর্জা বিভাগকে দেশে পর্যাপ্ত কৌশল সম্পন্ন মানব সংশাধন প্রদানের জন্য পরিকল্পনা গড়া উচিত। তিনি আরো বলেন যে, তাঁর কাছে পরমাণু সুরক্ষা হল সবচেয়ে গুরুত্বপূর্ণ বিষয়। তিনি পরমাণু উর্জা বিভাগকে এটি সুনিশ্চিত করতে বলেন যে, সারা বিশ্বের কাছে বিজ্ঞানের বিষয়ে ভারত যেন সর্বাধিক আধুনিকতার শ্রেয় লাভ করে। তিনি এই বিভাগকে পরমাণু উর্জা বিভাগ গুলির

নিয়োজন তথা তা লাগু করার জন্য স্থানীয় সমুদয়ের প্রতি বিশেষ ধ্যান দিতে বলেছিলেন।

ঠিক সেই ভাবেই 2014 সালের 24 শে সেপ্টেম্বর ভারত যখন প্রথম চেষ্টাতেই মঙ্গলের কক্ষে পৌঁছাতে সক্ষম হয় তখন সেই ঐতিহাসিক সফলতার সাক্ষী হয়ে থাকতে এবং সেই কাজের জন্য অংশ গ্রহণকারী বৈজ্ঞানিকদের উৎসাহ প্রদান করার জন্য নরেন্দ্র মোদী নিজে সেখানে উপস্থিত ছিলেন। এই সময়ে তিনি মঙ্গল মিশনের সাথে যুক্ত বৈজ্ঞানিকদের উদ্দেশ্যে বলেছিলেন যে, 'আপনাদের সকলকে অভিনন্দ, সারা দেশবাসীকে আমার অভিনন্দ। আজ এক ইতিহাসের সৃষ্টি হয়েছে। আমরা এমন একটা জগতে পৌঁছানোর সাহস দেখিয়েছি যার সম্পর্কে আমরা কিছুই জানতাম না, আর আমরা সম্ভবত উল্লেখযোগ্য সফলতা প্রাপ্ত করেছি। আমি ইসরোর সমস্ত বৈজ্ঞানিক সহ সারা দেশের বাসিন্দাকে অভিনন্দ জানাচ্ছি। আমাদের বৈজ্ঞানিক গণ প্রথম চেষ্টাতেই এই কাজ করতে সার্থক হয়েছে।'

নরেন্দ্র মোদী বলেন যে, 'আমি আগেই বলেছিলাম যে, আমাদের কাছে প্রয়োজনীয় সামগ্রী ছিল খুবই কম। তার সাথে ছিল বহু বাধা, কিন্তু তাসত্ত্বেও বৈজ্ঞানিক গণ নিজেদের কাজে সফল হয়েছেন, আর তা সম্ভব হয়েছে শুধুমাত্র তাঁদের বিশ্বাসের জন্য, তাঁদের পৌরষের জন্য এবং তাঁদের প্রতিজ্ঞাবদ্ধতার জন্য। এই কারণেই আমাদের দেশের বৈজ্ঞানিক গণ প্রচুর অভিনন্দের অধিকারী। বিশ্বে সকলে সফলতা অর্জন করতে পারে না। ভারতের বৈজ্ঞানিক গণ, ভারত বর্ষ এই প্রথম সফলতা লাভ করেছে, আর তাও হয়েছে মাত্র তিন বছরের মধ্যে, এটা কোনো ছোটো কথা নয়। আপনাদের জন্য আজ সারা ভারত গর্ব অনুভব করছে। অহংকার হচ্ছে। আজ বৈজ্ঞানিকদের জন্য আমরা সকলে অহংকার বোধ করছি।'

জ্ঞানের মহত্ত্ব আর তার সাথে সম্পর্কিত পরম্পরাকে রেখাঙ্কিত করতে গিয়ে প্রধানমন্ত্রী বলেছেন যে, 'আমরা সবচেয়ে বেশি আনন্দ হয় এটা ভেবে যে, আমি যতবার আপনাদের মধ্যে এসেছি, ততবারই আমার মনে হয়েছে যে এক প্রজন্ম আর একটা প্রজন্মকে তৈরি করে চলেছে, আর সেটা সত্যিই এক বিরাট ব্যাপার। আমি দেখতে পাচ্ছি যে, আমার সামনে কত অল্প বয়স্ক বৈজ্ঞানিকগণ দাঁড়িয়ে আছে। গত প্রজন্মের লোকেরা এদের তৈরি করেছে, আর এরা পরের প্রজন্মকে তৈরি করবে। এটা হল গুরু-শিষ্যের পরম্পরা, যা আমাদের দেশের এক বিশেষ বৈশিষ্ট, আর আজ ইসরো এসে আমি সেই দিনগুলিকেই খুঁজে পাচ্ছি। 50 - 60 বছরের মধ্যে এই সিনিয়ার মোস্ট বৈজ্ঞানিক গণ যে পরম্পরা তৈরি

করেছেন তা আজও এই ধারাবাহিক ভাবেই চলে আসছে। এই কালচারের জন্যও, এই পরম্পরার জন্যও সমস্ত বৈজ্ঞানিক গণ প্রচুর-প্রচুর অভিনন্দনের অধিকারী।'

নরেন্দ্র মোদী তাঁর সাধারণ জীবনে জ্ঞান ও বিজ্ঞানের মহত্ত্বের কথা বলতে গিয়ে বলেছিলেন, 'আপনারা, সমস্ত বৈজ্ঞানিক গণ যে কাজ করেছেন, তা যদি দৈনন্দিন জীবনে লাগু করা যায় তাহলে আমাদের জীবন বদলে যাবে। সম্পূর্ণ সরকার বদলে যেতে পারে। সম্পূর্ণ ব্যবস্থাকে বদলে ফেলা যেতে পারে। আমাদের গতি বদলে যেতে পারে। এই বড় অবদান সম্ভব হচ্ছে স্পেস টেক্নোলজির সাহায্যে। এর জন্য আমি বিশ্বাস করি যে, আমাদের চেষ্টা, আমাদের দেশের কোয়ালিটি অফ গভর্নেন্স, কোয়ালিটি অফ লাইফ, স্পীড অফ এচীভমেন্ট, এই সমস্ত ক্ষেত্রে এক বিরাট পরিবর্তন আনার ক্ষমতা রাখে। বহু যুগ আগে আর্যভট্টের মতো বহু মহাপুরুষ গণ আমাদের শাস্ত্রের জ্ঞান দিয়েছিলেন। আমাদের 'শূণ্য' দেন। এই 'শূণ্যের' জোরেই আজ সারা জগত গতি লাভ করতে সক্ষম হয়েছে। বিজ্ঞানের ক্রমাগত অনুসন্ধান একটা ভিত্তিতে পরিণত হয়েছে। এর থেকে বোঝা যাচ্ছে যে, এমন কোনো বিষয় নেই যে সম্পর্কে আমাদের পূর্ব পুরুষ গণ মার্গ দর্শণ করাননি। এই মহান চেষ্টাকে আমাদের সেই ঋষিদের উদ্দেশ্যে, যারা মহান বৈজ্ঞানিকও ছিলেন, প্রদেয় শ্রদ্ধাঞ্জলি। বহু যুগ বাদে এক প্রজন্ম এই শ্রদ্ধাঞ্জলি দিতে সক্ষম হয়েছে। তাই এই পরম্পরা বজায় রাখার জন্য আমি আজ প্রচুর গৌরব অনুভব করছি। যাঁরা এই ল্যাবে বসে, দিনরাত পরিশ্রম করে চলেছেন, যাঁরা নিজেদের সুখ শান্তির কথা ভাবেননি, কিছু করে দেখানোর ইচ্ছায় যাঁরা দিনের পর দিন চেষ্টা চালিয়ে গেছেন, তাঁদের এই অক্লান্ত পরিশ্রমই আজ সার্থকতার রূপ ধারণ করেছে। স্বামী বিবেকানন্দ বলেছিলেন যে, আমি দেখছি, যে আমার ভারত মাতা একদিন আবার বিশ্বের দরবারে বিশ্বগুরুর স্থান দখল করবে। তা কি করে করবে? আপনাদের মতো মানুষদের অক্লান্ত পরিশ্রমের ফলেই সেই ইচ্ছা পূরণ হবে। আমাদের দেশের যুবক প্রজন্মের চেষ্টাই আমাদের স্বপ্নকে সার্থক করে তুলবে। যে কৃষক ক্ষেতে কাজ করে, যে গরিব কারখানায় পরিশ্রম করে, যে বৈজ্ঞানিক এই ল্যাবে বসে তপস্যা করে চলেছে তারা সকলেই ঋষিতুল্য জীবন অতিবাহিত করছে, এদের জন্যই তো ভারত মাতা জগত গুরুর স্থান দখল করতে সক্ষম হবেন।'

জ্ঞানের মহত্ত্ব তাঁর কাছে এতখানিই গুরুত্বপূর্ণ যে, তিনি দেশের বাইরে যে সমস্ত ভারতীয়রা রয়েছেন, তাদের বিশেষত্বের দ্বারাও তিনি ভারতকে

লাভান্বিত করতে চান। সেই কারণেই তিনি আমেরিকায় গিয়ে প্রবাসী ভারতীয়দের সাথে মন খুলে কথা বলেছেন। এর আগে নরেন্দ্র মোদীর সহযোগী কেন্দ্রীয় স্বাস্থ্য মন্ত্রী ডক্টর হর্ষবধর্ন আমেরিকায় গেছিলেন, তখন তিনি সেখানে গিয়ে মোদীর একটা বার্তা পাঠ করেছিলেন। আমেরিকায় বসবাস কারী ভারতীয় ডাক্তারদের উদ্দেশ্য করে তিনি বলেছিলেন যে, তারা যেন নিজেদের গবেষণা ও চেষ্টার দ্বারা ভারতের গরিবদের স্বাস্থ্যের উন্নতি ঘটানোর চেষ্টা করেন। সেন এন্টোনিয়ো, টেক্সাকে আমেরিকান এসোশিয়েশান অফ ফীজিশিয়ন্স অফ ইন্ডিয়ান অরিজন (এএপীআঈ) এর 32তম বার্ষিক বার্ষিক সম্মেলনের প্রতিনিধিদের পাঠিয়ে প্রধানমন্ত্রী 'সুস্থ ভারত' গড়ে তোলার বিষয়ে রাষ্ট্রের সমস্ত নাগরিকদের যোগনাদ যে কতটা অপরিহার্য সেই বিষয়ে বিশেষ বল আরোপ করেছিলেন। তিনি বিশেষ কিছু ক্ষেত্রের উত্থাপন করেছিলেন, যাতে এএপীআঈ-এর সদস্যগণ যোগ দিতে পারে। এতে শিক্ষার কার্য, টেলী মেডিসিন সম্পর্কে তথ্যের আদান প্রদান, অসুখের বিরূদ্ধে সংঘর্ষের ব্যাপারে তাদের বিশেষজ্ঞতা, মডেল প্রাথমিক স্বাস্থ্য কেন্দ্রের বিকাস প্রভৃতি খুবই জরুরি। আমেরিকান এসোসিয়েশান অফ ফিজিশিয়ন্স অফ ইন্ডিয়ান ওরিজেন (এএপীআঈ) ভারতীয় ডাক্তাদের সংগঠন। এতে মোট 52 জনেরও বেশি সদস্য আছে। এই সংগঠন দেশে চিকিৎসা পদ্ধতি, প্রশিক্ষণ ও অনুসন্ধানে উৎকৃষ্টতা প্রাপ্তির জন্য ভারতীয় ডাক্তারদের সাহায্য করে থাকে।

এটা মনে হয় যে, নরেন্দ্র মোদী মনে করেন, যদি বিভিন্ন ক্ষেত্রের লোকেদের বিকাসের গাড়ির সাথে যুক্ত করে দেওয়া যায়, তাহলে বিভিন্ন ক্ষেত্রে উন্নতি করাটা অতি সহজ হবে। তিনি এটাও মনে করেন যে, প্রত্যেকেরই প্রয়োজন আছে। এই কারণেই তিনি ভারতের উন্নতির জন্য বিভিন্ন পেশায় নিযুক্ত মানুষ গুলিকে কিছুতেই হাত ছাড়া করতে চাইছেন না। এর ফলে বিশেষ বিশেষ পেশায় নিযুক্ত লোকেদেরও এটা মনে হয় যে, প্রধানমন্ত্রী আমাদের গুরুত্ব বুঝতে পারছেন আর সেই কারণেই তিনি তাঁর বিকাস মডেলের সাথে আমাদের যুক্ত করতে চাইছেন। এতে করে লোকেদের মনে বিশ্বাসের জন্ম হয় ও তারা কাজের ব্যাপারে দৃঢ় প্রতিজ্ঞ হয়ে ওঠে। এটা খুবই দক্ষ ব্যবস্থাপনার পরিচয়। এর উপর ভিত্তি করেই নিজের পরিকল্পনাকে বাস্তবায়িত করা সম্ভব।

নরেন্দ্র মোদীর যে যোগ্যতার উল্লেখ এখানে করা হয়েছে, তার বহু উদাহরণ আছে। প্রধানমন্ত্রী চিকিৎসা দিবসের দিন চিকিৎসকদের প্রতি নিজের সম্মান প্রকট করেছেন। এই সময়ে তিনি নিজের টউটারে বলেছিলেন, 'আজ এই

চিকিৎসা দিবসের দিন আমি চিকিৎসকদের তাঁদের কাজের জন্য সেলাম জানাচ্ছি, আর কামনা করছি সুস্থ ভারত গড়ে তোলার প্রয়াসে তাঁরা যেন সফল হোতে পারেন।' অন্য দিকে তিনি চার্টর্ড একাউন্টেল দিবসে চার্টার্ড একাউন্টটেন্টদের শুভ কামনা জ্ঞাপন করেছিলেন। তিনি টউটারে লিখেছিলেন, 'আমি চার্টার্ড একাউন্ট দিবসে আমার সীএ বন্ধুদের অভিনন্দ জানাচ্ছি। ভারতের প্রগতির জন্য তারা গুরুত্বপূর্ণ ভূমিকা পালন করেছে।'

যেভাবে নরেন্দ্র মোদী জ্ঞানের প্রতিটা ক্ষেত্রে গিয়ে সেখানকার বিশেষজ্ঞদের উৎসাহ প্রদানের কাজ করে চলেছেন, তাতে করে দেশ গড়ার কাজে তিনি কতটা প্রতিজ্ঞা বদ্ধ তা বোঝা যাচ্ছে। এই কাজে প্রতিটা মানুষের যোগদানকেও তিনি গুরুত্বপূর্ণ বলে মনে করছেন। আজকের দিনে সবচেয়ে বড় সত্য হল, যে সরকার যত পরিকল্পনাই বাস্তবায়িত করতে চাক না কেন বা কোনো প্রাইভেট কম্পানী ছোট-বড় যে কাজেরই পরিকল্পনা করুক না কেনো, যদি সে জ্ঞানের মহত্ত্ব বুঝতে না পারে তাহলে তার সফলতা পাওয়া খুবই কঠিন হয়ে উঠবে। নরেন্দ্র মোদীর যে চেষ্টা নিয়ে আগেই আলোচনা করা হয়েছে, তার ভিত্তিতে আমরা একটা জিনিস বুঝতে পারছি যে, আমরা যে ক্ষেত্রেই কাজ করিনা কেনো প্রতিটা ক্ষেত্রের সাথে সম্পর্কিত বিষয় সম্পর্কে আমাদের জ্ঞান থাকাটা খুবই জরুরি।

বন্ধুত্ব

জীবনকে সঠিক পথে চালনা করার জন্য বন্ধু এক গুরুত্বপূর্ণ ভূমিকা পালন করে থাকে। সার্বজনিক ক্ষেত্র থেকে শুরু করে ব্যক্তিগত জীবন পর্যন্ত সব ক্ষেত্রেই বন্ধুর প্রয়োজন হয়ে থাকে। যদি কাউর মধ্যে বন্ধুত্ব করার ক্ষমতা থাকে এবং সে যদি কাউর সঠিক বন্ধু হয়ে উঠতে পারে তাহলে জীবন অনেক সুবিধা জনক হয়ে যায়। তেমনি কেউ যদি কূপমুন্ডকের মতন জীবন অতিবাহিত করতে চায়, কাউর সাথে মিশতে না পারে তাহলে তার জীবন খুবই জটিল হয়ে ওঠে। এই কথা গুলি কোনো মানুষের জন্য যেমন সত্য তেমনি কোনো সংস্থার জন্যও সমান ভাবে সত্য। কোনো দেশ যদি সফল হয়ে উঠতে চায় তাহলে বিশ্বের বিভিন্ন দেশের কাছে বন্ধুতের হাত বর্ধিত করতে হবে। নরেন্দ্র মোদী প্রধানমন্ত্রী হওয়ার পর থেকেই এই বিষয়ে তাঁর মধ্যে ইতিবাচক প্রতিক্রিয়া লক্ষ্য করা গেছে। এই অধ্যায়ে এই বিষয় নিয়েই বিস্তারিত আলোচনা করব এবং তাঁর ব্যবস্থাপনার কৌশলটিও বোঝার চেষ্টা করব।

অন্য দেশের সাথে ভারতের বন্ধুত্ব গড়ে তোলা নিয়ে নরেন্দ্র মোদী সরকার কি মত পোষণ করে থাকেন তা তাঁর শপথ গ্রহণের দিন থেকেই বোঝা গেছিল। তিনি নিজের শপথ গ্রহণের অনুষ্ঠানে দক্ষীণ এশিয়ার দেশ গুলির রাষ্ট্রাধ্যক্ষদের আহ্বান জানিয়েছিলেন। অনেকে বলেছিল যে, পাকিস্তানের সাথে ভারতের সম্পর্ক ঠিক নয়, তাই এই মত অবস্থায় পাকিস্তানের প্রধানমন্ত্রী নওয়াজ সরিফকে আমন্ত্রণ জানানোটা ঠিক হয়নি। নরেন্দ্র মোদীর সম্পর্কে এই কথাও বলা হয় যে, নির্বাচনের প্রচারের সময় তিনি মনমোহন সিং সরকারের বিরূদ্ধে এই কথাই প্রচার করেছিলেন যে, যখন সীমান্তবর্তী এলাকা এই রকম গরম হয়ে রয়েছে তাহলে সরকার কিভাবে পাকিস্তানের সাথে আতাঁত গড়ার কথা বলছে। এই নিয়ে তিনি কঠোর সমালোচনাও করেছেন। এই সময় নওয়াজ সরিফকে

ডাকার জন্য মোদীকে নিয়েও যথেষ্ট সমালোচনা করা হয়েছিল, কিন্তু সেই সময় বৈদেশিক মামলা সম্পর্কে ওয়াকিবহাল লোকজনেরা তাঁর এই সিদ্ধান্তের জন্য তাঁর প্রশংসা করেছিল।

নরেন্দ্র মোদীর বিদেশ নীতি সম্পর্কে কথা বলতে গিয়ে একটা কথা সবার আগে বলতে হয় যে, তিনি প্রতিবেশী দেশ গুলির সাথে সুসম্পর্ক বজায় রেখে চলতে চান। কথাতেই বলে যে, যার প্রতিবেশী ভালো তার মানে তার কপাল ভালো। পৃথিবীর যে দেশ গুলি অনেক উন্নতি করতে সক্ষম হয়েছে, তারা তাদের প্রতিবেশী দেশ গুলির সাথে সুসম্পর্ক বজায় রেখে চলেছে। হয়তো নরেন্দ্র মোদীও এমনি কিছু ভেবেছিলেন যার জন্য পদে বসার প্রথম দিন থেকেই তিনি প্রতিবেশী দেশ গুলির সাথে আতাঁত গড়ে তোলার চেষ্টা করেছিলেন। প্রধানমন্ত্রী পদে বসার পরেই বিদেশ সফরের জন্য তিনি ভুটানকে নির্বাচন করেছিলেন, প্রতিবেশীদের সাথে সুসম্পর্ক গড়ে তোলার বিষয়ে এর চেয়ে ভালো উদাহরণ আর কি হোতে পারে?

নরেন্দ্র মোদী ভুটানে পৌঁছানোর পর শুধু যে সেখানকার সরকারি তাঁকে উষ্ণ অভ্যর্থনা জানিয়েছিলেন তাই নয়, সেই দেশের মানুষও তাঁর সাথে হাত মেলানোর জন্য ব্যাকুল হয়ে উঠেছিল। নরেন্দ্র মোদী যখন পারো অন্তর্রাষ্ট্রীয় বিমান পোত থেকে থিম্পুর দিকে যাচ্ছিলেন তখন রাস্তার দুধারে দাঁড়ানো অসংখ্য আবাল-বৃদ্ধ-বনিতা পতাকে নাড়িয়ে তাঁকে অভ্যর্থনা জানিয়েছিল। প্রধানমন্ত্রী ভুটানে যাওয়ার ফলে দুই দেশের মধ্যে এমন সুসম্পর্কের স্থাপনা হয়েছিল যে তারা একে অপরকে উন্নতি ও বিকাসের জন্য আর্থিক সাহায্যের প্রতিশ্রুতি পর্যন্ত দেয়। এই দ্বিপক্ষীয় সম্পর্ককে মোদী বী-টু-বী অর্থাৎ ভারত থেকে ভুটানের রূপে ব্যাখ্যা করেছিলেন। প্রধানমন্ত্রী ভারতের সাথে ভুটানের এই সুসম্পর্ক গড়ে ওঠার জন্য সন্তোষ প্রকাশ করেছেন, এবং তিনি একথাও জানিয়েছেন যে, ভারত শুধু মজবুত সম্পর্কের কথাই বলেনি বরং তা মজবুত করে তোলার ব্যাপারেও প্রতিজ্ঞা বদ্ধ। প্রধানমন্ত্রী ব্যাপাক শৈক্ষিক সম্পর্ক গড়ে তোলার বিষয়ে জোর দিয়েছিলেন এবং ভারতে ভুটানি ছাত্রদের যে বিত্তি দেওয়া হচ্ছে তা যাতে দ্বিগুণ করে দেওয়া হয় সেই ব্যাপারেও পরামর্শ দেন। ভারত ছাত্রবিত্তি দেওয়ার ব্যাপারে দুই কোটি টাকা দেওয়ার কথা বলেছেন। প্রধানমন্ত্রী এটাও বলেছেন যে, ভারত এই দেশকে একটা পুস্তাকালয় গড়ে তোলার

ব্যাপারেও সাহায্য করবে, যার ফলে ভুটানি ছাত্ররা 20 লাখের বেশি বই ও পত্রিকার সুবিধা লাভ করবে।

নরেন্দ্র মোদী ভুটান সরকারের সংসদের সংযুক্ত অধিবেশনেও যোগ দিয়েছিলেন। এই সময় ভুটানের ন্যাশানাল অসেম্বলীর স্পীকার জিগ্মে জাংগ্পোর ভাষণ নিয়ে আলোচনা করতে গিয়ে নরেন্দ্র মোদী বলেছিলেন, ভারত যত উন্নত হবে ভুটানও তত উন্নত হয়ে উঠবে তাঁর এই মতের সথে আমাদের প্রধানমন্ত্রীও ঐক্যমত পোষণ করেছিলেন। তিনি বলেন যে, সার্ক দেশ গুলির উন্নতির জন্য ভারতের উন্নত হয়ে ওঠাটা খুবই জরুরি। একটা মজবুত ও সমৃদ্ধশালী ভারতই পারে প্রতিবেশি রাষ্ট্র গুলিকে বিভিন্ন ঝড়ঝঞ্ঝার হাত থেকে রক্ষা করতে। ভারত-ভুটান সম্পর্কের বিষয়ে নরেন্দ্র মোদী বলেছিলেন যে, এই সম্পর্ক শুধু প্রশাসনিক সম্পর্কের ওপর ভিত্তি করে গড়ে ওঠেনি। তিনি বলেন যে, ভারত ও ভুটান দুটি দেশই শাসকের পরিবর্তন দেখেছে। ভুটানে গনতান্ত্রিক ব্যবস্থা বিকসিত হয়েছে, কিন্তু সম্পর্কের ক্ষেত্রে কোনো আঁচ আসেনি। ভারতেও বহুবার শাসনব্যবস্থা বদলেছে, কিন্তু তার জন্য ভারত ও ভুটানের সম্পর্কের মধ্যে কোনো ফাটল দেখা যায়নি। ভারত ও ভুটানের সম্পর্ক শাসকদের ওপর নির্ভরশীল নয়, এই দুই দেশের সম্পর্কের ভিত্তি হল সংস্কৃতি। আমাদের সাংস্কৃতিক ঐতিহ্যই হল আমাদের বন্ধনের কারণ। আমরা উভয় পক্ষই মনের দরজা খুলে রেখেছি যার জন্য আমরা একতা বোধ করে থাকি। ভূটান হোক বা ভারত আমাদের মনের দরজা সর্বদাই খোলা। এই কারণেই ভারত ও ভুটানের সম্পর্ক আজ ঐতিহাসিক হয়ে উঠেছে, আর আশা করা যায় যে, ভারত ও ভুটানের আগামী প্রজন্মও এই ঐতিহাসিক সম্পর্ককে টিকিয়ে রাখতে সক্ষম হবে। মোদী আরো বলেন যে, ভূটানের 'পনাবজলী' সম্ভবনাকে কাজে লাগানোর পরিকল্পনার অর্থ ভূটানের অর্থব্যবস্থাকে সুদূর করা নয় বা ভারতের উর্জার অভাব পূরণ করা নয়, বরং ভারত ও ভূটানের সংযুক্ত প্রয়াসের দ্বারা গ্লোবাল ওয়ার্মিং-এর জন্য নাজেহাল মানুষ গুলিকে একটু শান্তি দেওয়া।

ভারত ও ভূটানের সম্পর্ককে কিভাবে আরো দৃঢ় করে তোলা যাবে, সেই বিষয়ে কথা বলতে গিয়ে নরেন্দ্র মোদী জানিয়েছেন যে, ভারতের ভূটানের সাথে লাগোয়া হিমালয়ের ক্ষেত্রে প্রতি বছর একটা খেলা প্রতিযোগীতার আয়োজন করা যেতে পারে, দরকার হলে নেপালকেও এর সাথে যুক্ত করা যেতে

পারে। উনি বলেন যে, মানুষ খেলার মাধ্যমে একে অপরের সাথে সংযুক্ত হোতে পারলে একটা আনন্দের সম্পর্ক গড়ে উঠতে পারে। প্রধানমন্ত্রী বলেছিলেন যে, ভারতের অন্তরিক্ষ ব্যবস্থাকেও ভূটান ইচ্ছা করলে কাজে লাগাতে পারে। নরেন্দ্র মোদী বলেন যে, অনেকে মনে করে যে, হিমালয় আমাদের আলাদ করে দিয়েছে, কিন্তু উনি মনে করেন যে এই হিমালয়ের জন্যই আমরা এক হয়ে আছি, আমাদের ঐক্যবদ্ধতা আমাদের ঐতিহ্যের একটা অঙ্গ। তিনি বলেন যে, দুই দিকের লোকই মনে করে যে হিমালয় হল একটা শক্তির উৎস, কিন্তু সময়ের সাথে সাথে হিমালয়ের উপযোগিতা নিয়েও অধ্যয়ন করাটা খুবই জরুরি। তিনি বলেন যে, ভারত জলবায়ু পরিবর্তনের জন্য প্রথম থেকেই একটা রাষ্ট্রীয় কার্য পরিকল্পনা শুরু করেছিলেন। তিনি বলেন যে, হিমালয়ের প্রণালী বজায় রাখার জন্য একটা রাষ্ট্রীয় মিশনের ওপরেও বিচার করা যেতে পারে। তিনি আরো বলেছেন যে, ভারত হিমালয়ের অধ্যয়নের জন্য একটা কেন্দ্রীয় বিশ্ববিদ্যালয়ের স্থাপনা করা উচিত এবং তার জন্য ভূটানের খুবই সুবিধা হবে।

নরেন্দ্র মোদী বলেন যে, ভারত ও ভূটান পর্যটনের বিষয়েও একটি সামগ্রীক দৃষ্টিকোণ গড়ে তোলা খুবই জরুরি, আর একটা সার্কিটের বিকাস করতে পারে, যাতে ভারতের পূর্বোত্তর রাজ্য ও ভূটান সংঘবদ্ধ থাকবে। তিনি বলেন যে, আতঙ্কবাদ দূর করে পর্যটনের সম্পর্ক যুক্ত করতে হবে। মোদী বলেন যে, যদি ভূটানের প্রাকৃতিক সম্পদ গুলির ক্ষেত্রে একটা মেল বন্ধন গড়ে তোলা যায় তাহলে তা পৃথিবীর জন্য একটা বৃহৎ নিয়ন্ত্রণ ব্যবস্থা গড়ে তোলা সম্ভব হবে। প্রধানমন্ত্রী ভূটানের তৃতীয় রাজার টিপ্পনীর উদ্ধৃত্ত করে বলেছিলেন : দুধ ও জলের মতো ভারত ও ভূটানকেও আলাদা করা সম্ভব নয়। তিনি বলেন যে, আমাদের বন্ধুত্ব অটুট এবং সংস্কৃতির বন্ধনও খুব জোড়ালো।

ভূটানের যাত্রা শেষ করে নরেন্দ্র মোদী ব্রিক্স সম্মেলনে যোগ দেওয়ার জন্য ব্রাজীলের ফোর্টলেজা শহরে যান। প্রধানমন্ত্রী হিসাবে এশিয়ার বাইরে তিনি এই প্রথম পা রেখেছিলেন। ব্রিক্সের এই বৈঠকে ব্রিক্স ব্যাঙ্ক বানানো নিয়ে চুড়ান্ত সিদ্ধান্তে উপনীত হওয়া সম্ভব হয়েছিল। যদিও এই ব্যাঙ্কের মুখ্যালয় হবে চীনে, কিন্তু ব্যাঙ্কের প্রথম অধ্যক্ষ হবে ভারতের। এই সম্মেলনের সময়, নরেন্দ্র মোদীর সাথে বিশ্বের কিছু মুখ্য নেতাদের পরিচয় হয়। সবার আগে চীনের রাষ্ট্রপতি শী জিনপিংগের সঙ্গে আলাপের আলোচনা করব। এই আলাপের পর উভয় দেশের

নেতাই মনে করেছিলেন যে, ভারত ও চীনের মধ্যে একটা ব্যাপক সহযোগিতার সম্পর্ক গড়ে ওঠা সম্ভব। এমনকি এই দুই দেশ একত্রিত হলে শুধু এশিয়াতেই নয় সারা বিশ্বের সামনে বিরাট ভূমিকা পালন করতে সক্ষম হবে। জিনপিংগ দ্বিপক্ষীয় সম্পর্কের গুরুত্ব কতখানি সেই নিয়ে রেখাঙ্কন করেন, আর বলেন যে, যখন ভারত আর চীন মিলিত হয় তখন সারা বিশ্বের নজর থাকে তাদের ওপর। উভয় পক্ষই সীমা সংক্রান্ত বিষয় নিয়ে সমাধানের কথা বলেন। প্রধানমন্ত্রী সীমান্তে পারস্পরিক বিশ্বাস এবং ভরসা বৃদ্ধি করে শান্তি অব্যাহত রাখার ডাক দিয়েছিলেন। তিনি বলেন যে, সীমান্ত নিয়ে ভারত ও চীনের মধ্যে যে বিবাদ আছে তা নিজেদের মধ্যে কথা বার্তা বলেই সমাধান করে নিতে হবে, এর থেকে সারা বিশ্বও দেখতে পাবে যে, কিভাবে শুধু কথার মধ্যে দিয়ে সীমান্ত সংক্রান্ত বিবাদের সমাধান করা যেতে পারে। নরেন্দ্র মোদী কৈলাশ ও মানসসরবরের যাত্রীদের অসুবিধার কথা মাথায় রেখে জিনপিংগকে একটা নতুন পথ তৈরির বিষয়ে প্রস্তাব দিয়েছিলেন। প্রধানমন্ত্রী ভারতের কাঠামোতে চীনের বিনিয়োগ বৃদ্ধির জন্য আহ্বান জানিয়েছেন, সেই সাথে দুই দেশের মধ্যে ব্যবসায়িক ক্ষেত্রে যে ভারসাম্যহীনতা পরিলক্ষিত হয় তাও শেষ করার আশা ব্যক্ত করেছিলেন।

এরপর প্রধানমন্ত্রী নরেন্দ্র মোদীর সাথে ব্রাজীলের রাষ্ট্রপতি ডিলমা রাউজেফের কথা হয়। এই আলাপের সময়তেও দুই নেতাই নিজেদের মধ্যে সহযোগীতা বৃদ্ধির জোর দিয়েছিলেন। ব্রাজীলকে ভারতের বিশ্বের অন্যতম মুখ্য অংশীদার করে তোলার জন্য নরেন্দ্র মোদী বলেন যে, দুটি দেশেই গণতন্ত্র বিরাজ করছে, অর্থব্যবস্থাকে সুদৃঢ় করে তোলার জন্যই যে এই দেশ দুটি একে অপরকে সাহায্য করবে তাই নয়, বরং অন্তর্রাষ্ট্রীয় মঞ্চে একে অপরকে দৃঢ়তা প্রদানের ক্ষেত্রে সাহায্য করবে এবং বিকাসের জন্যও এই দুটি ব্যাপক ক্ষমতা সম্পন্ন হয়ে উঠবে। রাষ্ট্রপতি ডিলমা রাউজেফ বিশেষ জোর দিয়ে বলেছিলেন যে, ব্রাজীলের বিদেশ নীতির ক্ষেত্রে ভারত একটা বিশেষ স্থান অধিকার করে আছে, কারণ এই দুই দেশ যদি একে অপরকে সাহায্য করতে পারে তাহলে তাদের এই সহযোগিতা অন্তর্রাষ্ট্রীয় মহত্ত্ব লাভ করবে। দুই নেতাই ভারত ও ব্রাজীলের মধ্যে যে ঐতিহাসিক ও সংস্কৃতিক সম্পর্ক আছে তা স্মরণ করেন। 18 এবং 19 শতাব্দীতে দুই দেশের মধ্যে জামা-কাপড় ও আম আমদানি রপ্তানী করা হতো। দুই নেতাই এই দুই দেশের মধ্যে ব্যাবসায়িক সম্পর্ককে সুদৃঢ় করতে চেয়েছেন, বিনিয়গের ক্ষেত্রে

আরো ব্যাপকতা ও বিবিধকরণের ওপর জোর দিয়েছেন, কৃষি ও ডেয়ারী বিজ্ঞান, ঐতিহ্যবাহী ও নবীকরণীয় উর্জার ক্ষেত্রে সহযোগিতা বৃদ্ধির ক্ষেত্রে সম্মতি দিয়েছে। তিনি জি-20 সহ অন্তর্রাষ্ট্রীয় এবং বহুপক্ষীয় মঞ্চতে সহযোগি বৃদ্ধির ক্ষেত্রেও সম্মতি প্রকট করেছেন। দুই নেতা 2015 সালে সংযুক্ত রাষ্ট্রের 70 তম বার্ষিকীর সময় পর্যন্ত সুরক্ষা পরিষদ সহ সংযুক্ত রাষ্ট্র সংশোধনের ওপর, তৎকালিন প্রগতির বিষয়ে বিশেষ জোর দিয়েছে। দুই নেতাই বৈঠকের পর দুই পক্ষের তিনটি চুক্তির ওপর হস্তাক্ষর করছেন। এতে পরিবেশের বিষয়ে সহযোগিতার জন্য সহমত প্রদান করা হয়েছে । মোবিলিটি এবং কান্সুলারের বিষয়ে সাহায্য প্রদানের বিষয়ে উভয়ই একমত, তাতে করা চুক্তিতে হস্তাক্ষর করা হয়েছে। ভারতীয় উপগ্রহ থেকে ডাটা প্রাপ্তি করা এবং প্রসেস করার জন্য ব্রাজীলের ভূস্টেশানের ক্ষমতার বৃদ্ধির ক্ষেত্রে সহযোগিতা ও কার্যান্নয়নের জন্য করা চুক্তিতেও হস্তাক্ষর করেছেন তাঁরা।

এরপর নরেন্দ্র মোদীর সাথে রাশিয়ার রাষ্ট্রপতি ব্লাদিমীর পুতিন কথা বলেন। বহু যুগ ধরেই রাশিয়ার সাথে ভারতের সম্পর্ক খুবই ভালো, নরেন্দ্র মোদী সেই সম্পর্ককে আরো সুদৃঢ় করে তুলতে চান। মোদীর সাথে যখন পুতিনের আলাপ হয় তখন প্রধানমন্ত্রী ভারত ও রাশিয়ার বিশেষ সম্পর্ক এবং বিশেষাধিকার রণনীতিক অংশীদারীকে প্রগাঢ় করার জন্য এবং রাষ্ট্রপতি পুতিনের সঠিক সিদ্ধান্ত গ্রহণের বিষয়ে বিনম্রতার সাথে উল্লেখ করেন ও তার প্রশংসা করেন। ভারত স্বাধীন হওয়ার পর থেকেই রাশিয়া যেভাবে ভারতের পাশে থেকেছে এবং আর্থিক ক্ষেত্রে যেভাবে ভারতকে সাহায্য করেছে তার জন্য তিনি রাশিয়ার প্রতি তাঁর কৃতজ্ঞতা ব্যক্ত করেছেন। অন্তর্রাষ্ট্রীয় ক্ষেত্রেও ভারতের দিকে রাশিয়া সর্বদাই সাহায্যের হাত প্রসারিত করে দিয়েছিল। প্রধানমন্ত্রী পুনরায় বলেন যে, ভারতের সাথে রাশিয়ার সম্পর্ক তাঁর কাছে অন্যতম জরুরি বিষয়, আর ভারতের বিদেশ নীতি থেকে সর্বদাই তা বোঝা গেছে। তিনি রক্ষা, পরমাণু ক্ষমতা, অন্তরিক্ষ, উর্জা, ব্যাবসা ও বিনিয়োগ, জনতাদের মধ্যে সহযোগিতা এবং সম্পর্ক ও ক্ষেত্রীয় ও বৈশ্বিক প্রতিদ্বন্দ্বিতার সাথে মোকাবিলা করার জন্য প্রগাঢ় এবং ব্যাপক রণনৈতিক অংশীদারীর জন্য রাষ্ট্রপতি পুতিনের সাথে কাজ করার আশা প্রকট করেছেন।

এরপর নরেন্দ্র মোদীর সাথে দক্ষিণ আফ্রিকার রাষ্ট্রপতি জৈকযের আলাপ হয়। দুই নেতাই ভারত ও দক্ষিণ আফ্রিকার মধ্যে সম্পর্কটিকে বিশেষ রূপে চিহ্নিত

করেছেন। দক্ষিণ আফ্রিকায় বহু ভারতীয়ের বাস, উপনিবেশবাদ ও বর্ণবৈষম্যের বিরুদ্ধে তাদের যে সংঘর্ষ অন্তর্রাষ্ট্রীয় ক্ষেত্রে তা জোরদার হয়ে উঠেছিল ভারতের অংশগ্রহণের জন্য। মোদী বলেছিলেন যে, মহাত্মা গান্ধীর জন্য এই দুই দেশের মধ্যে বিশেষ সম্পর্ক গড়ে ওঠা সম্ভব হয়েছিল। দুই নেতাই দ্বিপক্ষীয় সম্পর্ককে মজবুত করার জন্য, দুই দেশের হিতকে এগিয়ে নিয়ে যাওয়ার জন্য তথা বিশ্বের বিকাসের কথা ভেবে অন্তর্রাষ্ট্রীয় মঞ্চে একসাথে কাজ করার আহ্বান জানিয়েছেন। রাষ্ট্রপতি জুমা দক্ষিণ আফ্রিকায় লঘু ও মাঝারি আকারের শিল্প গুলিকে দৃঢ় করে তোলার জন্য প্রধানমন্ত্রীর কাছ থেকে সাহায্য চেয়েছেন। এই আলাপের পর প্রধানমন্ত্রী নরেন্দ্র মোদী ব্রাজীলের রাষ্ট্রপতি রোসেফের দ্বারা আয়োজিত বৈঠকে আরো 11 জন দক্ষিণ আমেরিকার নেতার সাথে কথা বলার সুযোগ পান। এই প্রথম কোনো ভারতীয় প্রধানমন্ত্রী একই স্থানে এত গুলি দক্ষিণ আমেরিকার নেতার সাথে কথা বলার সুযোগ পেয়েছিলেন। দক্ষিণ আমেরিকার নেতারা দক্ষিণ আমেরিকার সাথে ভারতের সম্পর্ক দৃঢ় করে তোলার জন্য প্রধানমন্ত্রী দৃঢ় কণ্ঠে যে ভাষণ দিয়েছিলেন তার প্রশংসা করেন। তিনি দক্ষিণ আমেরিকাকে ভারতের জন্য বিশাল সম্ভবনাময় দেশ হিসাবে চিহ্নিত করেছেন, তাঁর মতে বিশ্বের অর্থনীতির ক্ষেত্রে এটা একটা স্তম্ভ হয়ে উঠতে পারে। তাঁরা ভারতের সাথে সুসম্পর্ক গড়ে তোলার বিষয়ে আগ্রহ প্রকট করেছেন এবং তাঁরা দ্বিপক্ষীয় যাত্রার জন্য তাঁকে দক্ষিণ আমেরিকায় যাওয়ার আমন্ত্রণ জানিয়েছেন। প্রধানমন্ত্রী গুয়ানা, পেরূ এবং সুরীনামার রাষ্ট্রপতির সাথেও বিস্তারিত আলোচনা করেন। এই সময়ে নরেন্দ্র মোদী বলেছিলেন, 'দক্ষিণ আমেরিকায় সম্ভবনার কোনো অভাব নেই। সেখানে প্রাকৃতিক সম্পদের সাথে সাথে বহু প্রতিভাও লুকিয়ে আছে। আর্থিক অনিশ্চিয়তার কথা মাথায় রেখে বিশ্বের সমৃদ্ধির জন্য দক্ষিণ আমেরিকার বিকাস অত্যন্ত গুরুত্বপূর্ণ বিষয়। যে কোনো আকাঙ্খা পূরণের জন্য বা যে কোনো প্রতিদ্বন্দ্বিতার মোকাবিলা করার জন্য আমাদের ঐক্যবদ্ধ থাকাটা খুবই জরুরি। আমাদের উচিত পরস্পরের সফলতার অংশ হয়ে ওঠা। সুযোগের সদ্ব্যবহারের ব্যাপারে দূরত্ব কখনই বাধা হয়ে উঠতে পারে না। দূরত্বের কথা ভেবে বিশ্বের অন্যান্য দেশের সাথে সম্পর্ক গড়ে না তোলাটা কোনো বুদ্ধিমানের কাজ নয়। আমাদের সকলকেই আরো উন্নতি করতে হবে, আনন্দের নতুন পরিবেশ গড়ে তোলার জন্য দরিদ্রদের পাশে গিয়ে দাঁড়াতে হবে, যেকোনো প্রতিদ্বন্দ্বিতার সমাধান করতে হবে। পরিবেশকে দূষণের

হাত থেকে রক্ষা করার জন্য এবং প্রাকৃতিক সম্পদ গুলির সদ্ব্যবহারের জন্য আমাদের ঐক্যবদ্ধ হয়ে ওঠাটা খুবই জরুরি।

এরপর ছিল ব্রিক্সের মঞ্চে নরেন্দ্র মোদীর বক্তব্য রাখার পালা। প্রধানমন্ত্রী হিসাবে তিনি এই প্রথম বিশ্বের মঞ্চে ওঠার সুযোগ লাভ করেছিলেন। এই মঞ্চে দাঁড়িয়ে তিনি, 'রাজনৈতিক সমন্বয় সাধন, অন্তর্রাষ্ট্রীয় প্রশাসন এবং ক্ষেত্রীয় সংকটের' বিষয়ে কথা বলেছিলেন। তিনি বলেন যে, 'এমন সময়ে আমাদের মধ্যে আলাপ হচ্ছে যে সময়ে সারা বিশ্ব জুড়ে উথাল-পাতাল দেখা যাচ্ছে এবং আমরা সকলেই একটা অনিশ্চিয়তার মধ্যে দিয়ে দিন কাটাচ্ছি। সারা বিশ্বের অর্থনীতি আজ দুর্বল হয়ে পড়েছে। এমত অবস্থায় বিশ্বের প্রগতি ও সমৃদ্ধির জন্য শান্তির পরিবেশ গড়ে তুলতে হবে এবং আমাদের সকলকে একটা স্থিরতার মধ্যে বিরাজ করতে হবে। আমি যে দেশের মানুষ, সেই দেশ সারা বিশ্বকে নিজের আত্মিয় বলে মনে করে, অর্থাৎ 'বসুধৈব কুটুম্বকম' হল আমাদের দেশের ঐতিহ্য সংস্কৃতি, আমরা মনে করি যে আমরা সকলেই একই পরিবারের অংশ। বিশ্বের ওপর যে প্রতিদ্বন্দ্বিতা দেখা যাচ্ছে তার জন্য সারা বিশ্বকে একজোট হোতে হবে। এই কাজ শুরু করতে হবে সমস্ত দেশের প্রশাসনিক ব্যবস্থায় পরিবর্তন এনে। সংযুক্ত রাষ্ট্র সুরক্ষা পরিষদ এবং অন্তর্রাষ্ট্রীয় মুদ্রা কোষের মতো সংস্থা গুলিকে অনতি বিলম্বে সংশোধিত করতে হবে। এতে প্রতিনিধিত্ব বৃদ্ধি করতে হবে এবং বাস্তবিকতা প্রতিবিম্বিত হোতে হবে।'

তিনি আরো বলেছেন, 'আফগানিস্তান থেকে শুরু করে আফ্রিকা পর্যন্ত সমস্ত দেশ আজ উত্তলিত, সমস্ত স্থানেই সংঘর্ষের পরিবেশ দেখা যাচ্ছে। এর ফলে বিরাট অস্থিরতা সৃষ্টি হয়েছে, যা অতি দ্রুত একের পর এক সীমা অতিক্রম করে চলেছে। এর প্রভাব আমাদের সকলের উপরেও পড়ছে। বিভিন্ন দেশের এই সংকট দেখার পরেও মৌন দর্শকের ভূমিকা পালন করলে সংকট আরোও বৃদ্ধি পাবে। আজ আফগানিস্তানের ভবিষ্যৎ নিয়ে যথেষ্ট সংশয়ের সৃষ্টি হয়েছে। আফগানিস্তানের বাসিন্দারা বহু বছর ধরে বিভিন্ন সমস্যা ভোগ করে চলেছে। এই দেশে শান্তি স্থিরতা ও গণতন্ত্র স্থাপনের জন্য সারা বিশ্বকে একত্রিত হোতে হবে, তাদের সমৃদ্ধ করে তোলার চেষ্টা করতে হবে। আতঙ্কবাদের বিরুদ্ধে আফগানিস্তানে যে যুদ্ধ দেখা গেছে তার জন্য আমাদের সকলের এগিয়ে গিয়ে আফগানিস্তানের পাশে দাঁড়ানো উচিত। গত কয়েক বছর ধরে আমরা যে প্রগতির

সন্ধান পেয়েছে তা অক্ষুণ্ণ রাখার জন্য এটা করা খুবই জরুরি। ভারত আফগানিস্তানকে ক্ষমতা নির্ণয়, প্রশাসন, সুরক্ষা ও আর্থিক বিকাসের জন্য সাহায্য করতে প্রস্তুত। আমরা এই বিষয়ে আমাদের ব্রিক্স অংশীদারদের সাথে মিলেমিশে কাজ করতে চাই। পশ্চিম এশিয়ার অবস্থা, ক্ষেত্রীয় ও বিশ্বের শান্তি তথা তাদের সক্ষমতা আজ সংকটের মুখে। এই নিয়ে ভারত খুবই চিন্তিত, কারণ এর উপত্যকা অঞ্চলে কোনো সমস্যা দেখা দিলে ভারতের 70 লক্ষ জনগণ সমস্যায় পড়বে। আমাদের দেখতে হবে যে, ব্রিক্সের সদস্যরা কিভাবে একত্রিত হয়ে ইরাকে সংগঠিত যুদ্ধের নিষ্পত্তি করা যায়। সীরিয়রা অবস্থা নিয়ে সত্যিই বিশেষ রূপে চিন্তা করাটা খুবই জরুরি। ভারত সর্বদা সমস্ত পক্ষকে হিংসা ত্যাগ করার জন্য আহ্বান জানায়। ব্যাপক সমাধানের জন্য ব্যাপক রূপে রাজনৈতিক আলোচনা ছাড়া আর কোনো পথ নেই। সৈন্যদের সাহায্যে বা বাইরে থেকে কোনো নির্ণয় নিয়ে কোনো সুবিধা হবে না। যেকোনো শান্তির বিষয়ে কথা বলার জন্য বা অংশ নেওয়ার জন্য ভারত সম্পূর্ণ রূপে প্রস্তুত। ইস্রাইল ও ফিলিস্তানে যে হিংসার মহল গড়ে উঠছে সেই নিয়েও ভারত নিজের চিন্তা প্রকট করে থাকে। কথাবার্তার মধ্যে দিয়ে আমাদের এর সমাধানের পথ খুঁজতে হবে। এরফলে সারা বিশ্ব জুড়ে একটা আশা ও বিশ্বাসের মহল গড়ে উঠতে পারে। ভারতের বিকাস ও সুরক্ষা আজ সংকটের মুখে, তাই তাকে আফ্রিকার স্থায়িত্ব কায়েমের জন্য চেষ্টা করতে হবে, সেটাকে সমর্থন করে ভারত। আতঙ্কবাদ হল এমন একটা বিপদ, যা যেকোনো মুহূর্তে যুদ্ধের পরিবেশ গড়ে তুলতে পারে। সত্যি বলতে কি, আজ বিশ্বের বহু স্থানের অবলা নাগরিকরা খন্ড যুদ্ধের সম্মখীনতা করে চলেছে। আলাদা-আলাদা মনদন্ডের জন্য অন্তর্রাষ্ট্রীয় দল প্রতাপের সাথে আতঙ্কবাদের সম্মখীনতা করতে পারছে না। আমি বিশ্বাস করি যে, আতঙ্কবাদ, মানবতার বিরোধী, তা যে রূপেই আসুক না কেনো। কোনো অবস্থাতেই আতঙ্কবাদকে বরদাস্ত করা যায় না। আতঙ্কবাদের বিরুদ্ধে সারা বিশ্বকে একজোট হয়ে লড়াই করতে হবে, আর যে সমস্ত দেশ এই আতঙ্কাবাদীদের পোশ্রয় দেয় তাদের আলাদা করে দিতে হবে, নিয়মের অবহেলা করার জন্য তাদের একঘরে করে দেওয়া উচিত। শুধুমাত্র আতঙ্কবাদের দিকে লক্ষ্য রাখলেই চলবে না।

ব্রিক্সের কার্য পরিকল্পনা সম্পর্কে নরেন্দ্র মোদী বলেছিলেন, 'ব্রিক্সকে আমাদের রাজনৈতিক পরিকল্পনাকে বিশেষ গুরুত্ব দিতে হবে এবং সমন্বিত কার্য

পরিকল্পনার ক্ষেত্রে পরিবর্তন আনতে হবে। আমি সংযুক্ত রাষ্ট্রের দ্বারা আতঙ্কবাদের বিরুদ্ধে সন্ধি গড়ে তোলার আহ্বান জানাচ্ছি। আমাদের যে কোনো মূল্যে যে দেশ গুলি আতঙ্কবাদীদের সমর্থন করছে তাদের ওপর চাপের সৃষ্টি করতে হবে। এই কারণে সাইবার স্পেস যেমন বিশাল বড় সুযোগ বলে মনে হচ্ছে তেমনি সাইবার সুরক্ষা হয়ে উঠেছে চিন্তার কারণ। ব্রিক্স দেশ গুলিকে সাইবার স্পেসের সুরক্ষার কথা ভাবতে হবে। অন্তর্রাষ্ট্রীয় পরামর্শ দাতাদের মাধ্যমে আমারা এমন সহযোগিতা পাওয়ার জন্য আমি সত্যিই খুবই আনন্দিত। শেষ পর্যন্ত আমি বলতে চাই যে, এটা হল এমন একটা ঐক্য যে সারা বিশ্ব জুড়ে শান্তি ও স্থিরতা কায়েম করে পারে। আমাদের সকলেরই সেই দিকে ধ্যান দিয়ে এগিয়ে চলা উচিত।'

ব্রিক্স সম্মেলনের থেকে ফেরার পর ভারতের বিদেশ নীতিকে আরো ব্যাপকতর করে তোলার জন্য এবং প্রতিবেশি দেশ গুলির সাথে সুসম্পর্ক গড়ে তোলার উদ্দেশ্যে প্রধানমন্ত্রী নরেন্দ্র মোদী নেপালে যান। নেপালের রাজধানী কাঠমান্ডুতে একটা সভার আয়োজন করা হয়েছিল, তিনি সেই সভার সাহায্যে একটা সম্পর্কের হাত প্রসারিত করতে চেয়েছিলেন। এই সময় তিনি নেপালকে সাহায্য করার জন্য একটা ফর্মূলার প্রস্তুত করেছিলেন। তিনি বলেন যে হাইওয়েজ অর্থাৎ রাজপথ , ইনফর্মেশান হাইওয়েজ অর্থাৎ সূচনা রাজপথ এবং ট্রান্সওয়েজ অর্থাৎ টপ্রান্সমিশন লাইন্স-এ সাহায্য করে ভারত নেপালের বিকাসের ক্ষেত্রে সাহায্যের হাত প্রসারিত করতে চায়। প্রধানমন্ত্রী নরেন্দ্র মোদী ঘোষণা করেছিলেন যে, ভারত নেপালকে সাহায্য করার জন্য দশ হাজার কোটি নেপালি মুদ্রা ঋণ হিসাবে দিতে প্রস্তুত। তিনি বলেন যে নেপালের বৈদ্যতিক ঘাটতি দুর করার জন্য নেপালে দ্বিগুণ বিদ্যুৎ সাপ্লাই করাটা খুবই জরুরি। প্রধানমন্ত্রী আরো বলেন যে, নেপালে তেল সরবরাহের জন্য পাইপ লাইন বিছানো হবে, তিনি নেপালের ছাত্রদের সুবিধার কথা ভেবে ছাত্রবৃত্তি বৃদ্ধি করারও ঘোষণা করেছেন। আয়ুর্বেদিক ঔষধ পত্র গড়ার কাজে নেপাল ভারতকে সাহায্য করবে। তিনি বলেন যে ভারতের আধ্যাত্মিক ও সাহসি উভয় প্রকার পর্যটকদের আরো উৎসাহিত করার জন্য নেপালের ক্ষমতা বৃদ্ধি করতে হবে, তার জন্যও নেপালের পাশে থাকবে ভারত। তিনি বলেন যে, নেপলা যত শীঘ্র ভারতের কাছে আসবে তত শীঘ্র উভয় দিক দিয়েই উন্নতির পথ প্রশস্ত হবে। প্রধানমন্ত্রী মহাকালী নদীর ওপর সেতু বন্ধন ও পঞ্চেশ্বর বহু প্রয়োজনীয় পরিকল্পনা অতি শীঘ্র শুরু করার ব্যাপারে বিশেষ জোর দিয়েছেন।

নরেন্দ্র মোদী বলেছেন যে, ভারত ও নেপালের মধ্যে টেলিফোনে কথা বলতে যে খরচ হয় আমেরিকার সাথে কথা বলার বিষয়ে তার থেকে কম খরচ হয়। তিনি এই পরিস্থিতি পরিবর্তন ঘটাতে চেয়েছেন। তিনি বলেছেন যে ভারত ও নেপালের মধ্যে কোনো শত্রুতা বা প্রতিবন্ধকতা নয় বরং একটা সম্পর্কের সেতু পথ রচনা করতে হবে, যাতে দুই দেশই পরমানন্দ ভোগ করতে সক্ষম হয়। নরেন্দ্র মোদী কার্বনিক ক্ষেত্র এবং মাটির উর্বরতা পরীক্ষার ক্ষেত্রে নেপালের সাহায্যের প্রার্থনা করেছেন। নিজের বিস্তর রাজনৈতিক কার্যক্রমে, নেপালি নেতাদের সাথে বিভিন্ন বৈঠক করার সময় তিনি সকলের কাছে আবেদন করেছেন যে, তারা যেন দলের হিতের কথা না ভাবে, দেশের হিতের কথা ভাবে। নরেন্দ্র মোদীর নেপাল যাত্রার মুখ্য বিশেষত্ব গুলি হল :

চারটি ‘স’ -এর ওপর বিশেষ ধ্যান : সহযোগ, সম্পর্ক, সংস্কৃতি এবং সংবিধান।

- ভারত নেপালকে দশ লক্ষ ডলার ঋণ প্রদান করবে। এটি বর্তমানে জারি করা ঋণ গুলির তুলনায় অনেক বেশি ।

- পঞ্চেশ্বর বিকাস প্রাধিকরণের স্থাপনা করা হবে এবং ডীপীআরকে এক বছরের মধ্যে চূড়ান্ত রূপ দান করা হবে।

- ভারত ও নেপাল 45 দিনের মধ্যে উর্জা সম্পর্কিত ব্যাবসার বিষয়ে সম্মতি প্রদান করবে।

- মহাকালী নদীর ওপর দিয়ে যাতে অবাধে গাড়ি-ঘোড়া যাতায়াত করতে পারে সেই জন্য সেতু নির্মাণ হেতু ভারত আর্থিক সাহায্য প্রদান করবে।

- ভারত সহায়ক রাস্তা তৈরির ক্ষেত্রে বিশেষ ভাবে সাহায্য প্রদান করবে।

- প্রধানমন্ত্রী পশুপতিনাথ মন্দিরে 2500 কিলোগ্রাম চন্দন কাঠ উপহার দেওয়ার প্রতিশ্রুতি দিয়েছেন। পশুপতিনাথ বিকাস প্রাধিকরণের দ্বারা শীঘ্র একটি ধর্মশালা নির্মাণের কাজ শুরু করার উদ্দেশ্যে ভারত সাহায্য প্রদান করবে।

- পরিসরের নবীকরণ এবং পুনরুদ্ধারে ভারতীয় পুরাতত্ত্ব বিভাগ বিশেষজ্ঞদের সাহায্যে কাজ করবে। এর জন্য 25 কোটি টাকার সাহায্য প্রদান করবে।

- ভারত, বৌদ্ধ সার্কিটের একটি অঙ্গ হিসাবে জনকপুর-লুম্বীনীর বিকাসের ব্যাপারে সহায়তা প্রদান করবে।

- নেপালী ছাত্রদের যে ছাত্রভাতা দেওয়া হতো তা বৃদ্ধি করে 180 থেকে 250 করে দেওয়া হবে।

- কৃষির বিষয়ে সংযুক্ত কার্যকর্তাগণ শীঘ্র বৈঠকে বসবে। ভারত মাটি পরীক্ষার ব্যাপারে সাহায্য করবে।

নেপাল ভারতকে আশ্বাস দিয়েছে যে, নেপালীরা কোনো ভাবেই ভারতের হিতের বিরুদ্ধে কোনো কাজ করবে না।

নেপাল থেকে ফিরে এসে প্রধানমন্ত্রী নরেন্দ্র মোদী জাপানের উদ্দেশ্যে রওনা দিয়েছিলেন। তারাও তাঁকে উষ্ণ অভ্যর্থনা জানাতে এতটুকু কুণ্ঠা করেনি। জাপানের প্রধানমন্ত্রী নরেন্দ্র মোদীর উদ্দেশ্যে যে খাওয়া দাওয়ার আয়োজন করেছিলেন তার মাধ্যমেই প্রধানমন্ত্রীর জাপান সফর শুরু হয়েছিল। এই সময় প্রধানমন্ত্রী খাওয়ার টেবিলে বসে জাপানের প্রধানমন্ত্রী শিঁজো আবের সাথে প্রায় দেড় ঘন্টা ধরে কথাবার্তা বলেন এবং তাদের খাবারের স্বাদ আস্বাদন করেন। এই সময় সম্পূর্ণ রূপেই মৈত্রীপূর্ণ বার্তার আদান প্রদান হয়েছিল। দুই প্রধানমন্ত্রীই দুই দেশের মধ্যে যে প্রাচীন সাংস্কৃতিক ও ধার্মিক সম্পর্ক ছিল সেই বিষয়ে কথা বলেন। এই খাওয়া-দাওয়ার পূর্বে দুই নেতার উপস্থিতিতেই বারাণসী-কোটা চুক্তির ওপর হস্তাক্ষর হয়। এই চুক্তির দ্বারা দুই দেশ কোনো রকম প্রতিদ্বন্দ্বিতায় সমান ভাবে অগ্রসর হওয়ার কথা দিয়েছে। এই চুক্তিতে জাপানে অবস্থিত ভারতের রাষ্ট্রদূত দীপা গোপালন বাধবা তথা ক্যোটোর মেয়র দাইসাকো কাটোকাবা হস্তাক্ষর করেছিলেন। এই চুক্তির দ্বারা ঐতিহ্য ও সংস্কৃতির সংরক্ষণের সাথে সাথে শিক্ষার ক্ষেত্রেও সাহায্যের প্রতিশ্রুতি দেওয়া হয়েছে। এই চুক্তি স্মার্ট শহরের কাঠামো গড়ে তোলার বিষয়েও বিশেষ ভাবে সাহায্য করবে। এরপর মোদী আর আবের মধ্যে শিখর বার্তা হয়। এর ফলে যে চুক্তি সম্পাদিত হয়েছিল তা নিম্নে দেওয়া হল :

কাঠামোগত ক্ষেত্র

1. জাপানী পক্ষ পরবর্তী প্রজন্মের কাঠামোগত সুবিধা গুলিকে মডেল হিসাবে নিয়ে গুজরাটে 10 মেগাবাইটের ক্যানেল-টপ গ্রিড কনেক্টেড সোলার ফোটোভোল্টিক (পীভী) বিদ্যুৎ কারখানা স্থাপনের জন্য জাপান অন্তর্রাষ্ট্রীয় সহযোগ এজেন্সী (জে.আঈ.সী.এ.) দ্বারা সম্ভাব্য অধ্যায়ন শুরু করার ঘোষণা করেছে।

2. ভারতীয় পক্ষ থেকে জাপানের সাথে সার্বজনিক ব্যক্তিগত ক্ষেত্রে কাঠামোগত আর্থিক পোষণ পরিকল্পনার জন্য ইন্ডিয়া ইনফ্রাস্ট্রাকচার ফাইনেন্স কম্পানী লিমিটেড (আঈ. আঈ. এফ.সী.এল) কে 50 আরব এন (প্রায় 500 মিলিয়ান আমেরিকান ডলার) ঋণ এবং আসামে গৌহাটি সীবরেজ পরিকল্পনার জন্য প্রায় 15.6 লক্ষ এন (প্রায় 156 মিলিয়ন আমেরিকান ডলার) ঋণ দেওয়ার প্রতিশ্রুতি দিয়েছে।

3. দুই পক্ষই এটা মেনে নিয়েছে যে দিল্লি-মুম্বাই ইন্ডাস্ট্রিয়াল করিডোর (ডী.এম.আঈ.সী.) পরিকল্পনার দ্বারা ভারতের ছয়টি রাজ্যে নতুন প্রজন্মের কম্যুনিটি পরিকল্পনার সৃজনের সাথে শিল্পের কাঠামো বিকাসের সাথে সাথে একটা নতুন যুগের শুরু হোতে পারে।

4. দুই পক্ষই মেনে নিয়েছে যে, ডী.এম.আঈ.সী. পরিকল্পনা নতুন বিনির্মাণ কেন্দ্র ছাড়া কাঠামোগত সম্পর্ক গুলি, যেমন বিদ্যুৎ উৎপাদনের পরিকাঠামো, নিশ্চিত জ্বালানি, উচ্চ ক্ষমতা সম্পন্ন শহরী পরিবহনের সাথে যুবকদের রোজগারের সুযোগ করে দেওয়া হবে, এর জন্য যাতে তারা বিভিন্ন কৌশল বিকাসের ক্ষেত্রে দক্ষ হোতে পারে সেটাও দেখা হবে।

5. উভয় পক্ষই গুজরাটের ধোরেলা এবং মহারাষ্ট্রের শেন্দ্র-বিদকে বাণিজ্যিক শহর এবং উত্তর প্রদেশের গ্রেটার নওডা তথা মধ্য প্রদেশের উজ্জ্বনীর নিকট বিক্রম উদ্যোগপুরীতে একীকৃত বাণিজ্যিক টাউনশিপ বিকসিত করার জন্য প্রগতির অভ্যর্থনা জানিয়েছে।

6. উভয় পক্ষই সর্বাধিক উপযুক্ত আর্থিক পোষণ পরিকল্পনাকে গ্রহণ করার সম্ভবনার সাথে মাস র‍্যাপিড ট্রাঞ্জিট সোস্টিম্স (এম.আর.টী.এস.) -এ জাপানী টেকনিকের ব্যবহার করার কথা হয় এবং জাপানি বিনিয়গ বৃদ্ধির ব্যাপারে আশা ব্যক্ত করে। উভয় পক্ষই নিজেদের সম্পর্কিত অফিসারদের হরিয়ানার গুড়গাঁও এবং বাওলের মধ্যে এম.আর.টী.এস.-এর গঠনের জন্য সম্ভাব্য কতটা ঋণের প্রয়োজন হোতে পারে তা দেখার জন্য জে.আর.সী.এ-কে নির্দেশ দিয়েছে।

7. স্মার্ট কম্যুনিটী পরিকল্পনা গুলি, যেমন লজিস্টিক্স ডাটা ব্যাঙ্ক প্রোজেক্ট, নীমরানায় মেগা সোলার পাওয়ার প্রোজেক্ট এবং দাহেজে সীভাটর ডীস্যালিনেশান প্রোজেক্টে যে উন্নতি হয়েছে উভয় পক্ষই তাকে স্বাগ জানিয়েছে, উভয় পক্ষই সম্পর্কিত অফিসারেদের স্মার্ট কম্যুনিটী পরিকল্পনার ওপর আমল করার জন্য নির্দেশ

প্রদান করেছে। ভারতীয় পক্ষের থেকে দাহেজ স্থিত সীবটর ডিস্যালিনেশান প্রোজেক্টের সাথে সম্পর্কিত দীর্ঘ সমস্যার সমাধানের আশ্বাসন দেওয়া হয়েছে, যাতে শুল্ক, জলের গুণাগুণ বিচার, জল বিক্রী ইত্যাদি বিষয় অন্তর্ভূক্ত। দুই পক্ষই আশা ব্যক্ত করে বলেছে যে, এই পরিকল্পনার মাধ্যমে ভারতের উন্নতির সাথে সাথে জাপানি টেকনিকের বিশেষত্ব সারা পৃথিবী দেখতে পাবে।

8. চেন্নাই-ব্যাঙ্গালোর ইন্ডাস্ট্রিয়াল করিডোর (সী. বী.আঈ. সী.), যাতে দৃষ্টিগ্রাহ্য পরিকল্পনার চূড়ান্ত রূপ দান, এবং তিনটি শহর যেমন তামিলনাড়ুর পোন্নেরী, অন্ধ্র প্রদেশের কৃষ্ণপতনম এবং কর্নাটকের টুমকুরকে সম্ভাব্য বাণিজ্যিক কেন্দ্র হিসাবে ডিজাইন করার কথাও বলা হয়েছে। উভয় পক্ষই দ্রুততার সাথে প্রগতিকে স্বাগত করতে চান, সেই কারণেই দুই পক্ষই সম্পর্কিত অফিসারদের 2015 -র মার্চের মধ্যে দিনটি শহরের মাস্টার প্ল্যান এবং বিকাস পরিকল্পনা গড়ে তোলার চূড়ান্ত রূপ দানের জন্য নির্দেশ প্রদান করেছে। প্রধানমন্ত্রী নরেন্দ্র মোদী সম্পর্কিত অফিসারদের তামিলনাড়ু বিনিয়গ সম্পর্কিত কার্যক্রমে উল্লেখিত কাঠামো গত সুবিধা গুলিকে সময়ের মধ্যে বিকসিত করার জন্য নির্দেশ দিয়েছেন, যাতে সড়ক বিকাস, বিদ্যুৎ ও জলের সরবরাহ অন্তর্ভূক্ত আছে। জাপানি পক্ষও তার স্বাগত জানিয়েছে।

9. ভারতের ব্যাবসায়িক মহলে সংশোধন এবং কাঠামোগত পরিবর্তনের ক্ষেত্রে এন.আঈ.পী.পী.-র ইতিবাচক দৃষ্টিভঙ্গীর দিকে ধ্যান দিয়ে উভয় পক্ষই এই বিচার করেছে যে, এই ধরনের কার্যক্রম কর্নাটক রাজ্যেও চালানো যেতে পারে।

10. উভয় পক্ষই রাস্তাঘাট এবং সড়ক পরিবহনের কথা মাথায় রেখে ভারত সরকারের সড়ক পরিবহন এবং রাজমার্গ মন্ত্রালয় ও জাপানের ভূমি, কাটামোগত, পরিবহন এবং পর্যটন মন্ত্রালয়ের মধ্যে সহযোগিতার সম্পর্ক তৈরি করার উদ্দেশ্যে একটি চুক্তিতে হস্তাক্ষর করা হয়েছে।

11. ভারতীয় পক্ষ থেকে গুজরাটের আলাদা সোসিয়া স্থিত শিপ-ব্রেকিঙ্গ য়ার্ডকে উন্নত করে তোলার বিষয়ে জাপান সাহায্য করবে।

12. এই সমাবেশনে জাপানের পক্ষ থেকে লোকোন্মুখী নিয়গের বিষয়ে বিশেষ করে জোর দেওয়া হয়েছে, জাপান এমন নীতি রেখাঙ্কিত করতে চায় যাতে বিনিয়োগের দ্বারা সাধারণ মানুষ আর্থিক লাভ ভোগ করতে পারে, জলবায়ুর

পরিবর্তন ঘটে, প্রাকৃতিক বিপর্যয় এবং ক্ষমতা নির্মাণের দ্বারা যেন সমাজকে বিকাসের দিয়ে নিয়ে যাওয়া যায়। এই ব্যাপারে জাপান আরোও বলেছে যে, বিনিয়োগ যত বৃদ্ধি করা যাবে বিকাসের পথ তত বেশি প্রশস্ত হবে এবং তা যথেষ্ট টেঁকসই হবে। ভারতের পক্ষ থেকে এই নীতিকে স্বাগত জানানো হয়েছে।

13. উভয় পক্ষই এশিয়ার ব্যাঙ্ক গুলি যাতে কাঠামোগত ও কনেক্টিভিটীর প্রয়োজনকে সম্পূর্ণ রূপে পূরণ করেতে পারে সেই জন্য নিজেস্ব ক্ষমতা বৃদ্ধির বিষয়ে আপীল করেছে।

14. বিজনেস লীডার ফোরম দ্বারা যে রিপোর্ট প্রস্তুত করা হয়েছে, উভয় পক্ষই তার যথেষ্ট প্রশংসা করেছে এবং নিপ্পুন ক্যাডনার দ্বারা আয়োজিত এক উচ্চস্তরীয় আর্থিক মিশনের ভারত যাত্রার প্রস্তাবকে সমর্থন করা হয়েছে।

15. নতুন দিল্লীতে যে একুশতম অন্তর্রাষ্ট্রীয় ইঞ্জেনিয়ারিং এবং শৈল্পিক মেলা (আঈ.ঈ.টী.এফ 2015) আয়োজনের কথা আছে তাতে উভয় পক্ষই জাপানকে অংশ গ্রহণকারী দেশ রূপে স্বাগত জানিয়েছে এবং আশা করা হচ্ছে যে এর দ্বারা দুটি দেশের মধ্যে বাণিজ্যিক এবং বিনিয়োগের বিস্তার ঘটবে।

16. উভয় পক্ষই নিজেদের মানসিকতার প্রকাশ করেছে, ভারত-জাপান উর্জা সম্পর্কিত আলোচনার দ্বারা উর্জা কুশলতা, নবীকরণীয় উর্জা এবং কয়লা ভিত্তিক বিদ্যুৎ উৎপাদন টেকনীক ক্ষেত্র সহ উর্জা সহযোগকে দৃঢ় করার জন্য একত্রে কাজ করে চলেছে।

17. নবীন এবং নবীকরণীয় উর্জার ক্ষেত্রে নবীন এবং নবীকরণীয় উর্জা মন্ত্রালয় এবং জাপান ব্যাঙ্ক ফর ইন্টারন্যাশানাল কো-অপারেশান (জে.বী.আঈ.সী.) -এর মধ্যে যে চুক্তি হয়েছে তাতে হস্তাক্ষর করার জন্য উভয় পক্ষই স্বাগত জানিয়েছে।

18. উভয় পক্ষই কল-কারখানা গুলিকে নতুন করে গড়ে তোলার কথা ভেবেছে, এমন করে আধুনিকীকরণ করে তুলতে চেয়েছে যাতে পরিবেশ দুষণের মাত্রাকে যতটা সম্ভব কম করা যায়, সারা বিশ্বের পরিবেশের কথা মাথায় রেখেই এই সিদ্ধান্ত নেওয়া হয়েছে, যেমন স্বচ্ছ কয়লা টেকনিক (সী.সী.টী.) -এর প্রগতি এবং উচ্চ কার্যকুশলতা যুক্ত এবং পরিবেশের অনুকূল কয়লা ভিত্তিক শক্তি সৃষ্টির কারখানার নির্মাণ প্রভৃতি ক্ষেত্রে সহযোগিতা বৃদ্ধির জন্য স্বাগত জানানো হয়েছে।

19. উত্তর প্রদেশের মেজাতে অত্যন্ত জরুরি কয়লা ভিত্তিক শক্তি উৎপাদনের কারখানা নির্মাণের জন্য ভারতীয় স্টেট ব্যাঙ্ক এবং জাপান ব্যাঙ্ক ফর ইন্টারন্যাশানাল কো-অপরেশান (জে.বি.আঈ.সী.) -এর মধ্যে ঋণ প্রদানের বিষয়ে যে চুক্তি হয়েছে এবং বিহারে বরৌনী সুপার ক্রিটিকাল থর্মল পাওয়ার কারখানার জন্য সম্ভাব্য ঋণ পরিকল্পনার জন্য জে.আঈ.সী. এ. দ্বারা যে সম্ভাব্য পরীক্ষা-নিরীক্ষার কথা হয়েছে, উভয় পক্ষই তার স্বাগত জানিয়েছে।

20. ভারত-জাপান রাজনৈতিক এবং বৈশ্বিক অংশীদারীর বিষয়ে সার্থক পদক্ষেপ গ্রহণের জন্য দুর্লভ বিশ্ব গড়ে তোলার জন্য ইন্ডিয়ান রেয়র অর্থ লিমিটেড (আঈ.আর.ঈ.এল.) এবং টোয়োটা সূশো কর্পোরেশান (টী.টী.সী.) -এর মধ্যে যে বাণিজ্যিক প্রস্তাবের ভিত্তিতে চুক্তি সম্পাদিত হয়েছিল তা উভয় পক্ষই স্বাগত জানিয়েছিল এবং বাণিজ্যিক উৎপাদনের সাথে সাথে বাণিজ্যিক প্রস্তাব গুলিকে যতটা সম্ভব শীঘ্র চূড়ান্ত রূপ দানের জন্য উভয় পক্ষের মধ্যেই চূড়ান্ত ইচ্ছা শক্তি দেখা গেছিল।

21. উভয় পক্ষই ভারতে ইস্পাত, সিমেন্ট এবং যান্ত্রিক উপকরণের সহিত উর্জা কুশলতায় পরিবর্তন আনার জন্য সহযোগিতা গড়ে তোলার বিষয়টিকে স্বাগত জানিয়েছে। দূরসঞ্চার টবরো গুলিতে উর্জা প্রবন্ধনের ব্যবস্থা করার জন্য আদর্শ পরিকল্পনা অনুসারে নবীকরণীয় উর্জা এবং এন.ঈ.ডী.ও. দ্বারা আগস্ট 2014 -তে চুক্তিতে হস্তাক্ষরের বিষয়ে যে বোঝাপড়া হয়েছে তাকে স্বাগত জানিয়েছে। 2014 সালের জানয়ারিতে, নবীকরণীয় উর্জার ক্ষেত্রে যে প্রথম ভারত-জাপান পাবলিক প্রাইভেট বৈঠকের পর নবীকরণীয় উর্জা ক্ষেত্রে ব্যাবসায়িক সহযোগিতার বিষয়ে যে চর্চা হয়েছিল, উভয় পক্ষই তার প্রশংসা করে।

22. 2014 সালে ভারতে নীডো (এন. ঈ. ডী. ও.) দ্বারা আয়োজিত বাণিজ্যিক প্রদর্শনী এবং ব্যবসায়িক মিলান গতিবিধিকে উভয় পক্ষই স্বাগত জানিয়েছিল।

23. উভয় পক্ষই 2015 সালে লৌহ আকরিক ব্যাবসায়িক প্রবন্ধনের ক্ষেত্রে যে নতুনত্বের ডাক দেওয়া হয়েছে তাকে স্বাগত জানিয়েছে। ভবিষ্যতে ভারতের লৌহ এবং ইস্পাতের ব্যাবসাতে বিনিয়োগের বিষয় এবং টেকনিকের সম্পর্কে সহযোগিতায় হাত বাড়ানোর বিষয়ে উভয়েই স্বীকৃতি পোষণ করেছে।

24. ভারতের খাদ্যান্ন সম্পর্কিত সমস্যা দূর করার জন্য এবং কৃষি বিকাসের গুরুত্বকে স্বীকার করার জন্য উভয় পক্ষই উন্নতশীল জাপানি সেচন ব্যবস্থা এবং ক্ষেত্র মিশনের শুরু করে ব্যক্তিগত সার্বজনিক অংশীদারের মাধ্যমে খাদ্য মূল্য চেন স্থাপিত করার বিষয়ে জাপানের পদক্ষেপকে স্বাগত জানিয়েছে। জাপানের এত পদক্ষেপের মাধ্যমে ভারত সরকার দ্বারা লাগু খাদ্য ন্যাশানাল পার্ক এবং শীত চেন বিকাসের পরিকল্পনাকে স্বাগত জানানো হয়েছে।

25. উভয় পক্ষই মুম্বাই -আমেদাবাদ হাই স্পীড রেল সম্পর্কিত রিপোর্টকে স্বাগত জানিয়েছে এবং আশা করা হয়েছে যে, সংযুক্ত ভাবে এই পরীক্ষা নিরীক্ষার কাজটি 2015 সালের মধ্যে শেষ হয়ে যাবে।

26. উভয় পক্ষই হাই-স্পীড ট্রেনের সাথে সাথে বর্তমানে ভারতে চালিত প্যাসেঞ্জার ট্রেন গুলির গতি কিভাবে বৃদ্ধি করা যায় সেই বিষয়ে পরীক্ষা-নিরীক্ষা করে দেখার বিষয়ে সাহায্যকে স্বাগত জানিয়েছে।

27. ভারতের বিভিন্ন মেট্রো এবং অন্য শহরী পরিবহন পরিকল্পনার জন্য জাপানী ও.ডী.এ.-এর গুরুত্বপূর্ণ ভূমিকার ব্যাপারে ভারত খুবই প্রশংসা করেছে। উভয় পক্ষই আমেদাবাদে মেট্রো রেল পরিকল্পনার ব্যাপারে সাহায্য করার অঙ্গিকার করছে। ভারতের বিভিন্ন শহরে মেট্রো রেল গড়ে তোলার বিষয়ে জাপান ভারতকে সাহায্য করার প্রতিশ্রুতি দিয়েছে। ভাবী মেট্রো রেল পরিকল্পনাতে পরস্পরের সহযোগিতার ক্ষেত্রে ও.ডী.এ.-র সাহায্য অব্যাহত থাকার জন্য উভয় পক্ষই প্রশংসা করেছে।

28. নাগরিক উড্ডয়ণ ক্ষেত্রে দ্বিপক্ষীয় সম্পর্ককে আরো ভালো করে তোলার বিষয়টি উভয় পক্ষই স্বীকার করেছে, যাতে করে পরস্পর আদান প্রদানের বৃদ্ধিতে সাহায্য পাওয়া যাবে। উভয় পক্ষই নব ধোলেরা অন্তরাষ্ট্রীয় বিমান বন্দরের বিকাসের জন্য পরিকল্পনা গড়ে তোলার বিষয়ে এবং কাজে অগ্রগতি দানের ব্যাপারেও সহযোগিতা প্রদানের নির্ণয় নিয়েছে।

29. শুধু শিল্প গড়ে উঠলেই হবে না, যারা কাজ করবে তাদেরকেও সেই অনুসারে কুশলি করে তুলতে হবে। তাই কৌশল বিকাস কেন্দ্র স্থাপনের বিচার করা হয়েছে। ভারতের যুবা শক্তির কথা মাথায় রেখে প্রতিটি স্থানীয় যুবকদের কার্যকুশলতা বৃদ্ধির উদ্দেশ্যে বিভিন্ন স্থানে কেন্দ্র গড়ে তোলার সিদ্ধান্ত নেওয়া হয়েছে। কৌশল বিকাস হল একটি গুরুত্বপূর্ণ হাতিয়ার, সেই কথা মাথায় রেখে

ডী.এম.আঈ.সী. পরিকল্পিত ভাবে কৌশল বিকাসের জন্য দ্যা ওভরসীজ হিউম্যান রিসোর্সিজ এণ্ড ইন্ডাস্ট্রী ডেভলপমেন্ট এসোসিয়েশান (এইচ.আঈ.ডী.এ.) -র সাহায্যকে উভয় পক্ষই সাধুবাদ জানিয়েছে।

30. ভারতের মান্যুফেকচারিং ক্ষেত্রকে বিকসিত করার জন্য উভয় পক্ষই জাপানের বহুমূল্য যোগদানের রূপে চ্যাম্পিয়ান সোসায়টল ম্যানুফ্যাকচারিং (সী.এস.এম.) -এর প্রাপ্তিকে প্রশংসা করেছে। জাপান ভিলেজ বুদ্ধা নামক যে নতুন পরিকল্পনার শুরু করেছে ভারত সেই সম্পর্কে প্রশংসা জানিয়েছে। এর উদ্দেশ্য হল গ্রামের নেতৃত্বদের কাজে লাগিয়ে গ্রামের উন্নতি ঘটানো এবং তাতে যাতে গ্রামের স্থানীয় মহিলারাও সক্রিয় ভাবে অংশ গ্রহণ করতে পারে সেই দিকেও দেখতে হবে।

31. ভারতের তথ্য ও প্রযুক্তির বিভাগের মন্ত্রালয় এবং জাপানের আন্তরিক মামলায় এবং সঞ্চার মন্ত্রালয়ের মধ্যে ভারত-জাপান আঈ.সী.টী. সমগ্র সহযোগ সংরচনার অনুসারে সংযুক্ত কাজের জন্য যে গতিবিধি নির্ণয়ের ক্ষেত্রে আঈ.সী.টী.-র সহযোগিতাকে উভয় পক্ষই স্বাগত জানিয়েছে।

32. 2014 সালের ফেব্রুয়ারীতে প্রথম সংযুক্ত কামগার দলের চুক্তির ওপর ভিত্তি করে সবুজ আঈ.সী.টি. এবং সাইবার সুরক্ষা সহযোগের মতো বিশেষ সংযুক্ত পরিকল্পনার শুরু করা হয়েছে, যার জন্য উভয় পক্ষই সন্তোষ প্রকাশ করছে এবং পুনরায় আঈ.সী.টী.-র সহযোগিতা বৃদ্ধির কথাও বলা হয়েছে।

33. 2015 সালের মে মাসে সেন্দইতে বিপদের সম্ভবনা কম করার বিষয় নিয়ে সংযুক্ত রাষ্ট্র বিশ্ব কন্ফারেন্স আয়োজনের বিষয়ে জাপান মূল ভূমিকা পালন করবে, যার জন্য ভারত জাপানের প্রচণ্ড প্রশংসা করেছে। 2005-2015 সালের মধ্যে হ্যাগো রূপরেখা একশানের সুস্পষ্ট কাঠামো গড়ে তোলার জন্য কন্ফারেন্সের শুরু থেকে শেষ পর্যন্ত দুই পক্ষই সক্রিয় ভূমিকা পালন করবে।

34. পূর্বোত্তর ভারত এবং প্রতিবেশি দেশ গুলির সঙ্গে সম্পর্কের চর্চা করার বিষয়ে জে.আঈ.সী.এ. যে অধয়ণ করছে উভয় পক্ষই তাকে স্বাগত জানিয়েছে। এই ক্ষেত্রে পরিবহন ভিত্তিক পরিকল্পনায় জাপানী ও.ডী.এ. শুরু করার জন্য সম্পর্কিত অফিসারদের নির্দেশ দেওয়া হয়েছে। সীমায় ব্যবসায়িক গতিবিধি বৃদ্ধি করার জন্য এবং ভারত ও প্রতিবেশি দেশ গুলির মধ্যে কাঠামো ভিত্তিক সহযোগিতা বিকসিত করে তোলার জন্য ভারতীয় আমদানি-রপ্তানীকারী

ব্যাঙ্ক এবং জে.বী.আঈ.সী-এর মধ্যে যে চুক্তি সম্পাদিত হয়েছে তাকে স্বাগত জানিয়েছে।

35. পূর্বোত্তর ভারতের সাথে সম্পর্ক এবং সামাজিক -আর্থিক ক্ষেত্রে বিকাসের বিষয়ে উভয় পক্ষই একে অপরকে সাহায্য করার প্রতিশ্রুতি দিয়েছে। জাপানী পক্ষ ভারতের পূর্বোত্তর রাজ্যে সড়ক সম্পর্ক গড়ে তোলার পরিকল্পনা সহ সম্ভাব্য সহযোগিতা গুলি চিনে নেওয়ার জন্য জে. আঈ. সী. এ. একটা সার্ভে করার কথা ঘোষণা করেছে। ভারতীয় পক্ষ থেকে বন্য দ্রব্য সংরক্ষণের বিষয়ে বিভিন্ন পরিকল্পনা সহ পূর্বোত্তর ভারতকে জাপানের সাহায্য করার বিষয়ে প্রশংসা করেছে। সেই সাথে ভারতের পক্ষ থেকে মণিপুরের ইম্ফলে জলের চাহিদা পূরণের জন্য য়েন মুদ্রায় সম্ভাব্য ঋণ এবং জে.আঈ.সী.এ. যে সম্ভাব্য অধ্যায়ণ শুরু করেছে তারও প্রশংসা করা হয়েছে।

36. অফ্রিকাতে দুই পক্ষের মধ্যে একটা মজবুত সম্পর্ক গড়ে তোলার বিষয়ে প্রতিজ্ঞাবদ্ধ। দুই পক্ষই একত্রে আফিকার সাথে একটা ব্যাবসায়িক সম্পর্ক গড়ে তুলতে চায়। পরবর্তি কোন সময়ে দুই পক্ষ আফ্রিকার সফরে যাবে সেখান থেকেই ভারত-জাপান বার্তা পাওয়া যেতে পারে।

37. ভারতের বিমান ব্যাবসাকে আরোও বিকসিত করে তোলার জন্য দুই পক্ষই জয়েন্ট ব্যাংকিং গ্রুপকে ইউএসএ - ২ এম্ফীএবিএন বিমান সহযোগিতার দ্বারা রেডমাপ গঠন করে বিচার করার জন্য কাজে নির্দেশ দিয়েছে।

38. ভারতীয় পক্ষ থেকে রক্ষা সম্পর্কিত উপকরণের ক্ষেত্রেও সহযোগিতা বৃদ্ধির জন্য জাপানের কাছে ইচ্ছা প্রকাশ করা হয়েছে। উভয় পক্ষই ভবিষ্যতে এই বিষয়ে একে অপরকে সাহায্য করার প্রতিশ্রুতি দিয়েছে।

39. 2014 সালের জানয়ারিতে কোচিতে ভারত ও জাপানের উপকূলবর্তী এলাকা গুলি রক্ষার বিষয়ে যে ভারতীয় উপকূলরক্ষক বলের নির্দেশক এবং জাপানের উপকূলরক্ষক কমান্ডেন্টের মধ্যে যে আলোচনা হয়েছে তাকে স্বাগত জানানো হয়েছে। উভয় পক্ষই সামুদ্রিক বিষয়ের ওপর এবং দ্বিপক্ষীয় ও বহুপক্ষীয় সহযোগিতা বৃদ্ধির জন্য নিজেদের ইচ্ছা প্রকাশ করেছে এবং তেক্যোতে পরবর্তী দ্বিপক্ষীয় বার্তা এবং 2014 সালের অক্টোবর মাসে ভারত ও জাপানের উপকূলরক্ষক বলের মধ্যে হানিদা উপকূল নিয়ে সংযুক্ত ভাবে বিচার বিবেচনা করার সিদ্ধান্ত নেওয়া হয়েছে।

40. উভয় পক্ষ জাপান সোসাইটি ফর দ্যা প্রমোশান অফ সাইন্স (জে.এস.পী.এস.) -এর ফেলোশিপের পোগ্রাম অনুসারে জাপানে অনুসন্ধানের অভিজ্ঞতা সম্পন্ন ভারতের অনুসন্ধানকারীদের দ্বারা আয়োজিত বিকাসশীল অনুসন্ধানকারীদের নেটওয়ার্ককে স্বাগত জানানো হয়েছে।

41. ভারতীয় পক্ষ থেকে যুবা ভারতীয় অনুসন্ধানকারী এবং ছাত্রদের জে.এস.পী.এস. ছাত্রভাতা কার্যক্রম এবং বিজ্ঞানের সাথে সম্পকির্ত জাপান-এশিয়া যুবা আদান-প্রদান কার্যক্রমের মাধ্যমে নিজেদের দেশে আমন্ত্রণ জানানোর বিষয়ে জাপানের সম্মতিকে স্বাগত জানিয়েছে।

42. মহাসাগর, স্থলবিজ্ঞান এবং ব্যাবসায়িক ক্ষেত্রে উন্নতির জন্য ও নতুনত্ব কিছু করার উদ্দেশ্যে ভারতের স্থল বিজ্ঞান মন্ত্রালয় এবং জাপানের সমুদ্র-স্থল বিজ্ঞান ও ব্যাবসায়িক এজেন্সির মধ্যে যে চুক্তিতে হস্তাক্ষর করার কথা বলা হয়েছে তাকে স্বাগত জানিয়েছে উভয় পক্ষই। এই সহযোগিতরা মধ্যে দিয়ে সমুদ্রের ওপর দৃষ্টি দেওয়া হবে, জলবায়ুর অসমানতা তথা ভারত মহাসাগর এবং গভীর সমুদ্রের ভৌগোলিক বিষয় নিয়েও পরীক্ষা নিরীক্ষা করে দেখার কথা হয়েছে।

43. তসুহকুবাতে হাই-স্পীড এক্সেলরেটর রিসার্চ অর্গানাইজেশান (কে.ঈ.কে.) -তে সফল ইন্ডিয়া বীমা লাইনের সঞ্চালনাকে প্রশংসা জানানো হয়েছে, দুই পক্ষই এই সাহায্যকে আরো বাড়ানোর জন্য স্ট্রাকচারাল মেটিরিয়াল সাইন্সে এই সহযোগিতাকে এডভান্স মেটিরিয়ালের অধ্যায়ণের দ্বিতীয় ধাপ পর্যন্ত নিয়ে যাওয়ার বিষয়ে সিদ্ধান্ত নিয়েছে।

44. উভয় পক্ষই অন্তরিক্ষের ক্ষেত্রে এশিয়া-প্রশান্ত অন্তরিক্ষ এজেন্সী ফোরাম (এ.পী.আর.এস.এ.এফ.) -এর মতো দৃষ্টিকোণের মাধ্যমে সাহায্য বৃদ্ধি করার সিদ্ধান্ত নিয়েছে, আর আশা প্রকাশ করেছে যে জাপান এয়রোস্পেস এক্সপ্লোরেশান এজেন্সী (জে.এ.এক্স.এ.) এবং ভারতীয় অন্তরিক্ষ অনুসন্ধান সংগঠন (ইসরো) এই সহযোগিতাকে আরো প্রগাঢ় করে তোলার জন্য মিলিত ভাবে কাজ করবে।

45. উভয় পক্ষই ভারতে স্বাস্থ্য এবং পারিবারিক কল্যাণ মন্ত্রালয় তথা জাপানের স্বাস্থ্য, শ্রম এবং কল্যাণ মন্ত্রালয়ের মধ্যে স্বাস্থ্য সম্পর্কিত দেখাশোনার বিষয়ে সম্মতি পত্রতে হস্তাক্ষর করার বিষয়টিকে স্বাগত জানিয়েছে।

46. উভয় পক্ষই চিকিৎসা সম্পর্কিত উপকরণ গুলিকে বিকসিত করার আশা প্রকট করেছে। এই সংযুক্ত অনুসন্ধান ও বিকাসের ক্ষেত্রে এম্‌স এবং ওসাকা বিশ্ববিদ্যালয় নতুন ভাবে ভারতের সমস্ত প্রয়োজন পূরণ করার চেষ্টা করবে।

47. উভয় পক্ষই জাপানী কম্পানী এবং ভারতীয় হাসপাতালের মধ্যে সরকারের পক্ষ থেকে এডভান্স ক্যান্সার নিদান এবং উপাচার কেন্দ্রের স্থাপনার বিষয়ে যে কাজ করার সিদ্ধান্ত নেওয়া হয়েছিল তাতে উৎসাহ প্রকাশ করেছে এবং প্রগতির বিষয়ে সন্তোষ প্রকট করেছে।

48. উভয় পক্ষই জাপান সোসাইটি ফর দ্যা প্যরমোশান অফ সাইন্স (জে. এস.পী.এস.) এবং ভারতীয় ঐতিহাসিক অনুসধান পরিষদ (আঈ.সী.এইচ. আর.) তথা জেএসপীএস এবং ভারতীয় সামাজিক বিজ্ঞান অনুসন্ধান পরিষদ (আঈ.সী.এস.এস.আর.) -এর মধ্যে সম্মতি পত্রতে হস্তাক্ষরকে স্বাগত জানিয়েছে।

49. উভয় পক্ষই জে.ঈ.এন.ঈ.এস.ওয়াই.এস. 2.0 কার্যক্রম অনুসারে দুই দেশের মধ্যে 1300 যুবক আদান-প্রদানের বিষয়ে যে পরিকল্পনা করা হয়েছে তাতে সন্তোষ প্রকাশ করেছে।

50. ভারতীয় পক্ষ, ভারতীয় বিশ্ববিদ্যালয়ের সাথে জাপানি বিশ্ববিদ্যালয়ের একটা শিক্ষার সম্পর্ক গড়ে তোলার জন্য জাপানের উৎসাহকে এবং জাপানের সমন্বয়কদের ভারতে পাঠানোর কার্যটিকে স্বাগত জানিয়েছে।

51. উভয় পক্ষই পর্যটনের ক্ষেত্রে একে অপরকে সাহায্য করার প্রতিশ্রুতি দিয়েছে এবং পর্যটনের ক্ষেত্র গুলিকে নাগরিকদের দেখিয়ে যাত্রার বিষয়ে উৎসাহ প্রদানের ব্যাপারে কাজ করার প্রতিশ্রুতি দিয়েছে।

নরেন্দ্র মোদী জাপান সফর সেরে ভারতে ফিরে আসার কিছু দিনের মধ্যেই কাশ্মীরে প্রবল বন্যা শুরু হয়েছিল। এই রকম প্রাকৃতিক বিপর্যয়ের মধ্যেও তিনি পাকিস্তানের দিকে সাহায্যের হাত প্রসারিত করতে চেয়েছিলেন। প্রধানমন্ত্রী নরেন্দ্র মোদী নিজে পাকিস্তানের প্রধানমন্ত্রী নওয়াজ সরফিকে একটা চিঠি লিখেছিলেন, তাতে তিনি পাকিস্তান অধিকৃত কাশ্মীরের সাধারণ লোকেরা যে কষ্ট পাচ্ছিল তাদের জন্য সাহায্য করার কথা বলেছিলেন। প্রধানমন্ত্রী নিজের চিঠিতে লিখেছিলেন, 'জম্মু ও কাশ্মীরের অবস্থার সমীক্ষা করার পর আমাকে জানানো হয়েছে যে, নিয়ন্ত্রণ রেখার এই পারের মানুষ গুলিও এইভাবেই ক্ষতিগ্রস্ত হয়েছে, তাদেরও বহু সম্পত্তির বিনাশ ঘটেছে। যারা ক্ষতিগ্রস্ত হয়েছে আমি

তাদের প্রতি সহানুভূতি প্রকট করছি, তাদের পরিবারের লোকজনদের কথা ভেবেও আমার খুবই খারাপ লাগছে। এই রকম বিপর্যয়ের সময় আমি আপনাকে সমস্ত রকম সাহায্য করতে প্রস্তুত, পাকিস্তান সরকার এই মানুষগুলিকে রক্ষা জন্য যে কাজ করছে তার জন্য আমার তরফ থেকে এই সাহায্যের হাত আমি বাড়িয়ে দিতে চাই। আপনার যা প্রয়োজন আমি সেই ভাবেই আপনাকে সাহায্য করতে প্রস্তুত।

যারা বিদেশ নীতির বিষয়টি খুব ভালো করে বোঝেন তাদের মতে নরেন্দ্র মোদীর এই পদক্ষেপ সত্যিই প্রশংসার যোগ্য। কারণ একদিক দিয়ে এই চিঠির মাধ্যমে তিনি সবাইকে বুঝিয়ে দিয়েছেন যে, পাকিস্তানের দিকে বন্ধুত্বের হাত বাড়িয়ে দেওয়ার ক্ষেত্রে তিনি কতটা তৎপর, আর সারা বিশ্বের কাছে তিনি এটাও প্রমাণ করতে পেরেছেন যে, ভারত কখনই পাকিস্তানের সাথে কোনো রকম শত্রুতা গড়ে তুলতে চায় না। অপর দিকে যদি এই বিষয়টিকে রাজনৈতিক দৃষ্টি দিয়ে আলোচনা করা যায় তাহলে বোঝা যাবে যে, বন্যায় পীরিত মানুষ গুলির দিকে সাহায্যের হার প্রসারিত করার কথা বলে তিনি সেখানকার মানুষ গুলির মন জয় করার কথা ভেবেছিলেন। ভারত তাদেরও নিজেদের বলেই মনে করে এমনি কোনো বার্তা দেওয়ার চেষ্টা করেছিলেন। জম্মু-কাশ্মীরের বিধানসভা ক্ষেত্রের মধ্যেই এই এলাকা পড়ে, কিন্তু যেহেতু এখন তা পাকিস্তান অধিকৃত তাই সেখানে কোনো রকম ভোট হবে না। কিন্তু এই অসান জম্মু-কাশ্মীরের বিধানসভারই অন্তর্গত। নরেন্দ্র মোদী সংযুক্ত রাষ্ট্র মহাসভায় এই বিষয়ে আলোচনা করেছিলেন। এর থেকেই বোঝা যায় যে, উদ্ধারের কার্যে ভারতের উৎসাহ দেখানোর পিছনে কোনো না কোনো রাজনৈতিক উদ্দেশ্য অবশ্যই ছিল।

এরপর চীনের রাষ্ট্রপতি শী জিনপিঙ্গ ভারত সফরে আসেন। এই সময় নরেন্দ্র মোদী চীনের সাংবাদিকদের সাথে কথা বলেন, ভারতের সাথে চীনের একটা নতুন সম্পর্ক গড়ে তোলার বিষয়ে তিনি নতুন কিছু পদক্ষেপ গ্রহণের কথা বলেছেন। তিনি বলেন, 'আমি চীনের রাষ্ট্রপতির সাথে বৈঠককে একটা নতুন শব্দাবলীর দ্বারা অভিহিত করতে চাই। আমি এটিকে 'ইঞ্চি থেকে মাইলের দিকে অগ্রসর' বলে অভিহিত করতে চাই। এখানে তিনি 'ইঞ্চি' বলতে ভারত ও চীনকে বোঝানোর চেষ্টা করেছেন এবং মাইলের দিকে অগ্রসর হওয়া বলতে 'অসাধারণ সামঞ্জস্যের সাথে সহস্রাব্দের দিকে যাওয়া' বোঝাতে চেয়েছেন। 'আমি বিশ্বাস

করি যে, আমি যে লক্ষ্য পূরণের কথা ভেবে এই বৈঠকে বসেছি তার পূরণ একটা সুখকর অনুভূতির সৃষ্টি করবে।'

চীনের রাষ্ট্রপতি আমেদাবাদ থেকে নিজের যাত্রা শুরু করতে চান। আমেদাবাদেই চীনের রাষ্ট্রপতি ও ভারতের প্রধানমন্ত্রীর উপস্থিতিতে দুই দেশের মধ্যে তিনটি সম্মতি পত্র (এমওইউ)-তে হস্তাক্ষর করা হয়েছিল :

1. চীনের গুআঙ্গদোঙ্গ এবং ভারতের গুজরাটের মধ্যে 'সিস্টের প্রোভিন্স' সম্পর্ক কায়েম করার জন্য এমওইউ-র ওপর হস্তাক্ষর করা হয়েছিল, যা আর্থিক এবং ব্যাবসা, পরিবেশ সংরক্ষণ, জননীতি, শিক্ষা, স্বাস্থ্য, বিজ্ঞান এবং টেকনিক এবং পর্যটন তথা সংস্কৃতিতে সাহায্যের বিষয়টি কভার করত।

2. চীনের গুআঙ্গঝোউ এবং ভারতের গুজরাট স্থিত আমেদাবাদ শহর গুলির মধ্যে এমওইউ-এর ওপর হস্তাক্ষর হয়, এই দুটি শহরের প্রাধিকরণের মধ্যে ঘনিষ্ঠ সহযপগিতা সুনিশ্চিত করার জন্যই এই চুক্তি করা হয়। এই অনুসারে আর্থিক এবং ব্যাবসা, পরিবেশ সংরক্ষণ, জন নীতি, শিক্ষা, স্বাস্থ্য, বিজ্ঞান এবং টেকনিক তথা পর্যটন ও সংস্কৃতির ক্ষেত্রে পারস্পরিক সহযোগিতা প্রদানের কথা বলা হয়েছে। প্রতিনিধিমন্ডলের সাহায্যে এবং সংস্থাগত বৈঠকের মাধ্যমে জ্ঞানের আদানপ্রদান করা হবে। এ ছাড়া পারস্পরিক হিতের কথাও ভাবা হবে।

3. গুজরাট সরকারের বিনিয়গের সাথে সম্পর্কির্ত মুখ্য এজেন্সী ব্যাবসায়িক বিস্তার বিউরো (ইন্ডেক্সটবী) এবং চীনের বিকাস ব্যাঙ্কের মধ্যে এমওইউ-র ওপর চুক্তি হয়েছে। এই অনুসারে 'ইন্ডেক্সটবী' যাতে আবশ্যক মঞ্জুরি পায় এবং ব্যাবসায়িক পার্ক গুলির কাঠামোগত সুবিধা গুলি সৃজনের ক্ষেত্রে চীনের বিনিয়োগকারীদের সাহায্য প্রদান করবে।

এরপর নরেন্দ্র মোদীর সাথে চীনের রাষ্ট্রপতি শী জিনপিঙ্গর শিখর বার্তা হয়। এই সময় দুটি দেশই বহু নতুন চুক্তিতে হস্তাক্ষর করেছে, সেগুলির মধ্যে কয়েকটি উল্লেখ করা হল :

1. ভারতীয় তীর্থস্থান (কৈলাশ-মানসসরোবরের যাত্রা) -এর জন্য তিব্বতের স্বাকত্ত ক্ষেত্রের সাথে সংযুক্ত করে নতুন রাস্তা তৈরির কথা বলা হয়েছে। এতে ভারতের বিদেশ মন্ত্রালয় ও চীনের বিদেশ মন্ত্রালয় সম্মতি প্রকট করেছে। এই এমওইউ এর ফলে উত্তরাখণ্ডের রাস্তা দিয়ে যাওয়া ছাড়াও সিকিমের নাথুলা হয়েও বহু লোক মানসরোবরে যাত্রা করতে পারবে। নাথুলা থেকে নতুন রাস্তা

খোলার ফলে বহু সংখ্যক লোক এই যাত্রা করতে সক্ষম হবে। এর ফলে যাত্রার সময় তো কম হবেই সেই সাথে রাস্তার দুর্গমতাও অনেকটা কমে যাবে, যার ফলে বৃদ্ধ তীর্থযাত্রীরাও সহজে এই পথ দিয়ে যাত্রা করতে পারবে।

2. রেলওয়ে সহযোগিতা বৃদ্ধির জন্য ভারত সরকারের রেলমন্ত্রালয়ের সাথে চীন সরকারের একটি চুক্তি হয়েছে। উভয় পক্ষেই রেলওয়ে সম্পর্কিত কিছু ক্ষেত্রে একে অপরকে সাহায্য করার প্রতিশ্রুতি দিয়েছে : গতি বৃদ্ধি, হাই-স্পীড রেলওয়ে তৈরির কাজে নির্দিষ্ট পরীক্ষা-নিরীক্ষা করা, ভারতের রেল কর্মীদের পরিবহনের প্রশিক্ষণ প্রদান, রেলওয়ে স্টেশানের পুনর্বিকাস, ভারতে একটি রেলওয়ে বিশ্ববিদ্যালয় স্থাপন ইত্যাদি।

3. ভারত সরকারের বাণিজ্যিক এবং শৈল্পিক মন্ত্রালয় এবং চীন সরকারের বাণিজ্যিক মন্ত্রালয়ের মধ্যে আর্থিক বিকাসের কথা ভেবে একটি পঞ্চবর্ষীয় পরিকল্পনা করা হয়েছে। ভারতের ব্যাবসা-বাণিজ্যকে আরো বেশি উন্নত করে তোলার জন্য পারস্পরিক লাভের সিদ্ধান্ত অনুসারে একটি মধ্যমমানের কাঠামো তৈরির কথা বলা হয়েছে। এই পরিকল্পনার মুখ্য উদ্দেশ্য হল : দ্বিপক্ষীয় ব্যাবসায় যে ভারসাম্যহীনতা দেখা যায় তা কম করা, পাঁচ বছরের মধ্যে চীন কুড়ি লক্ষ ডলারের বিনিয়গের মাধ্যমে ভারতকে সাহায্য করবে, একটি পারদর্শী, স্থির এবং বিনিয়োগকারী অনুকূল সংস্থার পরিবেশ গড়ে তুলবে, বাণ্যিজিক মণ্ডল ও আর্থিক ক্ষেত্রের মধ্যে সহযোগিতা বৃদ্ধি।

4. ভারতের সূচনা ও প্রসারণ মন্ত্রালয় এবং চীনের প্রেস, প্রকাশন বিভাগ, রেডিও, ফ্লিম এবং টেলীভিশানের রাজকীয় প্রশাসকের মধ্যে শ্রাব্য-দৃশ্য সহ উৎপাদনের বিষয়ে করাল। এই করাল অনুসারে দুই দেশের নির্মাতা নিজেদের মধ্যে সাহায্যের দ্বারা ফ্লিম বানানোর জন্য সৃজনশীল, কলাত্মক, টেকনিকাল, আর্থিক এবং বিপণনের ক্ষেত্রেও একত্রিত হয়ে কাজ করবে। এর ফলে ভারতের শ্রাব্য-দৃশ্য উৎপাদনের বাজারের পরিসর বৃদ্ধিতেও সাহায্য হবে।

5. কাস্টমের সাথে সম্পর্কিত বিষয় গুলির ক্ষেত্রে সহযোগিতা এবং পারস্পরিক প্রশাসনিক সহায়তার জন্য ভারত সরকার ও চীন সরকারের মধ্যে বোঝাপড়া। এই বোঝাপড়ার থেকে সূচনার আদান-প্রদানের মাধ্যমে সীমায় সংগঠিত আর্থিক অপরাধ এবং কাস্টমের সাথে সম্পর্কিত অপরাধের বিরুদ্ধে নিজেদের মধ্যে সাহায্য বৃদ্ধিতে সাহায্য পাওয়া যাবে। কাস্টমের সাথে সহযোগিতা

বৃদ্ধি করে ব্যবসার বিষয়টিকে আরো সুবিধা জনক করে তোলার চেষ্টা করা হয়ে থাকে।

6. অন্তরিক্ষকে শান্তিপূর্ণ ভাবে ব্যবহার করার জন্য একে অপরকে সাহায্য করবে, ভারতীয় অন্তরিক্ষ অনুসন্ধান সংগঠন এবং চীনী রাষ্ট্রীয় অন্তরিক্ষ প্রশাসন এই বিষয়ে সম্মতি প্রকট করেছে। এমওইউ-এর অনুসারে উভয় পক্ষ শান্তিপূর্ণ উদ্দেশ্য পূরণের জন্য অন্তরিক্ষের ব্যবহার করবে এবং অনুসন্ধানের বিষয়েও একে অপরকে সাহায্য করবে যাতে আরো নতুন কিছু খুঁজে পাওয়া সম্ভব হয়। বৈজ্ঞানিক গণ যে উপগ্রহ গুলি নিয়ে অনুসন্ধান চালাচ্ছেন, সুদূরে অবস্থিত উপগ্রহ এবং সৃষ্ট উপগ্রহ গুলির গবেষণার ক্ষেত্রেও একে অপরকে সাহায্য করবে।

7. সাংস্কৃতিক সংস্থান গুলির মধ্যে আদান প্রদান ও সহযোগিতা বৃদ্ধির জন্য ভারতের সাংস্কৃতিক মন্ত্রালয় এবং চীনের সাংস্কৃতিক মন্ত্রালয় সাহায্যের সম্মতি প্রকট করেছে। এই এমওইউ-এর উদ্দেশ্য হল দুটি দেশের বিভিন্ন সাংস্কৃতিক সংস্থানের মধ্যে দীর্ঘকালিন সহযোগিতা বৃদ্ধি করা। এই সাংস্কৃতিক সংস্থান গুলির মধ্যে সংগ্রহগার, পুরাতাত্বিক সংগঠন এবং কলা কেন্দ্র অন্তর্ভূক্ত।

8. ভারতের রাষ্ট্রীয় পুস্তক ন্যাস এবং চীনের প্রেস, প্রকাশক বিভাগ, রেডিও, ফিল্ম এবং টেলিভিশানের মধ্যে রাজকীয় প্রশাসনের মধ্যে সাহায্য করার সম্মতি জানানো হয়েছে। দুই রাষ্ট্রই এই ব্যাপারে সম্মতি জানিয়েছে যে চীন 'অতিথি রাষ্ট্র' হিসাবে নতুন দিল্লীর বিশ্ব পুস্তক মেলা 2016 -এ অংশ গ্রহণ করবে। এর ফলে পুস্তক প্রকাশের বিষয়েও দুই দেশের মধ্যে সাহায্য আদান-প্রদান করা সম্ভব হবে।

9. ভারতের স্বাস্থ্য এবং পারিবারিক কল্যাণ মন্ত্রালয় এবং চীনী খাদ্য এবং ঔষধ প্রশাসনের মধ্যে সহযোগিতা তথা ঔষধ প্রশাসনের জন্য কার্য পরিকল্পনা। কার্য পরিকল্পনা অনুসারে দুই পক্ষই ঔষধের কোয়ালিটি, ঐতিহ্যবাহী ঔষধ, ঔষধের পরীক্ষা ক্ষেত্রে একে অপরকে সাহায্য করবে। এই ক্ষেত্রে নিজেদের মধ্যে সাহায্য বৃদ্ধির জন্য দুই দেশই প্রতিনিধি মণ্ডলের আদান প্রদান করবে।

10. মুম্বাই এবং শাংঘাইয়ের মধ্যে 'সেস্টর সিটী' সম্পর্ক স্থাপন করার বিষয়ে করাল। এর ফলে লোকেদের মধ্যে আদান প্রদান বৃদ্ধি পাবে এবং নিজেদের মধ্যে ঐক্যতা গড়ে তোলার বিষয়েও সাহায্য লাভ করা যাবে।

11. মহারাষ্ট্রে বাণিজ্যিক পার্ক স্থাপনের জন্য সাহায্য করার জন্য মহারাষ্ট্র বাণিজ্যিক বিকাস নিগম এবং বীকী ফোটোন মোটর কম্পানী লিমিটেডের মধ্যে সম্মতি প্রকটিত হবে। এই এমওইউ অনুসারে মহারাষ্ট্রতে পুণার কাছে 1250 একর ভূমিতে একটি বাণিজ্যিক পার্ক তৈরি করার সিদ্ধান্ত নেওয়া হয়েছে। এর ফলে ক্লস্টরের মতো বিকাস ঘটবে এবং বহু সংখ্যক লোক কাজ পাবে।

এই চুক্তিতে হস্তাক্ষর হয়ে যাওয়ার পর চীনের রাষ্ট্রপতি শী জিনপিঙ্গর সাথে বসে একটি সাংবাদিক বৈঠকে নরেন্দ্র মোদী ভারত চীন সম্পর্কের গুরুত্ব বিশ্লেষণ করতে গিয়ে বলেছিলেন যে, 'আমি চীনের সাথে সম্পর্ক গড়ে তোলার বিষয়টিকে খুবই গুরুত্বপূর্ণ বলে মনে করতাম। আমাদের দুই দেশের সভ্যতাই খুবই প্রাচীন এবং আমাদের সম্পর্কও অতি প্রাচীন। চীন আমাদের সবচেয়ে বড় প্রতিবেশি রাষ্ট্র। ভারত গঠনের কাছে বিদেশ নীতির ক্ষেত্রে প্রতিবেশী রাষ্ট্র গুলির গুরুত্ব অপরিসীম। আজ পৃথিবীর মধ্যে এই দুটি দেশের লোক সংখ্যা সবচেয়ে বেশি এবং আমরা দুই পক্ষই ক্রমাগত আরো উন্নতি করে যাওয়ার চেষ্টা করছি। আর্থিক ও সামাজিক পরিবর্তনের ব্যাপারেও দুই দেশ সমান ভাবেই তৎপর। তাই আমাদের মধ্যে একটা বিশ্বাস ও ভরসার সম্পর্ক গড়ে তোলাটা ছিল খুবই জরুরি। আমাদের একে অপরের চিন্তাকে সম্মান জানতে হবে, এবং একে অপরের বিষয়ে সংবেদন শীল হোতে হবে। এই সম্পর্কের সাথে সাথে সীমান্তে শান্তি ও স্থিরতা থাটাকা খুবই জরুরি। বন্ধুত্ব ও সহযোগিতরা সম্পর্ক গড়ে উঠুক। যদি তা সম্ভব হয়, তাহলে আমরা এই সম্পর্কের সাহায্যে বহু অসম্ভব বিষয়কেও সম্ভব করে তুলতে পারব। একে অপরের বিকাসের ব্যাপারে সাহায্য করতে পারব। সেই সাথে এই ক্ষেত্রে শান্তি, স্থিরতা এবং সমৃদ্ধিকে বাড়ানো সম্ভব হবে এবং বিশ্বের অর্থনীতির ক্ষেত্রে নতুন পথ দেখানোর সাথে সাথে নতুন শক্তির সঞ্চার করা সম্ভব হবে।'

চীনের সাথে ভারতের সীমা সংক্রান্ত বিবাদ নিয়ে আলোচনা করতে গিয়ে তিনি বলেন, 'সীমায় যে ঘটনা ঘটে চলেছে আমি সেই নিয়ে ভালো করে ভেবে দেখেছি, আর আমার মনে হয় যে এই সমস্যার সমাধান অবিলম্বে করা উচিত। সীমান্ত বর্তী এলাকায় শান্তি ও স্থিরতা না থাকলে আমাদের মধ্যে কখনই বিশ্বাস ও ভরসার সম্পর্ক গড়ে ওঠা সম্ভব না। দুই দেশই এই বিষয়ে একমত এবং দৃঢ়তার সাথে তা পালন করার চেষ্টা করতে হবে। সীমার সাথে সম্পর্কিত প্রশ্ন

গুলির সমাধান যত শীঘ্র সম্ভব করতে হবে। সীমা সম্পর্কিত চুক্তি এবং বিশ্বাস বৃদ্ধির জন্য আমাদের লাভ হয়েছে কিন্তু আমার মনে হয় যে সীমায় শান্তি ও স্থিরতা বজায় রাখার জন্য এলএসী -কে নিয়ে স্পষ্টীকরণ একটা বড় অবদান হয়ে উঠতে পারে। বহু বছর ধরে এর কাজ আটকে রয়েছে, পুনরায় সেই কাজ শুরু করা উচিত। আমি চীনের ভীজা নীতি এবং ট্রান্স বার্ডর রিভর্স নিয়ে চিন্তা প্রকট করেছি কারণ আমার মনে হয় যে, যদি এই ভাবে বিষয়ের সমাধান করা যায় তাহলে নিজেদের বিশ্বাস ও সম্পর্ক নতুন নতুন রাস্তা পাবে। শেষে আমি বলতে চাই যে, ভারত ও চীনের জন্য এটা হল একটা ঐতিহাসিক সুযোগ, যার মধ্যে সম্ভাবনার কোনো অভাব নেই। এই সুযোগের সাহায্যে আমরা নতুন যুগের সূচনা করতে পারি। আমরা যদি এই সুযোগের সাথে সাথে প্রতিদ্বন্দ্বিতার বিষয়টিকে মাথায় রাখি তাহলে আমার বিশ্বাস যে, আমাদের সফল হওয়ার বিষয়ে কেউ বাধা দিতে পারবে না, আর আমার সেই দায়িত্ব সম্পূর্ণ রূপে পালন করতে পারব।

চীনের রাষ্ট্রপতি ভারত থেকে ফিরে যাওয়ার পর নরেন্দ্র মোদী আমেরিকার উদ্দেশ্যে রওনা দেন। সেই সময় তিনি সংযুক্ত রাষ্ট্র মহাসভায় 69তম সত্রে ভাষণ দেন। তাঁর প্রদেয় এই ভাষণে নরেন্দ্র মোদী সংযুক্ত রাষ্ট্রে তৎকালিন পরিবর্তন এবং পুনরুদ্ধারের প্রয়োজনের ওপর জোর দেন এবং সারা বিশ্ব জুড়ে আতঙ্কবাদের যে ভয়াবহতা দেখা যাচ্ছে তা দূর করার জন্য সন্ধি করতে চান, এবং তিনি চান যে এই সন্ধি যত শীঘ্র সম্ভব সাক্ষরিত হোক। তিনি বলেছেন যে, পাকিস্তানের সাথে দ্বিপক্ষীয় বার্তার জন্য সতত মহল গড়ে তুলতে হবে। এই মঞ্চে দাঁড়িয়ে নরেন্দ্র মোদী নরেন্দ্র মোদী সারা বিশ্বকে অন্তর্রাষ্ট্রীয় যোগ দিবস উদ্‌যাপনের আহ্বান জানিয়েছেন। প্রধানমন্ত্রী বলেছিলেন যে, সংযুক্ত রাষ্ট্রের 70তম বর্ষে যেন দেখা যায় যে তা সব কিছু প্রাপ্ত করতে এবং ভবিষ্যতের জন্য কাঠামো গড়ে তুলতে সক্ষম হয়েছে। পরিবর্তনের এই প্রক্রিয়ায় তিনি বিশ্ববিদ্যালয়ের যুবকদের যোগদান করার জন্য আহ্বান জানিয়েছেন। তিনি বলেন যে, 21তম শতক হল প্রতিদ্বন্দ্বিতার শতক এবং সংযুক্ত রাষ্ট্রের থেকে সমকালিনতার বাস্তবিক ঝলক দেখা যেতে পারে। সংযুক্ত রাষ্ট্রের বিভিন্ন দেশ গুলির উত্থান দেখার পর তিনি বলেছেন যে, আমাদে 'জী-আল'-এর দিকে পা বাড়াতে হবে এবং সংযুক্ত রাষ্ট্রকে কিভাবে আরো প্রভাবশালী করে তোলা যায় সেই দিকে ধ্যান দিতে হবে। প্রধানমন্ত্রী বলেছেন যে, আরবের লোকেরা কাঠামোগত সুবিধা, পানীয় জল এবং বিদ্যুতের

থেকে বঞ্চিত। তাই বিচার করে দেখুন তো, সারা বিশ্বের একত্রিত হয়ে কত কাজ করতে হবে।

প্রধানমন্ত্রী আতঙ্কবাদের বিরূদ্ধে খুবই সোচ্চার হয়ে উঠেছিলেন। তিনি বলেছেন যে, পৃথিবীর কোনো দেশই আজ এর জন্য সুরক্ষিত নয়। তিনি ভালো আতঙ্কবাদ এবং মন্দ আতঙ্কবাদ এই রকম শব্দ দুটির ঘোরতর বিরোধীতা করেছিলেন। প্রধানমন্ত্রী জানিয়েছিলেন যে, কিছু দেশ এখনও আতঙ্কবাদকে পালন-পোষণ করে চলেছে এবং সেই সাথে তারা স্টেট পলেসী উদ্ভাসিত করে তোলার জন্য আতঙ্কবাদের ব্যবহারও করছে। তিনি বিশ্বের আতঙ্কবাদের বিরুদ্ধে ব্যাপক সন্ধি করার ওপর জোর দিয়েছেন, তাঁর মতে এই কাজ করতে অনেক দেরি হয়ে গেছে, যত শীঘ্র সম্ভব এই কাজ সেরে ফেলতে হবে।

নরেন্দ্র মোদী বলেছিলেন যে, তিনি প্রতিবেশী রাষ্ট্র গুলির সাথে একটা ভ্রাতৃত্বের সম্পর্ক গড়ে তুলতে চান, পাকিস্তানের সাথেও তেমনি সম্পর্ক চান এর চেয়ে অন্য কিছু নয়। তিনি বলেন যে, তিনি কোনো রকম আতঙ্কাবাদের ছায়া পর্যন্ত চান না, বরং তিনি চান সম্পূর্ণ রূপে শান্তির পরিবেশ। তিনি আরোও জানিয়েছিলেন যে, এই বার্তার বিষয়টা সম্পূর্ণ রূপে নির্ভর করছে পাকিস্তানের ওপর। তিনি সেই সময় কাশ্মীরের বন্যা পীড়িতদের কাছে কিভাবে সাহায্য পৌঁছে দেওয়া যায় সেই নিয়ে চিন্তিত ছিলেন, এর জন্য তিনি পাকিস্তানকেও সাহায্য করতে রাজী ছিলেন।

প্রধানমন্ত্রী ভারতকে এমন ভাবে উপস্থাপিত করতে চেয়েছিলেন যে, ভারত সকলকে ন্যায়, প্রতিষ্ঠা, সুযোগ এবং সমৃদ্ধি প্রদানের জন্য দাঁড়িয়ে আছে। তিনি বলেন যে, ভারতের দর্শণই প্রকৃতির সাথে সম্পর্ক গড়ে তোলার নির্দেশ দিয়ে রেখেছে। তিনি পরামর্শ দানের ভঙ্গিতে বলেছেন যে, সংযুক্ত রাষ্ট্রের অন্তর্রাষ্ট্রীয় যোগ দিবস পালনের কাজ করা উচিত। নরেন্দ্র মোদী বলেছিলেন যে, অন্তর্রাষ্ট্রীয় ব্যাবসার চুক্তির জন্য প্রত্যেক পক্ষের হিতের বিষয়টা ধ্যান দিতে হবে। নরেন্দ্র মোদীর আমেরিকা সফরের সবচেয়ে বড় বিষয় ছিল মেডিসন স্কয়ারে গিয়ে প্রবাসী ভারতীয়দের সাথে যোগ সূত্র স্থাপন করা। নরেন্দ্র মোদী ভারতকে বিকসিত করে তোলার জন্য যে গণ আনন্দোলনের ডাক দিয়েছেন তাতে প্রবাসী ভারতীয়দেরও যোগ দেওয়ার আহ্বান জানিয়েছেন তিনি। ভারতীয় আমেরিকানদের ভারতের বিকাসের পথ ত্বরানিত করার আহ্বান জানিয়ে প্রধানমন্ত্রী

বলেছেন যে, ভারতকে আপনাদের স্বপ্নের ভারত করে তুলতে চলেছি। এই কাজের জন্য আমার সঙ্গে 18000 জন লোক যোগ দিয়েছে। প্রধানমন্ত্রী বলেন যে, নির্বাচন পরিণামের পর ভারতের সম্পর্কে নতুন করে আশা ও ভাবনা জাগ্রত হয়েছে। আজ আমেরিকায় বসবাসকারী সমস্ত ভারতীয় ভারতের সাথে নতুন করে সম্পর্ক গড়ে তুলতে চাইছে। প্রধানমন্ত্রী বলেছেন যে, 2015 সালে মহাত্মা গান্ধীর ভারতে ফেরার একশো বছর সম্পন্ন হোতে চলেছে, তিনি সমস্ত প্রবাসী ভারতীয়দের এই সমারোহে অংশ গ্রহণ করার জন্য আহ্বান জানিয়েছেন, এবং তিনি তাদের কাছ থেকে সাহায্য পাওয়ার বিষয়েও অনুরোধ জানিয়েছেন।

এরপর নরেন্দ্র মোদী আমেরিকার রাষ্ট্রপতি বরাক ওবামার সাথে দেখা করেন। এই সাক্ষাৎ নিয়ে লোকেদের মধ্যে যেমন উৎসাহের অভাব ছিল না, তেমনি প্রচুর গুজবও ছড়িয়ে পড়েছিল। অনেকে তো মনে করেছিলেন যে, গুজরাটের মুখ্যমন্ত্রী থাকাকালিন আমেরিকা নরেন্দ্র মোদীকে তাঁদের দেশে যাওয়ার জন্য ভিজা দেননি, এই সাক্ষাৎ-এর সময় তারই প্রভাব দেখা যাবে। কিন্তু সকল গুজবকে মিথ্যা প্রমাণীত করে যখন দুই নেতার দেখা হয় তখন তাঁরা মন খুলেই একে অরপকে অভ্যর্থনা জানিয়েছিলেন। ওবামা মোদীকে স্বাগত জানানোর সময় গুজরাটি ভাষায় বলেন, 'কেম ছো'। এই সাক্ষাৎ সম্পর্কে মোদী বলেছিলেন, 'পদের দায়িত্ব গ্রহণ করার কিছু দিনের মধ্যেই আমেরিকায় এসে প্রেসিডেন্ট ওবামার সাথে দেখা করে আমার খুবই ভালো লেগেছে। সবচেয়ে ভালো কথা হল, দুই দেশের মেশিন মার্সে পৌঁছানোর কিছু দিনের মধ্যেই আমরা একে অপরের সাথে দেখা করার সুযোগ পেয়েছি। ভারত ও আমেরিকা মার্সে সাক্ষাৎ ঘটানোর সাথে সাথে এই পৃথিবীতেও সাক্ষাৎ এর সুযোগ পেয়ে গেলো। এই শুভ সংযোগ হল আমাদের সম্বন্ধের ক্ষমতার প্রতিবিম্ব। এই সফরে এসে, বিশেষ করে রাষ্ট্রপতি ওবামার সাথে কথা বলার পর আমার মনে এই বিশ্বাস জন্মেছে যে, বিশ্ব স্তরে আমাদের মধ্যে একটা মিলন ঘটা স্বাভাবিক। আমাদের মূল্যবোধ, হিত এবং ডিজিটাল প্রতিযোগিতায় আমাদের ক্ষমতার কাঠামোর ওপরেই ভিত্তি করে এই সম্পর্ক গড়ে উঠেছে।'

মোদী ও ওবামার মধ্যে যে উচ্চস্তরীয় কথাবার্তা হয়েছিল তাতে করে এটা দেখা যায় যে, 2001 সালে দুই দেশের মধ্যে যে ব্যবসায়িক সম্পর্ক ছিল আজ তা প্রায় পাঁচ গুণ বৃদ্ধি পেয়ে একশত লক্ষ ডলার পর্যন্ত পৌঁছে গেছে, এই

দুই নেতা সেটিকে আরো পাঁচ গুণ করে তুলতে চান, আর তার জন্য তারা একে অপরকে সাহায্য করতে প্রতিজ্ঞাবদ্ধ। রাষ্ট্রপতি ওবামা এবং প্রধানমন্ত্রী নরেন্দ্র মোদী স্বীকার করেছেন যে, ভারতকে যদি ক্রমাগত বিকাসের দিকে এগিয়ে যেতে হয় তাহলে ভারত ও আমেরিকার ব্যাবসায়িক সংযগ একটা গুরুত্বপূর্ণ ভূমিকা পালন করবে। সংস্থাগত বিনিয়গ কারী এবং করপোরেট জগতের ব্যক্তিদের বিনিয়গের ব্যাপারে উৎসাহিত করার জন্য দুই নেতা পুঁজীগত বাজারের বিকাস এবং আর্থিক সাহায্যের দিক থেকে তাদের যাতে কোনো রকম সমস্যা না হয় সেই দিকে ধ্যান দিয়ে অর্থ মন্ত্রালয় এবং অর্থ বিভাগের নেতৃত্বে ভারত-আমেরিকার বিনিয়গের বিষয়টি নতুন করে গড়ে তোলার চেষ্টা করছে। তাঁরা ভারতের পরিকল্পনাগত কাঠামোর মধ্যে আমেরিকার কম্পানী যাতে অংশ গ্রহণ করতে পারে তার জন্য অর্থ মন্ত্রালয় এবং বাণিজ্য বিভাগ প্রয়োজনীয় কাঠামো গড়ে তোলার সংকল্প ব্যক্ত করেছে।

দুই নেতাই ভারত-আমেরিকার অসৈন্য পরমাণু চুক্তিকে সম্পূর্ণ রূপে লাগু করার জন্য খুবই উৎসাহি। তাঁরা আমেরিকার দ্বারা গঠিত পরমাণু বিদ্যুৎ ঘরে থেকে ভারতে বিদ্যুৎ সরবরাহের জন্য কৃত চুক্তিকে যত শীঘ্র সম্ভব বাস্তবায়িত করে তুলতে চান। তাঁরা শুধু প্রশাসনের মধ্যেই নিজেদের আবদ্ধ রাখেননি, তাঁরা উত্তরদায়িত্ব, টেকনিলকাল মামলা এবং ওয়াশিংটনহাউস ও জীঈ হিতাচী টেক্নোলজী ওয়ালে পাওয়ার প্লান্টস সহ পরমাণু পার্ক গুলি স্থাপনার বিসয়েও সাহায্য প্রদানের জন্য লাইসেংসিগ সহ কার্যান্বয়নের সাথে যুক্ত সমস্ত বিষয় নিয়ে কথাবার্তা বলে সেগুলিকে বাস্তবায়িত করার ব্যাপারেই প্রতিজ্ঞাবদ্ধ।

ওবামা ও মোদী দুই দেশের লোকেরা যাতে অতি সহজেই যাতায়াত করতে পারে সেই নিয়েও আলোচনা করেছিলেন। ভারত 2015 সালে আমেরিকার নাগরিকদের ভারত আগমনের জন্য ভিজা দেওয়ার জন্য নতুন করে পরিকল্পনা গড়তে চলেছে এবং ভারতীয় নাগরিকদের জন্য সংযুক্ত রাষ্ট্র বিশ্বের মধ্যে প্রবেশ করানোর কার্যক্রমকে সম্পূর্ণ করে তোলার জন্য প্রয়োজনীয় ব্যবস্থা নিতে তৎপর।

দুই নেতা ডিজিটাল মূল কাঠামো বাড়াতে, ঈ-গভর্নেস এবং ঈ-সার্ভিস স্থাপিত করতে, ব্যবসায়িক সাহায্যকে উৎসাহিত করতে এবং ভারতের নাগরিকদের ডিজিটাল রূপের দিক থেকে শক্তিশালী করে তোলার জন্য ডিজিটাল ইন্ডিয়ার কাজ শুরু করার বিষয়ে খুবই উৎসাহি। ভারত গ্লোবল ইনিশিএটিভ অফ একেডেমিক নেটওয়ার্ক (জ্ঞান) স্থাপনের জন্য যে উৎসাহ দেখিয়েছিল রাষ্ট্রপতি

সেই প্রস্তাব স্বীকার করে নিয়েছেন। সেই অনুসারে ভারত প্রতিবছর 1000 জন আমেরিকার শিক্ষাবিদকে তাদের সুবিধা মতন কেন্দ্র দ্বারা মান্যতা প্রাপ্ত বিশ্ববিদ্যালয়ের ছাত্রদের পড়ানোর জন্য আমন্ত্রণ জানাবে।

দুই নেতা ডেঙ্গু, ম্যালেরিয়া এবং টীবীর জন্য সস্তায় টীকা বিকসিত করার জন্য, ভারত-আমেরিকা টীকা কার্যক্রমের নতুন চরণ শুরু করার জন্য এবং একটা সহায়ক বিকাস কেন্দ্র স্থাপিত করার জন্য রাজী হয়েছে। তাঁরা সহযোগী কার্যক্রম বিকসিত করার সাথে সাথে ক্যান্সার অনুসন্ধান এবং রোগী দেখাশোনা করার ক্ষমতা বৃদ্ধির জন্য একে অপরকে সাহায্য প্রদানের জন্য সিদ্ধান্ত নিয়েছেন এবং সম্মতিও প্রকট করেছেন। রাষ্ট্রপতি বিশ্বের স্বাস্থ্য সুরক্ষা এজেন্ডায় শীর্ষস্থ ভূমিকা পালনের জন্য ভারতের প্রস্তাবকে স্বাগত জানিয়েছেন। গণতান্ত্রিক মূল্যবোধকে জীবিত রাখার জন্য ভারতের প্রধানমন্ত্রীর সাথে সাথে আমেরিকার রাষ্ট্রপতিও চিন্তা ব্যক্ত করেছিলেন, যার ফলে তাঁরা মেয়েদের সুরক্ষার বিষয় নিয়ে খুব বেশি করে মাথা ঘামিয়েছেন, এই জন্য দুই নেতাই কিছু পরিকল্পনা গড়ার বিষয়ে সম্মতি ব্যক্ত করেছেন, যেমন - 'কন্যা বাঁচাও', 'মেয়ে পড়াও' প্রভৃতি পরিকল্পনার দিকে বিশেষ ধ্যান দেওয়া হবে বলে ঠিক করা হয়েছে। দুটি দেশই মহিলাদের ভূমিকা বৃদ্ধির জন্য মহিলা ভিত্তিক কিছু কার্যকলাপের আয়োজন করার কথা ভেবেছেন, এবং মহিলাদের প্রতি অত্যাচারিদের ওপর কোনো রকম সহানুভূতি না দেখানোর বিষয়ে প্রতিজ্ঞা করেছেন।

বিগত 60 বছর ধরে সারা পৃথিবীতে শান্তি ও স্থিরতা বজায় রাখার জন্য ভারতীয়রা যে প্রয়াস করে চলেছেন, বরাক ওবামা তার খুবই প্রশংসা করেছেন। অন্য দেশের লোকেদেরও এই শান্তি ও স্থিরতা স্থাপনের জন্য উৎসাহিত করার উদ্দেশ্যে ভারতীয়রা দিল্লীতে যে প্রশিক্ষণের আয়োজন করে, সেটার জন্যও রাষ্ট্রপতি নিজের খুশি ব্যক্ত করেছেন। দুই নেতাই মনে করেন যে আজ সারা বিশ্ব জুড়ে যে অশান্তির মহল গড়ে উঠেছে তার জন্য তা শান্ত করার জন্য সংযুক্ত রাষ্ট্র সুরক্ষা পরিষদের বিশেষ ভূমিকা পালন করতে হবে, সুরক্ষা পরিষদের স্থায়ী সদস্য হিসাবে সহযোগিতা প্রকটের পক্ষে উভয় দেশই প্রতিজ্ঞাবদ্ধ। অন্তর্রাষ্ট্রীয় আর্থিক সংগঠনে ভারতের ভূমিকা বৃদ্ধির জন্য ভারতকে যে প্রয়োজনীয় উপায়ের সন্ধান করতে হবে তা তাকে দেওয়ার ব্যাপারে ওবামা নিজেই এগিয়ে এসেছেন এবং বহুস্তরীয় বিকাস ব্যাঙ্কের দ্বারা ভারতকে আর্থিক ক্ষেত্রেও সৃজনশীল করে তোলার চেষ্টা করবেন বলে তিনি জানিয়েছেন।

কঠোর পরিশ্রম

নরেন্দ্র মোদীর অতি বড় সমালোচকও তাঁর যে গুণটি স্বীকার করে নিতে বাধ্য হন, তা হল তাঁর পরিশ্রম, নরেন্দ্র মোদী হলেন অতিরিক্ত পরিশ্রমী মানুষ। তাঁর সমালোচকরাও স্বীকার করেন যে নরেন্দ্র মোদী হলেন এনার্জীতে ভরপুর এবং কঠোর পরিশ্রমী মানুষ। তাঁর এই পরিশ্রমী হওয়া, তাঁর ব্যবস্থাপনার কৌশলের ক্ষেত্রেও গুরুত্বপূর্ণ ভূমিকা পালন করে থাকে। যেকোনো ক্ষেত্রে সফল হওয়ার জন্য পরিশ্রমী হওয়াটা খুবই জরুরি। এটা ছাড়া সফলতা পাওয়া অসম্ভব, এমন বহু লোক আছে যাদের মধ্যে প্রতিভার কোনো অভাব থাকে না কিন্তু তারা পরিশ্রমী হয় না। যার ফলে তাদের যোগ্যতা ধীরে ধীরে হ্রাস পেতে শুরু করে এবং জীবনে সফলতা অর্জন করাটা তাদের পক্ষে অসম্ভব হয়ে ওঠে। অপরদিকে এমন কিছু লোকও আছে যাদের মধ্যে প্রতিভার একটু অভাব থাকলেও তারা পরিশ্রমের ওপর বিশ্বাস রাখে। এমন ধরনের লোকেরা পরিশ্রমের জোরে সফলতার পথে হাঁটতে শুরু করে এবং এক না একদিন সফল হয়েই যায়।

আবার এমন কিছু লোকও আছে যারা প্রতিভাবান হওয়ার সাথে সাথে কঠোর পরিশ্রমীও হয়। এমন ধরনের লোকেরাই বিভিন্ন ক্ষেত্রে শীর্ষ স্থানে গিয়ে পৌঁছায় এবং সফল নেতৃত্ব প্রদান করতে সক্ষম হয়। নরেন্দ্র মোদীকে দেখে মনে হয় যে তিনি এই শ্রেণির লোকেদের মধ্যে পড়েন। নরেন্দ্র মোদীকে নিয়ে বহু পুস্তক বাজারে আছে সেই সমস্ত পুস্তকে তাঁর পরিশ্রমী হওয়ার কথা লেখা আছে, শুধু তাই নয়, সার্বজনিকভাবেও তিনি সকলের কাছে পরিশ্রমী মানুষ হিসাবেই পরিচিত। জীবনের শুরু থেকেই তিনি কঠোর পরিশ্রম করতে অভ্যস্ত। তিনি যে জীবনেই পা রেখেছেন, সেখানেই পরিশ্রম করে গেছেন। মুখ্যমন্ত্রীর আসনে বসার পরেও পরিশ্রম করেছেন, আজ তিনি দেশের প্রধানমন্ত্রী কিন্তু এই তাঁর এই গুণ আজও তাঁর সঙ্গ ছাড়েনি।

কোনো নেতা কতটা পরিশ্রমী তখনই বোঝা যায়, যখন তিনি নির্বাচনের প্রচারে নামেন, কারণ এই সময় যে শুধু চারদিকে ঘুরে বেরাতে হয় তাই নয়, এই

সময় অনেক বেশি কথাও বলতে হয়। শুধু বললেই হয়না, সেক্ষেত্রেও পদে পদে সাবধানতা অবলম্বন করতে হয়, কারণ প্রচার অভিযানের সময় মুখ থেকে নির্গত একটা ছোট্ট ভুল কথার জন্যও প্রচুর মাশুল দিতে হোতে পারে। নির্বাচনের প্রচারের সময় দেখতে পাওয়া যায় কোনো নেতার পরিশ্রম করার ক্ষমতা কতখানি, তার ওপর যে নেতার ওপর সম্পূর্ণ দলের দায়িত্ব থাকে তাকে তো অগ্নিপরীক্ষা দিতে হয়। 2012 সালে চতুর্থবার গুজরাটের মুখ্যমন্ত্রীর আসনে বসবার জন্য নরেন্দ্র মোদী যেভাবে প্রচার অভিযান চালিয়েছিলেন তাতে করে অতি সহজেই অনুধাবন করা যায় যে, তিনি কতটা পরিশ্রমী মানুষ।

2012 সালে গুজরাটে বিধানসভার নির্বাচনের সময়কার যে খবর গুলি আমাদের সামনে এসেছিল, তার থেকে সহজেই বোঝা যায় যে, নরেন্দ্র মোদীকে দশ দিন ধরে ক্রমাগত 22 ঘন্টা করে কাজ করতে হয়েছিল। সকাল চারটে থেকে শুরু করে রাত্রির দেড়টা -দুটো পর্যন্ত কাজ করার পর নরেন্দ্র মোদী অতি কষ্টে দিনে দুই - আড়াই ঘন্টা ঘুমানোর সুযোগ পেতেন। সেই সময় গুজরাটের বরিষ্ঠ নেতা পুরুষোত্তম রূপালা তাঁর সম্পর্কে বলতে গিয়ে বলেছিলেন যে, নরেন্দ্র মোদী কিছু দিন ধরে দশজন মানুষের কাজ একা করে চলেছেন। দিনে পাঁচটা থেকে সাতটা জনসভা করা, তাও আবার বিভিন্ন ক্ষেত্রে অবস্থিত নির্বাচন কেন্দ্র গুলিতে গিয়ে, এটা কোনো সহজ কাজ নয়। এছাড়াও ছিলো স্টারপ্রচারক এবং কেন্দ্রীয় কোর কমিটির লোকেদের সাথে বৈঠক, দুর্বল প্রত্যাশীদের জন্য বিশেষ রণনীতি প্রস্তুত করে এবম সেই সাথে ক্ষুব্ধ নেতাদের সামলানো প্রভৃতি দায়িত্ব মোদীকেই পালন করতে হতো। গুজরাট বিধানসভা নির্বাচনের ক্ষেত্রে সমস্ত দিক থেকেই নরেন্দ্র মোদীই ছিলেন শেষ কথা, সকলেই সমস্ত বিষয়ে তাঁর ওপরেই ভরসা করে কাজ চালিয়ে যাচ্ছিল।

নরেন্দ্র মোদী সেই সময় সকাল চারটেয় ঘুম থেকে উঠতেন আর রাতে দেড়টা-দুটোর সময় শুতে যেতেন। সকাল চারটের সময় বিছানা ছাড়ার পর নিজের দৈনিক কাজ গুলি শেষ করে ভোর পাঁচটায় অফিসার ও কার্যকর্তাদের সাথে কথা বলার জন্য বিভিন্ন বৈঠকে অংশ গ্রহণ করতেন। সকলা আট পর্যন্ত এই কাজ চলত। এরপর নরেন্দ্র মোদী ছুটে যেতেন বিভিন্ন নির্বাচন ক্ষেত্রে প্রচারের উদ্দেশ্যে। সেই সময় তাঁর সাথে আটজন মানুষ থাকত, তারা তাঁকে দিনের বিভিন্ন ঘটনা সম্পর্কে ওয়াকিবহাল করত। যে প্রার্থীকে তাঁর দুর্বল বলে মনে হোত বা যার জয়ের সম্ভবনা তাঁর কম বলে মনে হতো এমন ধরনের প্রার্থীদের তিনি নিজের

সঙ্গে নিয়ে যেতেন, রাস্তায় বিভিন্ন মন্ত্রণা দেওয়ার কাজ সারতেন আর তারপর তিনি চলে যেতেন অন্য সভায় অংশ গ্রহণ করতে। রাত দশটা পর্যন্ত বিভিন্ন সভায় অংশ গ্রহণ করার পর মোদী গান্ধী নগরের উদ্দেশ্যে রওনা দিতেন। সেখানে পৌঁছাতে পৌঁছাতে তাঁর রাত্তির এগারোটা বেজে যেত এবং তারপর শুরু হোতে বৈঠকের পালা। তা চলত রাত্তির দেড়টা পর্যন্ত। এরপর তিনি পরবর্তী দিনের কার্যসূচী তৈরি করে শুতে যেতেন। সকাল চারটে থেকে পুনরায় তাঁর দিন শুরু হয়ে যেত।

নরেন্দ্র মোদীকে যখন ভারতীয় জনতা পার্টির তরফ থেকে প্রধানমন্ত্রী পদের প্রার্থী হিসাবে ঘোষণা করা হয় তখন যে তাঁর কাছে শুধু প্রচারের দায়িত্ব ছিল তাই নয়, সেই সময় তে তিনি ছিলেন গুজরাটের মুখ্যমন্ত্রী। এই দিক দিয়ে বিচার করে বলা যায় যে, সেই সময় তাঁর ওপর দুদিক দিয়ে কাজের চাপ ছিল। একদিকে তাঁর ওপর ছিল একটা রাজ্যের প্রশাসনিক দায়িত্ব অন্যদিকে ছিল একটা রাষ্ট্রীয় পার্টির হয়ে নির্বাচন অভিযানের নেতৃত্ব প্রদান করা, কিন্তু নরেন্দ্র মোদী কোনো রকম ক্রুটি ছাড়াই এই দুটি দায়িত্বকে সুন্দর ভাবে পালন করতে সক্ষম হয়েছিলেন, শুধুমাত্র তাঁর পরিশ্রম ক্ষমতার জোরে। নির্বাচনের প্রচার অভিযানের সময় তিনি 400 -র বেশি মিছিলের (র‍্যালির) আয়োজন করেছিলেন, তিন লক্ষ কিলোমিটারের বেশি যাত্রা করেছেন। কোথাও 3ডী সভাকে সম্বন্ধিত করেছেন, তো কখনও পার্টির আলোচনায় অংশ নিয়েছেন। এর সাথে চা পানের সময় আলোচনা তো আছেই। মিডিয়ার কাছেও তিনি বহু ইন্টারভিউ দিয়েছেন। নির্বাচনের প্রচার অভিযানের সময় নরেন্দ্র মোদী এমন ভাবে কাজ করতেন যা দেখে অনেকে বলত যে, তিনি মানুষ না মেশিন! একদিনে চারটে থেকে ছয়টা সভা করা, তাও আবার দেশের বিভিন্ন ক্ষেত্র, সত্যিই যেকোনো মানুষকে ক্লান্ত করে দেওয়ার মতনই কাজ। একদিন দুইদিন তাঁকে এমন সভা করতে হয়েছিল তাই নয়, বরং মাসের পর মাস ধরে নিয়মিত তাঁকে এমন ভাবেই সভায় অংশ গ্রহণ করতে হয়েছে।

2014 সালে লোকসভা নির্বাচন অভিযানের সময় নরেন্দ্র মোদীর দিনচর্চা নিয়ে মিডিয়ায় যে সমস্ত খরব প্রকাশিত হয়েছিল তার থেকে বলা যায় যে, সেই সময় সকাল পাঁচটার থেকে তাঁর দিন শুরু হতো। সকালবেলায় তিনি যোগ অভ্যাস করতেন এবং বেশ খানিকটা পথ হাঁটেনও। মোদীর সম্পর্কে বলা হয় যে, তিনি তিন ঘন্টার জন্য ঘুমালেও ভোরবেলা উঠে কমপক্ষে আধা ঘন্টা যোগ, প্রাণায়ম

এবং ধ্যান তিনি অবশ্যই করেন। তিনি বছরে কমপক্ষে 300 দিন এই রুটিং অনুসারেই চলার চেষ্টা করেন। নির্বাচন প্রচারের অভিযানের সময়তেও এই রুটিংই অব্যাহত ছিল। নির্বাচনের আগে বিভিন্ন সভায় যোগদানের উদ্দেশ্যে মোদী গান্ধী নগরে তাঁর সরকারী বাস ভবন ছেড়ে সকাল নয়টা থেকে সাড়ে নয়টার মধ্যে বেরিয়ে পড়তেন। কিন্তু যেদিন তিনি পূর্ব বা দক্ষিণ ভারতে সভায় যোগদান করতে যেতেন সেদিন সকাল সাতটায় তাঁকে আবাসন ছাড়তে হতো। প্রচারের সময় তিনি প্রায় দিন সকালেই আমেদাবাদের সর্দার পেটেল বিমান বন্দর থেকে প্লেনে চাপতেন। আদাণী গ্রুপের কম্পানী কর্ণাবতী এভিএশানের চার্টর্ড জেট বিমানের দ্বারাই তিনি নির্বাচন প্রচারের কাজ চালিয়েছেন। জেট বিমানে মোদীর সাথে থাকত তাঁরা পীএ। তার কাছে নির্বাচন প্রচার ও সরকারি কাজের ফাইল থাকত। যে সরকারি কাজ মোদী বাড়িতে বসে করার সময় পেতেন না তা তিনি প্লেনে বসে করে ফেলতেন। তারপর তিনি সভা বা র‍্যালীতে অংশ গ্রহণ করার জন্য সেই সম্পর্কিত বিভিন্ন বিষয় এবং সিয়াসী-জাতিগত সমীকরণের দিকে নজর দিতেন। পার্টীর স্থানীয় নেতারা সহ কোর রিসার্চ টীমের তরফ থেকে তাঁকে আগে থেকেই সমস্ত বিষয় জানিয়ে দেওয়া হতো। র‍্যালী স্থানের কাছাকাছি বিমান বন্দরে গিয়ে পৌঁছাতো মোদীর প্লেন। সেখান থেকে তিনি হেলিকাপ্টারে করে রালী স্থানের আশেপাশে তৈরি করা হেলিপ্যাডে গিয়ে পৌঁছাতেন। হেলিপ্যাডে পৌঁছানোর সাথে সাথে মোদী একটুও সময় নষ্ট না করে পাশে রাখা গাড়িতে গিয়ে বসতেন। নির্বাচন অভিযানের সময় তিনি গরম জল পান করতেন, যাতে তাঁর গলা খারাপ না হয়ে যায় সেই কথা ভেবে।

নির্বাচনের আগে প্রচারের সময় নরেন্দ্র মোদী যে কঠোর পরিশ্রম করেছিলেন, দেশের জনতা তার যথাযোগ্য সম্মান দিয়েছে, তাঁকে প্রধানমন্ত্রীর আসনে বসিয়ে। প্রধানমন্ত্রীর পদে বসার পরেও তিনি এইভাবেই কাজ করে যাচ্ছেন। নরেন্দ্র মোদীকে যারা কাছ থেকে চেনেন তারা বলেন যে, ধ্যান ও যোগাভ্যাসের মধ্যেই লুকিয়ে আছে তাঁর এনার্জী ও পরিশ্রম করার রহস্য। তিনি কোনো অবস্থাতেই ধ্যান বা যোগাভ্যাস বন্ধ করেন না। প্রধানমন্ত্রী হওয়ার পর তিনি যখন সংযুক্ত রাষ্ট্র মহাসভায় যোগ দিয়েছিলেন তখনও তিনি যোগার মহত্ত্ব রেখাঙ্কিত করেছিলেন, আর তিনি সারা বিশ্বের লোককে যোগা করার পরামর্শও দিয়েছিলেন। নরেন্দ্র মোদী সংযুক্ত রাষ্ট্রে যোগার প্রচার প্রসারের ওপর বল দিয়েছিলেন। তিনি বিশ্বের মুখ্য নেতাদের সামনে 'অন্তর্রাষ্ট্রীয় যোগ দিবস' উদ্‌যাপনের প্রস্তাব রেখেছিলেন।

মোদীর এই এনার্জী দেখে আমেরিকার রাষ্ট্রপতি বরাক ওবামা পর্যন্ত প্রভাবিত হয়েছিলেন। এক্ষেত্রে আর একটা কথা বলতে হবে যে, নরেন্দ্র মোদী যে সময় আমেরিকায় গেছিলেন সেই সময় 'নবরাত্রি' চলছিল এবং তিনি নয় দিন ধরে ব্রত করার জন্য উপবাসে ছিলেন। একটি সংবাদ পত্র থেকে পাওয়া তথ্য অনুসারে বলা যায় যে, আমেরিকা সফরে মোদীর এনার্জী দেখে বরাক ওবামা এতটাই প্রভাবিত হয়েছিলেন যে তিনি নিজেও যোগা করে দেখার কথা ভেবেছেন। হোয়াই হাউসের ব্লু রুমে মোদীর সাথে ডিনার করার সময় ওবামা তাঁর এনার্জী ও তেজস্বীতা দেখে তাঁর অনুরাগি হয়ে উঠেছেন। এখন তিনি যোগার দিকে ধ্যান দেওয়ার কথা ভাবছেন। শোনা যায় যে, তাঁর স্ত্রী মিশেল ওবামা হোয়াইট হাউসেই সবার আগে লয়বদ্ধ যোগা শুরু করেছিলেন। হোয়াইট হাউসের পক্ষ থেকে জারি করা বয়ানে বলা হয়েছে যে, মোদী সম্পূর্ণ সফর জুড়ে উপবাসে ছিলেন কথাটা শুনে ওবামা খুবই বিস্মিত হয়েছিলেন। দক্ষিণ ও মধ্য এশিয়ার সাহায্যকারি বিদেশ সচিব নিশা দেসাঈ এক সাংবাদিককে জানিয়েছিলেন যে, 'মোদীর উপবাসে থাকা এবং তা নিয়ে মিডিয়ার লোকেরা বিভিন্ন উপহাস করা সত্ত্বেও বরাক ওবামা মোদীর ইচ্ছা শক্তির প্রশংসা করে বলেছেন যে, তিনি এত ব্যস্ততার মধ্যে কিভাবে শুধু গরম জলের ওপর ছিলেন, এটা সত্যিই বোঝার মতো বিষয়।'

এই উপসের মধ্যেই নরেন্দ্র মোদী সংযুক্ত রাষ্ট্র মহাসভায় 33 মিনিটের দীর্ঘ ভাষণ প্রদান করেছিলেন এবং এর মধ্যে তিনি এক ফোঁটা জল পর্যন্ত পান করেননি। মিডিয়ার কাছ থেকে প্রাপ্ত সংবাদ অনুসারে বলা যায় যে, নবরাত্রিতে তিনি নয় দিন ধরে যে উপবাস করেন তাতে তিনি প্রতিদিন একটা করে ফল ও লেবুর জল পান করে থাকেন কিন্তু তাসত্ত্বেও তাঁর চোখে মুখে কোথাও কোনো ক্লান্তির ছাপ দেখতে পাওয়া যায় না। নবরাত্রির শেষ দিনে তিনি দিল্লীতে স্বচ্ছ ভারত অভিযানের শুরু করেছিলেন। সেই সময়ে যারা সেখানে উপস্থিত ছিল তারা সকলেই নরেন্দ্র মোদীর এনার্জীর প্রশংসা করেছেন। একজন সরকারি অফিসার বলে যে, উপস করে থেকে তিনি যে শুধু জোরদার ভাষণ দিয়েছেন তাই নয়, বরং প্রচণ্ড রোদের মধ্যেও তিনি প্রায় দুই কিলোমিটার পথ হেঁটে যান এবং তাও যথেষ্ট দ্রুত গতিতে। এই অফিসারের মতে তাঁর পিছনে যে সমস্ত যুবকরা যাচ্ছিল তারা ক্লান্ত হয়ে পড়েছিল কিন্তু নরেন্দ্র মোদীর মধ্যে কোথাও কোনো ক্লান্তির ছাপ দেখা যাচ্ছিল না।

এখানে আর একটা গুরুত্ব পূর্ণ কথা হল, পয়লা অক্টোবরের রাতে তিনি আমেরিকা থেকে ভারতে এসেছিলেন, আর 2014 সালের 2 শরা অক্টোবরের দিনও তাঁর রুটিং সকাল থেকেই শুরু হয়ে গেছিল। সকাল সাতটায় তিনি রাজঘাটে উপস্থিত ছিলেন। একটা কথা বলতেই হচ্ছে যে, কোনো মানুষ পাঁচ দিন ধরে সুদুর আমেরিকা থেকে সফর সেড়ে ফেরার পর পরের দিন সকাল থেকেই কাজে লেগে পড়া তার পক্ষে একটু অসম্ভব হয়ে যায়, কিন্তু এখানেই নরেন্দ্র মোদীর সাথে অন্যদের পার্থক্য। এত ঘটনার পরেও তিনি পূর্ব নির্ধারিত সময় অনুসারেই নিজের কাজ চালিয়ে যান। 2014 সালের 3 শরা অক্টোবর ছিল দশমী। এই দিন নরেন্দ্র মোদী রেডিওর মাধ্যমে সারা দেশের জনতাকে শুভেচ্ছা বার্তা জ্ঞাপন করেন। এই দিন সম্ভবত তিনি একটু বিশ্রাম করার সুযোগ পেয়েছিলেন কারণ সেদিন সমস্ত সরকারি অফিস বন্ধ থাকে। 4 ঠা ও 5 ই অক্টোবর ছিল শনিবার ও রবিবার, এই দুই দিনও সরকারি কাজ বন্ধ থাকে ছুটি থাকার জন্য, তিনি এই দুই দিনও বিশ্রাম করতে পারতেন কিন্তু এই দুই দিন তিনি বিশ্রাম করে নষ্ট করেননি, মহারাষ্ট্র ও হরিয়ানার বিধানসভা নির্বাচনের প্রচারে কাজ তিনি এই দুই দিনে অনেকটাই এগিয়ে নিয়ে গেছিলেন, একের পর এক বিরাট মিছিলের আয়োজন করেছিলেন তিনি। এমন বহু উদাহরণ এখানে তুলে ধরা যেতে পারে। কিন্তু সমস্ত উদাহরণ এখানে তুলে ধরা সম্ভব না।

প্রধানমন্ত্রী হওয়রা পর তিনি কিভাবে জীবন অতিবাহিত করছেন? এই ব্যাপারে নরেন্দ্র মোদীই সবচেয়ে সঠিক কথা বলতে পারবেন, কিন্তু এই সম্পর্কিত বেশ কিছু তথ্য পাওয়া যায় না, 'দৈনিক ভাস্কর'-এ নরেন্দ্র মোদীর প্রতিদিনকার রুটিং লিপিবদ্ধ করা হয়েছিল। আমরা এখানে সেটাই তুলে ধরার চেষ্টা করছি :

তিনি সকাল পাঁচটায় ঘুম থেকে ওঠেন।

5:15 - ইন্টারনেট এবং চা। তিনি বিগত দিনের টুইট এবং পীএমদের ওয়েবসাইটে আসা প্রতিক্রিয়ার ওপর চোখ রাখেন।

6 টা - যোগাভ্যাস। তিনি নিয়মিত রূপে প্রতিদিন সকালে আধ ঘন্টা যোগা করেন এবং তারপর ধ্যান করেন, তা তিনি দেশেই থাকুন বা বিদেশ।

8 টা - বন্ধুদের ফোন।

9 টা - জলখাবার। জলখাবারে তিনি গুজরাটের খাবার খেতেই পছন্দ করেন।

অফিসে বেরানোর আগে তিনি জরুরি কিছু ফোন করেন আর যদি কোনো ফাইল পড়ে থাকে তাও দেখে নেন। কিছু লোকের সাথে দেখা করার কাজও সেরে ফেলেন।

9:30 - অফিসে পৌঁছে যান।

দিল্লীতে থাকলে তিনি অফিসে যানই। সবার আগে তিনি নিজেস্ব সচিবের কাছ থেকে সারা দিনের শিডিউলের বিউরো নেন। তাতে বন্ধুদের সাথে, অফিসার এবং অতিথিদের সাথে কখন দেখা করতে হবে তাও জেনে নেন। এছাড়াও ইন্সপেকশান, প্রেজেন্টেশান প্রভৃতি সম্পর্কিত তথ্যও নিয়ে থাকেন।

দুপুর 12 টার সময় - সামান্য কিছু খান।

অফিসারদের সাথে কাজ করার বিষয়টিকে তিনি দুই ভাগে ভাগ করে রেখেছেন। পীএমের ওয়েবসাইটে অফিসারদের কাছ থেকে আসা কাজের ক্ষেত্রে সংশোধন এবং শাসন সম্পর্কিত পরামর্শও তিনি পড়ে থাকেন। তিনি নিজেই এই পরামর্শ প্রদানের কথা বলেছেন। কর্মচারীদের উৎসাহ যাতে ক্ষুণ্ণ না হয় তার জন্য তিনি 'ইম্পলঈ অফ দ্যা মান্থ' এবং 'ইম্পলঈ অফ দ্যা ঈয়ার'-এর স্কীম করেছেন। এই সময়টা যে চাপের মধ্যে দিয়ে অতিবাহিত হচ্ছে তা হাল্কা করার জন্য তিনি কখন কখন একটু উপহাসও করে থাকেন।

নরেন্দ্র মোদী তাঁর বন্ধুদের আঠেরো ঘন্টা করে কাজ করার পরামর্শ দিয়েছেন। তাঁর নির্দেশের মনিটারিঙ্গও তিনি নিজেই করেন। যার ফলে তাঁর কিছু বন্ধু একটু সমস্যার মধ্যেও পড়েছেন। কিরণ রিজিজূ বলেন - আমি একটু বেলা করে ঘুম থেকে উঠি। মোদীর থেকে ছয় ঘন্টা লেটে আমার ঘড়ি চলে। রামবিলাস পাসওয়ান মন্ত্রী হওয়ার পর তাঁর চোখ ফোলা ফোলা লাগত। তাঁকে কারণ জিজ্ঞাসা করলে জানা গেছে যে, তিনি কয়েক দিনের জন্য ছুটি চাইছিলেন।

সন্ধ্যা 6:15 টা- চা। মোদী দিনে দুই বার চা পান করেন।

সন্ধ্যা 7:30 টা - বাড়ি ফিরে যান। নিজের আবাসনে গিয়েও তিনি ফোনের সাহায্যে মন্ত্রী এবং অফিসারদের সাথে যোগাযোগ বজায় রাখেন।

রাত্রি 9: 10 মিনিট - খাওয়া।

এরপর তিনি ফাইলের কাজ শেষ করেন। পরের দিন তাঁকে কি কি কাজ করতে হবে সেই দিকে নজর না দিয়ে তিনি শুতে যান না। সাধারণত তিনি রাত্রির এগারোটার সময় শুতে যান, কিন্তু ব্যস্ত থাকলে রাত্তির একটাতেও তিনি শুতে যান।

নরেন্দ্র মোদী যে নিজেই খুব পরিশ্রমী তাই নয়, তিনি তাঁর দলের প্রতিটি লোকের কাছ থেকেই এমন কঠোর পরিশ্রমের আশা করে থাকেন। তিনি শ্রমের গুরুত্ব কতখানি তা বোঝেন। সেই কারণেই প্রধানমন্ত্রীর আসনে বসার পর তিনি 'শ্রমেব জয়তে' নামক একটা পরিকল্পনার শুরু করেছিলেন। নরেন্দ্র মোদী পণ্ডিত দীনদয়াল উপাধ্যায় শ্রমেব জয়তে পরিকল্পনা অনুসারে যে যে কাজে হাত দিয়েছেন, তাতে মধ্যপ্রদেশ, রাজস্থান, বিহার, ওড়িশা, ছত্তিশগড়, আসাম, কর্নাটক, মেঘালয়, পন্ডীচেরী সহ 20 টির থেকে অধিক রাজ্যে শ্রম, স্বাস্থ্য ও টেকনিকের শিক্ষা মন্ত্রীরা অংশ গ্রহণ করেছে। শ্রমেব জয়তে অনুসারে এই পাঁচটি মুখ্য পরিকল্পনা অন্তর্ভূক্ত আছে :

সমর্পিত শ্রম সুবিধা পোর্টল : এক্ষেত্রে প্রায় 6 লক্ষ শ্রম পরিচয় সংখ্যা প্রদান করা হবে এবং তাদের 44 শ্রম আইন অনুসারে 16 -র জন্য অনলাইন স্বীকৃতি দায়র করানোর সম্মতি দেওয়া হবে।

আকস্মিক নিরীক্ষণের নতুন পরিকল্পনা : নিরীক্ষণের জন্য চয়নের কাজে টেকনোলজির ব্যবহার করা হবে এবং ইন্সপেকশানের পর 72 ঘন্টার মধ্যে রিপোর্টের নিরীক্ষণ করতে হবে।

ইউনিভার্সল খাতা সংখ্যা : এতে 4.17 কোটি কর্মচারীদের নিজের পোর্টেবল, সমস্যামুক্ত এবং এমন ভবিষ্যনিধি খাতা হবে যাতে যেখান থেকে খুশী পৌঁছানো যেতে পারে।

লগ্নিকারীদের উৎসাহ পরিকল্পনা : এতে লগ্নিকারীদের প্রথম দুই বছরে যে টাকা প্রদান করা হবে তার 50 শতাংশ ফিরেত নিয়ে মুখ্য রূপে নির্মাণ কার্য এবং অন্যান্য প্রতিষ্ঠানকারীদের সাহায্যের জন্য প্রদান করা হবে।

পুনর্গঠিত রাষ্ট্রীয় স্বাস্থ্য বীমা পরিকল্পনা : অসংগঠিত ক্ষেত্রে শ্রমিকদের স্মার্ট কার্ড দেওয়া যাতে আরো দুটি সামাজিক সুরক্ষার পরিকল্পনার বিবরণ থাকবে।

কার্যকুশলতা

কোনো মানুষ যে ক্ষেত্রেই কাজ করুক না কেনো, তার সফলতার জন্য কার্যকুশলতার প্রয়োজন খুব বেশি। যদি কার্যকুশলতা না থাকে তাহলে কিছু লোক প্রচুর পরিশ্রম করা সত্ত্বেও আশানুরূপ সফলতা অর্জন করতে পারে না। আবার এমনও কিছু লোক আছে যারা খুব কম পরিশ্রম করেই আশানুরূপ পরিণাম প্রাপ্ত করতে সক্ষম হয়। যারা এমনভাবে কাজ করতে পারেন তারা হলে কর্ম কুশল মানুষ। জীবনের ব্যবস্থাপনার ক্ষেত্রে কার্যকুশলতা গুরুত্বপূর্ণ ভূমিকা পালন করে। কোনো ব্যক্তি যদি কাজের দিক দিয়ে দক্ষ হয়, তাহলে সে একত্রে বহু কাজ সফলতার সাথে সম্পূর্ণ করতে পারে।

নরেন্দ্র মোদীর কাজের শৈলীর দিকে মন দিয়ে দেখলে বোঝা যায় যে, তিনি যেকোনো কাজ নিজের কর্ম দক্ষতার সাহায্যেই সম্পূর্ণ করতে সক্ষম হন। জীবনের শুরুতে তিনি রাষ্ট্রীয় স্বয়ংসেবক সংঘের কার্যালয়ে ছোটোখাটো কাজ করার সুযোগ লাভ করেছিলেন, পরবর্তী কালে তাঁকে সংঘের ভেতরের কাজেও দায়িত্ব দেওয়া হোত, তিনি কোনো কাজকেই ছোটো বলে মনে না করে সমান কুশলতার সাথে সমস্ত কাজ করার চেষ্টা করতেন। যখন পার্টী তাঁকে রাষ্ট্রীয় স্তরে কাজ করার দায়িত্ব অর্পণ করে, তখনও তিনি সমান পারদর্শীতার সাথে নিজের দায়িত্ব পালন করার চেষ্টা করে গেছেন। তাঁর এই কর্মদক্ষতার জন্যই তাঁর ওপর পার্টী একের পর এক বড় দায়িত্ব দিতে শুরু করেছিল। এই সময়তেই তিনি গুজরাটের মুখ্যমন্ত্রীর পদে বসেন।

তিনি প্রায় 13 বছর ধরে গুজরাটের মুখ্যমন্ত্রীর পদে বসেছিলেন, প্রতি ক্ষেত্রেই তিনি রেখে গেছেন তাঁর অস্বাভাবিক কর্মদক্ষতার ছাপ। কয়েকটি ক্ষেত্রের বিচার করে দেখা যাবে যে, সেই সব ক্ষেত্রে দেশের মধ্যে গুজরাট প্রথম স্থানের অধিকারী, আর এটা সম্ভব হয়েছে তাঁর দক্ষতার জন্য। গুজরাটকে উন্নততর করে তোলার জন্য তিনি বিভিন্ন পরিকল্পনা করেছিলেন, আর প্রতিটি পরিকল্পনা একের

পর এক সফল হয়ে উঠেছে। নরেন্দ্র মোদী প্রতিটা মুহুর্তেই দক্ষতার সাথে কিভাবে আরো ভালো কাজ করা যায় তার সন্ধান চালিয়ে গেছেন। ভারতীয় জনতা পার্টীর তরফ থেকে যখন তাঁকে প্রধানমন্ত্রী পদের প্রার্থী হিসাবে নির্বাচন করা হয়েছিল তখনও তিনি প্রচণ্ড দক্ষতার সাথে নিজের সম্পূর্ণ দায়িত্ব পালন করেছিলেন আর দশ বছর বাদে বিজেপিকে কেন্দ্রে ফিরিয়ে আনতে সক্ষম হয়েছেন তিনি। তাও আবার সম্পূর্ণ জনমতের সাথে। নরেন্দ্র মোদী যে কার্যকুশলতার সাথে কাজ করেন, তার খানিকটা অংশও যদি সাধারণ মানুষেরা নিজেদের জীবনে আমল করতে পারে তাহলে তাদের সামনে সফলতার দ্বার খুলে যাবে।

ভারতের প্রধানমন্ত্রী হিসাবে নির্বাচিত হওয়ার পর প্রতিটা ক্ষেত্রে তিনি যে কাজ দেখিয়েছেন তার মধ্যে থেকে কার্যকুশলতার ঝলক স্পষ্ট ভাবে চোখে পড়ে। শাসনের নামে যে আইনের জাল বিস্তার করা হয়েছে তিনি তার শৃঙ্খল থেকে এই দেশকে মুক্ত করতে চান এবং মেশিনের দক্ষতায় যাতে সমস্ত সরকারি কাজ করা সম্ভব হয় সেই চেষ্টাই তিনি চালিয়ে যাচ্ছেন। এই জন্যই তিনি প্রধানমন্ত্রী হওয়ার পর মন্ত্রালয় এবং বিভাগ গুলিকে শক্তিশালী করে তোলার জন্য সমস্ত নয়টি অধিকার প্রাপ্ত মন্ত্রী সমূহ এবং 21 মন্ত্রীর দলকে সমাপ্ত করে দেওয়ার সিদ্ধান্ত নিয়েছেন। এতে করে অতি সহজে নির্ণয় গ্রহণ করা যাবে এবং ব্যবস্থাও অনেক জবরদস্ত হয়ে উঠবে। অধিকার প্রাপ্ত মন্ত্রী সমূহ এবং মন্ত্রী সমূহের সামনে যে বকেয়া কাজ পড়ে আছে তা বর্তমান মন্ত্রালয় দ্বারা প্রসেস করা হবে এবং তারা নিজেরাই সেই বিষয়ে নির্ণয় নেবে। এক্ষেত্রে কোনো মন্ত্রালয় কোনো রকম সমস্যায় পড়লে ক্যাবিনেট সচিবালয় এবং প্রধানমন্ত্রীর কার্যালয়ে নির্ণয় নেওয়া হবে, যাতে করে প্রক্রিয়া অতি সহজে সম্পন্ন হোতে পারে।

এছাড়া প্রধানমন্ত্রী নরেন্দ্র মোদী মন্ত্রীমণ্ডলের চারটি স্থায়ী সমিতি শেষ করার কথা ভেবেছেন। এর মধ্যে প্রথমটি হল প্রাকৃতিক সম্পদের ব্যবস্থাপক মন্ত্রীমণ্ডল সমিতি। এখন প্রাকৃতিক সম্পদ নিয়ে ক্যাবিনেটের সচিবরাই সমিতির সাহায্যে সেই কাজের বিচার করবে। আর দ্বিতীয়টা হল মূল্য নিয়ন্ত্রণের মন্ত্রী মণ্ডল সমিতি। এই সমিতির কাজ করবে আর্থিক বিষয়ের মন্ত্রী মণ্ডল সমিতি। নরেন্দ্র মোদী যে তৃতীয় সমিতির বিলোপ করার সিদ্ধান্ত নিয়েছেন তা হল, বিশ্ব বাণিজ্যের সংগঠন মামলায় মন্ত্রীমণ্ডলীয় সমিতি। এই সমিতির বিলোপ সাধনের পর আর্থিক মামলায় মন্ত্রীমণ্ডলীয় সমিতি এই সমিতির কার্য করবে এবং প্রয়োজন হলে পূর্ণ মন্ত্রী মণ্ডলীয় সমিতি এর কার্য করবে। এই নির্ণয়ের

মধ্যে শেষ যে সমিতিটা পড়ে তা ছিল ভারত সম্পর্কিত বিষয়ের বিশিষ্ট পরিচয় প্রাধিকরণের মন্ত্রীমণ্ডলীয় সমিতি। এই ক্ষেত্র সম্পর্কে মুখ্য সিদ্ধান্ত আগেই নেওয়া হয়ে গেছে এবং আর্থিক বিষয় সম্পর্কে মন্ত্রী মণ্ডলীয় সমিতির সামনে তথ্য পাঠানো হবে। এই হিসাবে দেখলে বলা যায় যে, নরেন্দ্র মোদী দেশে এমন একটি শাসন ব্যবস্থা কায়েম করতে চাইছেন যাতে প্রয়োজনানুসারেই সংস্থা থাকে, যেন কোনো বাড়তি সংস্থা না থাকে। যে সংস্থার কাছে কোনো কাজ থাকে না, সেই সংস্থা থাকার কোনো প্রয়োজন নেই কিন্তু যেহেতু তা বহু যুগ আগে তৈরি করা হয়েছিল সেই কারণে তা শুধুমাত্র বহন করে যাওয়া হচ্ছিল। নরেন্দ্র মোদীর মুখে একটা কথা প্রায়ই শোনা যায় যে, 'মিনিমাম গভর্নমেন্ট, ম্যাক্সিমাম গভর্নেস।'

এই লক্ষ্য সরাসরি কর্ম দক্ষতার সাথে যুক্ত, এই ক্ষেত্রে নরেন্দ্র মোদীর চেষ্টার কোনো ত্রুটি নেই। প্রধানমন্ত্রীর আসনে বসার দশ দিনের মধ্যে, অর্থাৎ 2014 সালের 4 ঠা জুন তিনি কেন্দ্রীয় সরকারের সমস্ত মন্ত্রালয়ের সচিবদের সাথে এবং সরকারের বিভিন্ন বিভাগের বরিষ্ঠ অফিসারদের সাথে একটা বৈঠক করেন। এমন বৈঠক প্রায় আট বছরেরও বেশি সময় বাদে আয়োজিত করা হয়েছিল। প্রধানমন্ত্রীর সাথে প্রায় আড়াই ঘন্টা ধরে এই বৈঠক চলে, তিনি প্রতিটি সচিবের সমস্ত কথা ও টিপ্পনী গুলি মন দিয়ে শোনেন। সচিবরা তাঁকে সরাসরি জানিয়ে দিয়েছিল যে পরিস্থিতির চাপে পড়ে তারা নিজেদের সম্পূর্ণ কার্য ক্ষমতার সদ্ব্যবহার করতে পারে না, এই কথাটা তিনি খুবই মন দিয়ে শুনেছিলেন। যদিও, মোদী দেশের সুন্দর ভবিষ্যৎ নির্মাণের জন্য সচিবদের কর্মক্ষমতা এবং দক্ষতার ওপর সম্পূর্ণ বিশ্বাস প্রকট করেছেন।

নরেন্দ্র মোদী তাঁর বরিষ্ঠ অফিসারদের বলেছেন যে, প্রশাসনিক নিয়ম এবং প্রতিক্রিয়া গুলিকে যেন আরো সরল করে তোলা যায়, যাতে তা জনতার জন্য অনুকূল হয়ে ওঠে। তিনি সামগ্রীক ভাবনার ওপর জোর দিয়েছিলেন এবং সচিবদের অনুরোধ করেছিলেন যে তারা যেন তাদের কাজের দিক দিয়ে নেতা হয়ে উঠতে পারে। এই ভাবে নিজের অফিসারদের উৎসাহিত করার মতো কথা বোধ হয় খুব কমই শোনা গেছে। এখানে নরেন্দ্র মোদীর কথার থেকে আমরা একটা বিষয়ে স্পষ্ট করে বুঝতে পারি যে, আমরা যে ক্ষেত্রেই কাজ করি না কেনো, যদি আমরা কোনো টিমের লীডার হই তাহলে দলের লোকেদের ওপর আমাদের ভরসা থাকতেই হবে। যে টিম লিডার এমন ভাবে কাজ করতে পারে সে সফল

হয়, আর যে নিজের দলের লোকেদের ভরসা করে না, তাদের সন্দেহের চোখে দেখে তারা সমস্যায় পড়ে যায়।

এই বৈঠকে নরেন্দ্র মোদী তাঁর দলের অফিসারদের সিদ্ধান্ত গ্রহণের প্রতি সম্মতি ব্যক্ত করেছিলেন এবং তিনি বলেছিলেন যে, তিনি তাদের সাথেই আছেন। প্রধানমন্ত্রী বলেছিলেন যে, শাসন ব্যবস্থায় আমাদের বিচার ধারা গুলিকেই সংস্থায় রূপান্তরিত করতে হয়, কারণ একটা ব্যক্তির থেকে একটা সংস্থার আয়ু অনেক দীর্ঘ হয়। তিনি একথাও জানিয়েছিলেন যে, আমাদের দেশের কিছু নিয়ম এবং প্রক্রিয়া পুরানো হয়ে গেছে ঠিকই আর সেগুলি শাসনের প্রক্রিয়াকে সুগম করার বদলে আরো ভ্রমের সৃষ্টি করে থাকে। তিনি এই ধরনের পুরানো প্রক্রিয়া গুলিকে চিনে নিয়ে সেগুলিকে বহিষ্কারের ওপর উপযুক্ত বল প্রদান করেছেন। সরকারের কর্মক্ষমতা বৃদ্ধির বিষয়ে এটিও একটি গুরুত্বপূর্ণ পদক্ষেপ হয়ে উঠতে পারে। এই পথে কিছু প্রগতি আনা সম্ভব হয়েছে, পরবর্তী অধ্যায়ে এর আলোচনা করা হয়েছে। এখানে যে বৈঠকের কথা বলা হচ্ছে, তাতে নরেন্দ্র মোদী তাঁর অফিসারদের বলেছিলেন যে, কার্যালয় গুলি পরিষ্কার করার মধ্যে দিয়ে এবং কার্যস্থল গুলিতে সংশোধনের কাজ শুরু করে সরকারের শাসন প্রক্রিয়া শুরু করতে হবে, এর ফলে নিজের থেকেই আরো ভালো কার্য সংস্কৃতির সৃষ্টি হবে এবং নাগরিকরা আরো ভালো সেবা লাভ করতে সক্ষম হবে।

প্রধানমন্ত্রী প্রশাসনিক কাজকে আরো দক্ষ করে তোলার জন্য এবং তা কার্যকরি করে তোলার জন্য তিনি প্রযুক্তির ওপর বিশেষ গুরুত্ব আরোপ করেছেন। তিনি বলেন যে, গণতন্ত্রে নাগরিকদের সমস্যার সমাধানের ক্ষেত্রে সূচনা প্রযুক্তি বিশেষ গুরুত্বপূর্ণ ভূমিকা পালন করবে। তাঁর মতে, প্রতিটা বিভাগকে যদি প্রযুক্তির সাহায্যে একে অপরকে যুক্ত করা যায় তাহলে শাসন সম্পর্কিত বিষয় গুলিকে আরো ভালো করে বোঝা যাবে এবং পরিকল্পিতভাবে রূপান্তরণ ঘটানো সম্ভব হবে। প্রধানমন্ত্রী জানিয়েছিলেন যে, তিনি এই সমস্ত কাজের দিকে ধ্যান দেওয়ার জন্য সর্বদা তৈরি থাকবেন। প্রধানমন্ত্রী বলেছেন যে, সমস্ত অফিসার সরাসরি তাঁর সাথে যোগাযোগ করতে পারে। তিনি তাদের প্রত্যেককে নিজেদের বিচার ও সিদ্ধান্ত জানানোর বিষয়ে যথেষ্ট উৎসাহ প্রদান করেছেন।

নরেন্দ্র মোদীর এই কার্যশৈলীই তাঁকে অন্য নেতাদের থেকে একেবারে আলাদা করে চিহ্নিত করে দিয়েছে। আসলে দেশে এমন বহু নেতা আছে, যারা অফিসারদের ছোটো করতে পারলে বা তাদের উপহাসের পাত্র বানাতে পারলে

খুবই খুশি হয়। এর জন্য অনেক সময় বহু অফিসারও দায়ী হয়ে থাকে। অনেক সময় অফিসাররা মনে করে যে, মন্ত্রীগণ হল কিছু দিনের অতিথি, দেশ চালানো ওদের দায়িত্ব। তাই তারা ইচ্ছাকৃত সঠিক পরিস্থিতির কথা তাদের সামনে তুলেই ধরে না, কিন্তু সম্পর্কিত মন্ত্রী যদি নিজে পরিশ্রমী হয়, আর সে যদি সমস্ত পরিস্থিতি সম্পর্কে নিজে অধ্যায়ন করে তাহলে তাকে বোকা বানানোর ক্ষমতা অফিসারদের থাকে না। নরেন্দ্র মোদী তা বারংবার প্রমাণ করে দিয়েছেন। তিনি সঠিক অফিসারদের চিনে নেওয়ার ক্ষমতা রাখেন, তার ক্ষমতা অনুসারে তাকে সঠিক কাজের দায়িত্ব প্রদান করেন আর তারপর কতদিনের মধ্যে কার্য সম্পন্ন করতে হবে তার সময় নির্ধারণ করে দেন। এই পথে চলেই তিনি গুজরাটকে একটা কর্মদক্ষ সরকার প্রদান করতে সক্ষম হয়েছিলেন, আজ সারা ভারতের ক্ষেত্রেও তিনি একই পথে অগ্রসর হওয়ার চেষ্টা চালিয়ে যাচ্ছেন।

এইভাবে কাজ করতে করতেই তাঁর সরকার একটা মাস সম্পূর্ণ করে ফেলে। এই সময় তিনি একটা ব্লগ লেখেন, এখানে সেটার উল্লেখ করাটা খুবই জরুরি। তিনি লেখেন, ‘আজ আমাদের সরকার নিজের কার্যকালের একমাস পূরণ করে ফেলেছে। আমি জনতার কাছ থেকে যে সহযোগিতা এবং ভালোবাসা পেয়েছি , তার জন্য আমি সত্যিই কৃতজ্ঞ। এর জন্যই আমি আজ আরো বেশি করে কাজ করার উৎসাহ লাভ করছি। গত সরকার প্রায় 67 বছর ধরে কাজ করেছে, তার তুলনায় এই একমাস কিছুই না। কিন্তু আমি এটা বলতে চাই যে, গত একমাস ধরে আমাদের সম্পূর্ণ টিম কিভাবে লোকেদের জন্য আরো ভালো কিছু কাজ করা যায়, সেই চেষ্টাই করেছে। আমরা যে নির্ণয়ই নিয়েছি, তা সম্পূর্ণ রূপে রাষ্ট্রের হিতের কথা ভেবেই নিয়েছি। একমাস আগে আমি এই আসনে বসার আগে আমার মনে হয়েছিল যে, এই ক্ষেত্রে আমি একেবারেই নতুন, আর কিছু লোক মনে করেছিল যে, কেন্দ্রের কার্যব্যবস্থা এতটাই জটিল যে, তা বুঝে নিয়ে শিখতে শিখতেই আমার এক দুই বছর লেগে যাবে। কিন্তু সৌভাগ্যবশত, আজ একমাস অতিক্রান্ত হওয়ার পর আমার তেমন মনে হচ্ছে না। আমার বিশ্বাস ও দৃঢ়সংকল্প ক্রমাগত বৃদ্ধি পেয়েছে আর এর পিছনে রয়েছে আমার মন্ত্রালয়ের সহযোগী বৃন্দদের অভিজ্ঞতা এবং বুদ্ধিমত্তা, যার প্রশংসা না করে আমি পাচ্ছি না। আমি চারবার মুখ্য মন্ত্রী হিসাবে কাজ করেছি, সেই অভিজ্ঞতাও আমাকে যথেষ্ট সাহায্য করেছে। লোকেদের প্রেম ও অফিসারদের সাহায্যের জন্য আমার আত্মবিশ্বাস আরো পুষ্ট হয়ে উঠেছে।’

এরপর সরকারের কর্মক্ষমতা বৃদ্ধির প্রসঙ্গে তিনি বলেছেন যে, 'গত কয়েকদিন ধরে আমি বিভিন্ন বিভাগের মন্ত্রীদের এবং অফিসারদের সাথে কথা বলছি। তাঁরা বহু বিস্তৃত প্রেজেন্টেশান দিয়েছেন। আমি মনে করি যে, এর জন্য বিষয় গুলিকে আরো ভালো করে বুঝতে পেরেছি এবং বিভিন্ন মন্ত্রালয় তথা বিভাগ গুলির জন্য উৎকৃষ্ট রোডম্যাপ গঠন করতে সফল হয়েছি। গত মাসে আমি কয়েকটি রাজ্যের মুখ্যমন্ত্রীদের সাথেও কথা বলার সুযোগ পেয়েছি। তাঁর শুভকামনা প্রকট করেছেন এবং তাঁদের রাজ্যের সাথে সম্পর্কিত বিভিন্ন বিষয় নিয়েও আলোচনা করেছেন। আমি আগামি দিনে তাঁদের সাথে মিলিত হয়ে কাজ করতে চাই।' আসলে বহু যুগ ধরে ভারতবর্ষে একটা বিষয়ের প্রচলন ঘটেছে, আর তা হল প্রধানমন্ত্রী মুখ্যমন্ত্রীদের নিজের অধিনস্ত কর্মচারী বলে ভাবতে শু রু করেন আর তাঁদের দিয়ে জোর করে কাজ করিয়ে নিতে চান। কিন্তু ভারতের সংবিধান অনুসারে বলা যায় যে, প্রধানমন্ত্রী মুখ্যমুন্ত্রীদের দিয়ে জোর করিয়ে কোনো কাজ আদায় করে নিতে পারেন না। এরফলেই ভারতীয় শাসনব্যবস্থায় উন্নতি হওয়ার পরিবর্তে তা আরোর অবনতির দিকে চলে গেছে।

নিজের এই ব্লগ পোস্টে নরেন্দ্র মোদী লিখেছেন যে, 'আমার এটা মনে হয় যে, এমন কিছু ক্ষেত্র আছে, যেখানে সংশোধন আনাটা সত্যিই খুবই জরুরি। দিল্লীতে আমার সামনে যেটা সবচেয়ে বড় পরীক্ষা সেটা হল যে, কিছু লোককে আমাকে এটা বোঝাতে হবে যে, আমরা এই দেশের অনুকুল পরিবর্তন আনার জন্য সততা ও নিষ্ঠার সাথে কাজ করব। এই সমস্ত ব্যক্তিরা সরকারি কার্যপ্রণালীর মধ্যেও আছে আবার বাইরেও আছে। গতমাসে এমন কিছু বিষয়ের সম্মখীনতা করতে হয়েছে যে, যাতে প্রত্যক্ষ বা পরোক্ষ ভাবে আমাদের সরকারের কোনো যোগ না থাকলেও বিবাদের সময় আমাদের জরিয়ে দেওয়া হয়েছে। আমি কাউর ওপর দোষারোপ করছি না, কিন্তু আমি বাস্তবে এটা অনুভব করছি যে, আমাদের নিজেদের ব্যবস্থাকে আরো মজবুত করে তুলতে হবে, যাতে করে সঠিক লোকের কাছে সঠিক সময়ে সঠিকভাবে সঠিক বিষয় পৌঁছাতে পারে। এনটা হলে তবেই পরিস্থিতি বদলাবে। প্রত্যেক নতুন সরকারের সমানে এমন একটা সময় আসে, যে সময়টাকে মিডিয়ার লোকেরা হানিমুন পিরিয়েড বলে থাকে। গত সরকারের কাছে এই হানিমুন পিরিয়েড 100 দিন বা তার থেকে বেশি সময় ধরে চলেছিল। সংযোগ বশত আমার সরকারের ক্ষেত্রে এমন কিছু ঘটেনি। 100 দিনের কথা তো বাদ দিন, একশো ঘন্টা অতিক্রম হওয়ার আগে থেকেই বিভিন্ন রকম আরোপ

প্রদানের কাজ শুরু হয়ে গেছিল কিন্তু যখন কাউর কাছে রাষ্ট্রের সেবাই হয়ে ওঠে একমাত্র লক্ষ্য, তখন এই সমস্ত কথা অর্থহীন হয়ে থেকে যায়। এই কারণেই আমি বিচলিত হইনা, ক্রমাগত কাজ করে যাই আর তাতেই আমি সন্তোষ লাভ করে থাকি।'

এটাই একজন কুশল প্রশাসকের পরিচয়। নিজের এই ব্লগ পোস্টে নরেন্দ্র মোদী নিজের সরকারের একমাসের কাজের উল্লেখ করেছিলেন, এবং যে যে বিষয় নিয়ে তাঁদের সমালোচনা করা হয়েছিল, সেই বিষয়ের উল্লেখ করে সুন্দর ভাবে নিজেদের পক্ষে মতামত জানানোর চেষ্টা করেছিলেন। এছাড়া তাঁর সরকার কি কি কাজ করতে চলেছে সেই সম্পর্কেও একটা উল্লেখ লোকেদের সামনে তুলে ধরেছিলেন। এই ব্লগ পোস্টে সেই সমস্ত বিষয়ের উল্লেখ ছিল যার শুরু, নরেন্দ্র মোদী সরকার গোদিতে বসার একমাসের মধ্যেই তাঁর সরকারের কর্মদক্ষতা বৃদ্ধির জন্য করেছিলেন। এর মধ্যে শুধু একটা বিষয়ের আলোচনা করা হয়নি তাহল, সরকারি কর্মচারীদের কার্যকুশলতার পাঠ পড়ানোর জন্য স্থাপিত ম্যানেজমেন্ট গুরুকে ডাকা এবং সরকারি কর্মচারীদের সাথে একটা সংযোগ স্থাপন করা।

নরেন্দ্র মোদীর নেতৃত্বে নতুন সরকার বিভিন্ন ভাবে নিজেদের কর্ম সম্পাদনের ব্যাপারটিকে আলাদা করে দেখানোর চেষ্টা করছে, তারা গতানুগতিকতার পথে হাঁটতে চাইছেন না। এই চেষ্টার ফল স্বরূপ সরকারি অফিসারদের কাজের ব্যাপারে উৎসাহিত করার জন্য এমন কিছু লোকেদের ডাকা হচ্ছে যারা আজ পর্যন্ত প্রাইভেট কম্পানী গুলির ম্যানেজমেন্ট এবং প্রযুক্তির ক্ষেত্রে উৎসাহ প্রদানের ব্যাপারেই কাজ করে এসেছে, এবং তারা বিভিন্ন ব্যাখ্যাও প্রস্তুত করে থাকে। এখনও পর্যন্ত কেন্দ্র সরকার দুটি আলাদা আলাদা মন্ত্রালয়ের জন্য চেতন ভগত এবং শিব খাড়েকে ডেকে অফিসারদের উৎসাহিত করার জন্য কার্যশালার আয়োজন করেছে। চেতন ভগত হলেন ইংরাজি সাহিত্যের একজনবিখ্যাত লেখক। গত কয়েক বছর ধরে তিনি বেশ জনপ্রিয়তা অর্জন করেছেন, বিশেষ করে যুবক মহলে তিনি নিজের আলাদা স্থান করে নিতে সক্ষম হয়েছেন।

একজন লেখক হিসাবে নিজেকে জনপ্রিয় করে তোলার পর তিনি নিজেকে এমন একজন বক্তা হিসাবে গড়ে তুলতে চেয়েছেন, যাতে করে তাঁর বক্তৃতা শুনে প্রাইভেট কম্পানী এবং শিক্ষা সংস্থা গুলির লোকেরা উৎসাহিত হয়, আর সেই কারণেই আজ তাঁকে বিভিন্ন স্থানে ভাষণ প্রদানের জন্য ডাকা হয়।

শিব খেড়াও লোকেদের প্রেরণা প্রদানের জন্য কিছু বই লেখিছেন আর তাঁর বই গুলিও যথেষ্ট জনপ্রিয়। তিনিও প্রেরণাদায়ি ভাষণ প্রদানের জন্য দেশ বিদেশের বহু স্থানে যান।

এখানে একটা বিষয় জানতে হবে যে, নরেন্দ্র মোদী নিজেও ব্যবস্থাপনার বিষয়ে যথেষ্ট সজাগ। যবে থেকে উনি গুজরাটের মুখ্যমন্ত্রীর আসনে বসেছেন তবে থেকেই তিনি শুধু গুজরাটকে শাসন করেননি, তাছাড়াও সেখানে টেকনিকের সাথে সমস্ত ব্যবস্থা গড়ে তোলার বিষয়েও তিনি যথেষ্ট তৎপরতা দেখিয়েছিলেন, যাতে করে সরকারের কর্মদক্ষতা বৃদ্ধি করা যায়। আসলে, তাঁর মুখ্য উদ্দেশ্য ছিল সরাসরি জনগণকে সাহায্য করা। এই দৃষ্টিভঙ্গীর ফলে তিনি যথেষ্ট সফলতাও অর্জন করেছেন। তিনি শুধু নিজের কাজের মার্কেটিং করেননি, বরং তিনি গুজরাটকে 'ব্রাণ্ড গুজরাট' এবং মোদীকে 'ব্রাণ্ড মোদী' হিসাবে স্থাপিত করতে সক্ষম হয়েছিলেন। এছাড়া বিভিন্ন ক্ষেত্রে যে সমস্ত বিশেষজ্ঞরা কাজ করেন, তিনি তাঁদের সাথে নিজের অফিসারদের ও কর্মচারীদের যোগসূত্র তৈরি করেছিলেন।

নরেন্দ্র মোদীর নেতৃত্বে কেন্দ্র সরকারে চেতন ভগত এবং শিব খেড়ার মতন বিশেষজ্ঞদের ডেকে তাঁদের সাথে সরকারি অফিসারদের যোগসূত্র গড়ে তোলার কাজটি করেছিলেন কেন্দ্রীয় উর্জা, কয়লা তথা নবীণ ও নবীকরণীয় উর্জা মন্ত্রী পীযূষ গোয়েল। তিনি তাঁর মন্ত্রালয় এবং অফিসারদের প্রেরিত করার উদ্দেশ্যে চেতন ভগতকে ডেকেছিলেন। এই অনুষ্ঠানের মুখ্য অতিথি ছিলেন, কেন্দ্রীয় সূচনা প্রসারণ এবং পরিবেশ মন্ত্রী প্রকাশ জাবড়েকর। এরপর জাবড়েকর নিজের মন্ত্রালয় এবং অফিসারদের উৎসাহিত করার জন্য শিব খেড়াকে ডেকে একটা অনুষ্ঠানের আয়োজন করেছিলেন। এই অনুষ্ঠানে কি কি হয়েছিল তা জানতে পারলে এই অনুষ্ঠানের আসল উদ্দেশ্য কি ছিল তা বোঝা খুবই সহজ হয়ে উঠবে, এই অনুষ্ঠান গুলি কি ধরনের চিন্তা ভাবনার ফলপ্রসূ তা বোঝাটাও খুবই জরুরি।

পীযূষ গোয়েলের মন্ত্রালয়ে যে অনুষ্ঠানের আয়োজন করা হয়েছিল তার নাম দেওয়া হয়েছিল - সম্পর্ক, সমন্বয় এবং সংবাদ। মন্ত্রালয়ের মতানুসারে এই অনুষ্ঠানের আয়োজন করার মুখ্য উদ্দেশ্য ছিল, তিনটি উর্জা ক্ষেত্রের মধ্যে যোগসূত্র গড়ে তোলা এবং রাষ্ট্রীয় উর্জা সুরক্ষার লক্ষ্যকে হাশিল করার জন্য মন্ত্রালয়ের কাজের মধ্যে সমন্বয় সাধন করা। এই সম্মেলনে তিনটি মন্ত্রালয়ের প্রায় 350 জন অফিসার অংশ গ্রহণ করেছিল। এই অনুষ্ঠানের আয়োজনকারী মন্ত্রী পীযূষ গোয়েল

তাঁর উদ্দেশ্য সম্পর্কে স্পষ্ট করতে গিয়ে বলেছিলেন যে, 'এখন রাজনীতির বাইরে বেরিয়ে এসে কাজ করার সময় এসে গেছে, আর আমাদের কর্ম প্রণালীর মধ্যেই যে বাধা গুলি আছে তা দূর করাটা খুবই জরুরি। এই তিন মন্ত্রালয়কে জনতার কাছে স্পষ্ট, পারদর্শিতার এবং একতার সংবাদ প্রেরণ করতে হবে। এই তিনটি মন্ত্রালয় সকল ঘরোয়া উপাদানের বিকাসের ক্ষেত্রে 1.5 শতাংশ থেকে 2.0 শতাংশ যোগদান দিতে সক্ষম। তাই এই মন্ত্রালয়ের অফিসারদের নিজেরদের মধ্যে যোগাযোগ বজায় রেখে কাজ করাটা খুবই জরুরি, আর সেই কারণেই তাঁদের উৎসাহিত করার বিষয়টা মাথায় রেখেই এই কাজ শুরু করা হয়েছে।' এই সময়ে শ্রী গোয়েল বলেছিলেন, 'অফিসারদের এমন ভাবে কাজ করতে হবে, যাতে সাধারণ লোকেরা তাঁদের ওপর ভরসা করতে পারে। তাঁদেরকে নিজেদের জনগণের সেবক হিসাবে প্রকটিত করতে হবে, এতে করে সরকারের ছবিও বদলে যাবে। জনগণ আমাদের 'বাবু মানুষ' বলে ডেকে থাকে, আমাদের এই ধারণাকে বদলাতে হবে। তাই আমি আজ আপনাদের সকলকে অনুরোধ করছি যে, আজ যে কারণে এই সম্মেলনের আয়োজন করা হয়েছে তার প্রতিটা কথা মন দিয়ে শুনুন আর সেগুলির প্রতি গুরুত্ব আরোপ করার চেষ্টা করুন।' এরপর প্রায় এক ঘন্টা ধরে চেতন ভগত তিনটি মন্ত্রালয়ের অফিসারদের সাথে কথা বলেন। তিনি দেশ বিদেশের বহু ঘটনা এবং উদাহরণ তুলে ধরে অফিসারদের উৎসাহিত করার চেষ্টা করেন। এই অনুষ্ঠানে অফিসারদের এলেক্স ফর্গুসনের আত্মজীবনী প্রদান করা হয়েছিল। ফর্গুসন ছিলেন ম্যানচেষ্টার ইউনাইটেডের একজন সফল ব্যবস্থাপক। তিনি 1986 সাল থেকে শুরু করে 2013 সাল পর্যন্ত বিশ্বের জনপ্রিয় ফুটবল ক্লাব ম্যানচেষ্টার ইউনাইটেডের প্রবন্ধকের কার্য করতেন।

গোয়েলের কথা গুলিকে মন দিয়ে বোঝার চেষ্টা করলে বুঝতে পারবেন যে, নরেন্দ্র মোদীর সরকার, সরকারের কার্যপ্রণালীর মধ্যে পরিবর্তন এনেই কাজ করার চেষ্টা করছেন। গোয়েলের কথার থেকে এটাও মনে হয় যে, প্রাইভেট কম্পানীর ভালো দিক গুলিকে তিনি সরকারি কর্মচারীদের কাজের মধ্যে অন্তর্ভূক্ত করতে চান। কারণ সরকারি কর্মচারীদের কাজ নিয়ে যে অক্ষমতার অভিযোগ আছে, তা দূর করে তাদেরও কর্মদক্ষ করে তোলা যায়। তাই সরকার এমন কিছু লোককে প্রেরণাদায়ী ভাষণ প্রদান করার জন্য নিয়ে আসতে চাইছে, যাঁদের ব্যবহার প্রাইভেট কম্পানী গুলি বহু দিন ধরে করে চলেছে। সরকারী সংস্থায় প্রাইভেট কম্পানী গুলির কার্যশৈলীকে নিয়ে আসার ব্যাপারে নরেন্দ্র মোদী বদ্ধ পরিকর।

এখনও পর্যন্ত মোদীর কাজ কর্ম সম্পর্কে যতটা বলা হয়েছে, তার থেকে এটা বোঝা যাচ্ছে যে, তিনি ধারাবাহিক পথে হেঁটে কাজ করতে চাইছেন না, বরং বলা যায় যে কাজের ব্যাপারে তিনি বেশ খানিকটা অন্য পথ দিয়েই হাঁটছেন। গুজরাটেও তিনি এইভাবেই কাজ করেছিলেন। তিনি প্রাইভেট কম্পানী গুলির সাথে তালমিলিয়ে কাজ করার কথা ভাবেন। যে সমস্ত সরকারি অফিসারগণ গুজরাটে তাঁর সাথে কাজ করার সুযোগ পেয়েছিল, তারা বলে যে, নরেন্দ্র মোদী প্রাইভেট কম্পানীর বসেদের মতো কাজের হিসাব চান। এই রকম কথা শুনে এটা সহজেই অনুধাবন করা যায় যে, নরেন্দ্র মোদীর সরকারে যে সমস্ত মন্ত্রীগণ আছেন, কাজের ব্যাপারে তাঁরাও এমনি কিছু দৃষ্টিভঙ্গী আরোপ করে থাকবেন। গোয়েল ও জাবড়েকরের চেষ্টাকেও এর সাথে যুক্ত করে দেখা যেতে পারে।

সূচনা প্রসারণ এবং পরিবেশ মন্ত্রালয়ের মন্ত্রীগণদের প্রেরণা প্রদানের জন্য প্রকাশ জাবড়েকর শিব খাড়েকে আমন্ত্রণ জানিয়েছিলেন। প্রকাশ জাবড়েকর প্রশাসনিক ক্ষেত্রে কিভাবে সংশোধন আনা যায় এর দ্বারা সেই চেষ্টাই করেছিলেন, সরকারি কর্মচারীদের কর্মক্ষমতা বৃদ্ধি করা ছিল অপর গুরুত্বপূর্ণ দিক। তিনি মনে করেন যে, এমন কার্যক্রমের মাধ্যমে সরকারি অফিসারদের আরো সংবেদনশীল করে তোলা যায়, এতে করে সাধারণ মানুষের কাছে দুইরকম সংবাদ কায়েম করা সম্ভব হবে। এই সময়ে জাবড়েকর বলেছিলেন, 'অফিসারদের নিয়ে লোকের চিন্তাধারাকে বদলাতে হবে। অফিসারদের ইতিবাচক চিন্তাধারার সাথে কাজ করতে হবে, যাতে করে সাধারণ মানুষদের সমস্ত চাহিদা মেটানো সম্ভব হয়। অফিসারদের এমন করে কাজ করতে হবে যাতে সাধারণ মানুষের মধ্যে একটা বিশ্বাসের উদয় হয়, তারা যাতে বিশ্বাস করতে পারে যে, সরকারি অফিসার গণ তাদের সমস্যা বোঝে এবং তারা তা সমাধান করার ব্যাপারে প্রতিজ্ঞা বদ্ধ।' এরপর শিব খাড়ে বিভিন্ন উদাহরণ প্রদানের সাহায্যে অফিসারদের প্রেরিত করার চেষ্টা করেছিলেন।

পীযূষ গোয়েল ও প্রকাশ জাবড়েকর যে চেষ্টার সূত্রপাত করার চেষ্টা করেছিলেন, তা নিয়ে কোনো প্রশ্ন উঠতে পারে না, কিন্তু এই দুইজন মন্ত্রী যে দুজন বক্তাকে নির্বাচন করেছিলেন তা নিয়ে বহু প্রশ্ন উঠেছিল। এমন বহু লোক আছে যারা চেতন ভগতকে লেখক বলেই মনে করে না। ইংরেজি ভাষায় ভারতে যত উপন্যাস বিক্রী হয় তার মধ্যে চেতন ভগতের বই সবচেয়ে বেশি বিক্রয় হয় এটা ঠিকই কিন্তু সরকারের নীতি মূলক কাজকর্ম নিয়ে ভগত কতটা জানেন সেই নিয়ে যথেষ্ট প্রশ্ন উঠেছিল। তিনি তাঁর একটা উপন্যাসে লিখেছিলেন যে, ভারতের

রক্ষা বিভাগের জন্য প্রচুর অর্থ ব্যয় হয়, তাই সেটিকে প্রাইভেট সংস্থার হাতে দিয়ে দেওয়া উচিত। এরপর খুবই সমালোচনা হয়। সংবাদপত্রে চেতন ভগতের যে লেখা গুলি ছাপা হয় তাও নিয়েও বহুবার বিবাদের মুখে পড়তে হয়েছে তাঁকে। কিছু লোকতো মনে করেন যে, গুরুগম্ভীর বিষয় গুলি নিয়ে তিনি খুবই বাচালতা করে থাকেন। অন্যদিকে শিব খাড়ের লেখা বইও খুবই বিক্রী হয়, কিন্তু সরকারি অফিসারদের তিনি কি পরামর্শ প্রদান করতে পারেন সেই নিয়ে যথেষ্ট সংশয় প্রকাশ করা হয়েছে। কোনো বিশেষ পুস্তকের বেস্ট সেলর হওয়া আর প্রশাসনিক কাজকর্ম নিয়ে পরামর্শ দেওয়া এক কথা নয়, কিন্তু তবুও সম্পর্কিত নেতাদের কাছে এদের নির্বাচনের বিষয়ে যথেষ্ট যুক্তি ছিল। তাঁরা সেই অনুষ্ঠানে কি বলেছিলোনে তা থেকেও তাঁদের যুক্তি সম্পর্কে কিছুটা ধারণা করা যায়। এই নিয়ে যদি যুক্তিতর্কের অবতারণা করাই হয় তাহলে এটা তো বলাই যায় যে, নরেন্দ্র মোদী সরকার সরকারী কর্মচারীদের কর্মদক্ষতা বৃদ্ধির জন্য যে পদক্ষেপ গ্রহণ করেছে তা অসফল হলেও কিন্তু তাঁর সরকার যে ক্রমাগত চেষ্টা চালিয়ে যাচ্ছে, তাতে কোনো সন্দেহ নেই।

ম্যানেজমেন্ট মন্ত্র

সময়ের সাথে সাথে মানুষের চাহিদার দৃষ্টিভঙ্গীর পরিবর্তন হচ্ছে, আর সেই কারণেই আজ হাইওয়ে থেকে নজর সরিয়ে আই-ওয়েজ এবং অপ্টিকাল ফাইবার নেটওয়ার্কের দিকে ধ্যান দেওয়া হচ্ছে। প্রাচীন যুগে নদীকে কেন্দ্র করেই সভ্যতার বিকাশ ঘটত, কিন্তু আজ রাজপথকে কেন্দ্র করে বড় বড় শহর গড়ে উঠছে। কিন্তু ভবিষ্যতে শহর অপ্টিক্যাল ফাইবার নেটওয়ার্ক এবং পরবর্তী প্রজন্মকে মিলন ঘটাতে পারে এমন কাঠামোগত সুবিধার দিকে ধ্যান দিয়েই গড়ে উঠবে।

আমাদের নিজেদেরকে সাম্প্রদায়িক ও স্থানীয় মতভেদের ওপরে উঠতে হবে এবং রাষ্ট্রীয় লক্ষ্য, 'অখণ্ড ভারত, শ্রেষ্ঠ ভারত' নিয়ে ভাবতে হবে। আমাদের জয়-পরাজয়ের ক্ষুদ্র গণ্ডীকে ছিন্ন করে 'রাষ্ট্র হিত ও রাষ্ট্র নীতি' সম্পর্কে চিন্তা করতে হবে। আমাদের বিকাস যেন সর্বপ্রিয়, সর্বজনিক, সর্বহিতকারী এবং সমাবেশিত হয়ে ওঠে। মজবুত রাজ্যই পারে মজবুত রাষ্ট্র গড়ে তুলতে।

স্বরাজ্য তো আমরা পেয়েছি, কিন্তু সুরাজ্য পাইনি। মানুষের শরীরে মধুমেয় যতটা ক্ষতিকারক দেশের কুশাসন তার চেয়েও অনেক বেশি ক্ষতিকারক, যা সমগ্র সিস্টেমে ঘুন ধরিয়ে দেয়। তিনি বলেন যে, সবচেয়ে বড় সমস্যা হল বিকাসের লাভ প্রতিটা মানুষের কাছে পৌঁছাতে না পারা। রাষ্ট্র যেকোনো রাজনৈতিক দলের থেকে অনেক ওপরে।

যদি সরকার গরিবের প্রয়োজনের দিকে ধ্যান না দেয় তাহলে তাকে কখনই ক্ষমা করা যায় না। তাই সরকারের উচিত গরিবদের শক্তিশালী করে তোলা এবং দরিদ্ররা যাতে দরিদ্রতার সাথে লড়াই করতে পারে সেই দিকে ধ্যান দেওয়া।

গ্রামের লোকেরা যদি গ্রামের বিশেষ সুবিধা গুলি লাভ করে তাহলে দেশের অর্থনীতির ক্ষেত্রে বিশেষ লাভ দেখা যাবে। সুবিধা শহরের, আত্মা গ্রামের।

কৌশলের বিকাস ঘটানোর সাথে সাথে শ্রমেব-জয়তের ভাবনাকেও বিকসিত করতে হবে, যাতে করে প্রতিটা মানুষ শ্রমকে সম্মান করতে শেখে। বিশ্বে আমাদের পরিচয় 'ঘোটালা-ভারতের' পরিবর্তে 'কৌশল ভারতের' হোতে হবে। একজন মানুষ তখনই সুস্থ থাকে যখন তার শরীরের প্রতিটা অঙ্গ-প্রত্যঙ্গ ফিট থাকে, ঠিক তেমনি সুস্থ ভারত গড়ে তোলার জন্য সমাজের সমস্ত বর্গের এবং দেশের সমস্ত ক্ষেত্রের সমৃদ্ধ হয়ে ওঠাটা খুবই জরুরি। ভারত হল বৈচিত্রের দেশ আর সেই কারণে দেশের যে কোনো অংশে উন্নতির জন্য গৃহীত মডেল উন্নততর হওয়াটা খুবই জরুরি। হিমালয় ও গঙ্গার সম্পর্ক যতটা পুরানো, ভারত ও নেপালের সম্পর্কও ততটাই পুরানো।

সংবিধান, আজ ও কালকে যুক্ত করে। ভারতের সংবিধান হিমালয়কে সমুদ্রের সাথে যুক্ত করেছে। ভারতের সংবিধান কচ্ছের মরুভূমিকে ন্যাগাল্যান্ডের শস্য-শ্যামল পর্বতমালার সাথে যুক্ত করে। সোয়াশো কোটি ভারতবাসীর মনের আশা ও আকাঙ্খাকে প্লাবিত করে।

জল আর যৌবন পাহাড়ে দাঁড়াতে পারেনা, তা কোনো না কোনো দিক দিয়ে প্রবাহিত হয়েই যায়, তেমনি যৌবনও মানুষের জীবনে চিরস্থায়ী নয়, তাই পর্বতে যৌবন আসলেই সে মনে করে যে, চলো এবার অন্যকোথাও যাওয়া যাক, যেখানে রুটির ব্যবস্থা করা সম্ভব সেই দিকে চলে যায়, তেমনি পাহাড়ে জল কোনো কাজে লাগেনা। আমাদের এই বিষয় গুলিকে বদলাতে হবে। পাহাড়ের ওপর পড়া জল কিভাবে পাহাড়ের কাজে লাগতে পারে, কিভাবে পাহাড়ের মানুষেরা পাহাড়ি অঞ্চলে থেকেই কাজের সন্ধান করতে পারে, সেটা দেখার জন্য বিকাসের পথ দিই সেই দিকে এগিয়ে যেতে হবে।

খুব কম পুঁজী নিয়ে ভালো টাকা উপার্জনের একটা পথ হল ট্যুরিজম। ট্যুরিস্ট আসার মানে যে লোহার ছোটো ছোটো শিকল বিক্রী করে তারও রোজগার হয়, সেই সাথে ট্যাক্সি চালকগণ রোজগার করে, চায়ের দোকানদারদেরও পকেট ভরে, যখন চা বিক্রীর কথা ওঠে তখন আমি খুবই আনন্দ পাই।

তীক্ষ্ণ টিপ্পনী আমাদের জীবনে কিছু দিন মহত্ত্ব বিস্তার করে কিন্তু তা আমাদের জীবনকে প্রভাবিত করতে পারেনা বা প্রেরণাও দান করে না। সংসদে বলা প্রতিটা কথা যাতে দেশের মানুষকে প্রেরণা দান করতে পারে, সেটা দেখা খুবই জরুরি।

আমি আপনাদের সামনে প্রধানমন্ত্রী রূপে নয় প্রধান সেবক রূপে দাঁড়িয়ে আছি। স্বাধীনতা দিবস আমাদের দেশের গরিব, পীড়িত, দলিত, শোষিত এবং সমাজের পিছিয়ে পড়া মানুষদের জন্য কিছু করার সময়, আজ হল আমার কাছে সেই সংকল্প পর্ব।

'প্রতিটি কার্যকলাপ কিভাবে রাষ্ট্রহিতের কাজে লাগতে পারে।' যদি আমরা এই রকম জীবন যাপনের সংকল্প নিই তাহলে স্বাধীনতা দিবসের এই পুণ্য তিথি ভারতকে উচ্চতর স্থানে বসানোর প্রেরণা পর্ব হয়ে উঠবে।

এই দেশ শাসকরা নয়, কৃষকেরা, মজুররা, মা-বোনেরা, যুবকরা, ঋষি-মুণিরা, আচার্যরা, শিক্ষকেরা, বৈজ্ঞানিকরা এবং সমাজ সেবকেরা মিলিত ভাবে তৈরি করেছে।

আমরা এতসাথে চলব, একসাথে ভাবব, একসাথে সংকল্প করব এবং একসাথে মিলে আমরা এই দেশকে এগিয়ে নিয়ে যাব। এই মূলমন্ত্র পাঠ করে সোয়াশো কোটি ভারতবাসী এই দেশকে বিকসিত করে তোলার কাজ করতে পারে।

জনমতের জোরে চলার মানুষ আমরা নই, আমরা এই দৃঢ় মাটির ওপর ভিত্তি করে এগিয়ে যাওয়ার মানুষ।

চাপরাসী থেকে শুরু করে ক্যাবিনেটের সেক্রেটারী পর্যন্ত প্রত্যেকেই সমর্থ। প্রত্যেকের মধ্যেই প্রচুর শক্তি এবং অভিজ্ঞতা আছে। আমি সেই শক্তি গুলিকে সংগঠিত করতে চাই আর এই শক্তির জোরে রাষ্ট্রকল্যাণের গতিকে আরো দ্রুত করে তুলতে চাই, আর আর সেই চেষ্টা আমি চালিয়ে যাব।

আমাদের মহাপুরুষগণ আমাদের স্বাধীনতা প্রদান করেছেন, তাঁরা যে ভারত গড়ে তোলার স্বপ্ন দেখেছিলেন তা পূরণ করা আমাদের দায়িত্ব কি না? আমাদেরও রাষ্ট্রের প্রতি কোনো দায়িত্ব আছে কি না? এখন সেই সব নিয়ে গুরুগম্ভীর ভাবে চিন্তা করার সময় এসে গেছে।

সোয়াশো কোটি ভারতবাসীর কি দেশের হিতের কথা ভেবেই প্রতিটা পদক্ষেপ ফেলা উচিত না। প্রতিটা জিনিস নিজের জন্য হয় না। কিছু কাজ দেশের জন্যও করতে হয়।

আমাদের দেশের বাবা-মারা মেয়েদেরকে হাজার হাজার প্রশ্ন করে, কিন্তু ছেলেদেরকে প্রশ্ন করার ক্ষমতা তারা পায় না কেনো? যারা মেয়েদের সম্মান নিয়ে টানাটানি করছে তারা কাউর না কাউর ছেলে তো অবশ্যই।

স্বাধীনতার পরেও কখনও জাতিভেদের তিক্তোতা আবার কখনও সাম্প্রদায়িকতার তিক্তোতা, এই পাপাচার আর কতদিন চলবে? এতে কার ভালো হয়?

আমি আজ সারা দেশের যুবকবৃন্দকে জানাতে চাই যে, জাতিভেদের তিক্তোতা, সাম্প্রদায়ের তিক্তোতা, প্রান্তিয়ভাব হোক বা উঁচু-নীচুর মনোভাব, এই সবই দেশের উন্নতির পথে বাধার সৃষ্টি করে থাকে। আপনারা মানসিক দিয়ে দিয়ে প্রস্তুতি নিন, যে আগামি দশ বছরের মধ্যে এই সমাজ থেকে সমস্ত রকম কুলষিতা দূর করে নির্মল সমাজ গড়ে তুলব আমরা।

দেশকে এগিয়ে নিয়ে চলার জন্য দুই পাটরী আছে, গুড গভর্নেন্স এবং ডেভলপমেন্ট। এই দুটিকে সম্বল করেই আমরা এগিয়ে যেতে পারি। আমাদের সেই পথে হেঁটেই এগিয়ে যাওয়ার প্রতিজ্ঞা করতে হবে।

যারা সরকারি প্রতিষ্ঠানের সাথে যুক্ত তাদের মনে রাখতে হবে যে, তারা কোনো রকম পেশার সাথে যুক্ত নয়, তারা সেবার সাথে যুক্ত। এই কথাটা পুনরায় জীবিত করে তুলতে হবে।

বিশ্বের মধ্যে যত গুলি দেশ আছে, তার মধ্যে আমাদের দেশে যুবক-যুবতীদের সংখ্যা সবচেয়ে বেশী, যদি আমাদের দেশকে উন্নতরত করতে হয় তাহলে স্কিল ডেভলপমেন্ট হবে আমাদের মিশন।

সোয়াশো কোটি ভারতবাসী যদি এক পা এগিয়ে যায় তাহলে মনে বুঝতে হবে যে দেশ সোয়াশো কোটি পদক্ষেপ এগিয়ে গেছে।

অন্নের ভাণ্ডার ভরিয়ে তুলে আমাদের দেশের কৃষকেরা ভারতমাতার ততটাই সেবা করে যতটা করে সীমান্তে থাকা সৈন্যরা ভারতমাকে রক্ষা করে। এটাও দেশের সেবাই।

দেশের যুবকবৃন্দ আজ প্রতিজ্ঞা করুন যে, আপনারা নিজেদের শক্তি অনুসারে দেশের জন্য এমন কিছু নির্মাণ করবেন যা আজ আমাদের দেশকে ইম্পোর্ট করতে হলেও ভবিষ্যতে আর ইম্পোর্ট করতে হবে না।

কোনো একটা সময় ছিল যখন বলা হতো যে, রেলওয়ে দেশকে সংযুক্ত করার কাজ করে, এমটাই বলা হতো, কিন্তু এখন আমি বলি যে, আজ আইটী দেশকে সংযুক্ত করে, প্রতিটা মানুষকে সংযুক্ত করার কাজ করে।

যদি সোয়াশো কোটি দেশবাসী এটা ঠিক করে নেয় যে, আমরা আমাদের পরিবেশকে নোংরা করব না, তাহলে পৃথিবীর এমন কোনো শক্তি নেই যা এসে আমাদের দেশকে নোংরা করে যেতে পারে।

আমি আপনাদের কথা দিচ্ছি যে, আপনারা যদি বারো ঘন্টা কাজ করেন, তাহলে আমি 13 ঘন্টা কাজ করব, কারণ আমি প্রধানমন্ত্রী নই, আমি আপনাদের সামনে দাঁড়িয়ে আছি প্রধান সেবক হিসাবে। আমি শাসক রূপে নয়, সেবক রূপে সরকার নিয়ে এসেছি।

হাজার হাজার বছর আগে আমাদের দেশে বেদ রচনা করা হয়েছিল, তা আজও মানুষকে সমান ভাবেই প্রেরণা প্রদান করে থাকে, কিন্তু কেউ জানে কি এই বেদের রচনা কে করেছিলেন? এই ঋষিও তো বৈজ্ঞানিকই ছিলেন, তিনি বৈজ্ঞানিজকদের মতো সমাজ-জীবনকে দর্শন করতেন, পথ দেখাতেন। বৈজ্ঞানিকগণও সেই কাজই করে থাকেন। তাঁরা একটা গবেষণাগারে বসে তপস্যা করে যান। তাঁরা নিজেদের পরিবারের কথা ভুলে গিয়ে কাজ চালিয়ে যান, তবে গিয়ে মানব কল্যাণের জন্য কিছু প্রস্তুত করে এই পৃথিবীকে উপহার দিতে সক্ষম হন।

কোনো দেশকে উন্নত থেকে উন্নততর করে তোলার জন্য সবার আগে ইনফ্রস্ট্রাকচারের দিকে গুরুত্ব আরোপ করতে হবে, যদি আমরা সময়ানুসারে ইনফ্রস্ট্রাকচার গঠন করতে পারি তাহলে দেশ আপনার থেকেই উন্নতির পথে হাঁটতে শুরু করবে।

বিদ্যুৎ আসার মানে তার সাথে শিল্প গড়ে ওঠা। রোজগারের সুযোগ বৃদ্ধি পাওয়া।

আমাদের দেশের শাস্ত্রানুসারে সাতটা ঘোড়ায় টানা রথের ওপর সূর্য ভগবানকে কল্পনা করা হয়। যখন তাঁর কোনো ছবি আঁক হয় তখনও এই সাতটা ঘোড়ায় টানা রথের ওপরেই তাঁকে কল্পনা করা হয়। সূর্য ভগবান হলেন শক্তির প্রতিক, আজকের পৃথিবীতে দাঁড়িয়ে আমি এই সাতটা ঘোড়াকে নতুন রূপে দেখতে পাচ্ছি। তাহল শক্তির সাতটি উৎস - কয়লা, গ্যাস, জল, লিগনাইট, সোলার, বায়ু এবং নোংরা-আবর্জনা। এই সাতটির থেকে বিদ্যুৎ-এর উৎপাদন করা যেতে পারে। সাতটি ঘোড়ার দাঁড়া সূর্য ভগবানের রথ চলে, শক্তির রথ চালিত হয়, আর সেই দিশা অনুসারেই আমরা কাজ করার চেষ্টা করে চলেছি।

আমাদের দেশের কৃষকেরা এতটাই শক্তিশালী যে, তাদের যদি ঠিকমতো জলের ব্যবস্থা করে দেওয়া যায়, তাহলে তারা এই মাটিতে সোনার ফসল ফলাতে পারে।

এইমাসে যদিআমাদের লাইটের বিল একশো টাকা আসে, তাহলে আমাদের চেষ্টা করতে হবে যে, সামনের মাসে তা নব্বই টাকা কিভাবে করা যায়। কিভাবে দশ টাকা বাঁচানো যেতে পারে। এই দশ টাকা বাঁচাতে পারলে বাচ্চার জন্য দুধ আনা যাবে। এর জন্য আমাদের একটু সচেতন হোতে হবে, আর কিছু না।

বিদ্যুতের সঞ্চয়ের দ্বারাও দেশের কাজ করা যায়। বিদ্যুৎ বাঁচানোর মানে কোনো উপকার করা নয়, এতে আমাদের খরচ বাঁচবে, আমাদের লাইটের বিল কম আসবে। পরিবারের লাভ হবে। সেই সঙ্গে দেশেরও লাভ হবে। যদি একবার সকলের মধ্যে বিদ্যুৎ বাঁচানোর মনোভাব তৈরি করে দেওয়া যায় তাহলে সম্পূর্ণ জীবনই বদলে যাবে।

আমাদের জীবনে বিদ্যুৎ-এর গুরুত্ব এটতাই বৃদ্ধি পেয়েছে যে, পূর্ণিমার চাঁদ কেমন হয়, তার শীতলতা কেমন হয় আমরা সেটা ভুলেই গেছি। কোনো একটা পূর্ণিমার দিন লাইট বন্ধ করে আকাশের দিকে তাকিয়ে তো দেখুন, বিদ্যুৎও বাঁচবে আর সেই সাথে চন্দ্রমার শীতলতা অনুভব করতে পারবেন।

দুর্নীতি আমাদের দেশকে শেষ করে দিয়েছে, আর আজ এমন পরিস্থিতির সৃষ্টি হয়েছে যে, কিছু লোকের কাছে দুর্নীতিই নীতি হয়ে উঠেছে। দেশবাসী গণ, আমি এই কাজকে বন্ধ করতে চাই। আমাকে সাহায্য করুন। দেশেকে এই রোগের হাত থেকে মুক্ত করতে হবে, আর তা করা সম্ভব। একবার যদি সমাজ আমার সাথে যুক্ত হয়ে যায়, তাহলে আমি মনে করি যে, আর কাউর পক্ষে কোনো রকম দুর্নীতি করার সাহস হবে না।

আজ পর্যন্ত সারা পৃথিবীর যত দেশের মানুষ প্রগতি করতে সক্ষম হয়েছে, সেই দেশের নাগরিকরা ঠিক করেছিল যে, তারা তাদের দেশকে এগিয়ে নিয়ে যাবে। সকলে মিলে চেষ্টা করাই হল রাষ্ট্রের সঠিক চরিত্র, যা দেশকে নতুন উন্নতির দিকে নিয়ে যায়।

আমাদের দেশবাসীরা যদি ইংরেজদের ভারত থেকে বিতারিত করতে পারে, তাহলে এই সোয়াশো কোটি ভারতবাসী ভারত থেকে দরিদ্রতাকে দূর করতে পারেনা কি?

আজ পর্যন্ত শহরীকরণ ছিল আমাদের কাছে সংকট, বোঝা, তা আমরা আমাদের প্রতিদ্বন্দ্বি হিসাবে দেখেছি। এখন সেই শহরীকরণকে একটা সুযোগ হিসাবে দেখতে হবে। আর্থিক বিকাস হল যেকোনো সম্ভবনার কেন্দ্র বিন্দু।

যেকোনো কাজের ক্ষেত্রে যদি সময় সীমা না বেঁধে নির্ধারিত লক্ষ্য পাওয়ার চেষ্টা করা হয়, তাহলে আমরা কখনই নিজেদের সম্পূর্ণ শক্তি তাতে নিয়োজিত করব না, এতে করে সফলতা পাওয়া সম্ভব হয় না। গাড়ি যদি একবার ব্রেক থ্রু হয়ে যায় তাহলে তা নিজের থেকেই চলতে শুরু করে।

বিশ্বের মধ্যে সেই সমাজ গুলিই এগিয়ে গেছে যারা নিজেদের ভালো দিক গুলির ওপর জোর দিয়েছে। তারা কি নেই তা নিয়ে কাঁদতে বসেনি। জানিনা, গত জন্মে কি পাপ করেছিলাম, যে এই জন্মে ভারতে জন্ম নিয়েছি। অন্য কোনো দেশে জন্মালে খুব ভালো হতো। এমন সমাজ কখন কোনো কাজ করতে পারবে না।

আমরা পৃথিবীর যেখানেই থাকি না কেনো, সারা পৃথিবীর যেকোনো জিনিস নিয়েই গর্ভবোধ করিনা কেনো, কিন্তু নিজের আত্মসম্মানের বিষয়ে কখনো কোনো সামঝোতা করা উচিত না। এটা এক বিরাট শক্তি।

ভগবান রাম শ্রীলঙ্কায় গেছিলেন। লঙ্কায় গেছিলেন, সোনার লঙ্কায় গেছিলেন। তিনি তো মানুষই ছিলেন। কেনা মোহিত হবে, কিন্তু সোনার লঙ্কা জয় করার পরেও তিনি সেখানে দাঁড়িয়ে বলেছিলেন,'স্বোর্গাদপি গরিয়েসী'। অযোধ্যার জন্য তাঁর মনে তেমনি ভাব বিরাজ করত। আমার অযোধ্যা যেমনই হোক না কেনো, সেখানে যত কষ্টই থাকুক, যত দরিদ্রই থাকুক তা আমার, তোমার সোনার লঙ্কা তোমার থাক। আমার জন্য তো অযোধ্যাই স্বোর্গাদপি গরিয়সী। এই শিক্ষা, এই বার্তা, আমাদের সকলের জন্য একটা বিরাট শক্তি।

আমরা যে দেশেই থাকি না কেনো, এটা ঠিক করতেই পারি যে, রাতের খাবার আমরা একসাথেই খাব। তিনটি প্রজন্ম হলে, তিনটি প্রজন্ম, দুটি প্রজন্ম হলে দুটি প্রজন্ম, চার প্রজন্ম হলে চার প্রজন্ম। খাবারের টেবিলে আমরা যেন নিজেদের মাতৃভাষায় কথা বলি, সেদিকে নজর দেবেন।

ভরোসা হল এক বিরাট বড় শক্তি। সারা দুনিয়ার দিকে তাকিয়ে বলা যায় যে, ভরসা হল এমন এক কেমিক্যাল, যা ফেভিকলের থেকেও ঘনিষ্ঠ বন্ধু তৈরি করে। গভির বন্ধুত্ব গড়ে তুলতে সাহায্য করে।

যদি দেশকে এগিয়ে নিয়ে যেতে হয় তাহলে রাজ্য গুলিকে এগিয়ে নিয়ে যেতে হবে। রাজ্য গুলি দৃঢ় হয়ে উঠলে দেশও দৃঢ় হয়ে উঠবে। রাজ্যের বিকাস হলে তবেই দেশের বিকাস হবে। রাজ্য প্রগতি করলে দেশও প্রগতির পথে হাঁটবে।

যদি দেশ চালাতে হয় তাহলে কেন্দ্র এবং রাজ্য গুলিকে একটি দল বানিয়ে কাজ করতে হবে। প্রধানমন্ত্রী এবং মুখ্যমন্ত্রীগণ - তারা যে দলেরই হোক না কেনো, দলের যে কেউ হোক না কেনো, দেশ তো একটাই - কাঁধে কাঁধে মিলিয়ে আমাদের এগিয়ে যেতে হবে।

যদি ভারতের অর্থব্যবস্থাকে এগিয়ে নিয়ে যেতে হয় তাহলে গ্রামের মানুষদের ক্রয় ক্ষমতা বৃদ্ধি করতে হবে। যদি গ্রামের লোকেদের ক্রয় ক্ষমতা বৃদ্ধি পায় তাহলে শহরের অর্থ ব্যবস্থাও দ্রুত গতিতে ছুটতে শুরু করবে।

আপনারা কল্পনা করে দেখতে পারেন, আপনারা পেপসী প্রভৃতি পানীয় পান করার পিছনে কত পয়সাই না খরচ করেন, তার থেকে পাঁচ শতাংশ, আমি বেশি বলছিনা, পাঁচ শতাংশ টাকা যদি কৃষকদের উৎপন্ন ফলের রস পান করার জন্য ব্যয় করেন, তাহলে ভারতের কৃষকদের ফল বিক্রী করার জন্য বাজারের সন্ধান করতে হবে না। আপনার পকেট থেকে খরচ করা পয়সাতেই ফলের ব্যাবসা শুরু করা যেতে পারে।

স্বামী বিবেকানন্দ বলতেন যে, আমি দেখতে পাচ্ছি যে, আমার ভারত মাতা পুনরায় বিশ্বের আসনে শ্রেষ্ঠ আসন লাভ করেছে। এই কাজ আমরা কিভাবে করব, আপনাদের সকলের চেষ্টার দ্বারাই তা করা সম্ভব। আমাদের দেশের যুবকদের চেষ্টাই পারে ভারত মায়ের হারিয়ে যাওয়া সম্মানকে ফিরিয়ে আনতে। যে কৃষক ক্ষেতে কাজ করে, যে গরিব শ্রমিকের কাজ করে, বা যে ঋষি তুল্য বৈজ্ঞানিক গবেষণাগারে বসে নতুন কিছু আবিস্কারের জন্য নিরন্তন গবেষণা করে চলেছে, -এদের সকলের প্রচেষ্টাতেই ভারত এমদিন 'জগত সভায় শ্রেষ্ঠ আসন লাভ' করতে সক্ষম হবে।

যেটার সবচেয়ে বেশি প্রয়োজন সেটা হল - ভরসা, বিশ্বাস। জানিনা আমাদের দেশে কি শাসন ব্যবস্থা চলছিল, দেশের প্রতিটা মানুষকে সন্দেহের চোখে দেখা, তাদের অবিশ্বাস করা, এই কাজই চলে এসেছে। আমি এই চক্র ভেঙে ফেলতে চাই। অবিশ্বাস দিয়ে কোনো কাজ শুরু করা উচিত না। আমাদের

বিশ্বাসের সাথে যেকোনো কাজ শুরু করতে হবে, কোথাও কোনো সমস্যার উপস্থিত হলে সরকারের কাছে যেতে হবে।

আমাদের সরকারের একটা মন্ত্র আছে। সবার আগে আমরা প্রতিজ্ঞাবদ্ধ, আমাদের উচিত প্রতিটা দেশবাসীকে ভরসা করে চলা। এই বিশ্বাসের জোরেও আমরা সম্পূর্ণ ব্যবস্থাকে বদলে ফেলার শক্তি রাখি। সংসদের চার দেওয়ালের মধ্যে বসেই যে আইনি ব্যবস্থাকে বসলানো যায়, এমনটা নয়। সংসদের চার দেওয়ালের বাইরেও যদি প্রতিটা মানুষ সচেতন হয়ে ওঠে তাহলেও পরিবর্তনের জোয়ার নিয়ে আসা সম্ভব।

গরিবের থেকে মধ্যবিত্তদের দিকে যেতে হলে, কি করতে হবে। খুব সোজা-সরল কথা - রোজগারের সুযোগ খুঁজতে হবে। যদি গরিবেরা উপার্জন করার সুযোগ পায় তাহলে সেই পরিবারের ক্রয় ক্ষমতা বৃদ্ধি পাবে। ধরুন আজ কোনো গরিবকে কিছু কিনতে হবে, সেই জিনিসটা 3 টাকায়, 5 টাকায় ও 7 টাকয় পাওয়া যায়, সে 3 টাকার টাই কিনবে। তখন সে গুণমানের বিচার করে না, তাকে জীবন অতিবাহিত করার জন্য যা পায় তাই নিতে হয়। যত বেশি রোজগারের সুযোগ বৃদ্ধি পায়, ক্রয় ক্ষমতাও তত বৃদ্ধি পায়, এতে করে আমাদের অর্থব্যবস্থা গতি লাভ করতে সক্ষম হবে।

ভারতের অর্থব্যবস্থায় আমাদের যে পরিবর্তন আনতে হবে, তার জন্য উৎপাদন বৃদ্ধি করতে হবে যার সরাসরি ফল পাবে ভারতের যুবকেরা। যুবকেদের কর্ম বৃদ্ধিই এনে দিতে পারে গরিব থেকে গরিবতর মানুষের পরিস্থিতি বদলে দিতে।

নিরাশাবাদী বা সমালোচনাবাদী হয়ে কিছুই বদলানো সম্ভব হয় না। ভারতের এমন বহু লোক আছে, যারা মনে করে যে, 'আর ছাড় তো আর কিছু বদলাবে না, আর কিছু বদলানো সম্ভব না।' এই যে নিরাশাবাদী ও সমালোচনাবাদী পরিবেশ, তাদের একটা কথা বুঝতে হবে যে, তারা যা বলছে তা বলা খুবই সহজ, কিন্তু এর মানে হল তারা নিজেরা নিজেদের দায়িত্ব পালন করতে চাইছে না, তা ঝেড়ে ফেলার চেষ্টা করছে। আমরা আমাদের সারা দেশের ভবিষ্যতকে একটা বিপদের দিকে নিয়ে যাচ্ছি। আমাদের নিজেদেরকে সময়ের সাথে সাথে গড়ে নিতে হবে। আমাদের সময়ের শান্তির জন্য কাজ করতে হবে।

কোনো একটা দেশ বা অনেকগুলি দেশ বিশ্বের ধারাকে বদলে দিতে পারে না। আমাদের দেশের মধ্যে সার্থক যোগাযোগ এবং সহযোগিতাকে সুনিশ্চিত করতে হবে।

যোগা হল আমাদের ঐতিহ্যবাহী অমূল্য দান। যোগা মন ও শরীর, বিচার এবং কর্ম, সংযম এবং প্রাপ্তির একাত্মতার তথা মানুষ ও প্রকৃতির মধ্যে সামঞ্জস্যতা বজায়ের মূর্ত রূপ। নিজেকে সুস্থ রাখার জন্য সবদিক দিয়ে যোগা হল সর্বকৃষ্ট। যোগা মানে শুধু ব্যায়াম করা নয়, নিজের সাথে বিশ্ব প্রকৃতির মেলবন্ধনের পথ হল এই যোগা। এটা আমাদের জীবনে পরিবর্তন এনে দেয়, আমাদের ভেতরে সচেতনার সৃষ্টি করে এবং আমাদের ভেতরে জলবায়ু পরিবর্তনের সাথে লড়াই করার ক্ষমতা গড়ে দেয়। আসুন আমরা সকলে মিলে একটা 'অন্তর্রাষ্ট্রীয় যোগা দিবস' শুরু করার কথা ভাবি ও সেই অনুসারে কাজ করতে শুরু করি।

'নবরাত্রির' পর্ব, হল শক্তি উপাসনার পর্ব। নবরাত্রির পর্ব শুদ্ধিকরণের পর্ব। নবরাত্রিরের পর্ব মানে সমর্পণের ভাব আরো বেশি তীব্রতর হয়ে ওঠে।

যখন সোয়াশো কোটি ভারতবাসী আশীর্বাদ প্রদান করে, তখন তা ঈশ্বরের আশীর্বাদ হয়ে ওঠে। জনতা জনার্দনই হল ঈশ্বরের রূপ। জনতা জনার্দনের আশীর্বাদ থাকার মানে স্বয়ং পরমাত্মার আশীর্বাদ থাকে।

আমি মনে করি, বিকাসকে গণআন্দোলনের রূপ দিতে হবে। সোয়াশো কোটি ভারতবাসী, তাদের প্রত্যেককে বিকাসের অঙ্গ হয়ে উঠতে হবে, তাদের মনে এই বোধ জাগ্রত করতে হবে যে, যে কাজই করুক না কেনো তা যেন দেশের হিতের কথা ভেবে হয়। প্রত্যেককে এটা মন থেকে মেনে নিতে হবে যে, কোনো অবস্থাতেই দেশের ক্ষতি হয় এমন কোনো কাজ তারা করবে না।

আমি বিশ্বাস করি এমন দিন আসবে। আবার সেই দিন ফিরে এসেছে, আজ ভারতের প্রতিটা মানুষ দেশকে এগিয়ে নিয়ে চলতে চায়। এই সোয়াশো কোটি ভারতবাসীর ইচ্ছা শক্তিই হল আমার সম্বল, আমার শক্তি। এর ওপর আমার সম্পূর্ণ ভরসা আছে, সেই জোরেই 21শতাব্দীর নেতৃত্ব প্রদান করবে আমাদের ভারতবর্ষ।

আমাদের গঙ্গা, তা যেমন আছে তেমনি থাকবে নাকি তার শুদ্ধ হওয়াটা জরুরি? তাঁকে শুদ্ধ করে তোলার জন্য আজ পর্যন্ত হাজার কোটি টাকা খরচ হয়ে গেছে। আমি যখনই এই প্রসঙ্গে কথা বলি, তখন অন্যেরা বলে যে, মোদীজী

আপনি কি নিজেকে মেরে ফেলতে চান? এই কাজে হাত দেওয়ার কথা ভাবছেন? যদি সহজ কাজই করতে হোত তাহলে আমি প্রধানমন্ত্রী হয়ে কি করব? সমস্যা পূর্ণ কাজ করার জন্যই তো আমি প্রধানমন্ত্রী হয়েছি। আমার দেশের সোয়াশো কোটি মানুষের গঙ্গার প্রতি যে আস্থা আছে, সেই আস্থার ওপর আমার ভরসা আছে, তাই তাদের আস্থার কথা ভেবে আমাকে গঙ্গা পরিষ্কার করে তুলতেই হবে।

কিছু লোক মনে করে যে, প্রাচীন জ্ঞানের সাহায্যে বিশ্বকে বদলানো যেতে পারে। আমার মনে হয় যে, আদর্শবাদ, নবরচনা, শক্তি এবং যুবক-যুবতীদের কিছু করে দেখানোর ইচ্ছা অনেক বেশি বলশালী। আমি আশা করছি যে, রাষ্ট্রকে বদলানোর জন্য ভারতের 80 কোটি যুবক অবশ্যই সংঘবদ্ধ হবে।

প্রতিটা চোখকে আশায় ভরিয়ে তোলার জন্য এবং প্রতিটা মনে বিশ্বাস জাগিয়ে তোলার জন্য লোকেদের দরিদ্রতার শৃঙ্খল থেকে মুক্ত করতে হবে। সকলকে স্বচ্ছ জল ও শুদ্ধতা প্রদান করতে হবে। সকলে যাতে সুস্থ থাকার সুযোগ পায় তা দেখতে হবে। প্রত্যেকের মাথায় ছাদের ব্যবস্থা করে দিতে হবে। আমি জানি এই প্রতিটা কাজই করা সম্ভব, কারণ আমি ভারতের মধ্যে উদ্দেশ্য, শক্তি ও ইচ্ছার নতুন জোয়ারকে অনুভব করতে পারছি।

আমি জানি যে, আজ বিজয়া দশমীর পূণ্য তিথিতে প্রতিটা মানুষ নিজের দুর্বলতাকে পরাজিত করে বিজয় প্রাপ্ত করতে চায়, কিন্তু রাষ্ট্রের দিক দিয়ে আমার মনে হয় যে, আসুন এই পূণ্য তিথিতে আমরা সকলে নোংরা আবর্জনা দূর করার সংকল্প নিই।

আমি একটা কথা বলেছি, 'স্বচ্ছ ভারত অভিযানের' কথা, আমি নয় জন লোককে নিমন্ত্রণ জানাব, আর নিজে পরিষ্কারের কাজে হাত দিয়ে ভিডিওকে সোশাল মিডিয়ায় আপলোড করব, আর অন্য নয় জনকে নিমন্ত্রণ জানাব। আপনিও এর সাথে যুক্ত হন, আপনি পরিষ্কারের কাজে হাত দিন, আপনি যে নয় জনকে আহ্বান করতে চান তাদের আহ্বান করুন। তারাও পরিষ্কারের কাজে হাত দিক, আপনি নিজের বন্ধু বান্ধবদের আমন্ত্রণ জানান, বেশি ওপরে যাওয়ার প্রয়োজন নেই, আপনি আপনার কাছের নয়জনকে বলুন, তারা তাদের কাছের নয়জনকে বলবে, ধীরে ধীরে সারা দেশ জুড়ে এই মহলের সৃষ্টি হবে। আমি বিশ্বাস করি যে, আপনারা অবশ্যই এই কাজকে এগিয়ে নিয়ে যাবেন।

আমরা যখনই মহাত্মা গান্ধীর কথা বলি, তখনই স্বাভাবিক ভাবেই খাদির কথা এসে যায়। আপানদের পরিবারে বহু রকমের পোশাক আছে, বহু নামি দামি কম্পানীর পোশাক আছে, তার মধ্যে একটা খাদির পোশাক থাকতে পারে না কি? আমি কাউকেই খাদিধারী হয়ে ওঠার আহ্বান জানাচ্ছি না, আপনাদের পূর্ণ খাদিধারী হওয়ার ব্রতও করতে বলছি না। আমি শুধুমাত্র যে কোনো একটা জিনিস, তা রুমালও হোতে পারে, স্নান করার সময় ব্যবহৃত গামছা হোতে পারে, আপনার বেডশিট বা বালিশের কভার হোতে পারে, পর্দা বা অন্য কিছু, যেকোনো একটা জিনিস খাদির হোতেই পারে। যদি পরিবারে বিভিন্ন রকম ফ্যাব্রিক্সের শখ থাকে, এই শখকে নিয়মিত করে তুলতে হবে। আমি এই কথা কেনো বলছি জানেন, আপনি যদি একটা খাদির জিনিস কেনেন তাহলে একটা গরিবের ঘরে কালিপূজার দিন আলো জ্বলে উঠবে।

সোয়াশো কোটি ভারতবাসীর মধ্যে আছে অপার শক্তি, অপার সামর্থ। আমাদের নিজেদের চেনাটাও খুবই জরুরি। আমাদের নিজেদের ভেতরের শক্তিকে চিনতে হবে, আর তারপর স্বামী বিবেকানন্দের মতানুসারে আত্মবিশ্বাসের সাথে, নিজের সঠিক পরিচয়কে সঙ্গে নিয়ে আমাদের পথ চলতে হবে, তাহলে জয় আসবেই, এই জয় হবে রাষ্ট্রের জয়, এই সফলতা হবে রাষ্ট্রের সফলতা।

আমার দেশবাসী, যতক্ষণ না আমরা এগিয়ে চলার সংকল্প করি, ততক্ষণ পর্যন্ত আমাদের এক জায়গাতেই দাঁড়িয়ে থাকতে হয়। আমাদেরকে হার ধরে চালানোর জন্য কেউ এগিয়ে আসে না। আমাদের নিজেদের পথ চলা শুরু করতে হবে, আমি বিশ্বাস করি যে, ভারতের সোয়াশো কোটি মানুষই চলতে সক্ষম, তারা যথেষ্ট সমর্থবান।

আমদের সকলকে মিলে আমাদের ভারত মায়ের সেবা করতে হবে। আমদের দেশকে নতুন উচ্চতায় নিয়ে যেতে হবে। প্রত্যেককে একটা পা ফেলতে হবে, প্রত্যেকে যদি একটা করে পা ফেলে তাহলে দেশ সোয়াশো কোটি পা এগিয়ে যাবে। কঠোর পরিশ্রম কখন ক্লান্তি এনে দেয়না, বরং তা থেকে পাওয়া যায় অপার সন্তোষ।

ইচ্ছার সাথে স্থিরতা যুক্ত হলে সংকল্পের সৃষ্টি হয়। সংকল্পেয় সাথে কঠোর পরিশ্রম যুক্ত হলে পাওয়া যায় সফলতা।

ধর্মনিরপেক্ষতার ক্ষেত্রে আমার প্রথম পরিভাষা হল ভারত। আপনি যাই করুন না কেন, যেখানেই কাজ করুন না কেনো, সমস্ত নাগরিকদের কাছেই সবার ওপরে ভারতের স্থান হওয়া উচিত। ভারতের হিতের থেকে বড় কাজ আর আমাদের কাছে কিছু নেই, এই মন ভাবে নিয়ে চলতে পারলে ধর্মনিরপেক্ষতা আপনা থেকেই জাগ্রত হোতে শুরু করবে। সময়ের সাথে চলার জন্য আমি পাঁচটা টি-এর কথা বলতে চাই - ট্যালেন্ট, ট্রেডিশান, ট্যুরিজম, ট্রেড এবং কেটনোলজী। এর মাধ্যমে আমরা ব্রান্ড ইন্ডিয়ার বাজারকে বিশ্বের বাজারে দৃঢ়তার সাথে প্রতিষ্ঠা করতে সক্ষম হব।

সত্তা আমাদের জন্য ভোগের সাধন নয়।

দেশের এক্ট নয় একশান চাই।

আমার কাছে ধর্ম মানে কাজের প্রতি নিষ্ঠা এবং নিষ্ঠাপূর্বক কাজ করার মানেই ধার্মিক হওয়া।

গণতন্ত্র চূড়ান্ত সিদ্ধান্ত কে নেয়? চূড়ান্ত সিদ্ধান্ত নেয় ভোটদাতা গণ।

আমি চাই যে, কাশ্মীর থেকে কন্যাকুমারী পর্যন্ত একটা অখণ্ড ভারত গড়ে উঠুক, একটা সৎ ভারত গড়ে উঠুক। সকলে সুখে থাকুক, সকলের কল্যাণ হোক।

আমার সংঘর্ষ 'ফাইল'-এ 'লাইফ' নিয়ে আসা।

গুজরাট সর্বদাই দেশকে নতুন রাস্তা দেখিয়ে গেছে। মহাত্মা গান্ধী ও সর্দার প্যাটেল স্বাধীন ভারত গড়ে তোলার জন্য নেতৃত্ব দিয়েছিলেন, এবং আজ গুজরাট কৃষি, শিক্ষা, পেট্রো রসায়ন সহ বেশ কয়েকটি ক্ষেত্রে ভারতের অন্য রাজ্য গুলির থেকে অনেকটা এগিয়ে আছে।

শুধুমাত্র নিজেদের সংস্কৃতিকে রক্ষা করতে পারলেই ধর্মের ধ্বজাকে ধরে রাখা যায়, নিজেদের মধ্যে একতা বজায় রাখা যায়। রাষ্ট্রবাদ, দেশভক্তি এবং রাষ্ট্রের প্রতি সমর্পণের ভাব থেকেই লোকেরা একত্রিত হোতে পারে, তাদের মধ্যে একটা সমর্পণের ভাব জেগে ওঠে।

আমি একটা সর্বদিক থেকে খুশীতে ভরে ওঠা ভারত দেখতে চাই। একটা দৃঢ় ভারত দেখতে চাই। একবিংশ শতাব্দী ভারতের কাছে সেই সময় বয়ে নিয়ে এসেছে, যে সময় সবদিক দিয়ে ভারতকে উন্নয়নের পথে নিয়ে যেতে হবে।

ভারত 'স্নেক চার্মর্সের' দেশ, কিন্তু এখন তা 'মাউস চার্মেসের' দেশে পরিণত হয়ে গেছে।

আমার জীবনে সব কিছুই মিশন, এম্বিশান বলে কিছু নেই। আমি সীএম হিসাবে যে কাজ করেছি, কোনো মিউনিসিপ্যালিটির অধ্যক্ষ হলেও সেই হিসাবেই কাজ করতাম।

আমি আধুনিকতার পক্ষপাতি, কিন্তু মর্ডানাইজেশান ইউদাউট ওয়েস্টর্নাইজেশান। আধুনিকতা চাই কিন্তু পশ্চিমীকরণ চাই না।

আমার কাছে রাজনীতি কোনো উচ্চাকাঙ্খা নয়, তা হল একটা মিশন।

7.01.2001 -এ সীএম হইনি। আমি সর্বদাই সীএম ছিলাম, আজও আমি সীএম আর সর্বদা আমি সীএম থাকব। আমর কাছে সীএম-এর মানে চীফ মিনিস্টার নয়, আমার কাছে এই শব্দটির মানে হল 'কমন ম্যান'।

স্বাধীনতার পর আমরা স্বরাজ পেয়েছি কিন্তু সুরাজ পাইনি।

ত্যাগ, তপস্যা, আমাদের মাতৃশক্তি সেই সম কোথায় হারিয়ে গেলো? যদি আমরা রঙিন ভারত গড়ে তুলতে চাই তাহলে আমাদের মায়েদের শক্তিশালী হয়ে উঠতে হবে। তাদের শিক্ষা-দীক্ষার দিকে আমাদের বিশেষ ধ্যান দিতে হবে।

সরকারের একটা উদ্দেশ্য হওয়া উচিত, আর সেই উদ্দেশ্য হল ইন্ডিয়া ফার্স্ট। সরকারের একটাই ধর্মগ্রন্থ আর সেই ধর্ম গ্রন্থ হল ভারতের সংবিধান। সরকারের একটাই ভক্তি, আর সেই ভক্তি হল ভারত ভক্তি। সরকারের একটাই শক্তি আর সেই শক্তি হল কোটি কোটি মানুষের শক্তি। সরকারের উপাসনা হল সোয়াশোকোটি বন্ধু, বোনের উপকার, সোয়াশো কোটি দেশবাসীর উপকার আর সরকারের কার্যশৈলী হল, 'সবকা সাথ, সবকা বিকাস'।

সুশাসন কোনো অগ্নিপরীক্ষা নয় বা তা কোনো সংকটের ব্যবস্থাপনা নয়। আজ যে সময় আমাদের সামনে এসে গেছে তাতে করে কোনো রকমে জোড়াতালি দিয়ে আর কাজ চালানো যাবে না, এবার সমস্যার গোড়ায় গিয়ে পৌঁছাতে হবে, তবেই মূল সমস্যার সাথে মোকাবিলা করা সম্ভব।

আমার জন্য ই-শাসন হল সবচেয়ে সুবিধাজনক বিষয়, তার দ্বারা প্রভাবী ও কুশল প্রশাসনিক কাজ করা সম্ভব।

দেশের জনতা আজ বিভাজন নয় বিকাস চায়। দেশের জনতা সুযোগ চায়, রাজনৈতিক মারপ্যাঁচ তাদের কাম্য নয়। রাজনৈতিক কচকচানির পরিবর্তে

আজ দেশের যুকদের দক্ষ করে তোলাই হবে আমাদের প্রধান লক্ষ্য। দেশের যুবকেরা কৌম সংস্কৃতি নিয়ে কি করবে, তাদের কর্মের মন্ত্র পাঠ করাতে হবে। লোকেরা রোজগার চায়, রাজনৈতিক উত্থান-পতন নয়। দেশের লোকেরা আজ সুরক্ষা চায়, সাম্প্রদায়িকতার বিষ গরলের তাদের কোনো প্রয়োজন নেই। কৃষকদের বিদ্যুৎ চাই, জাতিবাদের আশ্বাসনের কোনো প্রয়োজন তাদের নেই। বৃদ্ধ মানুষদের সাহারার প্রয়োজন, সংঘর্ষের কোনো প্রয়োজন তাদের নেই।

শিক্ষা থাকলে জীবনে সবকিছু পাওয়া সম্ভব। সরকার রাস্তাঘাট, হাসপাতাল, স্কুল তৈরি করতে পারে কিন্তু আপনাদের ঘরে তখনই আলো জ্বলে উঠবে যখন আপনার ঘরের বাচ্চারা পড়াশোনা করবে। আমি বিশ্বাস করি যে, আমরা ধ্যান দিলে আমাদের সমাজ অবশ্যই বিকসিত হয়ে উঠবে।

ক্ষেতেও পয়সার জন্ম হয়। অর্থ কারখানাতেও জন্ম নেয়। অর্থ শ্রমিকের স্বেদ বিন্দু থেকেও জন্ম নেয়। যেটার প্রয়োজন সেটা হল, সঠিক নেতৃত্ব প্রদান করে কত গুলি নীতির তৈরি করা।

সুশাসনের জন্য আত্মানুশাসনের প্রয়োজন। শুধুমাত্র ভেতরের সুশাসনই বাইরের অনুশাসনকে সুনিশ্চিত করতে পারে।

আমার কাছে কাজ করার সুযোগই হল সবচেয়ে বড় সৌভাগ্য। আমি তার জন্য আমার জীবন পর্যন্ত উৎসর্গ করতে পারি। এমন সুযোগই জীবনের পরবর্তী সুযোগের দরজাটা খুলে দেয়।

আমাদের সকলের মধ্যে ভালো এবং মন্দ দুটি গুণই বিদ্যমান। যে লোকেরা ভালো গুণের দিকে ধ্যান দেওয়ার সিদ্ধান্ত নেয়, তারাই জীবনে সফল হোতে পারে।

কর্মনিষ্ঠাই হল আমার কাছে ধর্ম, আর যে ধার্মিক হয় সে নিষ্ঠা পূর্বক সব কাজ করে।

ভোটব্যাঙ্কের রাজনীতি আমাদের দেশটাকে শেষ করে দিয়েছে। ভোট ব্যাঙ্ক পলিটিকসের পরিবর্তে ডেভলপমেন্টের পলিটিক্স করতে হবে।

60 বছর পরেও আমরা স্বাধীনতা তো পেয়েছি কিন্তু সূর্যকে পেলাম না।

স্কিল, স্কিল আর স্পীড বৃদ্ধি পাওয়া খুবই জরুরি।

সুযোগের সদ্ব্যবহার হল সবচেয়ে বড় কথা।

আজ ভারতে যুবকের সংখ্যা সবচেয়ে বেশি, এই যুবকদের কাজে লাগাতে হবে।

কোনো জিনিস বিক্রী করার জন্য খুব ভালো প্যাকিজিং-এর প্রয়োজন।

গণতন্ত্র দিবসের দিনে কোথায় যেন আমাদের মনের আবেগ জেগে ওঠে। সারা বিশ্বের সামনে নিজের পূর্ণ মহিমায় সঞ্চালিত ভারতের সৈন্য শক্তি প্রদর্শনের ছবি, আমাদের মস্তিষ্ককে গর্বে সোজা করে দেয়। আমাদের বর্দীধারী মহিলা ও পুরুষ পুলিশদের নিঃস্বার্থ সেলাম আমাদেরকে সেলাম করার প্রেরণা জাগায়। আর যখন কোনো মৃত সৈনিককে তাঁর বীরত্বের জন্য পুরস্কৃত করা হয়, তখন আমাদেরও মনে এই মায়ের জন্য তো নিজের প্রাণটাও ছোটো পড়ে যাবে।

'ভারতের অবধারণা' নিয়ে আমার কাছে যেটা সবচেয়ে বেশি গুরুত্বপূর্ণ বলে মনে হয়, সেটা হল আধিপত্যকে খারিজ করা, ঋগ্বেদ আমাদের শিক্ষা দেয় যে, 'আ নো ভদ্রা: কৃতবো যন্ত বিশ্বত:'। এর অর্থ হল,'আমাদের দিকে সবদিক দিয়ে শুভ বিচার আসুক'। এটা শুধু একটা মন্ত্র নয়, এটা আমাদের সংবিধানের কেন্দ্রীয় সিদ্ধান্তও বটে। আমাদের রাস্তা সহিষ্ণুতার দিকে এবং বিবিধতার উৎসবের, এই নিয়ে যে প্রত্যেক ভারতীয় শুধু কল্পনা করে তাই নয়, বরং নিজের স্বপ্নের ভারত নির্মাণের কাজেও অগ্রসর হয়।

আমার 'ভারতের অবধারণা' শুধু সহিষ্ণুতার ওপরেই ভিত্তি করে গড়ে ওঠেনি বরং তা বিভিন্ন বিচার গুলিকে প্রসন্নতা পূর্বক সমাবেশ করার চেষ্টা করে। আমার 'ভারতের অবধারণায়' প্রত্যেক ব্যক্তির সংবেদনাকে সম্মান করা হয়।

'ভারতের অবধারণা'-র কেন্দ্রীয় সিদ্ধান্তের সৃজন ঘটানো হয় সত্য, শান্তি এবং অহিংসার দ্বারা। আমাদের শাস্ত্র আমাদেরকে 'সত্যমেবজয়তে'-র শিক্ষা প্রদান করে, যার অর্থ হল 'সর্বদা সত্যেরই জয় হয়'।

আমি এমন একটা ভারত গড়ে তোলার জন্য প্রতিজ্ঞাবদ্ধ যেখানে ন্যায়ের চক্র বর্গ, জাতি এবং পন্থের প্রভাবিত না হয়ে ভারতের প্রতিটা নাগরিকদের জন্য দ্রুততার সাথে সমান রূপে ঘুরবে। এমন একটা ভারত যেখানে অন্যায়ের জন্য কোনো রকম আইনি বা নৈতিক বৈধতা থাকবে না।

অহিংসা হল এমন মহৎ গুণ যা আমাদের দেশে প্রাচীন কাল থেকেই প্রতিষ্ঠিত হয়ে আছে এবং তা সর্বদাই আমাদের পথ দেখিয়ে গেছে। এটা গৌতম বুদ্ধ, মহাবীর, গুরু নানক এবং মহত্মা গান্ধীর দেশ। আমাদের শাস্ত্রতে লেখা

আছে যে, 'অহিংসা পরম ধর্ম'। -অর্থাৎ অহিংসা হল সবচেয়ে বড় ধর্ম। এই বিচার ধারা আমাদের মনের শাস্ত্রের মূল কথা। তাই ভারতের অবধারণায় কোনো রকম হিংসার কোনো স্থান নেই।

বাস্তবে, 'ভারতের অবধারণা' 'বসুধৈব কুটুম্বক' বা সম্পূর্ণ সংসার হল একটা পরিবার। এই সিদ্ধান্ত গ্রহণের মানে হল আমরা নিজেদের আর কোনো গণ্ডীতে আবদ্ধ রাখতে পারি না, আমাদের বন্ধুত্ব সমস্ত দেশ-কাল-সীমার গণ্ডী অতিক্রম করে বিরাট পরিসরে ব্যাপ্ত হয়েছে।

একবিংশ শতাব্দী পুনরায় একবার সারা দুনিয়াকে পথ দেখানোর জন্য এই কারণেই ভারতকে আহ্বান জানাচ্ছে।

'ভারতের অবধারণা' স্বামী বিবেকানন্দের 'জগদগুরু ভারত'-এর স্বপ্নকে সত্য করে তোলার দাবি জানচ্ছে, এমন একটা আত্মবিশ্বাসপূর্ণ এবং আশ্বস্ত ভারতের স্বপ্ন দেখায় যা নিজের মূল সিদ্ধান্তকে অক্ষুণ্ণ রেখে সাড়া বিশ্বের সাথে সম্পর্ক গড়ে তুলতে সক্ষম।

'ভারতের অবধারণায়' আমি যে ভারতের স্বপ্ন দেখছি তা সুযোগ ও আকাঙ্খার ভারত। এমন একটা ভারত যেখানে - 'সর্বেভবন্তুসুখিন: সর্বেসন্তুনিরাময়া:'- অর্থাৎ যেখানে থাকবে সমস্ত রকম সমৃদ্ধি ও আনন্দ, যেখানে সমস্ত রোগের মুক্তি ঘটবে।

সবচেয়ে বড় দুঃখের কথা হল, বেশ কয়েক বছর ধরে শুধুমাত্র কিছু লোকেরা তাদের ভোট পাওয়ার জন্য আমাদের দেশে দরিদ্রতা এবং নিরাশাবাদকে জিইয়ে রেখেছে। আমাদের দেশের লোকেদের স্বপ্ন ও আকাঙ্খাকে তাদের দুর্বলতা ও অসহায় পরিবর্তিত করে দিয়েছে। এই উদ্দেশ্যে ভারতকে দরিদ্র রাষ্ট্রের তকমা পরিয়ে রাখা হয়েছে।

ভারত কোনো গরিব দেশ নয়, ইচ্ছা করে ভারতকে গরিব করে তোলা হয়েছে। ভারতে প্রাকৃতিক সম্পদের কোনো অভাব নেই, তার সাথে আছে মানুষের শক্তির আশীর্বাদ। ভারত এতটাই সম্পদ ও ঐশ্বর্যে ভরপুর যে, যুগ যুগ ধরে সমস্ত উপনিবেশিক সভ্যতার চোখ ছিল এই ভারতের দিকে। আর সেই লোভেই তারা বারংবার এই দেশে ছুটে এসেছে। এই অবচেতন শক্তিকে পুনরায় সজীব করে তোলা যায়, তার জন্য শুধু মাত্র আমাদের নিজেদের দৃষ্টি ভঙ্গীকে বদলাতে হবে। সেই সাথে আমাদের পরনির্ভরশীলতা ত্যাগ করে নিজেদের স্বপ্নকে নিয়ে বাঁচতে হবে, তা বাস্তবায়িত করে তোলার চেষ্টা করতে হবে।

প্রত্যেক ভারতীয়ের মধ্যে আত্মগৌরব ও আত্ম-সম্মানের কোনো ঘাটতি দেখা যায় না। আমরা নিজেদের জোরে কিছু করে দেখানোর প্রয়াস করি। আমরা হলাম সেল্ফমেড মানুষ, আমাদের শুধুমাত্র ন্যায়সংগত ও সমান সুযোগের প্রয়োজন।

'ভারতের অবধারণা' হল, প্রত্যেক ভারতীয়কে দরিদ্রতার শৃঙ্খলা থেকে উন্মুক্ত করে সফল ও সমৃদ্ধির কাহিনী লেখার জন্য সমান সুযোগ করে দিতে হবে।

এখন আমাদের দেশের প্রতিটা মানুষকে উঁচুতে উঠতে দেওয়ার সময় এসে গেছে। তাদের স্বপ্ন দেখার শক্তি ও প্রেরণা দিন আর সেই সাথে সেই স্বপ্নকে পূরণ করার জন্য সঠিক সামর্থ দিতে হবে।

আমাদের ভারতের যুবকদের মধ্যে এনার্জীর কোনো অভাব নেই, তারা শুধু নিজেদের দেশকে নয় এই পৃথিবীকে বদলে দিতে পারে। তাদের কার্য-কুশলতাকে বৃদ্ধি করার দায়িত্ব আমাদের, তাদের রোজগারের সঠিক সুযোগ করে দিতে হবে। তাদের শক্তি কিভাবে আরো বৃদ্ধি করা যায় তার জন্য আমাদের অনবরত ভালো শিক্ষা, উদ্যম, ইনোভেশান, গবেষণা এবং টেকনোলজির সাহায্যের প্রয়োজন, তাদের প্রতিভাকে জাগিয়ে তুলতে হবে।

যখনই জ্ঞানের প্রাধান্য বিস্তৃত হয়েছে, তখনই ভারত এই বিশ্বকে পথ দেখিয়েছে। আজ একবিংশ শতাব্দীতে যখন সর্বত্র জ্ঞানের আরাধনা চলছে তখন সারা বিশ্ব আজ ভারতের দিকেই তাকিয়ে।

আগামী দিনে শক্তির পরিমাপ মিসাইলের দ্বারা নয় বরং মানুষের তীক্ষ্ণ বুদ্ধির মাপকাঠিতে করা হবে। তাই আমার 'ভারত অবধারণায়' শিক্ষাই হল মূল চাবিকাঠি।

শিক্ষা, হল এমন জিনিস যা আমাদেরকে অজ্ঞানতার অন্ধকার থেকে টেনে বার করে আলোর দিকে নিয়ে যায়। 'তমসো মা জ্যোতির্গময়'-এর ধারণাই হল এটি।

মহিলাদের সক্ষম করে তুলতে না পারলে কখনই সমাজের বিকাস ঘটতে পারে না, মহিলাদের সক্ষম করে তোলার স্বপ্ন তখনই পূরণ করা যায় যখন সমাজে মহিলাদের জন্য সুরক্ষা এবং সম্মানকে সুনিশ্চিত করে তোলা যাবে। মহিলাদের ওপর অত্যাচার করার থেকে লজ্জার কথা বোধ হয় আর কিছু হোতে পারে না।

আমরা আমাদের দেশকে ভারত মা বলি, অর্থাৎ 'মা ভারতীর' স্থান দিই, আমাদের পূর্বপুরুষরা সর্বদা শক্তির আরাধনা ককরে গেছেন অর্থাৎ তাঁরা ছিলেন নারী শক্তির উপাসক, তাহলে আজ মহিলাদের ওপর হওয়া এই অত্যাচারকে তাঁরা কিভাবে মুখ বুজে সহ্য করছেন? আসুন আমরা সবাই এর প্রতিবাদে সোচ্চার হই, মাতৃশক্তির অপমান আর আমরা মানব না।

এখনও পর্যন্ত মহিলা মানে সে হবে সুগৃহিণী, কিন্তু আজ আর সেই দিন নেই, দেশের সামগ্রীক উন্নতির জন্য তাদেরকেও এগিয়ে আসতে হবে, তার ফলে আমাদের দেশের ভবিষ্যতে কাঠামোগত পরিবর্তন পরিলক্ষিত হবে।

একটা দৃঢ় সংঘরাজ্য গঠন করতে না পারলে ভারতের বিকাস ঘটানো সম্ভব না। আমাদের সংবিধান প্রণেতাগণ একটা মজবুত সংঘীয় কাঠামো গড়ে তোলার স্বপ্ন দেখেছিলেন, যেখানে কেন্দ্রের বিকাসের জন্য সমস্ত রাজ্য সমান ভাবে সহযোগিতা করবে। এখানে কোনো বড় ছোটো বলে কিছু থাকবে না। আমাদের সেই মনোভাবকে বদলে ফেলতে হবে, যেখানে রাজ্যের অস্তিত্ব নির্ভর করে দিল্লীর দয়ার ওপর। আমাদের এটা বুঝতে হবে যে ভারত মাতার প্রতিটা সম্পত্তির ওপর এই দেশের প্রতিটা লোকের সমান অধিকার।

আমি এমন একটা ভারত গঠনের স্বপ্ন দেখি, যেখানে দেশের বিকাসের জন্য মুখ্যমন্ত্রীগণ, প্রধানমন্ত্রী, কেন্দ্রীয় মন্ত্রীরা সমান ভাবে সাহায্য করার চেষ্টা করবে, আর এই কাজে স্থানীয় অফিসারদেরও সমান সহযোগিতা করতে হবে। তবেই একটা মজবুত, একত্রিত এবং সংযুক্ত 'টীম ইন্ডিয়া' হিসাবে তা কাজ করতে পারবে।

আমাদের ওপর প্রভুর অশেষ দয়া আছে। আমাদের কাছে কত প্রাকৃতিক ও মানবীয় সম্পদ আছে তা সত্যিই কল্পনা করা যায় না। বহু বছর ধরে আমাদের পূর্বপুরুষরা তাঁদের চেষ্টায় যে ঐতিহ্য ও সংস্কৃতির সৃষ্টি করেছিলেন, আজ তা আমরা বংশ পরম্পরায় লাভ করে চলেছি। আমাদের এই সভ্যতা যে কোনো সময়ের সাথে তালে তাল মিলিয়ে এগিয়ে গেছে। বহু সভ্যতা গড়ে উঠেছে আবার ধ্বংসও হয়ে গেছে, বহু সমাজ সময়ের সাথে তাল মিলিয়ে চলতে না পারার জন্য ধ্বংস হয়ে গেছে কিন্তু আমরা প্রতিটা পরীক্ষার মোকাবিলা করে আগের থেকে আরো বেশি দৃঢ়তা লাভ করেছি।

বিগত বছর গুলিতে আমাদের সামনে বহু বাধা এসেছে, আমাদের বহু পরীক্ষা দিতে হয়েছে, আমাদের এখনও বহু কিছু পেতে বাকি আছে। কিন্তু তা সত্ত্বেও 'ভারতের অবধারণা' অক্ষুণ্ণ থাকবে, আর তা সন্দেহের অনেক ওপরে।

ভারতের অন্তর্নিহিত শক্তি এবং সমর্থের ওপর আমার যথেষ্ট আস্থা আছে। আপনাদের কাছে আমার অনুরোধ যে, আপনারও তার প্রতি বিশ্বাস রাখুন।

আমাদের দেশ ও দেশবাসীদের ওপর আস্থা রাখতে হবে এবং আমাদের মহান নেতাদের নিঃস্বার্থ ত্যাগ এবং বলিদানকে প্রাপ্য সম্মান দিয়ে তাঁদের দেখানো পথেই আমাদের চলতে হবে।

আসুন আমরা রাষ্ট্র নির্মানের কাজে হাত দিই, আর 'ভারত সর্বোপরি'-র মন্ত্রে নিজেদের দিক্ষীত করি। আমরা সকলে মিলে নিজেদের উৎসর্গ করে এমন একটা রাষ্ট্র নির্মাণ করি যা মানবতাকে ইতিবাচক দৃষ্টিতে পরিভাষিত করতে পারবে।

আমি সম্পূর্ণ রূপে এই কথা বিশ্বাস করি যে, কোনো সমাজ, রাজ্য এবং দেশের প্রগতি সদ্ভাবনা ও ভ্রাতৃত্ববোধের ওপর টিঁকে থাকে। এটা হল সেই পথ যার দ্বারা বিকাস ও সমৃদ্ধি প্রাপ্ত করা যেতে পারে। তাই আমি সমস্ত লোকেদের আপিল জানাচ্ছি যে, তারা যেন সংঘবদ্ধ হয়ে নিজেদের লক্ষ্য পূরণ করার চেষ্টা করে, তাতে করে প্রতিটা মানুষের মুখে নিশ্চই খুশীর রেখা দেখা যাবে।

আজ আমাদের সামনে যেটা সবচেয়ে গুরুত্বপূর্ণ বিষয় সেটি হল, ভোট প্রদানকারীর সংখ্যা বৃদ্ধি করা। গত কয়েক বছর ধরে ভোট প্রদানের রেকর্ডের দিকে তাকালে বোঝা যাবে যে, সারা ভারত জুড়ে মোটামোটি একই পরিমাণ ভোট পড়েছে। এটার একটা ইতিবাচক দিক আছে, কিন্তু বহু যুবক-যুবতী প্রাপ্ত বয়স্ক হওয়া সত্ত্বেও ভোটার হিসাবে নিজেদের নাম রেজিস্টার করায় না। এমনিতে সরকার ভোটারদের নাম সংগ্রহ করার বিষয়ে যথেষ্ট সক্রিয়, কিন্তু যদি সাধারণ মানুষ একটু সাহায্য করে তাহলে আমাদের আরো বেশি সফল হয়ে ওঠা সম্ভব।

সময়ের চাহিদা অনুসারে আমাদের 'মোবাইল পঞ্জীকরণ কিওস্কো'-র মতন অভিনব এবং উন্নতশীল নতুন মাধ্যমের সাহায্যে ভোটদান পুঞ্জীকরণ প্রক্রিয়াকে আরো দৃঢ় করে তোলার বিচার করতে পারি।

আজ ভোটদান পঞ্জীকরণ ফর্ম পূরণ করা এবং ভোটদানের জন্য কার্ড পায়োয়ার মধ্যে অনেকটা সময় অতিবাহিত হয়। যদি এই সময়টা কম করা যায়

তাহলে খুবই ভালো হয়। সময় কম করে যদি নাগরিকদের সঠিক পরিস্থিতি সম্পর্কে অবগত করানো যায়, তাহলে খুব ভালো হয়।

বর্তমানে অনলাইনে ভোট প্রদানের বিষয় নিয়েও কথা হচ্ছে, কিন্তু এর সাথে এখনও বহু সমস্যা যুক্ত আছে।

গণতন্ত্রে 'ভোট' মানে সাধারণ মানুষ নিজেদের অভিব্যাক্তি প্রকাশ করতে পারে, এবং নিজের কথা দেশের কাছে ব্যক্ত করার সুযোগ পায়। এমনকি সর্বাধিক শক্তিশালী নেতাকেও 'ব্যালেট বক্সের' সামনে অসহায় বলে মনে হয়। এর সবচেয়ে বড় উদাহরণ হল 1977 সালের লোকসভা নির্বাচন, সেই সময় সত্তা মদে মত্ত হয়ে উঠেছিল, অতি-আত্মবিশ্বাবসী এবং নিরঙ্কুশ সত্তাধারী দল এবং তার প্রধানমন্ত্রী নির্বাচনের ঘোষণা করেন, সেন্সারশিপ সম্পূর্ণ ভাবে লাগু ছিল আর বিরোধীদের কণ্ঠস্বর রোধ করে দেওয়ার চেষ্টা করা হচ্ছিল, কিন্তু যখন দেশের জনতা নিজেদের 'ভোটের' সাহায্যে কথা বলতে শুরু করে তখন তাদের আওয়াজই সবচেয়ে ওপরে পৌঁছে গেছিল। এটাই হল আপনাদের ভোট দানের শক্তি।

সবার আগে আমাদের নিজেদের ঘরকে শক্ত করে তুলতে হবে আর তারপর প্রতিজ্ঞা করতে হবে যে, নিজের বন্ধু-বান্ধব, আত্মীয় পরিজন সকলের নাম যাতে ভোটের তালিকায় ওঠে সেটা দেখা, তারা যাতে লোকসভা থেকে শুরু করে, স্থাণীয় ক্ষেত্রে আয়োজিত নির্বাচনেও নিজের ভোট প্রদান করে নিজের মতামত জানায় তা দেখতে হবে।

আমি খুব ভালো করেই জানি যে, দেশের শক্তি নির্ভর করে রাজ্যের শক্তির ওপর, আর যে রাজ্যের শক্তিকে বুঝতে পারে, সেই পারে একটা শক্তিশালী দেশ গড়ে তুলতে। ভারতকে এগিয়ে নিয়ে যাওয়ার জন্য রাজ্য গুলিকে এগিয়ে নিয়ে যাওয়াটা খুবই জরুরি। ভারত একা কোনো মজবুত স্তম্ভ গড়ে তুলতে পারবে না, প্রতিটা রাজ্যের মজবুত স্তম্ভের দ্বারা দেশের ভিত্তি সশক্ত হয়ে ওঠে। সমস্ত রাজ্য গুলিকে বিকাসের জন্য উৎসাহিত করাই হল কেন্দ্র সরকারের কাজ। যেখানে প্রয়োজন সেখানে সম্পূর্ণ শক্তি দিয়ে লেগে পড়তে হবে, আর তবেই বিকাসের নতুন দিগন্ত রচনা করা সম্ভব হবে।

আমি শুরু থেকেই বলেছি যে, দেশের উন্নতির জন্য আমি টিম ইন্ডিয়ার মন্ত্র নিয়ে কাজ করতে চাই, আর টিম ইন্ডিয়ার মানে হল এমন একটা সংগঠন যেখানে প্রধানমন্ত্রী ও মুখ্যমন্ত্রীরা সংঘবদ্ধ ভাবে কাজ করবে, শুধু তাই নয় সম্পর্কিত

অফিসারদেরও পায়ে পা মিলিয়ে এগিয়ে আসতে হবে, তবেই তো দ্রুত গতিতে কাজ এগিয়ে যাবে। বিকাসের নতুন দিগন্ত প্রাপ্ত করা সম্ভব হবে। মুখ্যমন্ত্রী হিসাবে থাকাকালিন আমি বহু অভিজ্ঞতা সঞ্চয় করতে সক্ষম হয়েছিলাম। তাই কেন্দ্র ও রাজ্য পরস্পরের সাথে যুক্ত হয়ে কাজ করলে তা কতটা দৃঢ় হয়ে যায় তা আমি জানি। যদি সাহায্য করতে কেন্দ্র এগিয়ে না আসে তাহলেও কত সমস্যা হয় আমি সেটাও জানি। ভারতের মতো দেশকে বিকসিত করে তোলার জন্য কেন্দ্র এবং রাজ্যের সম্পর্ক কখনই 'তেল-জলের' মতন হওয়া উচিত না, আর তা কখনও ছিলও না। 'তেল জলের' মিলনটা কোনো দিক দিয়েই উপযুক্ত নয়। কেন্দ্রে সাথে রাজ্যের কোনো প্রতিদ্বন্দ্বিতা থাকতে পারে না। কেন্দ্র ও রাজ্যের মধ্যে কোনো রকম শত্রুতাও নেই। কেন্দ্র এবং রাজ্য হল একে অপরের পরীপূরক। যারা ভারতের হয়ে কোছু কাজ করতে চায়, তাদের সকলের কাছে এই বার্তা থাকাটা খুবই জরুরি। আপনি যে কোনো রাজ্যে যান, যদি এই রাজ্য আপনার পাশে থাকে তাহলে লিখে রাখুন যে কেন্দ্রও আপনার পাশে দাঁড়িয়ে আছে। কোনো চিন্তা করার প্রয়োজন নেই।

আমি মনে করি যে 'তেল-জলের' সম্পর্ক তো হবেই না, সেই সাথে আগে পিছনে থাকলেও চলবে না, কেন্দ্র এবং রাজ্য গুলিকে একে অপরের সাথে কাঁধে কাঁধ মিলিয়ে দাঁড়াতে হবে। পাশা পাশি থাকার মানে 1 + 1 = 2 হবে। তেল জল থেকে বাইরে বেরিয়ে গেলে খুবই ভালো কিন্তু এখানেই শেষ কথা নয়। আশেপাশে থাকলে তবেই 1 +1 = 2 হবে। আমি তো এর থেকেও দু পা এগিয়ে যেতে চাই। পাশাপাশি নয়, একসাথে থাকতে হবে। একসাথে থাকলে তবেই এক এক মিলে 11 হবে। কেন্দ্র রাজ্যের সাথে থাকলে তার শক্তি কয়েক গুণ বৃদ্ধি পায়।

ভারতের সামনে আজ কিছু মুখ্য উদ্দেশ্য আছে, আর সেই মুখ্য উদ্দেশ্য হল রোজগারের ব্যবস্থা হওয়া। আমাদের সবচেয়ে গুরুত্ব পূর্ণ কাজ হল কিভাবে আমরা সর্বাধিক রোজগার পেতে পারি। এই দেশ হল যুবকদের দেশ, আমি বিশ্বাস করি যে, যদি তাদের কাছে রোজগারের সুযোগ থাকে তাহলে কেন্দ্র এবং রাজ্য মিলিত হয়ে যত শীঘ্র এগিয়ে চলার চেষ্টা করে তার সাথে যদি আমাদের দেশের যুবকেরা হাত লাগায় তাহলে উচ্চ আসনে উপবেশন করতে আমাদের বেশি দিন সময় লাগবে না।

আজ, আজ আমাদের অতি অতি ছোটোখাটো জিনিসও বিদেশ থেকে আনতে হয়। কাঁদানে গ্যাসের সেল পর্যন্ত বিদেশ থেকে আসে। এটা বদলাতে হবে, অন্যরা আমাদের কাঁদাবে কেনো, যদি কাঁদতেই হয়, আমরা নিজেরা কি কাঁদতে পারি না?

অন্তর্রাষ্ট্রীয় শিশু দিবসে আমাদের আজকের মেয়েদের অগ্রগতি দেখে উৎসব পালন করা উচিত। আজ মেয়েরা স্কুল থেকে শুরু করে প্রতিটা ক্ষেত্রে নিজেদের কীর্তিমান করে তুলতে সক্ষম হয়েছে। আসুন, আজ আমার মেয়েদের সমান সুযোগ দেওয়ার ও তাদের একটা সুস্থ্ পরিবেশ দেওয়ার প্রতিজ্ঞা করি।

ভ্রূণ হত্যা শুধু লজ্জার বিষয় নয়, তা গভীর চিন্তার বিষয়। আসুন দেশকে এই কলঙ্কের হাত থেকে মুক্ত করার জন্য আমরা সকলে মিলে প্রয়াস চালিয়ে যাই।

কোনো ব্লকে যদি একটা গ্রাম উন্নয়ন করতে সক্ষম হয় তাহলে সেই উন্নয়ন সেখানেই থেকে থাকে না। তা আশেপাশের গ্রামকেও প্রভাবিত করে, তখন আশেপাশের গ্রামের লোকেরা বলে যে, দেখো ওরা যখন করতে পেরেছে তখন আমরাও করতে পারব। ওখানে যা করার চেষ্টা করা হয়েছে, আমরাও গবেষণার দ্বারা তা করতে পারি। এর প্রসার ঘটতে পারে। তাই সবচেয়ে গুরুত্বপূর্ণ বিষয় হল, আমাদের যেকোনো উপায়ে এর ভিত গড়ে তুলতে হবে।

আমাদের সামনে সবচেয়ে বড় সমস্যা হল, আমাদের বিকাসের মডেল সাপ্লাইয়ের ওপর ভিত্তি করে গড়ে ওঠে। দিল্লীতে বা লক্ষ্ণৌয় বা গান্ধীনগরে পরিকল্পনা গড়া হয়েছিল। তারপর সেটাই নিচে নিয়ে যাওয়ার চেষ্টা করা হয়। আমরা আদর্শ গ্রাম গড়ে সাপ্লাই ভিত্তিক গ্রামকে চাহিদা ভিত্তিক গ্রামে পরিণত করতে চাই। শুধু গ্রাম গুলিকে একবার হ্যাঁ করতে হবে। এটা গ্রামে একটা সেতু বানানোর কাজ বা কোনো পুকুর খননের মতো কাজ নয়, এই কাজ অন্য রকম।

আমাদের আজকের পরিস্থিতিতে পরিবর্তন আনা সম্ভব কিনা, আপনারাই বিচার করুন। এখন আমাকে কেউ বলুন তো, গ্রামে স্কুল থাকবে, গ্রামে পঞ্চায়েত ঘর থাকবে, গ্রামে কোনো মন্দির থাকবে, গ্রামে আরো কোনো তীর্থস্থান গড়ে উঠবে, পূজার জন্য ঘর থাকবে - কম পক্ষে সেই সব স্থান পরিষ্কার পরিচ্ছন্ন তো থাকবে। এবার এর জন্য বাজেট বানিয়েছেন কি?

আমাদের এখানে সরকার মধ্যাহ্ন ভোজনের পরিকল্পনা করেছে। খুব ভালো কথা, খাওয়ার ব্যবস্থা থাকা উচিত, কিন্তু গ্রামে 80 -100 টি পরিবার এমন থাকে যারা নিজেদের জন্মদিন, বাবার মৃত্যুবার্ষিকী, এই রকম কোনো না কোনো অনুষ্ঠান পালন করে। যদি তাদের সাথে একটু যোগাযোগ করে বলা যায় যে, আপনারা অনুষ্ঠান করছেন ভালো কথা, কিন্তু জীবনের একটা স্মরণীয় দিনে আপনারা পরিবারের লোকেদের নিয়ে স্কুলে তো আসতেই পারেন। বাড়ির থেকে কিছু মিষ্টি বা অন্য কোনো খাবার-দাবার নিয়ে আসুন, তাদের সাথে বসে খান এবং নিজের খাবার ভাগ করে নিন। এইভাবে সামাজিক বন্ধনে আবদ্ধ হওয়াটা কি কম বড় আন্দোলন?

কখন কখন আমার মনে হয়, গ্রামের লোকেরা তাদের গ্রাম নিয়ে গর্ব করুক, কিন্তু এমনটা কি হয়? যতদিন না এমন মনভাবে গড়ে তোলা যায়, ততদিন পর্যন্ত কোনো পরিবর্তন আসা সম্ভব নয়। এটা খুবই জরুরি। গ্রামেরও একটা জন্মদিন থাকে। গ্রামের লোকেরা সেদিনটাতে কেনো উৎসব পালন করেনা? এই গ্রামের শিক্ষিত লোকেরা যারা শহরে গিয়ে বাস করে তারা সেই দিনটাতে কেনো গ্রামে আসবে না? সবাই মিলে একসাথে গ্রামে আসলে তখন তাদের মনে হবে যে, 'আরে আমাদের গ্রামে তো এটা নেই, চল সবাই মিলে এটার ব্যবস্থা করা যাক। এই গ্রামে এটা করে দিই, সেটা করে দিই।'

আমরা সকলেই 'সত্যমেব জয়তে'-র সাথে পরিচিত। সত্যমেব জয়তের যতটা শক্তি আছে, রাষ্ট্রের বিকাসের ক্ষেত্রে শ্রমেব জয়েতও ঠিক ততটাই গুরুত্বপূর্ণ। তাই কিভাবে শ্রমের প্রতিষ্ঠা বৃদ্ধি করা যায়? দুর্ভাগ্য বশত আমাদের দেশে 'ওয়াইট কলার জব'-কে খুবই সম্মানের সাথে দেখা হয়। আমাদের দরজায় যদি কোনো কোট-প্যান্ট-টাই পরিহিত মানুষ এসে দাঁড়িয়ে জিজ্ঞাসা করে যে, অমুক ব্যক্তি ঘরে আছেন কি, তাহলে আমরা সাদরে তাকে ঘরে নিয়ে গিয়ে বসিয়ে জল-চায়ের ব্যবস্থা করি। জিজ্ঞাসা করি যে, কোনো কাজ আছে কি? কিন্তু যদি কোনো ছেঁড়া জামা কাপড় পরা মানুষ এসে আমাদের বাড়িতে জিজ্ঞাসা করে যে, অমুক বাবু বাড়িতে আছেন? তাহলে তাকে বলা হয় যে, এটা কি কোনো আসার সময়? দুপুরে কেউ কাউর বাড়িতে আসে? এখন যাও, পরে এসো। এই সবই আমাদের দেখার দৃষ্টিভঙ্গীর ওপর নির্ভর করে, আমাদের কাছে শ্রমের কোনো প্রতিষ্ঠা নেই, সেই কারণেই সাধারণ মানুষদের প্রতি আমাদের দৃষ্টিভঙ্গী এমন

হয়। যেকোনো কারণেই হোক, আমরা তাদের একটু ছোটো নজরে দেখি। মনোবৈজ্ঞানিক দিক থেকে রাষ্ট্রকে এই বিষয় নিয়ে গভীর ভাবে চিন্তা করা উচিত, তবেই যদি এই পরিস্থিতি সামলানো যায়। পরিবর্তন আনার জন্য অনবরত চেষ্টা চালিয়ে যেতে হবে।

আমাদের শ্রমিকেরা হল শ্রমযোগী মানুষ। আমাদের কতগুলি সমস্যার সমাধান, আমাদের কত প্রয়োজন একজন শ্রমিক পূরণ করে তা কি জানেন? তাই যতদিন না তাদের দিকে দেখার দৃষ্টিভঙ্গী বদলাতে পারছি, তাদের প্রতি আমাদের মনোভাব বদলাতে পারছি, ততদিন পর্যন্ত আমাদের তাদের সমাজে প্রতিষ্ঠিত করতে পারব না। তাই শাসন ব্যবস্থাকেও সময়ানুসারে পরিবর্তন করতে হবে, নিত্য নতুন প্রাণের সাথে নতুন করে প্রগতির পথ প্রশস্ত করাটা খুবই জরুরি। সেই রকম ভাবে সমাজ জীবনেও শ্রমের প্রতিষ্ঠা, শ্রমিকের প্রতিষ্ঠা, শ্রমযোগীদের গৌরব - এই সব আমাদের সামগ্রীক দায়িত্ব, তাই শাসন ব্যবস্থাতে পরিবর্তন আনাটাও খুবই জরুরি।

যতদিন না আমাদের সাধারণ থেকে সাধারণতর মানুষ গুলির মধ্যে বিশ্বাসের জন্ম না হচ্ছে, ততদিন পর্যন্ত তারা নিজেদেরকেই দোষারোপ করতে থাকে যার ফলে তাদের নিজেদের জীবন তাদের কাছে নরক হয়ে ওঠে, পরিবারের জন্যও তাদের জীবন বোঝা স্বরূপ হয়ে ওঠে। দেশের জন্যও বোঝা হয়ে ওঠে, কিন্তু তারা নিজেদের চেষ্টায় যেটুকু অর্জন করতে পারে, সেই টুকুই যদি তাদের কাছে গৌরবের বিষয় হয়ে দাঁড়ায়, তাহলে তারা তার থেকে আরো অনেক প্রেরণা লাভ করতে সক্ষম হবে।

আমাদের দেশের আরো একটা বড় সমস্যা হল, আমরা, আমরা যারা সরকারের বিভিন্ন পদে বসে আছি তারা মনে করি যে, আমাদের থেকে বেশি কেউ জানে না, আমাদের থেকে সৎ কেউ নেই, দেশের পরোয়া আমরা যতটা করি আর কেউ ততটা করে না। কিন্তু আমাদের এই চিন্তাধারা সম্পূর্ণ রূপে ভুল। আমাদের উচিত সোয়াশো কোটি ভারতবাসীকে বিশ্বাস করা। আশঙ্কার দ্বারা সরকার চলতে পারে না। আনার মনে হয় ভরসার দ্বারা শুরু করা উচিত। আপনারা জানেন কি ইংরেজ আমোল থেকে ভারতে একটা নিয়ম বলে আসছে, যখন আপনি আপনার কোনো সার্টিফিকেট জেরক্স করে জমা করবেন তখন তাতে গেজেটেড অফিসারের স্বাক্ষর থাকাটা খুবই জরুরি। কিন্তু আমার মনে একটা

প্রশ্ন উঠেছে, আমি বেইমান আর গেজেটেড অফিসার সৎ? এটা কে ঠিক করে দিল? তাই আমি ঠিক করেছি যে, আপনি নিজেই লিখুন যে আপনার সার্টিফিকেট একদম ঠিক, কোনো রকম জাল নয়, তাহলেই হবে।

সরকারের কাজ হল দেশ চালানো, আমাদের সেই চিন্তাধারার থেকে বাইরে আসতে হবে, আমরা সকলে মিলে দেশ চালাব, এই কথা মাথায় রেখেই আমাদের চলতে হবে, তাই যেকোনো কাজের ক্ষেত্রে সকলের অংশ গ্রহণ করাটা খুবই জরুরি, সেই পথেই আমাদের এগিয়ে যেতে হবে। ভালো শাড়ি, ভালো শার্ট, ভালো পোশাক পরিচ্ছদ - এই সব কিছুই কোনো না কোনো গরিবের রক্ত জল হওয়ার জন্যই সম্ভব হয়েছে। এই সব কথা মাথায় রেখে আমরা যদি শ্রমিক শ্রেণীর ওপর একটু সমবেদনা দেখাই, তাদের দিকে তাকানোটাও যদি গৌরবের সাথে করি, তাহলে আমার বিশ্বাস যে, প্রকৃত অর্থেএই দেশ শ্রমযোগী রাষ্ট্রযোগী হয়ে উঠবে। এই শ্রমযোগীরাই রাষ্ট্রের নির্মাতা হয়ে উঠবে। আমরা কখন কোনো কনভোকেশানে স্পেশাল গেস্টের যে ধারা চলে আসছে, তা ছিন্ন করতে পারব? স্পেশাল গেস্ট বলতে আমি বোঝাতে চাইছি যে, গরিব বস্তিতে যে স্কুল আছে, যেখাবে গরিব ঘরের বাচ্চারা পড়াশোনা করে, এমন স্থান থেকে অষ্টম বা নবম শ্রেণীর বাচ্চা, 30, 40, 50 প্রভৃতি যে সংখ্যাই হোক না কেন, যা আপনার সাধ্যের মধ্যে কোলাবে, তাদের কনভোকেশানে স্পেশাল গেস্ট হিসাবে ডাকা হোক, তাদের বসান, আর দেখুন, এই পৃথিবী আসলে কি। যে কাজ তার টিচার আজ পর্যন্ত করতে পারেনি, এই এক-দেড় ঘন্টার মধ্যেই এই বাচ্চার মনে জিজ্ঞাসার সৃষ্টি হবে। তার মনেও স্বপ্ন তৈরি হবে। তাদেরও মনে হবে যে, কখনও আমাদের জীবনেও সুযোগ আসবে। এর প্রভাব কতটা বড় হোতে পারে, আপনি তা কল্পনা করতে পারছেন কি? জিনিসটা খুব ছোটো, কিন্তু এর শক্তি খুব বেশি, আর শক্তিই পরিবর্তনের ঢেউ তুলতে পারে।

যার ভেতরের বিদ্যার্থী জীবিত থাকে, সেই জীবনে কিছু করতে পারে, কিছু করে দেখানোর সুযোগ পায়। ছাত্রাবস্থা, মনে ছাত্রাবস্থাকে টিঁকিয়ে রাখতে পারলে জীবনের শেষ দিনটা পর্যন্ত নিজেকে প্রাণবন্ত রাখা যায়, নিজেকে শক্তিশালী করে রাখা যায়। যেদিন মন থেকে বিদ্যার্থীর ভাব মুছে যায়, সেদিন থেকেই আমরা মৃত্যুর দিকে পা বাড়াতে শুরু করি। আমরা যে পেশায় নিযুক্ত আছি, তাতে উন্নতি করেও সমাজিক দায়িত্ব পালন করতে পারি। আপনি

বড়লোক বাড়ির সন্তান হোতে পারেন, আবার আপনি গরিব ঘরের সন্তানও হোতে পারেন, আপনি মধ্যবিত্ত পরিবারের সন্তান হোতে পারেন, কিন্তু কখন ভেবে দেখেছেন কি, আপনার পড়াশোনা কিভাবে হয়েছে? না। এই ব্যবস্থার বিকাস তখন সম্ভব হয়েছে, যখন কোনো গরিবের স্কুল যাওয়ার বাজেট এইদিকে ডাইভার্ট হয়েছে। কোনো গ্রামের ভেতরে বাস ঢুকলে বহু গরিব মানুষের একটু সুবিধা হয়, হয় তো বাস যাওয়ার কথা ছিল কিন্তু তা যায়নি, কারণ সেই খরচ এদিকে ডাইভার্ট হয়েছে। সমাজের কোনো ক্ষেত্রের বিকাসের পথ রুদ্ধ করে তবেই আর একটা দিককে বিকসিত করা যায়, বহু যুগ ধরে সেই চেষ্টাই করে যাওয়া হচ্ছে। একদিক দিয়ে দেখলে বলা যায় যে, তাদের পাওনা ছিনিয়ে নিয়ে আমাদের দেওয়া হয়েছে। যার ফলে আমারা লাভান্বিত হওয়ার সুযোগ পেয়েছি। এটাও জরুরি, তাই সেই রকম ভাবেই কাজ করা হয়েছে। কারণ যদি এত বড় দেশে মেডিকেল প্রোফেশানকে যদি এগিয়ে নিয়ে যাওয়া না হয় তাহলে তা বিরাট সংকটের সৃষ্টি করতে পারে, এটা করাও অনিবার্য, কিন্তু এর পিছনে কোনো না কোনো কারণ তো আছেই তবে আজ অন্যের পাওনা ছিনিয়ে নিয়ে অপরকে দেওয়া হয়েছে, আর সমাজ এখানে এসে দাঁড়িয়েছে। আমরা কি জীবনের প্রতিটা মুহূর্ত এই কথা গুলি মনে রাখব যে, আমি শুধু ডাক্তার হয়েছি তাই নয়, তার পিছনে বহু মানুষের বহু অবদান আছে, তবেই আজ আমি এখানে এসে পৌঁছাতে পেরেছি। আমার ওপর তাদের সকলের অধিকার আছে। কখন-কখন এটাও ভাবুন যে, আপনি হয়তো অনেক ওপরে উঠে গেছেন, কিন্তু কমপক্ষে বছরে একবার তো সমস্ত সাথীদের সঙ্গে নিয়ে চার-পাঁচ দিন বা সাত দিনের জন্য দূর-দূরান্ত কোনো জঙ্গলে তো যেতেই পারেন। সেখানে গিয়ে গরিব মানুষ গুলির সাথে বসে একটু সময় তো কাটাতেই পারেন, নিজের কাছে যে জ্ঞান আছে, যে অভিজ্ঞতা আছে তা তো তাদের সাথে ভাগ করে নিতেই পারেন, কারণ আপনি আজ যে অভিজ্ঞতা সঞ্চয় করেছেন, তার পিছনে কোনো না কোনো ভাবে তাদেরও সাহায্য আছে। যদি আমরা এত বড় সংকল্প করতে পারি, তবেই কোনো বড় কাজ করা সম্ভব হবে। সমাজের শক্তির চেয়ে বড় শক্তি আর কিছু হোতে পারে না। আমরা এই সমাজের চেতনাসম্পন্ন শক্তি। আমরা কি না করতে পারি, এই মনোভবা নিয়ে চলতে পারলে, আমরা অনেক বড় সমাজ সেবা করতে পারব।

শুদ্ধ পেয় জল-এর ওপর আমরা যত জোর দিতে পারব, আমরা আরোগ্যের দিকে ততটাই এগিয়ে যেতে পারব। আমাদের এখানে বহু বাচ্চা, কিছু দিন আগে আমি একটা রিপোর্টে পড়েছিলাম যে, পাকিস্তানে যত বাচ্চা মারা যায় তার মধ্যে 40 শতাংশ বাচ্চা মারা যায় খাওয়ার আগে ভালো করে হাত না ধোয়ার জন্য, এই স্বভাব যে শুধু পাকিস্তানের বাচ্চাদের মধ্যেই আছে তা নয়। আমরাও তো একই, আমাদের প্রাচীন ঐতিহ্যতো একই স্থান থেকে উদ্ভূত হয়েছে। এর জন্য আমি মধ্যপ্রদেশের সরকারকে অভিনন্দন জ্ঞাপন করতে চাই, সেখানে একটা বড় অভিযান চালানো হয়েছিল, বাচ্চারা সামগ্রীকভাবে সাবান দিয়ে হাত ধোয়ার কাজ করেছিল। তিনি গিনিজ বুক অফ ওয়ার্ল্ড রেকর্ডে নিজের নাম অন্তর্ভূক্ত করতে সক্ষম হয়েছিলেন, কারণ একসাথে লক্ষাধিক বাচ্চাকে হাত ধোয়াতে পেরে ছিলেন।

ভারতের কায়াকল্পও বদলানো যেতে পারে, আমরা নিজেরা চেষ্টা করলে সেই স্বপ্ন পূরণ করতে পারি, আর আমি বিশ্বাস করি যে, যেভাবে পা ফেলে আমরা এগিয়ে যাওয়ার কথা ভেবেছি তাতে আমরা এগিয়ে যাবই, আমি আগেও আপনাদের জানিয়েছি, এখন আবার বলছি যে, আমি সেই ধরনের মানুষ নই যারা সবর্দাই বলে যে, আগের সরকার কোনো কাজ করেনি। এমন চিন্তা আমার মাথায় আসে না। প্রত্যেকেই নিজের কার্যকালে কোনো না কোনো ভালো কাজ অবশ্যই করেছে। যে সময়ে যে রকম দায়িত্ব ছিল, সেই দায়িত্বানুসারে তারা দেশের জন্য কিছু করার জন্য সম্পূর্ণ রূপে চেষ্টা করার জন্য এগিয়ে গেছে। আমাদের যেটা সবার আগে চেষ্টা করতে হবে, সেটা হল, দেশকে যদি এগিয়ে নিয়ে যেতে হয়, তাহলে সরকারই সব করবে, এই বিচার থেকে বাইরে বেরিয়ে আসতে হবে। সবাইকে মিলে মিশে কিছু করতে হবে, তবেই দেশ এগিয়ে যাবে। সোয়াশো কোটি মানুষ আছে আমাদের দেশে, আমরা ইচ্ছা করলে কি না করতে পারি? সর্দার প্যাটেল আমাদের ভারত দিয়েছিলেন, সেই ভারতকে শ্রেষ্ঠ ভারত করে তোলা হল আমাদের কাজ। 'অখণ্ড ভারত শ্রেষ্ঠ ভারত' এই স্বপ্নকে পূরণ করার জন্য ভারতের মহান ঐতিহ্যকে সঙ্গে নিয়ে আমাদের চলতে হবে। ঐক্যবদ্ধতাই হল আমাদের সবচেয়ে বড় ঐতিহ্য। মনে রাখতে হবে, বিভিন্নতার মধ্যেও আমরা ঐক্য, জাতিভেদ দূর করে, ভাষাবাদের ওপরে উঠে, সম্প্রদায়িকতা ত্যাগ করে অখণ্ড ভারত শ্রেষ্ঠ ভারতের বোধ আমাদের মধ্যে জাগিয়ে তুলতে হবে। ভারতকে

সমৃদ্ধ করতে হলে সবার আগে উচ্চ-নীচ ভেদাভেদ দূর করতে হবে। এই স্বপ্ন পূরণের জন্য আজ থেকেই চেষ্টা শুরু করতে হবে, কারণ আজকের থেকে শুভ দিন আর হোতে পারে না, আজকের দিন আমাদের সবচেয়ে বেশি প্রেরণা প্রদান করে থাকে।

ভারত হল বৈচিত্র্যময় দেশ। আমাদের দেশের সর্বদিকেই বিভিন্ন বৈচিত্র্য পরিলক্ষিত হয়। বৈচিত্র্যের মধ্যে ঐক্যই হল আমাদের সবচেয়ে বড় বিশেষত্ব। আমরা কখনই একরূপতার পক্ষপাতি নই। আমরা বিভিন্নতায় পরীপূর্ণ হয়ে থাকতে চাই। একই রকম ফুল দিয়ে তৈরি ফুলের গুচ্ছের থেকে বিভিন্ন রঙের ফুল দিয়ে তৈরি ফুলের গোছা দেখতে কতটাই না আলাদা লাগে। ভারত হল বিশেষত্বেপূর্ণ একটি দেশ, এই বিশেষত্বের মধ্যেই আমাদেরকে নিজেদের অখণ্ডতাকেও জীবিত রাখতে হবে, একতার সূত্রকে আরো জোরদার করে তুলতে হবে, এটাই হল আমাদের সবচেয়ে বড় চেষ্টা এবং একত্রে থাকার বার্তা।